토마스 아퀴나스 신학대전 25
죄

안 소 근 옮김

제2부 제1편
제71문 - 제80문

신학대전 25

죄

2020년 12월 3일 교회인가
2020년 12월 27일 1판 1쇄 발행
2021년 1월 8일 1판 2쇄 발행

간행위원 | 손희송 주교   정의채 몬시뇰   이재룡 신부(위원장)
          안소근 수녀 윤주현 신부 이상섭 교수 정현석 교수
지은이 | 토마스 아퀴나스
옮긴이 | 안소근
펴낸이 | 이재룡
펴낸곳 | 한국성토마스연구소

25244 강원도 횡성군 우천면 경강로산전7길 28-53
등록 | 제2018-000003호 2018년 6월 19일
전화 | 033) 344-1238

보급 | 기쁜소식
전화 | 02) 762-1194 팩스 | 741-7673
ⓒ 한국성토마스연구소

값 35,000원

ISBN 979-11-969208-9-0 94160
ISBN 979-11-969208-0-7(세트) 94160

Summa Theologiae, vol.25
by St. Thomas Aquinas

Korean translation copyright ⓒ 2020 by St. Thomas Institute in Korea
All rights reserved
Published by St. Thomas Institute in Korea

이 책은 저작권법에 따라 보호를 받는 저작물이므로 무단전제와 복제를
금지하며, 이 책의 내용 전부 또는 일부를 이용하려면 반드시 저작권자와
한국성토마스연구소의 서면 동의를 받아야 합니다.

토마스 아퀴나스 신학대전 25

죄

S. Thomae Aquinatis
SUMMA THEOLOGIAE

안 소 근 옮김

제2부 제1편
제 71 문 - 제 80 문

한국성토마스연구소

차 례

성 요한 바오로 2세 교황의 격려와 축복의 말씀 / xi
교황 레오 13세의 회칙 발췌문 / xvi
성 요한 바오로 2세 교황의 회칙 발췌문 / xix
『신학대전』완간을 꿈꾸며 / xxiv
『신학대전』간행계획 / xxvii
일러두기 / xxix
일반약어표 / xxxiii
성 토마스 작품 약어표 / xxxv
죄와 악습 / xl

제71문 악습과 죄 자체 / 3
제1절 악습은 덕에 반대되는가? / 5
제2절 악습은 본성을 거스르는가? / 11
제3절 악습은 악습의 행위보다 더 악한가? / 19
제4절 죄는 덕과 동시에 공존할 수 있는가? / 25
제5절 모든 죄에 어떤 행위가 있는가? / 31
제6절 "죄는 영원법에 반대되는 말, 행함, 욕구"라고 정의하는 것이 적절한가? / 39

제72문 죄의 구분 / 49
  제1절 죄는 대상에 따라 종적으로 구분되는가? / 51
  제2절 영적인 죄와 육적인 죄를 구분하는 것이 적절한가? / 55
  제3절 죄는 원인에 따라 종적으로 구분되는가? / 63
  제4절 죄를 하느님에 대한 죄, 자신에 대한 죄, 이웃에 대한 죄로
        구분하는 것은 적절한가? / 69
  제5절 죄책에 따른 죄의 구분은 죄를 종적으로 구분하는가? / 77
  제6절 범하는 죄와 궐하는 죄는 종적으로 구분되는가? / 85
  제7절 죄를 마음의 죄, 입의 죄, 행위의 죄로
        구분하는 것이 적절한가? / 91
  제8절 죄는 지나침과 부족함에 따라 종적으로 구분되는가? / 97
  제9절 죄는 상이한 상황들에 따라 종이 달라지는가? / 103

제73문 죄들의 비교 / 109
  제1절 모든 죄와 악습은 서로 연결되어 있는가? / 111
  제2절 모든 죄들은 동등한가? / 119
  제3절 죄의 경중은 대상에 따라 달라지는가? / 125
  제4절 죄의 경중은 그 죄에 반대되는 덕의 품위에 따라 달라지는가? / 131
  제5절 육적인 죄들은 영적인 죄들보다 덜 무거운가? / 137
  제6절 죄의 경중은 죄의 원인에 따라 결정되는가? / 143
  제7절 상황은 죄를 더 무겁게 만드는가? / 149
  제8절 죄는 피해가 많을수록 무거워지는가? / 155
  제9절 죄는 그를 거슬러 죄를 짓는 그 사람으로 인하여
        더 무거워지는가? / 165
  제10절 죄를 짓는 사람의 중요성 때문에 죄가 가중되는가? / 173

제74문 죄의 주체 / 179
- 제1절 의지는 죄의 주체가 될 수 있는가? / 181
- 제2절 의지만이 죄의 주체인가? / 185
- 제3절 감각은 죄의 주체가 될 수 있는가? / 189
- 제4절 감각은 사죄의 주체가 될 수 있는가? / 197
- 제5절 죄는 이성 안에 있을 수 있는가? / 203
- 제6절 지체하는 쾌락의 죄는 이성 안에 자리하는가? / 207
- 제7절 행위에 동의하는 죄는 상위 이성 안에 자리하는가? / 211
- 제8절 쾌락에 대한 동의는 사죄인가? / 219
- 제9절 하위의 능력들을 지배하는 상위 이성 안에는 소죄가 있을 수 있는가? / 231
- 제10절 그 자체로서의 상위 이성 안에는 자체의 대상에 대한 소죄가 있을 수 있는가? / 237

제75문 죄의 일반적 원인 / 245
- 제1절 죄에는 원인이 있는가? / 245
- 제2절 죄에는 내적인 원인이 있는가? / 253
- 제3절 죄에는 외적인 원인이 있는가? / 257
- 제4절 죄는 죄의 원인인가? / 263

제76문 죄의 특수 원인 / 271
- 제1절 무지는 죄의 원인이 될 수 있는가? / 273
- 제2절 무지는 죄인가? / 277
- 제3절 무지는 죄를 완전히 면하게 하는가? / 285
- 제4절 무지는 죄를 감소시키는가? / 293

제77문 감각적 욕구 편에서의 죄의 원인 / 301
  제1절 의지는 감각적 욕구의 정념에 의하여 움직여지는가? / 303
  제2절 정념은 이성의 지식을 거슬러 이성을 이길 수 있는가? / 307
  제3절 정념에서 나오는 죄는 약함에서 나오는 죄라고
        일컬어져야 하는가? / 321
  제4절 자신에 대한 사랑은 모든 죄의 원인인가? / 327
  제5절 죄의 원인이 "육의 욕망과 눈의 욕망과 살림살이에 대한
        자만"이라고 보는 것은 적절한가? / 331
  제6절 죄는 정념으로 인하여 감소되는가? / 339
  제7절 정념은 죄를 완전히 면하게 하는가? / 345
  제8절 정념에서 나오는 죄는 사죄일 수 있는가? / 351

제78문 죄의 원인인 악의 / 357
  제1절 악의로 죄를 지을 수 있는가? / 357
  제2절 습성으로 죄를 짓는 사람은 악의로 죄를 짓는 것인가? / 365
  제3절 악의로 죄를 짓는 사람은 습성으로 죄를 짓는 것인가? / 371
  제4절 악의로 죄를 짓는 사람은 정념으로 죄를 짓는 사람보다
        더 무거운 죄를 짓는 것인가? / 379

제79문 죄의 외부적 원인. 하느님 편에서 / 387
  제1절 하느님은 죄의 원인인가? / 387
  제2절 죄의 행위는 하느님으로부터 나오는가? / 397
  제3절 하느님은 눈멂이나 완고함의 원인인가? / 401
  제4절 눈멂과 완고함은 언제나 눈이 멀게 되거나 완고하게 되는
        이들의 구원을 위한 것인가? / 407

제80문 죄의 원인. 악마 편에서 / 415
  제1절 악마는 인간에게 직접적으로 죄의 원인이 되는가? / 415
  제2절 악마는 내적으로 사주함으로써 죄를 짓게 할 수 있는가? / 423
  제3절 악마는 죄를 짓도록 강요할 수 있는가? / 429
  제4절 인간의 모든 죄는 악마의 사주에서 오는 것인가? / 435

주제 색인 / 440
인명 색인 / 442
고전 작품 색인 / 443
성 토마스 작품 색인 / 444
성경 색인 / 445

FROM THE VATICAN

April 26, 1994

Dear Father Tjeng,*

His Holiness Pope John Paul II was indeed pleased to learn that a Korean translation of the *Summa Theologiae* of Saint Thomas of Aquinas is being published. He warmly encourages you and your collaborators in this enterprise, which will lead not only to a better knowledge of the teachings and method of the one whom Pope Leo XIII called "inter Scholasticos Doctores, omnium princeps et magister"(Leo XIII, *Aeterni Patris,* No. 22), but also to a most fruitful encounter between Christian philosophy and theology and the intellectual traditions of Korea.

Only recently, His Holiness referred to the unique place of Saint Thomas in the history of thought by stating that "the philosophical and theological synthesis which he elaborated is a solid, lasting possession for the Church and humanity"(*Great Prayer,* 16 March 1994, No. 6). That synthesis flows from the principle that there is a profound and inescapable harmony between the truths of reason and those of faith.(cf. *Address to*

---

* The Reverend Paul Tjeng Eui-Chai

성 요한 바오로 2세 교황의 격려와 축복의 말씀

친애하는 정으채 바오로 신부님,

교황 요한 바오로 2세 성하께서는 성 토마스 아퀴나스의『신학대전』이 한국어로 번역·출판되고 있다는 소식을 들으시고 매우 기뻐하십니다. 이 작업에 참여하는 이들을 따뜻한 마음으로 격려하십니다. 이 작업은 고황 레오 13세 성하께서 '스콜라 학자들의 수장(首長)이며 스승"(레오 13세,『영원하신 아버지』22항)이라고 부르신 성 토마스의 가르침과 방법에 대해 보다 깊은 이해를 하게 할 뿐만 아니라 그리스도교의 철학과 신학이 한국의 전통 사상과 만나 매우 풍요로운 결실을 맺게 할 것입니다.

교황 성하께서는 최근에도 "성 토마스가 집대성한 철학적·신학적 종합은 교회와 온 인류의 건실하고 항구한 자산입니다."(『위대한 기도』 1994년 3월 16일, 6항)라고 하시어 사상사(思想史)에 있어 성 토마스가 차지하는 독보적인 위치를 확인하셨습니다. 성 토마스가 이룩한 종합은 이성의 진리와 신앙의 진리 사이에는 근본적이고 불가피한 조화가 존재한다는 원리로부터 비롯됩니다.(제8차 국제 토마스 회의에서의 말씀 : 1980년 9월 13일, 2항 참조)

Eighth International Thomistic Congress : 13 September 1980, No. 2)

The heart of Saint Thomas' reflection is man's relationship to God, his Creator and Lord. He sees man as proceeding from creative divine wisdom and returning to the Father on the basis of an elevation of the human intellect and will, through the grace of Christ's redemptive love. Indeed, he defines man as "the horizon of creation in which heaven and earth join, like a link between time and eternity, like a synthesis of creation."(Ibid., No. 5)

For Saint Thomas, true philosophy should faithfully mirror the order of things themselves, otherwise it ends by being reduced to an arbitrary subjective opinion. "This realistic and historical method, fundamentally optimistic and open, makes St. Thomas not only the 'Doctor Communis Ecclesiae', as Paul VI calls him in his beautiful Letter *Lumen Ecclesiae,* but the 'Doctor Humanitatis', because he is always ready and disposed to receive the human values of all cultures."(Ibid., No. 4) Is this approach itself not a solid point of contact with the great philosophical systems of the East and a sure promise of a very fruitful dialogue between the intellectual traditions of East and West? Such a dialogue in turn is the obligatory path of the progress of human culture, as well as a requisite for a deeper inculturation of Christianity among the peoples of the vast continent of Asia.

His Holiness values the present translation as an important contribution to these lofty goals. He invokes an abundance

성 토마스 사상의 핵심은 인간이 자신의 창조자이며 주님이신 하느님과 인간이 맺고 있는 관계입니다. 성 토마스는 인간을 하느님의 창조적 지혜에서 출발하여, 인간 자신의 지성과 의지를 고양(高揚)시키는 그리스도의 구원적 사랑의 은총에 힘입어 아버지께로 다시 돌아가는 존재로 봅니다. 바로 그렇기 때문에 성 토마스는 '인간을 하늘과 땅이 만나는 창조의 지평, 시간과 영원의 연결 고리, 또는 창조의 종합'으로 정의합니다.(같은 곳, 5항)

사실 성 토마스가 보기에 참다운 철학이란 실재 자체의 질서를 성실하게 반영하여야 합니다. 만일 그렇지 못하다면 철학이란 한낱 인위적인 주관적 견해로 전락하고 말 것입니다. "근본적으로 낙관적이고 개방적이며, 실재주의적이고 역사적인 이 방법은, 바오로 6세 성하께서 『교회의 빛』이라는 아름다운 서한에서 그를 지칭한 것처럼, 성 토마스를 '교회의 보편적 스승'일 뿐만 아니라 '인류의 스승'이 되게 해 줍니다. 그것은 성 토마스가 언제나 모든 문화 속에 포함되어 있는 인간적 가치들을 받아들일 준비가 되어 있기 때문입니다."(같은 곳, 4항) 이러한 그의 입장이야말로 동양의 위대한 철학 체계들과의 만남을 가능케 하는 건실한 기반이자, 동(東)과 서(西)의 지성적 전통 사이의 창조적 교류를 약속하는 것이 아니고 무엇이겠습니까? 그리고 이와 같은 교류는 인류 문화가 발전해 가야 할 도정(道程)임과 동시에 아시아라는 방대한 대륙에 사는 민족들에게 그리스도교가 더 깊이 토착화되기 위한 필수조건인 것입니다.

교황 성하께서는 현재 진행되고 있는 번역 작업을 그런 숭고한 목적을 달성하는 데 기여하는 중요한 작업으로 평가하고 계십니다. 교

of divine blessings upon the authors, publishers and readers of this masterpiece of Christian philosophy and theology.

With good wishes, I am

Sincerely yours in Christ,

Card. Angelo Sodano

Cardinal Angelo Sodano
Secretary of State

황 성하께서는 그리스도교 철학과 신학이 관한 이 위대한 걸작을 번역하는 이와 출판하는 이와 읽는 이 모두에게 주님의 풍성한 축복이 내리기를 기도드리십니다.

1994년 4월 26일

그리스도 안에서 만사형통하시기를 빌며,
바티칸국 국무성 장관
추기경 안젤로 소다노

교황 레오 13세의 회칙 발췌문

『영원하신 아버지』(Aeterni Patris, 1879)

[1879년 8월 4일에 반포된 이 회칙의 원제목은 『가톨릭 학교들에서 성 토마스 데 아퀴노의 정신에 따라 교육되어야 하는 그리스도교 철학에 관하여』(De philosophia christiana ad mentem sancti Thomae Aquinatis Doctoris Angelici in scholis catholicis instauranda)이다.]

30. 그러므로 더할 나위 없이 타당한 이유를 가지고 상당수의 철학자들이 철학을 쇄신하기 위해서는 토마스 데 아퀴노의 놀라운 가르침을 그 순수한 광채 속에서 회복시켜야 한다고 믿고 헌신적으로 투신하였습니다.

그리고 저에게, 이 '천사적 박사'라는 수원(水源)으로부터 영구히 풍부하게 흘러넘치는 가장 순수한 지혜의 강물을 온 세계 젊은이들에게 넉넉하게 마시게 하는 일보다 더 소중하고 바람직한 일은 없다는 점을 모든 이에게 확실하게 일러두는 바입니다.

32. 그리고 신앙에서 멀어져서 가톨릭교회의 가르침을 미워하는 사람들 가운데 상당수는 오직 이성만을 유일한 스승이며 안내자로 삼는다고 선언하고 있습니다. 가톨릭 신앙으로써 그들을 치유하고 은총으로 돌아오게 하려면, 하느님의 초자연적 도우심 다음으로는 교부들과 스콜라 학자들의 건전한 가르침보다 더 적절한 것은 없습

니다. 이들은 신앙의 튼튼한 토대, 그 신적인 기원, 그 확실한 진리, 그 증명 논거, 인류에게 가능해진 은혜, 그리고 이성과의 완전한 조화 등을 증명하였고, 또 너무도 명료하고 강력했기 때문에 주저하는 자들과 허풍떠는 자들까지도 회심시키기에 충분했습니다.

타락한 이론들의 해악 때문에 우리가 모두 목격하고 있듯이 매우 심각한 위험에 노출되어 있는 가정과 시민사회조차도, 만일 대학과 학교들에서 교회의 가르침에 가장 일치되는 건전한 교육이 시행되기만 했더라면 분명 훨씬 더 평온하고 확실한 기반 위에 서 있을 수 있었을 것입니다. 우리는 바로 이런 가장 건전한 가르침을 토마스 데 아퀴노의 작품들 속에서 발견합니다. 왜냐하면 오늘날 방종으로 변형되고 있는 자유의 진정한 본성, 법칙과 그 힘, 자명한 원리들의 영역, 더 높은 권위에 대한 마땅한 복종, 인간 상호 간의 사랑 등에 대한 토마스의 가르침들은 사회질서의 평온과 대중의 안녕에 위험하기 짝이 없는 새로운 법의 원리들을 전복시킬 수 있는 대단히 강력하고 꺾일 수 없는 힘을 지니고 있기 때문입니다.

36. 특별히 신중한 분별력을 가지고 그대들[전 세계 주교들]이 뽑은 스승들[신학교와 가톨릭 대학교 교수들]은 자기 제자들의 정신이 성 토마스 데 아퀴노의 가르침으로 관통될 수 있도록 깊은 노력을 기울여야 하며, 그의 가르침이 다른 모든 이론에 견주어 얼마나 튼튼하고 월등한지를 분명히 해야 합니다. 그대들이 설립한 (또는 설립할) 학부들은 그의 가르침을 해설하고 옹호하며 흔한 오류들을 논박하는 데 활용할 수 있어야 합니다.

그리고 그대들은 정통 가르침 대신에 이런저런 허풍떠는 이론들에

말려들거나, 진정한 가르침 대신에 타락한 이론들에 현혹되지 않도록 성 토마스의 지혜가 그 원천으로부터, 또는 적어도 뛰어난 지성들의 확실하고 한결같은 판단에 따르면 그 원천에서 흘러나와 아직도 맑고 투명하게 흐르는 저 강물들로부터 탐구될 수 있도록 조처해야 합니다. 그리고 같은 원천에서 나왔다고들 말하기는 하지만 실제로는 이질적이고 해로운 저 시냇물에서 젊은이들의 정신을 멀리 떼어 놓도록 최선의 노력을 기울여야 합니다.

성 요한 바오로 2세 교황의 회칙 발췌문

『신앙과 이성』(*Fides et Ratio*, 1998)

43. 이 오랜 발전 과정에서 성 토마스 데 아퀴노(St. Thomas de Aquino)는 특별한 자리를 차지하고 있습니다. 그것은 그가 가르친 내용 때문만이 아니라 당대의 아랍 사상과 유다교 사상과 나눈 대화 때문입니다. 그리스도교 사상가들이 고대 철학, 특히 아리스토텔레스의 보화들을 재발견하고 있던 시대에, 성 토마스는 신앙과 이성 사이의 조화에 영예로운 자리를 배정한 위대한 공로를 가지고 있습니다. 이성의 빛과 신앙의 빛은 둘 다 하느님에게서 오는 것이고, 따라서 양자 사이에는 어떠한 모순도 있을 수 없다고 그는 논증하고 있습니다.

더욱 근본적으로, 토마스는 철학의 일차적 관심사인 자연(natura)이 하느님의 계시를 이해하는 데 적극적으로 기여할 수 있다는 것을 인정합니다. 따라서 신앙은 이성을 두려워할 필요가 없고, 오히려 이성을 추구하고 그것에 대해서 신뢰를 가지고 있습니다. 은총이 자연에 의존하고 자연을 완성시키듯이, 신앙은 이성에 의존하고 이성을 완성합니다. 신앙을 통해서 조명받을 때, 이성은 죄의 불복종 때문에 오는 연약성과 한계로부터 해방되어, 삼위일체 하느님에 대한 지식으로 고양되는 데 요구되는 힘을 얻게 됩니다. 비록 신앙의 초자연적인 성격을 강조하기는 했지만, 이 '천사적 박사'(Doctor Angelicus)

는 신앙이 지니고 있는 합리적 성격의 중요성을 간과하지 않았습니다. 참으로 그는 이 이해 가능성의 깊이를 천착해 들어가 그 의미를 밝혀낼 수 있었습니다. 신앙은 어떤 의미에서 일종의 '사고 훈련'(exercitium cogitationis)입니다. 그리고 인간 이성은, 어쨌든 자유롭게 심사숙고해서 내리는 선택으로 얻어지는 신앙의 내용들에 동의한다고 해서, 무효화되는 것도 아니고 그 품위가 손상되는 것도 아닙니다.

바로 그렇기 때문에 교회는 한결같이 성 토마스를 사고의 스승이며 올바른 신학자의 전형으로 추천해 온 것입니다. 이 점에 관해서 저는 선임자인 하느님의 종 교황 바오로 6세께서 천사적 박사의 서거 700주년[1974년]의 기회에 하신 말씀을 상기하고 싶습니다. "의심할 바 없이, 토마스는 진리에의 용기, 새로운 문제들을 직면할 때의 정신의 자유, 그리고 그리스도교가 세속 철학이나 편견으로 감염되는 것을 허용하지 않는 사람들의 지적 정직성 등을 최고도로 소유하고 있었습니다. 따라서 그는 그리스도교 사상사 속에서 언제나 새로운 철학과 보편적 문화에 이르는 길의 선구자로 남아 있습니다. 그가 찬란한 예언자적 통찰력으로 신앙과 이성 사이의 새로운 만남에서 제시한 요점과 해결의 씨앗은 세계의 세속성(saecularitas)과 복음의 근본성 사이의 화해였고, 따라서 세상과 그 가치들을 부정하려는 자연스럽지 못한 경향을 피하면서도 동시에 초자연적 질서의 숭고하고 준엄한 요구들로써 신앙을 지킬 수 있었습니다."

44. 성 토마스의 또 하나의 위대한 통찰은, 지식이 지혜로 성장해 가게 되는 과정에서 성령의 역할을 깊이 깨닫고 있었다는 사실입니

다. 그의 『신학대전』(Summa Theologiae)의 앞머리에서 아퀴나스는, 성령의 선물로서 천상의 것들에 더한 지식으로의 통로를 열어 주는 지혜의 우위성을 날카롭게 보여 주고 있습니다. 그의 신학은 우리가 신적인 것들에 대한 신앙과 지식에 밀접하게 연관되어 있는 지혜의 특성들을 이해할 수 있게 해 줍니다. 이 지혜는 천성적으로(per connaturalitatem) 알려지게 됩니다. 그것은 신앙을 전제로 하고 있고, 결국 신앙 자체의 진리에 입각한 올바른 판단을 형성해 줍니다. "성령의 선물들 가운데 하나인 지혜는 지성적 덕 가운데서 발견되는 지혜와는 구별됩니다. 이 두 번째 지혜는 연구를 통해서 얻어지지만, 첫 번째 지혜는 야고보 사도가 말하고 있는 것처럼 '높은 데서 옵니다.' 이것은 또한 신앙과도 구별되는데, 그것은 신앙이 신적인 진리를 있는 그대로 받아들이기 때문입니다. 그러나 지혜의 선물은 신적인 진리에 다라서 판단할 수 있게 해 줍니다."

그렇지만 이 지혜에 어울리는 우위성은 천사적 박사가 철학적 지혜와 신학적 지혜라는 지혜의 다른 두 개의 보충적 형태들이 있다는 것을 간과하게 만들지 않습니다. '철학적 지혜'는 자연적인 제약을 가지고 있는 지성의 실재 탐구 역량에 기초를 두고 있고, 신학적 지혜는 계시에 기초를 두고 신앙의 내용들을 탐구하여 하느님의 신비에 접근해 갑니다.

"진리는 누가 발설하든지 간에 모두 성령으로부터 오는 것"(omne verum a quocumque dicatur a Spiritu Sancto est)임을 깊이 확신하고 있던 성 토마스는 그의 진리 사랑에 공평무사했습니다. 그는 어디에서든지 진리를 추구하였고, 진리의 보편성을 입증하는 데 전력을 다했습니다. 교회의 교도권은 그에게서 진리를 향한 열정을 인정하였습니다. 그리고 정확히 그것이 일관되게 보편적이고 객관적이며 초월적인 진리의 지평 속에 머무르기 때문에, 그의 사상은 '인간 지성이 결코 생각해 낼 수 없었을 높은 경지'에 도달했습니다. 그는 정당하게도 '진리의 사도'(apostolus veritatis)라고 불릴 수 있을 것입니다. 확고하게 진리만을 추구하는 토마스의 실재주의(realismus)는 진리의 객관성을 인정하고 '현상'의 철학뿐만 아니라 '존재'의 철학(philosophia essendi) 까지도 제시할 수 있습니다.

57. 그러나 교도권은 철학 이론들의 오류들과 일탈들을 지적하기만 하는 것은 아닙니다. 이에 못지않은 관심을 가지고 교회 교도권은 철학적 탐구의 진정한 쇄신의 기본 원리들을 강조하고 특정 방향을 지시하기도 합니다. 이 점에서 교황 레오 13세께서는 회칙 『영원하신 아버지』(Aeterni Patris)에서 교회 생활을 위해 역사적으로 매우 중요한 일보를 내디디셨습니다. 왜냐하면 그 회칙은 오늘날까지도 온전히 철학만을 위해 작성된 유일한 권위 있는 교황 문헌으로 남아 있기 때문입니다. 이 위대한 교황께서는 신앙과 이성 사이의 관계에 관한 제1차 바티칸공의회의 가르침을 발전시키는 가운데, 철학적 사고가 신앙과 신학에 얼마나 깊이 공헌하는지를 보여 주셨습니다. 한 세기 이상이 지났지만 그 회칙이 담고 있는 실천적이고 교육적인 통찰들은 그 중요성을 조금도 잃어버리지 않았습니다. 특히 성 토마스의 철학이 지니고 있는 그 어느 것에도 비할 수 없는 가치에 관한 강조는 더욱 그렇습니다. '천사적 박사'의 사상에 대한 쇄신된 강조야말로 교황 레오 13세께서는 신앙의 요구들에 부합되는 철학의 활용을 활성화시키는 최선의 길로 비쳐졌습니다. "성 토마스는 이성과 신앙을

날카롭게 구분하였습니다. 그러나 이 양자를 조화시켜 각각 자신의 권리와 품위를 고스란히 간직하게 할 수 있었습니다."

78. 이 성찰들의 빛 속에서, 교도권이 왜 반복적으로 성 토마스 사상의 공로들을 격찬하고 그를 신학 연구의 인도자이며 전형(典型)으로 삼았는지가 명백히 드러납니다. 이것은 순수하게 철학적인 문제들에 대해서 어떤 입장을 취하기 위해서도 아니고, 또 특정 이론들에 대한 호감을 표시하기 위한 것도 아니었습니다. 교도권의 의도는 언제나, 성 트마스가 어떤 의미에서 진리를 추구하는 모든 사람을 위한 진정한 전형인지를 보여 주자는 것이었습니다. 실상 그의 성찰 속에서 이성의 요구들과 신앙의 힘이, 일찍이 인간 사고가 이룩한 가장 고상한 종합을 발견합니다. 왜냐하던 그는 이성에게 고유한 모험을 평가 절하함이 없이, 계시를 통해서 도입된 근본적인 새로움을 옹호할 수 있었기 때문입니다.

『신학대전』 완간을 꿈꾸며

　그리스도교 2000년 역사에서는 물론 인류 문화사에서도 경이로운 불후의 걸작으로 인정받고 있는 방대한『신학대전』을 대역판으로 간행하는 이 대사업은 정의채(鄭義宋) 몬시뇰의 혜안과 용단에서 비롯되었다. 몬시뇰께서는 그리스도교 전래 200주년(1784-1984년)을 기념한 다음해인 1985년에 첫 권을 발간한 이래 꾸준히, 어려운 여건 가운데서도 고군분투하며 전체 3부 60권(보충부까지 포함하면 72권) 가운데 10권을 직접 번역하였고, 2006년 즈음부터는 소장 학자들에게도 번역 지침을 주어 과제를 분담하고 또 탈고 단계에서는 직접 감수를 통해 지도 편달함으로써 5권을 더 출간하였다. 여기에는 강윤희 신부, 김율 교수, 김정국 신부, 김춘오 신부, 윤종국 신부, 이상섭 교수, 이진남 교수, 채이병 박사 등이 참여했고, 막바지에는 이재룡 신부도 가담했다. 그렇게 해서, 제1부를 모두 마치고, 인간의 윤리 문제(제2부 전체)의 궁극 목표인 '행복'에 관해 논하는 첫 다섯 문제(제16권)까지 출간해 내었다.

　이제까지 도서 출판을 통한 복음 전파를 카리스마로 삼고 있는 '바오로딸수도회'가 어려운 출판 여건 속에서도 큰 희생을 기꺼이 감내하며 몬시뇰의 피땀 어린 노력을 묵묵히 뒷받침해 왔다. 몬시뇰과 수도회에 깊은 존경과 감사의 뜻을 전하고 싶다.

　그런 가운데 서울대교구 교구장이신 염수정(廉洙政) 추기경은 2016

년 8월 15년 두에 맞게 될 천주고 조선교구 설정 200주년(1831-2031년)까지는 『신학대전』을 완간해야겠다는 큰 계획을 세우고 이미 번역진에 합류하고 있던 이재룡 신부를 그 전담 책임자로 임명하였다. 계획대로 추진된다면, 그리스도교가 이 땅에 들어온 지 근 반세기 만에 교구가 설정됨으로써 제대로 체제를 갖춘 당당한 지역 교회가 되었듯이, 『신학대전』도 근 반세기 만에 완간될 것이다.

전담 책임을 같은 이재룡 신부는 우선 '한국성토마스연구소'(St. Thomas Institute in Korea)를 설립하고, 바오로딸출판사와 긴밀히 상의하며 이제까지 몬시뇰께서 추진해 온 출간 사업을 계승하여, 완간된 부분과 진행 중인 작업들을 총점검하고 향후 사업 일정을 확정하여 2017년 12월 《천주교조선교구설정 200주년기념 신학대전간행사업》(2019-2031년)이라는 제목으로 교구장님께 보고드렸다. 간행위원단 구성은 손희송 주고, 정의채 몬시뇰, 이재룡 신부(위원장), 안소근 수녀, 윤주현 신부, 이상섭 교수, 정현석 박사로 단순화하였다. 2019년부터 13년간 매년 분책 4~5권씩을 번역해 낸다는, 다소 무리한 계획이었지만, 최근 완간된 일어 역본(2007년)과 대만에서 발간된 한역본(2009년)도 자극제가 되어 200주년을 넘지 않도록 서두르기로 하였다.

2019년 말, 감사하게도 총 12개년(2000-2031년)에 걸친 《천주교조선교구설정 200주년기념 신학대전간행사업》이 문화체육관광부의 '국고지원사업'으로 선정되었다. 사업의 중심 내용은 당연히 『신학대전』의 나머지 부분인 분책 50권('보충부' 포함)의 간행이지만, 여기에 보조 장치 3권(『질문』, 『총색인』, 『요약』)과 선결 필수 사업으로 판단되는 3권의 사전(『성 토마스 개념사전』, 『교부학사전』, 『라틴어사전』) 간행을 추가하였다.

이제부터 시작이지만, 여기까지 오는 데에도 우여곡절을 거쳐야

했는데, 매일 묵주기도 5단을 바치며 성모님과 토마스 아퀴나스 성인님께 도움을 청했고, 고비 때마다 기묘한 방식으로 도와주시는 주님 섭리의 손길을 느꼈다. 그리고 많은 분들의 도움을 받았다. 존경하는 교구장님과 정진석(鄭鎭奭) 추기경님을 비롯한 교구 주교님들과 다른 주교님들, 동창 신부님들과 선후배 신부님들, 그리고 사업을 하시는 몇몇 지인들의 적극적인 격려와 지원 외에도, 일선 사목 현장에서 동고동락했던 잠실, 오류동, 혜화동 성당의 교우들과 교리신학원의 제자들도 꾸준히 정기적으로 도움을 주고 있다. 그리고 세 차례에 걸친 국고 지원 신청 과정에서 적극적인 행정적 지도와 격려를 아끼지 않은 문화체육관광부의 장우일 종무관과 실무진, 만만찮은 대응자금 문제 때문에 어려움을 겪고 있을 때 길을 열어 주고 적극적인 지지를 보내 준 김영국 신부님과 이경상 신부님을 비롯한 학교법인 가톨릭학원 신부님들의 도움이 컸다. 마지막으로, 지난해에 무리한 계획과 국고 지원 신청 과정 때문에 출판 일정이 겹치고 뒤엉겨 절망적인 국면에 처했을 때 흔쾌히 도움의 손길을 내밀고 끝까지 동행하기로 한 '기쁜소식'의 전갑수 사장님께 감사의 뜻을 전하고 싶다.

이렇게 많은 분들의 기대와 성원을 받으며 전능하신 하느님의 보호와 우리나라의 주보(主保)이신 성모 마리아의 도우심과 '인류의 스승'(Doctor Humanitatis)인 토마스 성인의 전구에 힘입어 벅찬 희망을 안고 대여정의 첫걸음을 내딛는다.

2020년 성모성월에
한국성토마스연구소에서
간행위원장 이재룡 신부

『신학대전』 간행계획

[제1부]

01 (ST I, 1-2) 하느님의 존재, 정의채 옮김, 1985. 3판 2014.
02 (ST I, 13-19) 하느님의 생명, 정의채 옮김, 1993. 2판 2014.
03 (ST I, 20-30) 하느님의 작용과 위격, 정의채 옮김, 1994. 2단 2000.
04 (ST I, 31-38) 위격들의 구별, 정의채 옮김, 1997.
05 (ST I, 39-43) 위격들의 관계, 정의채 옮김, 1998.
06 (ST I, 44-49) 창조, 정의채 옮김, 1999.
07 (ST I, 50-57) 천사, 은종국 옮김, 2010.
08 (ST I, 58-64) 천사의 활동, 강윤희 옮김, 2020.
09 (ST I, 65-74) 우주 창조, 김춘오 옮김, 2010.
10 (ST I, 75-78) 인간, 정의채 옮김, 2003.
11 (ST I, 79-83) 인간 영혼의 능력, 정의채 옮김, 2003.
12 (ST I, 84-89) 인간의 지성, 정의채 옮김, 2013.
13 (ST I, 90-102) 하느님의 모상으로 창조된 인간, 김율 옮김, 2008.
14 (ST I, 103-114) 하느님의 통치, 이상섭 옮김, 2009.
15 (ST I, 115-119) 우주의 질서, 김정국 옮김, 2010.

[제2부 제1편]

16 (ST I-II, 1-5) 행복, 정의채 옮김, 2000.
17 (ST I-II, 6-17) 인간적 행위, 이상섭 옮김, 2019.
18 (ST I-II, 18-21) 도덕성의 원리, 이재룡 옮김, 2019.
19 (ST I-II, 22-30) 정념, 김정국 옮김, 2020.
20 (ST I-II, 31-39) 쾌락, 이재룡 옮김, 2020.
21 (ST I-II, 40-48) 두려움과 분노, 채이병 옮김, 2020.
22 (ST I-II, 49-54) 습성, 이재룡 옮김, 2020.
23 (ST I-II, 55-67) 덕, 이재룡 옮김, 2020.
24 (ST I-II, 68-70) 성령의 선물, 채이병 옮김, 2020.
25 (ST I-II, 71-80) 죄, 안소근 옮김, 2020.
26 (ST I-II, 81-85) 원죄
27 (ST I-II, 86-89) 죄의 결과
28 (ST I-II, 90-97) 법, 이진남 옮김, 2020.
29 (ST I-II, 98-105) 옛 법
30 (ST I-II, 106-114) 은총

[제2부 제2편]

31 (ST II-II, 1-7) 믿음
32 (ST II-II, 8-16) 믿음의 결과
33 (ST II-II, 17-22) 희망
34 (ST II-II, 23-33) 사랑
35 (ST II-II, 34-44) 사랑과 결부되는 것

36 (ST II-II, 45-56) 현명
37 (ST II-II, 57-62) 정의
38 (ST II-II, 63-79) 불의
39 (ST II-II, 80-91) 종교와 경신
40 (ST II-II, 92-100) 종교와 결부되는 것
41 (ST II-II, 101-122) 사회적 덕
42 (ST II-II, 123-140) 용기
43 (ST II-II, 141-154) 절제
44 (ST II-II, 155-170) 절제의 부분
45 (ST II-II, 171-178) 예언과 은사
46 (ST II-II, 179-182) 활동과 관상
47 (ST II-II, 183-189) 사목과 수도생활

[제3부]
48 (ST III, 1-6) 육화하신 말씀
49 (ST III, 7-15) 그리스도의 은총
50 (ST III, 16-26) 하느님과 인간 사이의 중재자
51 (ST III, 27-30) 동정녀 마리아
52 (ST III, 31-37) 그리스도의 유년기
53 (ST III, 38-45) 그리스도의 생활
54 (ST III, 46-52) 그리스도의 수난
55 (ST III, 53-59) 예수 부활

56 (ST III, 60-65) 성사
57 (ST III, 66-72) 세례와 견진
58 (ST III, 73-78) 성체성사
59 (ST III, 79-83) 영성체
60 (ST III, 84-90) 고해성사(*절필)

[보충부]
61 (ST Sup, 1-11) 통회
62 (ST Sup, 12-20) 보속과 열쇠
63 (ST Sup, 21-28) 냉담과 대사
64 (ST Sup, 29-33) 병자성사
65 (ST Sup, 34-40) 성품성사
66 (ST Sup, 41-49) 혼인성사
67 (ST Sup, 50-62) 혼인장애
68 (ST Sup, 63-68) 재혼
69 (ST Sup, 69-74) 죽음과 심판
70 (ST Sup, 75-86) 육신의 부활
71 (ST Sup, 87-96) 최후 심판과 성인들
72 (ST Sup, 97-99) 단죄받은 자들
73 (***) [신학대전 요약]
74 (***) [신학대전 입문]
75 (***) [총색인]

일러두기

1. 『신학대전』의 대구조(macro-structura)

1.1. 성 토마스는 불후의 걸작인 이 방대한 작품을 신플라톤주의의 '발원-귀환'이라는 웅장한 구도를 활용하여 구성하고 있다. 그래서 제1부는 만물이 하느님으로부터 나오는 발원(發源, exitus) 과정이고, 제2부는 만물이 하느님께로 되돌아가는 귀환(歸還, reditus) 여정이며, 제3부는 그 귀환의 길 또는 수단이 되어 주신 구세주의 위업(偉業)을 다루고 있다. 보충부는 일찍 찾아온 그의 죽음 때문에 미완으로 남게 된 (제3부의) 공백을 그의 저자, 혹은 제자 그룹이 그의 초창기 작품으로부터 관련 내용을 정리하여 옮겨다 채워 넣은 보완 부분이다.

1.2. 'I'(Prima Pars)은 제1부, 'I-II'(Prima Pars Secundae Partis)는 제2부 제1편, 'II-II'(Secunda Pars Secundae Partis)는 제2부 제2편, 'III'(Tertia Pars)은 제3부, 그리고 'Sup.'(Supplementum)은 보충부의 약식 기호들이다.

1.3. 지금 우리의 기획처럼, 방대한 『신학대전』의 내용을 나누어 출간하는 경우에, 분책(分冊)의 기초가 되는 단위로, 여러 개의 문(quaestio)들이 한데 모여 이루는 공동의 주제인 'tract.'(tractatus)를 '논고'(論考)라고 부른다.

1.4. 'q.'(quaestio)라고 표기되는 단위를 '문'(問)이라고 부른다.

1.5. '문'에서 제기된 문제를 해결하기 위해서는 필요한 만큼의 분절 작업(articulatio)이 요구되는데, 이렇게 세분된, 실질적인 논의의 기본 단위를 이루는 'a.'(articulus)를 '절'(節)이라고 부른다.

2. 절(節)의 세부 구조(micro-structura)

각각의 절에서 본격적으로 논의되는 세부 내용은 규칙적인 형식으로 구성되어 있고, 크게 두 부분으로 대별된다. 먼저, 권위 있는 가르침들이 찬-반(贊反)으로 제시되고, 다음에 저자 자신의 해결책이 제시된다.

2.1. 첫 번째 부분에서는 먼저, 중세 스콜라 학자들의 기본적인 학문 방법인 '권위'(auctoritas), 곧 성경과 교부들, 그리고 때로는 고대 철학자들을 비롯한 사상가들로부터 해당 주제에 대한 가르침들 가운데 (곧 제시될 필자의 입장에 반대되는) '부정적인' 가르침들이 엄선하여 제시된다. 곧 '반론들'(objectiones)로서, 보통 세 개 정도가 제시되는데, '반론 1'(obj.1), '반론 2'(obj.2)라 부른다.

2.2. 다음으로는 (역시 권위들 가운데에서) 그에 대해 반대되는, 곧 저자의 입장을 지지하는 긍정적인 가르침이 (보통은 하나) 제시된다. 곧 '재반론'(sed contra)이다.

2.3. 저자 자신의 독창적 해결책이 제시되는 두 번째 부분도 또다시 두 부분으로 구별되는데, 먼저 '답변'(Respondeo) 부분에서는 그 주제에 대한 저자 자신의 해결책이 제시되며, 가끔은 '본론'(corpus)이

라고 불리기도 한다.

2.4. 그런 다음에 '해답'(solutio) 부분에서는 '답변'에서 확인한 결론들을, 앞머리에 제시되었던 반론들 하나하나에 대해 적용한다. 원문에서 라틴어로 'ad1' 'ad2' 등으로 표시되는 것을 우리는 '제1답' '제2답' 등으로 부른다.

3. 본문과 각주에서의 유의 사항

3.1. 번역 대본은 비판본인 레오판(ed. Leonina)을 주로 따르고 있는 마리에티판이다: S. Thomas Aquinatis, *Summa Theologiae*, cum textu ex recensione Leonina, Taurini-Romae, Marietti, 1952.

3.2. (괄호) 속의 내용은 라틴 원문에 있지만, 길고 복잡한 문장 구조가 조금이나마 시각적으로 간명해지도록 역자가 임의로 괄호로 묶은 것이다.

3.3. [꺾쇠괄호] 안의 단어나 구절은 해당 라틴어 원문에는 없으나, 문맥상 요구된다고 판단되는 내용을 삽입한 것이다.

3.4. 성경은 기본적으로 한국천주교주교회의에서 발행한 『성경』을 따르지만, 내용에서 차이가 있는 경우에는 역자가 라틴 원문에 충실하게 번역하고, 각주에 『성경』 구절을 제시하였다.

3.5. 다양한 종류의 각주에 대해 아라비아 숫자로 일련번호를 매겼다. 단, 마리에티판의 권말에 추가주(adnotationes)로 실려 있는 내용을 번역한 경우에는 일련번호에 이어 '(* 추가주)'라는 별도의 표시를 했다.

4. 약어표에 관하여

4.1. 일반적인 약어들을 '일반 약어표'로 제시하였다.
4.2. 성 토마스의 작품들에 대해서는 약어표를 따로 제시하였다.
4.3. 성경 약어에 대해서는 가톨릭교회에서 통용되는 일반 관례를 따른다.
4.4. 성 아우구스티누스를 비롯한 교부들의 작품들에 대해서는 한국교부학연구회가 펴낸 『교부 문헌 용례집』(수원가톨릭대학교출판부, 2014)을 따른다.
4.5. 아리스토텔레스를 비롯한 고대 사상가들의 작품들에 대한 약어는 한국서양고전철학회 등에서의 일반적인 관례를 준용한다.

일반 약어표

a.	절(articulus). 예) '제1절', '제7절' 등.
aa.	여러 절들(articuli). 예) aa.1-3은 '제1절에서 제3절까지'를 가리킴.
ad1, ad3	제1답, 제3답: 절(articulus)을 시작하면서 제기되었던 반론들(objectiones)에 대해, 일일이 '해답'(solutio) 부분에서 해결책으로 제시하는 답변들.
c.	장(capitulum).
c.	본론(corpus) 곧 '답변'(Respondeo)을 가리킴.
Can.	카논(Canon: 공의회의 장엄 결정문).
Cf.	참조(conferire).
d.	구분(divisio). 특히 『명제집』과 『명제집 주해』에서 기본 틀로 제시될 때, '제1구분', '제2구분'으로 표기. 예) 『명제집 주해』 제1권 제2구분 제1문 제3절. (많이들 'divisio'와 혼용하고 있는 'distinctio'는 '구별'.)
DH	『덴칭거-휘너만』 혹은 『규정-선언 편람』(Denzinger-Hunermann이 1991년부터 편찬).
DS	『덴칭거-쉰메처』 혹은 『규정-선언 편람』(Denzinger-Schoenmetzer가 1963년부터 편찬).
Ibid.	같은 작품 또는 같은 곳(Ibidem).
ID.	같은 저자(Idem).
lect.	강(lectio). 예) '제1강', '제2강' 등. 단, 서술문에서 지칭 시에는 '강독'.
lib.	권(liber). 예) '제1권', '제2권' 등.
ll.	행(行, lineae).
loc. cit.	인용된 곳(loco citato).

n.	번(numerum) 또는 그대로 'n'. 예) '2번' 또는 'n.2'.
obj.	반론(objectio). 예) '반론1', '반론2' 등.
op. cit.	이미 인용된 작품(opere citato).
parall.	병행 문헌(paralleli).
PG	미뉴, 『그리스 교부 전집』(Migne, *Patrologia Graeca*).
PL	미뉴, 『라틴 교부 전집』(Migne, *Patrologia Latina*).
Proem.	머리말(Proemium).
Prol.	머리글(Prologus).
q.	문(quaestio). 예) '제1문', '제89문' 등. (단, 간혹 서술 문장 중 특정 '문'을 가리킬 때에는 '문제'라고 지칭할 수도 있다.) 예문) "창조에 관해 논하는 이 '문제'는…."
qc.	소문제(quaestiuncula). (주로 『명제집 주해』에 나타남.)
qq.	여러 문들(quaestiones). 예) qq.57-59는 '제57문에서 제59문까지'를 가리킴.
Resp.	답변(Respondeo) [=본론].
s.c./sc	재반론(Sed contra) 또는 '그러나 반대로'. (보통은 재반론이 하나이지만, 드물게 번호와 함께 두세 개가 제시되기도 한다. 이때에는 '재반론1', '재반론3' 등으로 표기한다.)
sol.	해답(solutio). (단, 기본 틀 가운데에서 반론1에 대한 해답[ad1], 반론2에 대한 해답[ad2] 등은 '제1답', '제2답' 등이라고 지칭.)
tract.	논고(tractatus: 여러 문들이 함께 모여 이루는 논의 주제).

성 토마스 작품 약어표

In Sent., **I, d.3, q.1, a.3, qc.1, ad1**	『명제집 주해』 제1권 제3구분 제1문 제3절 제1소문제 제1답
ScG, **I, II**	『대이교도대전』 제1권, 제2권
ST(* 생략)	『신학대전』
I, q.1, a.1, ad2	『신학대전』 제1부 제1문 제1절 제2답
I-II	『신학대전』 제2부 제1편
II-II	『신학대전』 제2부 제2편
III	『신학대전』 제3부
Sup.	『신학대전』 보충부
Catena Aurea	『황금 사슬』 또는 『4복음서 연속주해』
Compendium Theol.	『신학 요강』
Contra doct. retrah.	『소년의 수도회 입회를 비난하는 전염병과도 같은 가르침 논박』
Contra err. Graec.	『그리스인들의 오류 논박』
Contra impugn.	『전례와 수도회를 거스르는 자들 논박』
De aetern. mundi	『세상 영원성』
De anima	『영혼에 관한 토론문제』 또는 『영혼론』
De articulis fidei	『신앙 요목』
De beatitudine	『참행복』 또는 『진복』
De caritate	『참사랑』 또는 『참사랑에 관한 토론문제』
De correct. Frat.	『형제적 충언』 또는 『형제적 충언에 관한 토론문제』
De demonstratione	『증명론』
De diff. verbi Domini	『하느님의 말씀과 인간의 말의 차이』
De dilex. Dei et prox.	『하느님 사랑과 이웃 사랑』

De dimens. indeterm.	『무한의 크기』
De divinis moribus	『하느님의 습성』
De duo. praecep. char.	『사랑의 이중계명』
De empt. et vend.	『신용거래』 또는 『매매론』
De ente et ess.	『존재자와 본질』 또는 『유(有)와 본질(本質)에 대하여』
De eruditione principis	『군주 교육』
De expos. missae	『미사 해설』
De fallaciis	『오류론』
De fato	『운명론』
De forma absol.	『사죄경 형식』
De humanitate Christi	『그리스도의 인성』
De instantibus	『순간론』
De intellectu et intell.	『지성과 가지상』
De inventione medii	『수단의 발명』
De iudiciis astr.	『점술가의 판단』
De magistro	『교사론』 또는 『교사에 관한 토론문제』
De malo	『악론』 또는 『악에 관한 토론문제』
De mixtione element.	『요소들의 혼합』
De motu cordis	『심장 운동』
De natura accidentis	『우유의 본성』
De natura generis	『유(類)의 본성』
De natura loci	『장소의 본성』
De natura luminis	『빛의 본성』
De natura materiae	『질료의 본성』
De natura syllog.	『삼단논법의 본성』
De natura verbi intell.	『지성의 말의 본성』
De occult. oper. naturae	『자연의 신비로운 작용』
De officio sacerdotis	『사제의 직무』

De perf. vitae spir.	『영성생활의 완성』
De potentia	『권능론』 또는 『권능에 관한 토론문제』
De potentiis animae	『영혼의 능력들』
De principiis naturae	『자연의 원리들』
De principio individ.	『개체화의 원리』
De propos. mod.	『양태명제론』
De purit. consc. et modo conf.	『양심의 순수함과 고백 양식』
De quat. oppositis	『네 대당(對當)』
De quo est et quod est	『'그것에 의해 있는 것(존재)'과 '있는 것(본질)'』
De rationibus fidei	『신앙의 근거들』
De regimine Iudae.	『유다인 통치』
De regimine princ.	『군주통치론』
De secreto	『비밀』
De sensu resp. singul. et intellectu resp. univ.	『감각과 개체, 지성과 보편자』
De sensu respectu singul.	『개별자 감각』
De sortibus	『제비뽑기』
De spe	『희망론』 또는 『희망에 관한 토론문제』
De spir. creat.	『영적 피조물』 또는 『영적 피조물에 관한 토론문제』
De sub. sep.	『분리된 실체』
De tempore	『시간론』
De unione Verbi Incarn.	『육화하신 말씀의 결합』 또는 『육화하신 말씀의 결합에 관한 토론문제』
De unit. vel plurit. formarum	『형상의 단일성 여부』
De unitate Intell.	『지성단일성』
De usuris in communi	『고리대금』
De veritate	『진리론』 또는 『진리에 관한 토론문제』
De virt. card.	『사추덕』 또는 『사추덕에 관한 토론문제』
De virtutibus	『덕론』 또는 『덕에 관한 토론문제』
Ep. ad comitissam	『플랑드르 백작부인 회신』

Ep. ad duciss. Brabant.	『브라방의 백작부인 서신』
Ep. exhort. de modo stud.	『학업 방식에 관한 권고 서한』
Hymn.: Adoro Te	『찬미가: 엎드려 흠숭하나이다』
In Anal. post., I, II	『분석론 후서 주해』 제1권, 제2권
In Cant. Canticor.	『아가 주해』
In De anima, I, II	『영혼론 주해』 제1권, 제2권
In De cael., I, II	『천지론 주해』 제1권, 제2권
In De causis	『원인론 주해』
In De div. nom.	『신명론 주해』
In De gen. et corrupt.	『생성소멸론 주해』
In De hebd.	『주간론 주해』
In De mem. et remin.	『기억과 회상 주해』
In De meteora	『기상학 주해』
In De sensu et sensato	『감각과 감각대상 주해』
In De Trin.	『삼위일체론 주해』
In decem praecept.	『십계명 해설』
In Decretal.	『교령 해설』
In Ep. ad Col.	『콜로새서 주해』
In Ep. ad Ephes.	『에페소서 주해』
In Ep. ad Hebr.	『히브리서 주해』
In Ep. ad Philem	『필레몬서 주해』
In Ep. ad Philipp.	『필리피서 주해』
In Ep. ad Rom.	『로마서 주해』
In Ep. I ad Cor.	『코린토 1서 주해』
In Ep. II ad Cor.	『코린토 2서 주해』
In Ep. I ad Thess.	『테살로니카 1서 주해』
In Ep. Pauli	『바오로 서간 주해』
In Ethic., I, II	『니코마코스 윤리학 주해』 제1권, 제2권
In Hieremiam	『예레미야서 주해』

In Ioan.	『요한복음서 주해』
In Iob	『욥기 주해』
In Isaiam	『이사야서 주해』
In Matth.	『마태오복음서 주해』
In Metaph., I, II	『형이상학 주해』 제1권, 제2권
In orat. dominicam	『주님의 기도 해설』
In Periherm., I, II	『명제론 주해』 제1권, 제2권
In Phys., I, II	『자연학 주해』 제1권, 제2권
In Pol., I, II	『정치학 주해』 제1권, 제2권
In Psalm.	『시편 주해』
In salut. angelicam	『성모송 해설』
In Symbolorum	『사도신경 해설』
In Threnos	『애가 주해』
Officium de fest. Corp. Dom.	『성체축일 성무일도』
Orationes	『기도문』
Primus tract. de univers.	『보편자 제1론』
Principium	『취임 강연』
Quaestiones Disp.	『토론문제집』
Quodlibet., I, II	『자유토론문제집』 제1 자유토론, 제2 자유토론
Resp. ad 108	『108문항 회신』
Resp. ad 30	『30문항 회신』
Resp. ad 36	『36문항 회신』
Resp. ad 42(43)	『42(43)문항 회신』
Resp. ad 6	『6문항 회신』
Resp. ad Abba. Casin.	『몬티카시노 아빠스 회신』
Secundus tract. de univers.	『보편자 제2론』
Sermones	『설교집』
Summa totius logicae	『총논리학 대전』
Tabula Ethicorum	『윤리학 도표』

죄와 악습

이성적 피조물인 인간이 자신의 창조주이며 최종 목적이신 하느님께로 돌아가는 여정을 다루는 『신학대전』 제2부 가운데, 제1편에서는 먼저 인간의 행복을 그의 최종 목적으로부터 설명하고 그 행복에 이르는 수단인 인간적 행위 자체를 일반적으로 고찰하며, 이어서 덕, 죄와 악습, 그리고 법에 관하여 논한다. 죄와 악습에 관한 논고는 그 가운데 제71-80문에 들어 있다. 제71문의 도입에서 토마스가 말하듯이 여기에서는 "첫째, 악습과 죄 자체에 대하여, 둘째, 이들의 구분에 대하여, 셋째, 이들 서로 간의 비교에 대하여, 넷째, 죄의 주체에 대하여, 다섯째, 죄의 원인에 대하여, 여섯째, 죄의 결과에 대하여" 다루는데, 아래에서는 이 가운데 몇 가지 질문에 대한 토마스의 견해를 종합적으로 요약하고자 한다.

죄의 정의 (q.71)

죄의 정의는 본 논고에서 가장 중요한 부분이다. 이는 다룰 주제에 대한 정의가 이후의 논의에서 전제가 될 뿐 아니라, 토마스의 논의에서 많은 부분들이 죄의 정의 자체로부터 연역적으로 전개되기 때문에 더욱 그러하다.

토마스는 기본적으로 아리스토텔레스의 『니코마코스 윤리학』에서와 마찬가지로 행복이 인간의 목적이라는 것을 전제하면서 그 목적으로부터 윤리에 관한 논의를 시작하지만, 그 최종 목적이 하느님이시라고 보는 점은 아리스토텔레스와 다를 수밖에 없다. 그러나 토마스에게 하느님을 추구하는 것은 또한 인간이 자신의 인간다움을 가장 완전하게 실현하는 길이기도 하다. 제2부의 첫머리에서 밝혔듯이, 인간의 본성 자체가 하느님을 향해 있기 때문이다.

인간의 행복에 관한 이러한 견해나 죄에 관한 토마스의 정의는, 아우구스티누스를 바탕으로 하며 그의 주장들을 더 치밀하게 발전시킨다. 인간은 다른 모든 피조물과 구별되는 자신의 고유한 특징인 이성과 의지를 사용하는 인간적 행위로써 그 최종 목적을 추구할 수 있고 또 그 목적으로부터 스스로 멀어질 수도 있는데, 인간이 마땅히 추구해야 할 최종 목적이 아니라 일시적이고 변화하는 다른 선을 선택함으로써 최종 목적이신 하느님에게서 멀어지는 무질서한 행위가 죄이다.

이는, 악이 선의 결핍이라고 보았던 토마스의 입장과 일관된 정의이다(I, q.48 참조). 그리스도교 초기부터 있었던 이원론과, 아우구스티누스 시대의 마니교와, 토마스 시대의 알비파에 맞서 토마스는, 악이 선의 결핍이듯이 죄는 최고선을 선택하지 못하고 그보다 못한 선을 선택하는 인간 의지의 악한 행위라고 본다. 이러한 죄로써 인간은 가깝게는 자신의 이성에 부합하지 못하고 멀리는 영원법에 어긋나는 선택을 하게 된다(q.71, a.6). 이렇게 하여 토마스는 죄가 하느님과 무관하게 인간의 이성만을 기준으로 정의된다고 여기지도 않고, 인간의 이성과 무관하게 하느님의 법만으로 정의된다고 여기지도 않는다. 인간의 본성인 이성에 어긋나는 것은 하느님의 법에도 위배되는 것이다.

한편, 인간이 악을 악 자체로서 선택하는 것이 아니라 그 선택 대상이 적어도 어떤 면에서는 선하기 때문에—또는, 선하게 보이기 때문에, 곧 인간이 잘못 판단하여 그것을 선하다고 여기기 때문에—그 악을 선택한다는 토마스의 설명은, 창조의 선성과 인간의 선성에 대한 그리스도교의 신앙의 이해를 보여 주는 것이기도 하다.

죄의 구분 (q.72)

죄는 여러 가지를 기준으로 구분할 수 있다. 일차적으로 죄는 대상에 따라 구분된다. 죄는 의지의 행위이면서 그 행위를 통하여 어떤 무질서가 발생하는 것인데, 그 무질서 곧 인간이 하느님으로부터 멀어지는 것은 죄의 행위 자체에 대하여 우유적이므로, 고유한 의미에서 죄는 그 대상에 따라 구분되는 것이다.

또한 죄는 죄를 짓는 인간이 그 죄로써 선택하는 선이 어떤 것인지에 따라 영적인 죄와 육적인 죄로 구분할 수 있고(q.72, a.2), 이시도루스와 같이 그 죄로 해를 입는 편을 기준으로 하여 하느님에 대한 죄, 자신에 대한 죄, 이웃에 대한 죄로 구분할 수도 있다(q.72, a.4). 이에 대한 반론으로 모든 죄가 하느님에 대한 죄라고 말할 수도 있으나, 토마스는 하느님에 대한 질서가 자신에 대한 질서와 이웃에 대한 질서를 포함하고, 자신에 대한 질서가 이웃에 대한 질서를 포함하므로, 그 질서들이 마치 동심원과 같다고 설명한다. 뒤집어 말한다면, 이웃에 대한 질서에는 포함되지 않지만 자신에 대한 질서에는 포함되는 죄가 있고, 자신에 대한 질서에는 포함되지 않지만 하느님에 대한 질서에는 포함되는 죄가 있는 것이다.

사죄(死罪)와 소죄의 구분에서도(q.72, a.5) 주목할 점이 있다. 죄에 따른 벌은 그 죄에 대해 우유적이며, 죄의 종을 구분하는 종차가 되지 않는다. 그러므로 사죄와 소죄의 구분에서 결정적인 것은 사죄에는 영벌이 따르고 소죄에는 잠벌만이 따른다는 것이 아니라, 그 죄로써 인간이 어떤 선에 등을 돌리는 것인지에 있다. "그러므로 영혼이 죄에 의하여 무질서하게 되고 최종 목적 곧 우리가 사랑으로써 결합되는 하느님으로부터 돌아설 때, 그것이 사죄이다. 그러나 무질서가 있더라도 하느님으로부터 돌아서지는 않을 때, 그것은 소죄이다." 소죄는 질병과 같아서 생명의 원리가 남아 있으므로 회복될 수 있고, 사죄는 죽음과 같이 생명의 원리 자체가 소멸되는 것이므로 회복되지 못한다.

죄의 비교 (q.73)

죄의 경중은 여러 기준에 따라 달라진다. 행위 자체로부터 죄의 경중을 헤아릴 때에는, 더 큰 선에 대립되는 죄가 더 큰 죄이다. 그러므로 하느님을 직접 거스르는 우상숭배, 독성 등이 가장 큰 죄이고, 이웃에 대한 죄 가운데에서는 이웃의 생명에 직접 거스르는 살인이 큰 죄가 된다.

육적인 죄와 영적인 죄를 비교하면, 개별적으로 어떤 영적인 죄라도 어떤 육적인 죄보다 더 무겁다고 말할 수는 없으나 일반적으로 말한다면 영적인 죄가 육적인 죄보다 무겁다. 이는 영적인 죄가 하느님으로부터 멀어지는 것인 반면 육적인 죄는 주로 육의 쾌락을 향해 돌아서는 것이며, 무엇을 거스르는가를 볼 때 영적인 죄가 하느님과 이웃을 거스르는 반면 육적인 죄는 그보다 덜 사랑해야 할 것인 자신을 거스르는 것이고, 동기 편에서 볼 때 육적인 죄에는 인간이 타고난 육의 욕망이 있기 때문이다.

죄가 가져오는 피해도 죄의 경중에 영향을 미치지만, 단순히 피해가 크다고 죄가 무거워지는 것은 아니며 그 피해를 일으킨 사람의 지향을 함께 고려해야 한다. 따라서 그 피해가 의도되고 예상된 경우, 예상되지만 의도되지는 않은 경우, 예상되지도 의도되지도 않은 경우를 구별해야 한다. 피해를 예상하면서도 의도적으로 그 행위를 했다면 그 죄는 더 무겁다.

행위자 편에서는, 그 행위가 의지적인 것일수록 죄가 더 크다. 어떤 이유로 그 행위가 온전히 의지적인 것이 되지 못할 때에는, 죄는 더 작은 것으로 여겨진다.

죄의 주체 (q.74)

윤리적 행위의 고유한 특징은 그것이 의지적이라는 데에 있으므로, 선한 윤리적 행위이든 악한 윤리적 행위이든 그 일차적 주체는 의지이다(q.74, a.1). 하지만, 의지에 의하여 명해지는 행위들도 의지적 행위이므로, 의지만이 의지적 행위인 죄의 주체가 되는 것은 아니다. 의지에 의하여 의지의 행위들을 하게 되는 모든 능력들도 죄의 주체가 될 수 있다.

그러한 이유에서, 감각적 욕구는 의지에 의하여 움직여질 수 있으므로 죄의 주체가 될 수 있다. 인간의 감각이 동물과 공통된다는 점에서는 죄의 주체가 될 수 없다고 반론을 제기하기도 하지만, 동물에게서와 달리 인간의 감성은 이성의 판단을 따를 수 있으므로 죄를 지을 수 있는 여지가 있다. 감성이 사죄의 주체가 되지는 않는다. 최종 목적을 향하는 것은 감성이 아니라 이성이므로, 사죄는 이성 안에만 있을 수 있고 감성 안에는 있을 수 없다.

한편, 이성 안에도 죄가 있을 수 있다. 이성에는 두 가지 행위가 있는데 그 두 가지 모두에서 죄가 있을 수 있다. 첫째로 이성이 참된 것을 인식하는 데에서 오류를 범하는 경우가 있는데, 어떤 사람이 마땅히 알아야 하고 알 수 있는 것에 대해 그것은 오류가 된다. 둘째로 이성이 하위의 능력에 무질서한 행위를 명하거나, 숙고한 후에 이를 저지하지 않을 경우 이성에 죄가 있는 것이다(q.74, a.5).

죄의 원인 (q.75)

넓게 말한다면 제75-80문이 모두 죄의 원인에 관한 것이다. 그런데, 죄가 최종 목적이며 최고선인 하느님으로부터 멀어지는 것이라는 정의에서 출발할 때, 죄를 실행하기에 충분한 원인이 되는 것은 의지뿐이다(q.75). 죄는 인간이 자신의 자유의지로써 범하는 것이며, 다른 외적 요소들은 "충분히 그리고 필연적으로 죄를 짓도록 이끌지 못한다." 죄를 지을 가능성을 지니고 있는 것은 의지이며, 그 가능성들이 감각적 요소에 의하여 또는 이성에 의하여 실현된다 하여도 그 죄를 실행하는 것은 의지이다.

인간 자신을 제외하고 볼 때 어떤 인간의 의지를 내적으로 직접 움직일 수 있는 것은 하느님뿐인데, 최고선이신 하느님은 스스로 인간이 추구할 대상이며 인간을 당신에게서 멀어지게 하지 않으시므로 하느님이 죄의 원인이 될 수는 없다(q.79). 한편 악마와 다른 외적 사물들은 비록 인간의 감각적 욕구와 이성을 움직이고 인간을 죄로 설득할 수 있다 하더라도 필연적으로 의지가 죄를 짓게 하기에는 충분치 못하다(q.80). 그러므로 하느님이 또는 악마가 인간을 죄짓게 만든다고 말할 수 없으며, 죄를 짓는 것은 인간 자신이다.

죄의 특수 원인으로 이성 편에서는 무지가, 감각적 욕구 편에서는 정념이, 의지 편에서는 악의가 죄의 내적 원인으로 간주될 수 있다. 어떤 개별적 상황에서 무지는 한 사람에게 죄를 짓지 않게 할 장애를 제거함으로써 그가 죄를 짓게 할 수 있다(q.76). 어떤 경우, 무지가 행위의 의지적 성격을 약하게 함으로써 죄를 가볍게 할 수도 있다. 한편 정념은(q.77) 어떤 죄에 선행하여 의지가 죄를 짓도록 하는 데에 영향을 미쳤을 경우 죄를 감소시킬 수도 있지만, 죄에 후행할 때에는 오히려 죄를 증가시킬 수 있다. 악의는(q.78) 의지가 악을 원하는 것인데, 인간은 본성적으로 선에 대한 욕구를 갖고 있으며 악을 원하는 것은 더 큰 선을 원한 것이어야 한다. 그런데 무지에 의해서나 다른 이유로 의지가 무질서하게 될 때 인간은 더 작은 선을 더 많이 사랑하여 자신의 의지로 악을 선택한다.

끝맺음

"한처음에 인간을 만드신 분은 그분이시다. 그분께서는 인간을 제 의지의 손에 내맡기셨다. 네가 원하기만 하면 계명을 지킬 수 있으니 충실하게 사는 것은 네 뜻에 달려 있다. 그분께서 네 앞에 물과 불을 놓으셨으니 손을 뻗어 원하는 대로 선택하여라. 사람 앞에는 생명과 죽음이 있으니 어느 것이나 바라는 대로 받으리라"(집회 15,14-17).

『신학대전』 전체가 그렇듯이 죄와 악습에 관한 논고 역시 계시와 이성의 뛰어난 조화를 보여 준다. 하느님께서 선하게 창조하신 세상과 인간 안에서, 그 하느님의 선물인 자유의지는 인간에게 죄의 가능성을 열어 놓는다. 인간은 자신의 의지로 하느님을 추구함으로써 자신의 본성을 온전히 실현하지만, 그러한 인간에게 동시에 다른 길을 선택할 수 있는 가능성이 주어져 있는 것이다. 모든 것은 하느님과 그 하느님을 향해 있는 인간의 관계 안에서 설명된다. 이렇게 죄와 악슬에 대해 다루면서도 오히려 최고선, 인간의 최종 목적, 인간의 의지에 더 강조점을 둔다는 점에서, 트마스는 13세기와 모든 시대의 그릇된 가르침에 맞서 그리스도교 신앙의 진리를 밝히고 있다.

참고문헌

김정우, 「윤리신학에서의 죄」, 『한국가톨릭대사전』, 제10권, 2004, 7784-7788쪽.

김정우, 「죄종」, 『한국가톨릭대사전』, 제10권, 2004, 7788-7790쪽.

김주영, 『악이란 무엇인가: 토마스 아퀴나스 철학에서 악의 문제에 관한 연구』, 누멘, 2012.

몬딘, 바티스타, 『신학적 인간학』, 윤주현 옮김, 가톨릭출판사, 2011, 219-294쪽.

스호는베르흐, P., 『인간과 죄』, 조정현 옮김, 분도출판사, 1978.

이동호, 「윤리신학의 역사로 살펴본 죄의 변화와 이해」, 『가톨릭 신학과 사상』 26(1998/겨울), 41-60쪽.

판넨베르크, 볼파르트, 『인간학 I: 인간본성론』, 분도출판사, 1996, 119-180쪽.

페쉬케, K. H., 『그리스도교 윤리학 제1권: 기초윤리신학』, 김창훈 옮김, 분도출판사, 1990.

Anderson, Gary A., *Sin: A History*, New Haven(Conn.), Yale University Press, 2009.

Belamns, Theo G., *Der objektive Sinn menschlichen Handelns. Die Ehemoral des hl. Thomas*, Vallendar-Schoenstatt, 1984.

Davies, Brian, OP, *Thomas Aquinas's Summa Theologiae: A Guide & Commentary*, Oxford, Oxford University Press, 2014, pp.202-211.

Dubarle, A. M., *The Biblical Doctrine of Original Sin,* London, Chapman, 1964.

Irwin, Terence, *The Development of Ethics: A Historical and Critical Study*, vol.1: *From Socrates to the Reformation*, Oxford, Oxford University Press, 2007 (ch.24: "Aquinas: Sin and Grace", pp.628-652).

Labourdette, M. M., OP, *Le peche originel et les origines de l'homme*, Paris, Alsatia, 1953.

Mann, William E., "Augustine on Evil and Original Sin", in Eleonore Stump & Norman Kretzmann(eds.), *The Cambridge Companion to Augustine*, Cambridge, Cambridge University Press, 2001, pp.40-48.

McCluskey, Colleen, *Thomas Aquinas on Moral Wrongdoing*, Cambridge, Cambridge University Press, 2017.

Pieper, Josef, *Suende - Eine Fehlleistung?*, 2 Aufl., Steinfeld, 1985.

Pieper, Josef, *The Concept of Sin*, South Bend, St. Augustine's Press, 2001.

Te Velde, Rudi A., "Evil, Sin, and Death: Thomas Aquinas on Original Sin", in Rik van Nieuwenhove and Joseph Wawrykow(eds.), *The Theology of Thomas Aquinas*, Notre Dame, University of Notre Dame Press, 2005, pp.143-166.

Thomas Aquinas, *On Evil*, tr. Richard Regan, SJ, intr., Brian Davies, OP, Oxford, Oxford University Press, 2003

Vandervelde, G., *Original Sin*, Amsterdam, Rodopi NV, 1975.

Wiley, Tartha, *Original Sin: Origins, Developments, Contemporary Meaning*, New York, Paulist, 2002.

토마스 아퀴나스 신학대전 25
죄

제2부 제1편
제71문 - 제80문

QUAESTIO LXXI
DE VITIIS ET PECCATIS SECUNDUM SE
in sex articulos divisa

Consequenter considerandum est de vitiis et peccatis.[1] Circa quae sex consideranda occurrunt, primo quidem, de ipsis vitiis et peccatis secundum se; secundo, de distinctione eorum;[2] tertio, de comparatione eorum ad invicem;[3] quarto, de subiecto peccati;[4] quinto, de causa eius;[5] sexto, de effectu ipsius.[6]

Circa primum quaeruntur sex.

Primo: utrum vitium contrarietur virtuti.

Secundo: utrum vitium sit contra naturam.

Tertio: quid sit peius, utrum vitium vel actus vitiosus.

Quarto: utrum actus vitiosus possit esse simul cum virtute.

Quinto: utrum in omni peccato sit aliquis actus.

Sexto: de definitione peccati quam Augustinus ponit, XXII *Contra Faustum:*[7] *Peccatum est dictum vel factum vel concupitum contra legem aeternam.*

---

1. Cf. q.55, Introd.
2. q.72.
3. q.73.

제71문
악습과 죄 자체
(전6절)

다음으로는 악습과 죄에 관하여 고찰해야 한다.[1]

이에 대해서는 여섯 가지를 고찰해야 한다. 첫째, 악습과 죄 자체에 대하여, 둘째, 이들의 구분에 대하여,[2] 셋째, 이들 서로 간의 비교에 대하여,[3] 넷째, 죄의 주체에 대하여,[4] 다섯째, 죄의 원인에 대하여,[5] 여섯째, 죄의 결과에 대하여[6] 고찰해야 한다.

첫째에 대해서는 여섯 가지 문제가 제기된다.
1. 악습은 덕에 반대되는가?
2. 악습은 본성을 거스르는가?
3. 악습과 악습의 행위 가운데 어떤 것이 더 악한가?
4. 악습의 행위는 덕과 동시에 공존할 수 있는가?
5. 모든 죄에 어떤 행위가 있는가?
6. 아우구스티누스가 『파우스투스를 거슬러』 제22권[7]에서 말하는, "죄는 영원법에 반대되는 말, 행함, 욕구"라는 정의에 대하여.

---

4. q.74.
5. q.75.
6. q.85.
7. c.27: PL 42, 418.

Articulus 1
Utrum vitium contrarietur virtuti

Ad primum sic proceditur. Videtur quod vitium non contrarietur virtuti.

1. Uni enim unum est contrarium, ut probatur in X *Metaphys.*[1] Sed virtuti contrariantur peccatum et malitia. Non ergo contrariatur ei vitium, quia vitium dicitur etiam si sit indebita dispositio membrorum corporalium, vel quarumcumque rerum.

2. Praeterea, virtus nominat quandam perfectionem potentiae. Sed vitium nihil nominat ad potentiam pertinens. Ergo vitium non contrariatur virtuti.

3. Praeterea, Tullius dicit, in IV *de Tusculanis Quaest.*, quod *virtus est quaedam sanitas animae.* Sanitati autem opponitur aegritudo vel morbus, magis quam vitium. Ergo virtuti non contrariatur vitium.

SED CONTRA est quod dicit Augustinus, in libro *de Perfectione Iustitiae,*[3] quod *vitium est qualitas secundum quam malus est animus.* Virtus autem est *qualitas quae facit bonum habentem,* ut ex supradictis[4] patet. Ergo vitium contrariatur virtuti.

RESPONDEO dicendum quod circa virtutem duo possumus considerare, scilicet ipsam essentiam virtutis; et id ad quod est

제1절 악습은 덕에 반대되는가?

[반론] 첫째에 대해서는 다음과 같이 진행된다. 악습은 덕에 반대되지 않는 것으로 생각된다.

1. 『형이상학』 제10권[1]에서 증명되듯이, "한 사물에 반대되는 것은 오직 한 가지"이다. 그런데 덕에 반대되는 것은 죄와 악의이다. 그러므로 악습은 덕에 반대되는 것이 아니다. 신체적 지체나 다른 어떤 사물의 마땅치 않은 상태도 악습이라고 일컬어지기 때문이다.

2. 덕은 능력의 완전성을 지칭하는데 악습은 능력과 연관된 것을 지칭하지 않는다. 그러므로 악습은 덕에 반대되는 것이 아니다.

3. 키케로는 『투스쿨룸의 문제들』 제4권[2]에서 "덕은 영혼의 건강"이라고 말한다. 그런데 건강에 반대되는 것은 악습보다는 허약함이나 질병이다. 그러므로 악습은 덕에 반대되는 것이 아니다.

[재반론] 그러나 반대로 아우구스티누스는 『인간 의화의 완성』[3]에서 "악습은 그로써 영혼이 악하게 되는 자질"이라고 말한다. 그런데 앞서[4] 말한 바에서 알 수 있듯이 덕은 "이를 소유한 사람을 선하게 만드는 자질"이다. 그러므로 악습은 덕에 반대된다.

[답변] 덕에 대해서는 두 가지를 고찰할 수 있는데, 그것은 덕의 본

---

1. c.4: 1055a19-21; S. Thomas, lect.5, n.2030. Cf. c.5: 1055b30-32; S. Thomas, lect.7, n.2059.
2. c.13: ed. Müller, Lipsiae 1908, p.402, ll.6-7.
3. c.2: PL 44, 294.
4. q.55, a.3,4.

virtus. In essentia quidem virtutis aliquid considerari potest directe;⁵ et aliquid ex consequenti.⁶ Directe quidem virtus importat dispositionem quandam alicuius convenienter se habentis secundum modum suae naturae, unde Philosophus dicit, in VII *Physic.*⁷ quod *virtus est dispositio perfecti ad optimum; dico autem perfecti, quod est dispositum secundum naturam.* Ex consequenti autem sequitur quod virtus sit bonitas quaedam, in hoc enim consistit uniuscuiusque rei bonitas, quod convenienter se habeat secundum modum suae naturae. Id autem ad quod virtus ordinatur, est actus bonus, ut ex supradictis⁸ patet.

Secundum hoc igitur tria inveniuntur opponi virtuti. Quorum unum est peccatum, quod opponitur sibi ex parte eius ad quod virtus ordinatur, nam peccatum proprie nominat actum inordinatum, sicut actus virtutis est actus ordinatus et debitus. Secundum autem quod ad rationem virtutis consequitur quod sit bonitas quaedam, opponitur virtuti malitia. Sed secundum id quod directe est de ratione virtutis, opponitur virtuti vitium, vitium enim uniuscuiusque rei esse videtur quod non sit disposita secundum quod convenit suae naturae. Unde Augustinus dicit, in III *de Lib. Arb.*:⁹ *Quod perfectioni naturae deesse perspexeris, id voca vitium.*

---

5. 또는, 일차적으로.
6. 또는, 이차적으로.

질 자체와 덕이 지향하는 것이다. 덕의 본질에 있어 어떤 것들은 직접적으로[5] 그 본질에 속하고 어떤 것들은 결과적으로[6] 그 본질에 속한다. 덕에 직접적으로 속하는 것은 어떤 사물이 자체의 본성에 따라 적합하게 지니고 있는 상태이다. 그래서 철학자는 『자연학』 제7권[7]에서 이렇게 말한다. "덕은 완전한 것이 최선의 것에 대해 지닌 상태이다. 내가 완전하다고 하는 것은 본성에 부합하는 상태를 지닌 것을 뜻한다." 결과적으로 덕에 속하는 것은, 어떤 선성이다. 어떤 사물의 선성은 곧 그것이 자체의 본성에 따라 적절한 상태에 있는 것이기 때문이다. 앞서[8] 말한 바에서 드러나듯이, 덕이 지향하는 것은 선한 행위이다.

이에 따라, 세 가지가 덕에 대립되는 것으로 나타난다. 그 가운데 첫째는 죄이다. 죄는 덕이 지향하는 것에 대립된다는 점에서 덕에 대립된다. 고유한 의미에서 죄는 무질서한 행위를 지칭하고, 반면 덕의 행위는 질서 있고 마땅한 행위이다. 결과적인 의미에서 덕의 근거가 되는 것, 곧 선성이라는 의미의 덕에 대립되는 것은 악이다. 그러나 직접적으로 덕의 근거가 되는 것이라는 측면에서 덕에 반대되는 것은 악습이다. 악습은 어떤 사물이 자체의 본성에 부합하는 상태를 갖추지 않은 것이기 때문이다. 그래서 아우구스티누스는 『자유의지론』 제3권[9]에서, "본성의 완전성에 어떤 것이 결핍되어 있다면, 그것을 악습이라 부르라."고 말한다.

---

7. c.3: 246b23-24; S. Thomas, lect.5, n.6.
8. q.56, n.3.
9. c.14, n.41: PL 32, 1291.

AD PRIMUM ergo dicendum quod illa tria non contrariantur virtuti secundum idem, sed peccatum quidem contrariatur secundum quod virtus est operativa boni; malitia autem secundum quod est bonitas quaedam; vitium autem proprie secundum quod est virtus.

AD SECUNDUM dicendum quod virtus non solum importat perfectionem potentiae quae est principium agendi, sed etiam importat debitam dispositionem eius cuius est virtus, et hoc ideo quia unumquodque operatur secundum quod actu est. Requiritur ergo quod aliquid sit in se bene dispositum, quod debet esse boni operativum. Et secundum hoc virtuti vitium opponitur.

AD TERTIUM dicendum quod, sicut Tullius dicit, in IV *de Tusculanis Quaest.*,[10] *morbi et aegrotationes partes sunt vitiositatis*: in corporibus enim *morbum appellant totius corporis corruptionem*, puta febrem vel aliquid huiusmodi; *aegrotationem* vero, *morbum cum imbecillitate; vitium* autem, *cum partes corporis inter se dissident*. Et quamvis in corpore quandoque sit morbus sine aegrotatione, puta cum aliquis est interius male dispositus, non tamen exterius praepeditur a solitis operationibus; *in animo tamen*, ut ipse dicit, *haec duo non possunt nisi cogitatione secerni*. Necesse est enim quod quandocumque aliquis interius est male dispositus, habens inordinatum affectum, quod ex hoc imbecillis reddatur ad debitas operationes exercendas, quia *unaquaeque arbor ex suo fructu cognoscitur*, idest homo ex opere, ut dicitur Matth. 12, [33].[11] Sed

[해답] 1. 이 세 가지는 같은 방식으로 덕에 반대되는 것이 아니다. 죄는 덕이 선을 행하게 하는 것이라는 점에서 덕에 반대되고, 악의는 덕이 어떤 습성이라는 점에서 덕에 반대되며, 악습은 덕이 무엇인가 하는 고유한 의미에서 덕에 반대된다.

2. 덕은 행위의 원리인 능력의 완전성만을 의미하지 않고, 덕을 소유한 사람의 마땅한 상태도 의미한다. 이는 사물은 자체가 현실태에 있는 정도에 따라 작용하는 것이기 때문이다. 그러므로 어떤 사물이 선을 행하려면 그 자체 안에 좋은 상태를 지니고 있는 것이 필요하다. 이러한 점에서 악습은 덕에 반대된다.

3. 키케로가[10] 말하듯이 "질병과 허약함은 악습에 속한다." 육신에서 "질병은 육신 전체의 손상" 곧 열이나 그와 유사한 것을 지칭하지만, "허약함은 질병에 나약함이 함께 있는 것이며, 악습은 신체의 부분들이 서로 일치하지 않는 것이다." 그런데 신체에서는 때로 질병이 있으면서도 허약함은 없을 수 있다. 다시 말하면 내적으로는 상태가 좋지 않으면서도 외적으로는 보통의 작용들을 하는 데에 장애가 없을 수 있는 것이다. 그러나 같은 저자가 말하듯이 "영혼 안에서 그 두 가지는 생각 속에서만 서로 구별될 수 있다." 어떤 사람이 무질서한 감정을 갖고 있어서 내적으로 좋은 태도를 갖추고 있지 못하다면, 그는 필연적으로 마땅히 해야 할 작용들을 행할 수 없게 된다. 마태오복음서 12장 [33절][11]에서 말하듯이, "나무는 그 열매를 보면 안다." 인간은 그의 행위들로 알아보는 것이다. 그러나 키케로가 말하듯이 "영혼의 악습은 평생 불안정하고 스스로 일관되지 않은 영

---

10. c.13: ed. Müller, Lipsiae 1908, p.401, ll.33-34,17-27.
11. Cf. 루카 6,44.

vitium animi, ut Tullius ibidem dicit, *est habitus aut affectio animi in tota vita inconstans, et a seipsa dissentiens.* Quod quidem invenitur etiam absque morbo vel aegrotatione, ut puta cum aliquis ex infirmitate vel ex passione peccat.[12] Unde in plus se habet vitium quam aegrotatio vel morbus, sicut etiam virtus in plus se habet quam sanitas, nam sanitas etiam quaedam virtus ponitur in VII Physic.[13] Et ideo virtuti convenientius opponitur vitium quam aegrotatio vel morbus.[14]

Articulus 2
Utrum vitium sit contra naturam

Ad secundum sic proceditur. Videtur quod vitium non sit contra naturam.

1. Vitium enim contrariatur virtuti, ut dictum est.[1] Sed virtutes non sunt in nobis a natura, sed causantur in nobis per infusionem aut ab assuetudine, ut dictum est.[2] Ergo vitia non sunt contra naturam.

2. Praeterea, ea quae sunt contra naturam, non possunt assuefieri, sicut *lapis nunquam assuescit ferri sursum,* ut dicitur in II *Ethic.*[3] Sed aliqui assuefiunt ad vitia. Ergo vitia non sunt

---

12. Cfr. q.77, a.3.
13. c.3: 246b4-5; S. Thomas, lect.5, n.6.

혼의 습성 또는 정감"이다. 이것은 질병이나 허약함이 없을 때에도, 곧 어떤 사람이 나약함이나 정념으로 인하여 죄를 지을 때에도 나타난다.[12] 그러므로 악습은 허약함이나 질병보다 더 넓고, 덕은 건강보다 넓다. 『자연학』 제7권[13]에서 제시하듯이 건강도 일종의 덕이기 때문이다. 그러므로 허약함이나 질병보다 악습이 덕에 대립되는 것이 더 적절하다.

제2절 악습은 본성을 거스르는가?

Parall.: *In Ep. ad Rom.*, c.1, lect.8; *In Ep. ad Galat.*, c.5, lect.6.

[반론] 둘째에 대해서는 다음과 같이 진행된다. 악습은 본성을 거스르지 않는 것으로 생각된다.

1. 앞서[1] 말한 바와 같이 악습은 덕에 반대된다. 그런데 앞서[2] 말한 바와 같이 우리에게 있어 덕들은 본성에서 나오는 것이 아니라 주입으로 인하여 또는 습관으로 우리 안에 있게 된다. 그러므로 악습은 본성에 반대되는 것이 아니다.

2. 본성에 반대되는 것은 습관이 될 수 없다. 『니코마코스 윤리학』 제2권[3]에서 말하듯이 "돌은 위로 올라가는 습관을 지닐 수 없다." 그런데 어떤 이들은 악습이 습관이 된다. 그러므로 악습은 본성에

---

1. 앞 절.
2. q.63, a.1,2,3.
3. c.1: 1103a20-26; S. Thomas, lect.1, nn.248-249.

contra naturam.

3. Praeterea, nihil quod est contra naturam, invenitur in habentibus illam naturam ut in pluribus. Sed vitia inveniuntur in hominibus ut in pluribus, quia, sicut dicitur Matth. 7, [13], *lata est via quae ducit ad perditionem, et multi vadunt per eam.*[4] Ergo vitium non est contra naturam.

4. Praeterea, peccatum comparatur ad vitium sicut actus ad habitum, ut ex supradictis[5] patet. Sed peccatum definitur esse *dictum vel factum vel concupitum contra legem Dei*; ut patet per Augustinum, XXII *Contra Faustum.*[6] Lex autem Dei est supra naturam. Magis ergo dicendum est quod vitium sit contra legem, quam sit contra naturam.

SED CONTRA est quod Augustinus dicit, in III *de Lib. Arb.*:[7] *Omne vitium, eo ipso quod vitium est, contra naturam est.*

RESPONDEO dicendum quod, sicut dictum est, vitium virtuti contrariatur. Virtus autem uniuscuiusque rei consistit in hoc quod sit bene disposita secundum convenientiam suae naturae, ut supra[9] dictum est. Unde oportet quod in qualibet re vitium

---

4. 대중 라틴말 성경은 Lata porta et spatiosa via est, quae ducit ad perditionem, et multi sunt qui intrant per eam.
5. 앞 절.
6. c.27: PL 42, 418.

반대되는 것이 아니다.

3. 본성에 반대되는 것은 어떤 것도 그 본성을 지닌 이들 대부분에게서 나타날 수 없다. 그런데 마태오복음서 7장 [13절]에서는 "멸망으로 이끄는 길은 넓어 그리로 가는 자들이 많다."[4]고 하듯이, 악습은 사람들 대부분에게서 나타난다. 그러므로 악습은 본성에 반대되는 것이 아니다.

4. 위에서 말한 데에서[5] 분명히 드러나듯이, 악습에 대한 죄의 관계는 습성에 대한 행위의 관계와 같다. 그런데 아우구스티누스가 『파우스투스를 거슬러』 제22권[6]에서 말하듯이 죄는 "하느님의 법에 반대되는 말, 행함, 욕구"로 정의된다. 그런데 하느님의 법은 본성보다 위에 있다. 그러므로 악습은 본성에 반대된다기보다 법에 반대된다고 말해야 한다.

[재반론] 그러나 반대로 아우구스티누스는 『자유의지론』 제3권[7]에서 "모든 악습은 그것이 악습이라는 것 자체로 본성을 거스른다."고 말한다.

[답변] 앞서[8] 말한 바와 같이 악습은 덕에 반대된다. 그런데 앞서[9] 말한 바와 같이, 어떤 사물의 덕은 그것이 자체의 본성에 잘 부합하는 상태에 있는 데에 있다. 그러므로 어떤 사물에서든지 악습은 본성에 부합하는 것에 반대되는 상태라고 말할 수 있다. 그래서 어떤 사물

---

7. c.13, n.38: PL 32, 1290.
8. 앞 절.
9. Ibid.

dicatur ex hoc quod est disposita contra id quod convenit naturae. Unde et de hoc unaquaeque res vituperatur, *a vitio autem nomen vituperationis tractum creditur*, ut Augustinus dicit, in III *de Lib. Arb*.[10]

Sed considerandum est quod natura uniuscuiusque rei potissime est forma secundum quam res speciem sortitur. Homo autem in specie constituitur per animam rationalem. Et ideo id quod est contra ordinem rationis, proprie est contra naturam hominis inquantum est homo; quod autem est secundum rationem, est secundum naturam hominis inquantum est homo.[11] Bonum autem hominis est secundum rationem esse, et malum hominis est *praeter rationem esse*, ut Dionysius dicit, 4 cap. *de Div. Nom*.[12] Unde virtus humana, quae *hominem facit bonum, et opus ipsius bonum reddit*,[13] intantum est secundum naturam hominis, inquantum convenit rationi, vitium autem intantum est contra naturam hominis, inquantum est contra ordinem rationis.[14]

AD PRIMUM ergo dicendum quod virtutes, etsi non causentur a natura secundum suum esse perfectum, tamen inclinant ad id quod est secundum naturam, idest secundum ordinem rationis, dicit enim Tullius, in sua *Rhetorica*,[15] quod *virtus est habitus in modum naturae rationi consentaneus*. Et hoc modo virtus dicitur esse secundum naturam, et per contrarium intelligitur quod vitium sit contra naturam.

이든지 이러한 악습에 대해서는 비난을 받는 것이다. 아우구스티누스가 『자유의지론』 제3권[10]에서 말하듯이, "vituperatio(비난)라는 단어는 vitium(악습)에서 파생된 것으로 생각된다."

하지만, 어떤 사물의 본성은 무엇보다도 그것을 어떤 종에 속하게 하는 그 형상에 따라 정해진다는 점을 고려해야 한다. 그런데 인간은 이성적 영혼에 의하여 자신의 종에 속하게 된다. 그러므로 이성의 질서에 반대되는 것은 고유한 의미에서 인간으로서의 인간의 본성에 반대되는 것이다. 그리고 이성에 부합하는 것은 인간으로서의 인간의 본성에 부합하는 것이다.[11] 그러므로 디오니시우스가 『신명론』 제4장[12]에서 말하듯이 인간의 선은 이성에 부합하는 것이고 인간의 악은 "이성을 벗어나는 것"이다. 그러므로 "인간을 선하게 하고 그가 행하는 일을 선한 것이 되게 하는"[13] 인간의 덕은, 이성에 부합한다는 점에서 인간의 본성에 부합하는 것이다. 반면 악습은 그것이 이성의 질서에 반대된다는 점에서 인간의 본성에 반대된다.[14]

[해답] 1. 덕들은 본성으로부터 완전하게 나오지는 않지만, 본성에 따르는 것 곧 이성의 질서에 따르는 것을 향하는 경향을 갖는다. 실상 키케로는 『수사학』 제2권[15]에서 "덕은 마치 본성처럼 이성에 따르는 습성"이라고 말한다. 이러한 의미에서 덕은 본성에 부합한다고 일컬어지고, 반면 악습은 본성에 반대되는 것으로 이해된다.

---

10. c.14, n.40: PL 32, 1291.
11. Cf. q.18, a.5 c; c.56, a,5, ad2.
12. PG 3, 733A; S. Thomas, lect.22.
13. Arist. *Eth*. II, 5: 1106a15-24; S. Thomas, lect.6, nn.307-308.
14. Cf. q.54, a.3 c.
15. L.II, c.53: ed. Müller, Lipsiae 1908, p. 230, ll.2-3.

AD SECUNDUM dicendum quod Philosophus ibi loquitur de his quae sunt contra naturam, secundum quod esse contra naturam opponitur ei quod est esse a natura, non autem secundum quod esse contra naturam opponitur ei quod est esse secundum naturam, eo modo quo virtutes dicuntur esse secundum naturam, inquantum inclinant ad id quod naturae convenit.[16]

AD TERTIUM dicendum quod in homine est duplex natura, scilicet rationalis et sensitiva. Et quia per operationem sensus homo pervenit ad actus rationis, ideo plures sequuntur inclinationes naturae sensitivae quam ordinem rationis, plures enim sunt qui assequuntur principium rei, quam qui ad consummationem perveniunt.[17] Ex hoc autem vitia et peccata in hominibus proveniunt, quod sequuntur inclinationem naturae sensitivae contra ordinem rationis.[18]

AD QUARTUM dicendum quod quidquid est contra rationem artificiati, est etiam contra naturam artis, qua artificiatum producitur. Lex autem aeterna comparatur ad ordinem rationis humanae sicut ars ad artificiatum. Unde eiusdem rationis est quod vitium et peccatum sit contra ordinem rationis humanae, et quod sit contra legem aeternam.[19] Unde Augustinus dicit, in

---

16. 어떤 행위자가 자신의 종에 따라서 또는 그보다 하위의 행위를 하는 것은 불가능하지 않다. 그러나 어떤 것도 자체의 종을 넘어서는 것은 행할 수 없다. 그런데 은총은 영혼의 본성보다 상위에 있고, 죄는 동물적 본성에 비하면 그 본성의 차원에 있고 이성적 본성에 비하면 본성보다 아래에 있다. 따라서 죄와 은총은 유사하지 않다. De Veritate, q.27, a.3, ad22.

2. 여기서 철학자가 본성을 거스른다고 말하는 것은 본성으로부터 오는 것에 대립된다는 뜻이며 본성에 따르는 것에 대립된다는 뜻이 아니다. 그런데 격이 본성에 부합한다고 일컬어지는 것은 본성에 부합하는 것을 향하는 성향을 갖는다는 뜻에서이다.[16]

3. 인간에게는 이중의 본성이 있는데, 그것은 이성적 본성과 감각적 본성이다. 그런데 인간은 감각의 작용을 통하여 이성의 행위에 도달하므로, 감각적 본성의 성향을 따르는 이들이 이성의 질서를 따르는 이들보다 많다. 시작에 이르는 이들이 그 완성에 도달하는 이들보다 많기 때문이다.[17] 인간에게 악습과 죄가 있게 되는 것은 그들이 이성의 질서를 거슬러 감각적 본성의 성향을 따르기 때문이다.[18][19]

4. 성산물의 근거에 반대되는 모든 것은 그것을 생산하는 기술의 본성에도 반대된다. 그런데 인간 이성의 질서에 대한 영원법의 관계는 생산물에 대한 기술의 관계와 같다. 그러므로 악습과 죄가 인간 이성의 질서에 반대된다는 것은 이들이 같은 방식으로 영원법에도 반대

---

17. Cf. 1, q.49, a.3, ad5.
18. Cf. q.5, a.8, ad3.
19. "이 논증은 어려우며 매우 고통스러운 난점을 제기하고, 여기에서 우리는 우리 인간 안에서 매우 특이한 비참을 겪게 된다. 인간보다 하위 또는 상위의 모든 종들에서는 대부분의 경우 결정이 선하기 때문이다. 오직 인간 본성만이 많은 이들이 악을 지니고 있고 적은 이들만이 선을 지니고 있다는 비참함을 겪는다. 그리고 악에서 나온 말은 본성을 거스르고, 선에서 나온 말은 본성에 부합한다. 여기서 저자는 아리스토텔레스의 『니코마코스 윤리학』 제9권(c.4: S. Thomas, lect.4)으로부터 이 문제를 해결하며, 이러한 부등함의 원인이 인간 안에 종속된 두 가지 본성이 있고 이들이 서로 반대되기 때문이라고 말한다. 곧 인간 안에는 이성과 감각이 있고, 육은 영에 반대되는 것을 갈망한다는 것이다. 우리는 그 다른 원리에 따라, 감각의 선에서부터 시작한다. 그러나 시작하는 이들이 모두 끝에 이르지는 못한다. 감각적 본성에 따른 선을 추구하는 이들이, 이성적 본성에 따른 선을 추구하는 데에 이르는 이들보다 많은 것이다. 또한 여

III *de Lib. Arb.*,[20] quod *a Deo habent omnes naturae quod naturae sunt, et intantum sunt vitiosae, inquantum ab eius, qua factae sunt, arte discedunt.*

Articulus 3
Utrum vitium sit peius quam actus vitiosus

Ad tertium sic proceditur. Videtur quod vitium, idest habitus malus sit peius quam peccatum, idest actus malus.

1. Sicut enim bonum quod est diuturnius, est melius; ita malum quod est diuturnius, est peius. Sed habitus vitiosus est diuturnior quam actus vitiosi, qui statim transeunt. Ergo habitus vitiosus est peior quam actus vitiosus.

2. Praeterea, plura mala sunt magis fugienda quam unum malum. Sed habitus malus virtualiter est causa multorum malorum actuum. Ergo habitus vitiosus est peior quam actus vitiosus.

기에서부터 어떤 이들은 이성적 본성에 반대되는 악을 범하기도 한다. 감각적 본성의 선에서 머물러 있기 때문이다. 같은 근원에서 다른 결과들도 나온다. 곧 감각적 본성의 선들은 이른 시기부터 사용되기에 우리에게 더 본성적이고, 자명한 감각들의 경험이기에 더 알려져 있고, 즉각적인 즐거움 때문이든 즉각적인 반대편의 대립 때문이든 더 많이 움직여진다. 그런데 이성의 선은 시간이 지난 후에 비로소 감지되고, 불충분하게 인식된다. 또한 우리가 경험하듯이, 자신의 악이나 반대편의 악에도, 죄에도 고통에도 덜 움직인다. 이러한 인간 본성의 불행은, 우리가 보는 다른 본성들의 경우와 같지 않다. 인간은 사물의 더 높은 질서를 향하면서도, 거기에 충분히 참여하지는 못하는 것이다." Caietanus in h. l.

된다는 것이다.[20] 그래서 아우구스티누스는 『자유의지론』 제3권[21]에서 "모든 본성은 그들이 본성이라는 것을 하느님으로부터 받는다. 그들은 그들이 만들어진 기술로부터 벗어나는 한에서 악습이 된다."[22]고 말한다.

제3절 악습은 악습의 행위보다 더 악한가?

[반론] 셋째에 대해서는 다음과 같이 진행된다. 악습 곧 악한 습성은 죄 곧 악한 행위보다 더 악한 것으로 생각된다.

1. 더 오래 지속되는 선이 더 나은 것과 마찬가지로, 더 오래 지속되는 악은 더 악하다. 그런데 악습의 습성은 곧 지나가는 악습의 행위보다 더 오래 지속된다. 그러므로 악습의 습성은 악습의 행위보다 더 악하다.

2. 하나의 악보다도 여러 악들을 더 피해야 한다. 그런데 악한 습성은 잠재적으로 많은 악한 행위들의 원인이다. 그러므로 악습의 습성은 악습의 행위보다 더 악하다.

---

20. Cf. a.5 c.: *Regula autem voluntatis...*
21. c.15, n.42: PL 32, 1291-1292.
22. 인간은 자신이 그것에 의하여 만들어진 그 기술로부터 멀어짐으로써, 자신의 본성에 따라 자신에게 부합하는 선에 미치지 못하게 되고(Cf. q.109, a.2, ad2) 진리에서도 멀어지는데, 본래 인간은 자신의 삶에서 그 진리를 따라 하느님의 지성에 의하여 그가 지향하게 되어 있는 것을 행하게 되어 있다.(Cf. I, q.16, a.4, ad3) 이렇게 하여 그는 하느님으로부터 도피하게 된다. 애정이 여러 가지로 분산되어, 그들의 도덕적 삶은 일관성과 통일성을 완전히 잃어버린다. 우리 시대의 어떤 측면을 설명해 주는 이 도피에 관하여, M. Picard, *La fuga davanti a Dio*, tr. C. Di Scipio, Milano 1948 참조.

q.71, a.3

3. Praeterea, causa est potior quam effectus. Sed habitus perficit actum tam in bonitate quam in malitia. Ergo habitus est potior actu et in bonitate et in malitia.

SED CONTRA, pro actu vitioso aliquis iuste punitur, non autem pro habitu vitioso, si non procedat ad actum. Ergo actus vitiosus est peior quam habitus vitiosus.

RESPONDEO dicendum quod habitus medio modo se habet inter potentiam et actum. Manifestum est autem quod actus in bono et in malo praeeminet potentiae, ut dicitur in IX *Metaphys.*,[1] melius est enim bene agere quam posse bene agere; et similiter vituperabilius est male agere quam posse male agere. Unde etiam sequitur quod habitus in bonitate et in malitia medium gradum obtineat inter potentiam et actum, ut scilicet, sicut habitus bonus vel malus praeeminet in bonitate vel malitia potentiae, ita etiam subdatur actui.

Quod etiam ex hoc apparet, quod habitus non dicitur bonus vel malus nisi ex hoc quod inclinat ad actum bonum vel malum. Unde propter bonitatem vel malitiam actus, dicitur habitus bonus vel malus.[2] Et sic potior est actus in bonitate vel malitia quam habitus, quia *propter quod unumquodque tale, et illud magis est.*[3]

3. 원인은 결과보다 더 강하다. 그런데 선에 있어서나 악에 있어서나 습성은 행위를 만들어 낸다. 그러므로 선에서나 악에서나 습성은 행위보다 더 강하다.

[재반론] 그러나 반대로 악습의 행위에 대해서는 정당하게 벌을 받을 수 있다. 반면 악습의 습성에 대해서는, 그것이 행위로 발전하지 않는다면 처벌받지 않는다. 그러므로 행위는 습성보다 더 악하다.

[답변] 습성은 가능태와 현실태의 중간에 있는 것이다. 그런데,『자연학』제9권[1]에서 말하듯이 선에서나 악에서나 현실태는 가능태보다 우월함이 명백하다. 선을 행할 수 있는 것보다 선을 행하는 것이 더 선한 것이다. 마찬가지로, 악을 행할 수 있는 것보다 악을 행하는 것이 더 비난받을 일이다. 그러므로 선에서나 악에서나 습성은 가능태와 현실태 사이에서 중간 단계를 차지한다. 곧 선하거나 악한 습성은 그 선성이나 악의에 있어 가능태보다 우월하고 현실태에는 종속된다.
  이것은, 습성이 선하거나 악한 행위로 기울지 않는다면 그것이 선하다 또는 악하다고 일컬어지지 않는다는 데에서도 나타난다. 그래서 행위의 선함 또는 악함으로 인하여 어떤 습성이 선하거나 악하다고 일컬어진다.[2] 그러므로 선에서나 악에서나 행위는 습성보다 강하다. "그것으로 인하여 어떤 사물이 어떠하게 되는 것은, 더욱 어떠하기"[3] 때문이다.

---

1. c.9: 1051a4-15; S. Thomas, lect.10, nn.1883-1884.
2. Cf. q.54, a.3 c.
3. Aristoteles, Poster. I, 2: 72a29-32; S. Thomas, lect. 6, n.3 sq.

AD PRIMUM ergo dicendum quod nihil prohibet aliquid esse simpliciter altero potius, quod tamen secundum quid ab eo deficit. Simpliciter enim potius iudicatur quod praeeminet quantum ad id quod per se consideratur in utroque, secundum quid autem quod praeeminet secundum id quod per accidens se habet ad utrumque. Ostensum est autem[4] ex ipsa ratione actus et habitus, quod actus est potior in bonitate et malitia quam habitus. Quod autem habitus sit diuturnior quam actus, accidit ex eo quod utrumque invenitur in tali natura quae non potest semper agere, et cuius actio est in motu transeunte. Unde simpliciter actus est potior tam in bonitate quam in malitia, sed habitus est potior secundum quid.

AD SECUNDUM dicendum quod habitus non est simpliciter plures actus, sed secundum quid, idest virtute. Unde ex hoc non potest concludi quod habitus sit simpliciter potior in bonitate vel malitia quam actus.

AD TERTIUM dicendum quod habitus est causa actus in genere causae efficientis, sed actus est causa habitus in genere causae finalis, secundum quam consideratur ratio boni et mali.[5] Et ideo in bonitate et malitia actus praeeminet habitui.

---

4. 답변.

[해답] 1. 어떤 것이 단적으로 다른 것보다 우위에 있더라도, 어떤 점에서는 그 다른 것보다 못할 수 없는 것은 아니다. 어떤 것이 단적으로 우위에 있다고 판단되는 것은, 두 가지 모두를 본질적인 측면에서 보았을 때 어떤 하나가 우위에 있는 경우이다. 반면 두 가지 모두에게 우유적인 어떤 측면에서 우위에 있을 때에는, 그 어떤 점에 있어서 우위에 있는 것이다. 그런데 위에서[4] 밝힌 바와 같이 행위와 습성의 개념 자체를 고찰할 때 행위는 선에서나 악에서나 습성보다 우위에 있다. 반면 습성이 행위보다 더 오래 지속된다는 것은 우연적이다. 그 둘은 모두 언제나 행위를 하고 있을 수 없으며 또한 그들의 작용은 일시적인 운동이라는 본성으로부터 우유적으로 일어나는 것이다. 그러므로 선에서나 악에서나 단적으로는 행위가 더 우위에 있지만, 어떤 점에서는 습성이 더 우위에 있다.

2. 습성은 단적으로 다수의 행위들로 되어 있는 것이 아니며 어떤 측면에서, 곧 잠재적으로 그러하다. 그러므로 여기에서부터 습성이 선에서나 악에서나 단적으로 행위보다 우위에 있다는 결론을 끌어낼 수 없다.

3. 습성은 일반적으로 작용인으로서 행위의 원인이 된다. 그러나 행위는 목적인으로서 습성의 원인이 되고, 그에 따라 선한 것 또는 악한 것으로 간주된다.[5] 그러므로 선에서나 악에서나 행위는 습성보다 우위에 있다.

---

5. Cf. q.18, aa.6-7.

Articulus 4
Utrum peccatum simul possit esse cum virtute

Ad quartum sic proceditur. Videtur quod actus vitiosus, sive peccatum, non possit simul esse cum virtute.

1. Contraria enim non possunt esse simul in eodem. Sed peccatum quodammodo contrariatur virtuti, ut dictum est.[1] Ergo peccatum non potest simul esse cum virtute.

2. Praeterea, peccatum est peius quam vitium, idest actus malus quam habitus malus. Sed vitium non potest simul esse in eodem cum virtute. Ergo neque peccatum.

3. Praeterea, sicut peccatum accidit in rebus voluntariis, ita et in rebus naturalibus, ut dicitur in II *Physic.*[2] Sed nunquam in rebus naturalibus accidit peccatum nisi per aliquam corruptionem virtutis naturalis, sicut *monstra accidunt corrupto aliquo principio in semine*, ut dicitur in II *Physic.*[3] Ergo etiam in rebus voluntariis non accidit peccatum nisi corrupta aliqua virtute animae. Et sic peccatum et virtus non possunt esse in eodem.

SED CONTRA est quod Philosophus dicit, in II *Ethic.*,[4] quod per contraria virtus generatur et corrumpitur. Sed unus actus

---
1. a.1.
2. c.8: 199a33-b1; S. Thomas, lect.14, nn.2-3.

제4절 죄는 덕과 동시에 공존할 수 있는가?

Parall.: Supra, q.63, a.2, ad2; infra, q.73, a.1, ad2; II-II, q.24, a.12; *De De virtutibus*, a.1, a.1 ad5.

[반론] 넷째에 대해서는 다음과 같이 진행된다. 악습의 행위 곧 죄는 덕과 동시에 공존할 수 없는 것으로 생각된다.

1. 서로 반대되는 것들은 같은 것 안에 동시에 존재할 수 없다. 그런데 앞서[1] 말했듯이 죄는 어떤 식으로 덕에 반대된다. 그러므로 죄는 덕과 동시에 공존할 수 없다.

2. 죄는 악습보다 더 악하다. 악한 행위가 악한 습성보다 더 악한 것이다. 그런데 악습은 덕과 같은 주체 안에 동시에 공존할 수 없다. 그러므로 죄도 동시에 공존할 수 없다.

3. 『자연학』 제2권[2]에서 말하듯이 죄는 의지적인 것들에서도 일어나고 본성적인 것들에서도 일어난다. 그런데 본성적인 것들에서는, 본성적 덕이 어떤 식으로 소멸됨으로써만 죄가 생겨난다. 『자연학』 제2권[3]에서 말하듯이 "씨앗 안에서 어떤 원리가 소멸됨으로써 기형이 생겨난다." 그러므로 의지적인 것들에서도 죄는 영혼의 어떤 덕이 소멸됨으로써만 생겨난다. 따라서 죄와 덕은 같은 주체 안에 공존할 수 없다.

[재반론] 그러나 반대로 철학자가 『자연학』 제2권[4]에서 말하듯이,

---

3. Ibid.: 199b4; S. Thomas, lect.14, n.3.
4. c.2: 1105a14-16; S. Thomas, lect.3, n.279.

virtuosus non causat virtutem, ut supra⁵ habitum est. Ergo neque unus actus peccati tollit virtutem. Possunt ergo simul in eodem esse.

Respondeo dicendum quod peccatum comparatur ad virtutem sicut actus malus ad habitum bonum. Aliter autem se habet habitus in anima, et forma in re naturali. Forma enim naturalis ex necessitate producit operationem sibi convenientem, unde non potest esse simul cum forma naturali actus formae contrariae; sicut non potest esse cum calore actus infrigidationis, neque simul cum levitate motus descensionis, nisi forte ex violentia exterioris moventis. Sed habitus in anima non ex necessitate producit suam operationem, sed homo *utitur eo cum voluerit*.⁶ Unde simul habitu in homine existente, potest non uti habitu, aut agere contrarium actum. Et sic potest habens virtutem procedere ad actum peccati.

Actus autem peccati, si comparetur ad ipsam virtutem prout est habitus quidam, non potest ipsam corrumpere, si sit unus tantum, sicut enim non generatur habitus per unum actum, ita nec per unum actum corrumpitur, ut supra⁷ dictum est. Sed si comparetur actus peccati ad causam virtutum, sic possibile est quod per unum actum peccati aliquae virtutes corrumpantur. Quodlibet enim peccatum mortale contrariatur caritati, quae est radix omnium virtutum infusarum, inquantum sunt virtutes,

덕은 그것에 반대되는 것에 의하여 생성되고 소멸된다. 그런데 위에서[5] 말한 바와 같이 하나의 덕스러운 행위가 덕이 생겨나게 하는 것은 아니다. 그러므로 하나의 죄의 행위가 덕을 제거하는 것도 아니다. 따라서 이들은 같은 주체 안에 공존할 수 있다.

[답변] 덕에 대한 죄의 관계는 선한 습성에 대한 악한 행위의 관계와 같다. 그런데 영혼 안에서 습성의 위치는 자연적 사물 안에서 형상의 위치와 같지 않다. 자연적 형상은 필연적으로 자체에 부합하는 작용을 만들어 낸다. 그러므로 자연적 형상은 반대되는 형상의 행위와 동시에 공존할 수 없다. 이는 열기가 차갑게 하는 행위와 공존할 수 없고, 외부적인 운동자의 강제력이 없다면 올라가는 것이 내려가는 움직임과 동시에 공존할 수는 것과 같다. 그러나 영혼 안에서 습성은 필연적으로 자체의 작용을 산출하는 것이 아니라, 인간이 "원할 때에 사용된다."[6] 그러므로 인간 안에 습성이 있으면서도 인간이 그것을 사용하지 않을 수도 있고, 반대되는 행위를 할 수도 있다. 그러므로 덕을 소유하고 있으면서도 죄의 행위를 할 수 있는 것이다.

그러므로 죄의 행위를 덕이 일종의 습성이라는 점에서 덕과 비교한다면, 단 하나의 악의 행위는 덕을 소멸시킬 수는 없다. 위에서[7] 말한 바와 같이, 습성은 단 하나의 행위로 생겨나지 않듯이 하나의 행위로 소멸되지도 않는다. 그러나 죄의 행위를 덕의 원인과 비교한다

---

5. q.51, a.3.
6. *In Averroes, De anima*, III, comm. 18. Cf. q.49, a.3, sed c.
7. q.63, a.2, ad2.

et ideo per unum actum peccati mortalis, exclusa caritate, excluduntur per consequens omnes virtutes infusae, quantum ad hoc quod sunt virtutes.[8] Et hoc dico propter fidem et spem, quarum habitus remanent informes post peccatum mortale, et sic non sunt virtutes.[9] Sed peccatum veniale, quod non contrariatur caritati nec excludit ipsam, per consequens etiam non excludit alias virtutes. Virtutes vero acquisitae non tolluntur per unum actum cuiuscumque peccati.

Sic igitur peccatum mortale non potest simul esse cum virtutibus infusis, potest tamen simul esse cum virtutibus acquisitis. Peccatum vero veniale potest simul esse et cum virtutibus infusis, et cum acquisitis.

AD PRIMUM ergo dicendum quod peccatum non contrariatur virtuti secundum se, sed secundum suum actum. Et ideo peccatum non potest simul esse cum actu virtutis, potest tamen simul esse cum habitu.

AD SECUNDUM dicendum quod vitium directe contrariatur virtuti, sicut et peccatum actui virtuoso. Et ideo vitium excludit virtutem, sicut peccatum excludit actum virtutis.

AD TERTIUM dicendum quod virtutes naturales agunt ex necessitate, et ideo, integra existente virtute, nunquam peccatum potest in actu inveniri. Sed virtutes animae non producunt actus ex necessitate, unde non est similis ratio.

면, 하나의 죄의 행위로도 어떤 덕은 소멸될 수 있다. 모든 사죄(死罪)는 덕으로서의 모든 주입덕들의 근원인 참사랑에 반대된다. 그러므로 하나의 사죄 행위로, 사랑이 배제되고, 그 결과로 덕으로서의 모든 주입덕들이 배제된다.[8] 나는 믿음과 희망 때문에 이 말을 한다. 이들의 습성은 사죄 후에도 불완전하게 남아 있지만, 그때에 이들은 덕이 아니다.[9] 그러나 참사랑에 반대되지 않고 참사랑을 배제하지도 않는 소죄는, 다른 덕들도 배제하지 않는다. 한편 습득된 덕들은, 어떤 죄든지 그 하나의 행위로 제거되지 않는다.

그러므로 사죄는 주입덕들과 등시에 공존할 수 없으나 습득된 덕들과는 공존할 수 있다. 한편 소죄는 주입덕과도, 습득된 덕과도 동시에 공존할 수 있다.

[해답] 1. 죄는 덕 자체에 반대되는 것이 아니라 덕의 행위에 반대된다. 그러므로 죄는 덕의 행위와 동시에 공존할 수 없으나, 습성과는 동시에 공존할 수 있다.

2. 죄가 덕스러운 행위에 반대되듯이, 악습은 덕에 직접적으로 반대된다. 그러므로 죄가 덕의 행위를 배제하듯이 악습은 덕을 배제한다.

3. 본성적 덕들은 필연적으로 행위를 한다. 그러므로 덕이 온전할 때에는 죄가 실행될 수 없다. 그러나 영혼의 덕은 필연적으로 행위를 산출하지 않으며, 따라서 비교는 성립되지 않는다.

---

8. Cf. q.55, a.3.
9. Cf. q.55, a.4.

Articulus 5
Utrum in quolibet peccato sit aliquis actus

Ad quintum sic proceditur. Videtur quod in quolibet peccato sit aliquis actus.

1. Sicut enim meritum comparatur ad virtutem, ita peccatum ad vitium comparatur. Sed meritum non potest esse absque aliquo actu. Ergo nec peccatum potest esse absque aliquo actu.

2. Praeterea, Augustinus dicit, in libro de *Lib. Arb.*,[1] quod *omne peccatum adeo est voluntarium, quod si non sit voluntarium, non est peccatum*. Sed non potest esse aliquid voluntarium nisi per actum voluntatis. Ergo omne peccatum habet aliquem actum.

3. Praeterea, si peccatum esset absque aliquo actu, sequeretur quod ex hoc ipso quod aliquis cessat ab actu debito, peccaret. Sed continue aliquis cessat ab actu debito, ille scilicet qui nunquam actum debitum operatur. Ergo sequeretur quod continue peccaret, quod est falsum. Non ergo est aliquod peccatum absque actu.

Sed contra est quod dicitur Iac. 4, [17]: *Scienti bonum facere et non facienti, peccatum est illi*. Sed non facere non importat aliquem actum. Ergo peccatum potest esse absque actu.

---

1. *De vera religione*, c.14: PL 34, 133; Cf. *De lib. arb.* III, c.18: PL 32, 1295.

제5절 모든 죄에 어떤 행위가 있는가?

Parall: *In Sent.*, II, dist.35, a.3; *De Malo*, q.2, a.1.

[반론] 다섯째에 대해서는 다음과 같이 진행된다. 모든 죄에는 어떤 행위가 있는 것으로 생각된다.

1. 악습에 대한 죄의 관계는 덕에 대한 공로의 관계와 같다. 그런데 공로는 어떤 행위 없이 존재할 수 없다. 그러므로 죄도 행위 없이 존재할 수 없다

2. 아우구스티누스는 『자유의지론』¹에서 "모든 죄는 의지적이어서, 의지적이 아닌 것은 죄가 아니다."라고 말한다. 그런데 의지적 행위를 통해서가 아니라면 의지적일 수 없다. 그러므로 모든 죄에는 어떤 행위가 있다.

3. 행위가 없는 죄가 있다면 어떤 사람이 마땅히 해야 할 행위를 중단함으로써 그는 그 자체로 죄를 짓게 될 것이다. 그런데 계속해서 마땅히 해야 할 것을 하지 않는 사람, 곧 한 번도 마땅한 행위를 하지 않는 사람도 있다. 그렇다면 이 사람은 계속해서 죄를 짓는 것이 되는데, 이는 그릇된 것이다. 그러므로 행위가 없는 죄는 없다.

[재반론] 그러나 반대로 야고보서 4장 [17절]에서는, "좋은 일을 할 줄 알면서도 하지 않으면 곧 죄가 됩니다."라고 말한다. 그러나 하지 않는 것에는 어떤 행위도 내포되지 않는다. 그러므로 행위가 없이도 죄가 있을 수 있다.

---

2. Petrus Lombardus, *Sent*. II, dist.35를 보라.

q.71, a.5

Respondeo dicendum quod quaestio ista principaliter movetur propter peccatum omissionis, de quo aliqui diversimode opinantur. Quidam[2] enim dicunt quod in omni peccato omissionis est aliquis actus vel interior vel exterior. Interior quidem, sicut cum aliquis vult non ire ad Ecclesiam quando ire tenetur. Exterior autem, sicut cum aliquis illa hora qua ad Ecclesiam ire tenetur, vel etiam ante, occupat se talibus quibus ab eundo ad Ecclesiam impeditur. Et hoc quodammodo videtur in primum redire, qui enim vult aliquid cum quo aliud simul esse non potest, ex consequenti vult illo carere; nisi forte non perpendat quod per hoc quod vult facere, impeditur ab eo quod facere tenetur; in quo casu posset per negligentiam culpabilis iudicari.—Alii[3] vero dicunt quod in peccato omissionis non requiritur aliquis actus, ipsum enim non facere quod quis facere tenetur, peccatum est.

Utraque autem opinio secundum aliquid veritatem habet. Si enim intelligatur in peccato omissionis illud solum quod per se pertinet ad rationem peccati,[4] sic quandoque omissionis peccatum est cum actu interiori, ut cum aliquis vult non ire ad Ecclesiam, quandoque vero absque omni actu vel interiori vel exteriori, sicut cum aliquis hora qua tenetur ire ad Ecclesiam, nihil cogitat de eundo vel non eundo ad Ecclesiam.—Si vero in peccato omissionis intelligantur etiam causae vel occasiones omittendi,[5] sic necesse est in peccato omissionis aliquem actum esse. Non

제71문 제5절

[답변] 문제는 주로 부작위의 죄 때문에 제기되는데, 이에 대해서는 다양한 견해들이 있다. 어떤 이들은[2] 모든 부작위의 죄 안에 내적이거나 외적인 행위가 들어 있다고 말한다. 내적인 행위가 있는 것은, 예를 들어 어떤 사람이 교회에 가야 할 때에 가지 않기를 원할 경우이다. 외적인 행위가 있는 것은, 어떤 사람이 교회에 가야 할 시간에 또는 그전에 교회에 가는 것을 방해할 일을 행할 경우이다. 그 후자는 어떤 점에서 전자로 환원된다. 어떤 것과 동시에 공존할 수 없는 것을 원하는 사람은, 결과적으로 먼저 것을 하지 않으려는 것이기 때문이다. 그가 행하고자 하는 것으로 인하여 그가 해야 할 것에 장애가 생긴다는 점을 깨닫지 못했다면 예외일 수 있겠지만, 그 경우에는 나태의 잘못을 범하는 것으로 판단할 수 있을 것이다.—그러나 다른 이들은,[3] 부작위의 죄에는 어떤 행위도 요구되지 않는다고 말한다. 해야 할 것을 행하지 않는 것 자체가 죄라는 것이다.

두 견해 모두 어떤 점에서 진리를 담고 있다. 부작위의 죄에서 오직 그 자체로 죄에 속하는 것만을 고찰한다면,[4] 부작위의 죄는 때로는 어떤 사람이 교회에 가지 않기를 원할 때와 같이 내적인 행위를 동반한다. 그러나 때로는, 교회에 가야 할 시간에 갈 생각도 가지 않을 생각도 하지 않는 경우와 같이 아무런 내적 또는 외적 행위를 하지 않을 수도 있다.—그러나 부작위에서 부작위의 이유 또는 계기도 고찰한다면,[5] 부작위의 죄에는 반드시 어떤 행위가 있어야 한다.

---

3. S. Albertus M., *In II Sent.*, dist.35, a.3을 보라. 또한 O, Lottin O,S.B , *La nature du péché d'ignorance. Enquête chez les théologiens du XIIème et du XIIIème siècle*, in Revue thomiste, t. XXXVII(1932), p.723,724(nota 35).
4. 부작위의 본질적 개념을 본다면.
5. 부작위를 개별적으로, 그 실제로부터 본다면.

enim est peccatum omissionis nisi cum aliquis praetermittit quod potest facere et non facere. Quod autem aliquis declinet ad non faciendum illud quod potest facere et non facere, non est nisi ex aliqua causa vel occasione coniuncta vel praecedente. Et si quidem causa illa non sit in potestate hominis, omissio non habet rationem peccati, sicut cum aliquis propter infirmitatem praetermittit ad Ecclesiam ire. Si vero causa vel occasio omittendi subiaceat voluntati, omissio habet rationem peccati, et tunc semper oportet quod ista causa, inquantum est voluntaria, habeat aliquem actum, ad minus interiorem voluntatis.

Qui quidem actus quandoque directe fertur in ipsam omissionem, puta cum aliquis vult non ire ad Ecclesiam, vitans laborem. Et tunc talis actus per se pertinet ad omissionem, voluntas enim cuiuscumque peccati per se pertinet ad peccatum illud, eo quod voluntarium est de ratione peccati.—Quandoque autem actus voluntatis directe fertur in aliud, per quod homo impeditur ab actu debito, sive illud in quod fertur voluntas, sit coniunctum omissioni, puta cum aliquis vult ludere quando ad Ecclesiam debet ire; sive etiam sit praecedens, puta cum aliquis vult diu vigilare de sero, ex quo sequitur quod non vadat hora matutinali ad Ecclesiam. Et tunc actus iste interior vel exterior per accidens se habet ad omissionem, quia omissio sequitur praeter intentionem; hoc autem dicimus per accidens esse, quod est praeter intentionem, ut patet in II *Physic.*[6] Unde manifestum

어떤 사람이 행할 수도 있고 행하지 않을 수도 있는 것을 하지 않은 경우가 아니라면 그것은 부작위의 죄가 되지 않는다. 그런데 어떤 사람이 할 수도 있고 하지 않을 수도 있는 것을 하지 않는 데에는, 반드시 동시적이거나 선행하는 어떤 원인이나 계기가 있다. 어떤 사람이 병으로 인하여 교회에 가지 않는 것과 같이 그 원인이 그 사람의 능력(potestas) 안에 있는 것이 아니라면, 그 부작위는 죄가 되지 않는다. 그러나 부작위의 원인 또는 계기가 의지 아래 있는 것이라면 그 부작위는 죄가 된다. 그때에 그 원인은 의지적인 것이라는 점에서 어떤 행위를, 최소한 의지의 내적 행위를 내포한다.

그 행위는 때로는 부작위 자체를 직접 대상으로 한다. 예를 들어 어떤 사람이 수고를 피하기 위하여 교회에 가지 않으려고 할 때가 그러하다. 그 경우 이 행위는 그 자체로 부작위에 속한다. 의지적인 것은 죄의 개념에 속하는 것이므로, 어떤 죄든지 그 죄를 짓고자 하는 의지는 그 자체로 그 죄에 속한다.—그러나 때로 의지의 행위는 인간이 해야 할 행위를 하는 데에 장애가 되는 그것을 직접 대상으로 한다. 의지가 대상으로 하는 것은 교회에 가야 할 때에 놀려고 하는 것과 같이 부작위와 동시적일 수도 있고, 밤늦게까지 깨어 있으려 함으로써 결과적으로 아침에 교회에 가지 못하게 되는 경우와 같이 그 부작위에 선행할 수도 있다. 이 경우 그 내적이거나 외적인 행위는 부작위에 대해 우유적 관계에 있다. 부작위의 의도와 관계없이 발생하기 때문이다. 여기서 우리가 우유적이라고 하는 것은, 『자연학』제2권[6]에서 말하듯이 의도를 벗어나는 것을 뜻한다. 그러므로

---

6. c.5: 196b23-24; S. Thomas, lect.8, n.8.

est quod tunc peccatum omissionis habet quidem aliquem actum coniunctum vel praecedentem, qui tamen per accidens se habet ad peccatum omissionis. Iudicium autem de rebus dandum est secundum illud quod est per se, et non secundum illud quod est per accidens. Unde verius dici potest quod aliquod peccatum possit esse absque omni actu. Alioquin etiam ad essentiam aliorum peccatorum actualium pertinerent actus et occasiones circumstantes.

AD PRIMUM ergo dicendum quod plura requiruntur ad bonum quam ad malum, eo quod *bonum contingit ex tota integra causa, malum autem ex singularibus defectibus*, ut Dionysius dicit, 4 cap. *de Div. Nom.*[7] Et ideo peccatum potest contingere sive aliquis faciat quod non debet, sive non faciendo quod debet, sed meritum non potest esse nisi aliquis faciat voluntarie quod debet. Et ideo meritum non potest esse sine actu, sed peccatum potest esse sine actu.

AD SECUNDUM dicendum quod aliquid dicitur voluntarium non solum quia cadit super ipsum actus voluntatis, sed quia in potestate nostra est ut fiat vel non fiat, ut dicitur in III *Ethic.*[8] Unde etiam ipsum non velle potest dici voluntarium, inquantum in potestate hominis est velle et non velle.[9]

---

7. PG 3, 729C; S. Thomas, lect.22.

여기서 부작위의 죄에는 그와 등시적이거나 선행하는 어떤 행위가 있다는 것이 명백하지만, 그 행위는 부작위의 죄에 대하여 우유적인 관계에 있다. 그런데 문제에 대한 판단은 우유적인 것들에 따라서가 아니라 본질적인 것들에 따라서 내려져야 한다. 그러므로 어떤 죄는 아무런 행위 없이도 존재할 수 있다고 말하는 것이 더 옳다. 그렇지 않다면 부수적인 행위와 계기도 본죄의 본질에 속하게 될 것이다.

[해답] 1. 선을 위해서는 악을 위해서보다 더 많은 것이 요구된다. 디오니시우스가 『신명론』 제4장[7]에서 말하듯이 "선은 전적으로 온전한 원인에서 나오고, 악은 단 하나의 결함에서 나오기" 때문이다. 그러므로 죄는 어떤 사람이 하지 않아야 할 것을 함으로써 또는 해야 할 것을 하지 않음으로써 생겨난다. 그러나 공로는 어떤 사람이 의지적으로 자신이 해야 할 것을 행할 때에만 있을 수 있다. 그러므로 공로는 행위 없이 존재할 수 없지만 죄는 행위 없이 존재할 수 있다.

2. 어떤 것이 의지적이라고 일컬어지는 것은 그저 그것에 대해 의지의 행위가 가해지기 때문만이 아니라, 『니코마코스 윤리학』 제3권[8]에서 말하듯이 우리가 그것을 할 수도 있고 하지 않을 수도 있기 때문이다. 그러므로 원하는 것 또는 원하지 않는 것이 인간의 능력 안에 있는 것인 한에서 원하지 않는 것 자체도 의지적이라고 일컬어질 수 있다.[9]

---

8. c.7: 1113b20-21; S. Thomas, lect.11, n.502.
9. Cf. q.6, a.3.

AD TERTIUM dicendum quod peccatum omissionis contrariatur praecepto affirmativo, quod obligat semper, sed non ad semper.[10] Et ideo solum pro tempore illo aliquis cessando ab actu peccat, pro quo praeceptum affirmativum obligat.[11]

Articulus 6
Utrum convenienter definiatur peccatum esse *dictum vel factum vel concupitum contra legem aeternam*

Ad sextum sic proceditur. Videtur quod inconvenienter definiatur peccatum, cum dicitur, *peccatum est dictum vel factum vel concupitum contra legem aeternam.*[1]

1. Dictum enim, vel factum, vel concupitum, importat aliquem actum. Sed non omne peccatum importat aliquem actum, ut dictum est.[2] Ergo haec definitio non includit omne peccatum.

2. Praeterea, Augustinus dicit, in libro *de Duabus Animabus*:[3] *Peccatum est voluntas retinendi vel consequendi quod iustitia vetat.* Sed voluntas sub concupiscentia comprehenditur, secundum quod concupiscentia largo modo sumitur, pro omni appetitu. Ergo suffecisset dicere, *Peccatum est concupitum contra legem aeternam*; nec oportuit addere, *dictum vel factum.*

---

10. Cf. q.88, a.1, ad2; q.100, a.10, ad2.
11. Cf. II-II, q.79, a.3, ad3.

3. 부작위의 죄는, 지속적으로는 아니지만 언제나 구속력을 갖는 긍정적 계명에 반대된다.[10] 그러므로 어떤 사람이 어떤 행위를 중단함으로써 죄를 짓게 되는 것은 오직 그 긍정적 계명이 그를 구속하는 동안에 그것을 중단했을 때이다.[11]

제6절 "죄는 영원법에 반대되는 말, 행함, 욕구"라고 정의하는 것이 적절한가?

Parall.: *In Sent.*, II, dist. 35, a.2; *De Malo*, q.2, a.2.

[반론] 여섯째에 대해서는 다음과 같이 진행된다. "죄는 영원법에 반대되는 말, 행함, 욕구"[1]라고 정의하는 것은 부적절한 것으로 생각된다.

1. 말이나 행함이나 욕구는 어떤 행위를 수반한다. 그러나 앞서[2] 말한 바와 같이 모든 죄가 행위를 수반하는 것은 아니다. 그러므로 그 정의는 모든 죄를 포함하지 않는다.

2. 아우구스티누스는 『두 영혼』[3]에서, "죄는 정의가 금하는 것을 간직하거나 얻으려는 의지"라고 말한다. 그런데 욕망이 모든 욕구를 포함하는 것이라고 넓게 이해한다면 의지는 욕망에 속한다. 그러므로 "죄는 영원법을 거스르는 욕구"라고 말하는 것으로 충분하고 "말이나 행함"은 덧붙일 필요가 없다.

---

1. August., *Contra Faust.*, l.XXII, c.27: PL 42, 418.
2. 앞 절.
3. c.11: PL 42, 105.

3. Praeterea, peccatum proprie consistere videtur in aversione a fine, nam bonum et malum principaliter considerantur secundum finem, ut ex supradictis[4] patet. Unde et Augustinus, in I *de Lib. Arb.*,[5] per comparationem ad finem definit peccatum, dicens quod *peccare nihil est aliud quam, neglectis rebus aeternis, temporalia sectari*, et in libro *Octoginta trium Quaest.*,[6] dicit quod *omnis humana perversitas est uti fruendis et frui utendis*. Sed in praemissa definitione nulla fit mentio de aversione a debito fine. Ergo insufficienter definitur peccatum.

4. Praeterea, ex hoc dicitur aliquid esse prohibitum, quia legi contrariatur. Sed non omnia peccata sunt mala quia prohibita, sed quaedam sunt prohibita quia mala. Non ergo in communi definitione peccati debuit poni quod sit contra legem Dei.

5. Praeterea, peccatum significat malum hominis actum, ut ex dictis[7] patet. Sed *malum hominis est contra rationem esse*, ut Dionysius dicit, 4 cap. *de Div. Nom.*[8] Ergo potius debuit dici quod peccatum sit contra rationem, quam quod peccatum sit contra legem aeternam.

IN CONTRARIUM sufficit auctoritas Augustini.[9]

---

4. q.18, a.6.
5. c.11: PL 32, 1233.
6. q.30: PL 40, 19.

3. 고유한 의미의 죄는 목적에서 벗어나는 데에 있다. 위에서⁴ 말한 바에서 드러나듯이 선과 악은 주로 목적에 따라 이해되기 때문이다. 그래서 아우구스티누스는 『자유의지론』 제1권⁵에서 죄를 목적과 관련하여 정의하면서, "죄를 짓는 것은 다름이 아니라 영원한 것을 소홀히 하고 현세적인 것을 따라가는 것"이라고 말한다. 그리고 『여든세 가지 질문』⁶에서는, "인간의 모든 사악함은 향유해야 할 것을 이용하고 이용해야 할 것을 향유하는 데에 있다."고 말한다. 그런데 앞서 말한 정의에서는 마땅한 목적에서 벗어나는 것을 전혀 언급하지 않는다. 그러므로 이로써 죄는 적절하게 정의되지 않는다.

4. 어떤 것이 금지된다고 말하는 것은 그것이 법에 반대되기 때문이다. 그러나 모든 죄가 그것이 금지되었다는 이유로 악한 것은 아니며, 어떤 죄들은 악하기 때문에 금지된 것이다. 그러므로 죄에 대한 공통적 정의에는 하느님의 법에 반대된다는 것을 넣지 말아야 할 것이다.

5. 앞서⁷ 말한 바에서 드러나듯이 죄는 인간의 악한 행위를 뜻한다. 그런데 디오니시우스가 『신명론』 제4권⁸에서 말하듯이, "인간의 악은 이성에 반대되는 것"이다. 그러므로 죄가 영원법에 반대된다고 말하기보다 오히려 이성에 반대된다고 말해야 할 것이다.

[재반론] 그러나 반대로 아우구스티누스의 권위가 있다.⁹

---

7. a.1; q.21, a.1.
8. PG 3, 733A; S. Thomas, lect.22.
9. *Contra Faust.*, l.XXII, c.27: PL 42, 418.

RESPONDEO dicendum quod, sicut ex dictis[10] patet, peccatum nihil aliud est quam actus humanus malus. Quod autem aliquis actus sit humanus, habet ex hoc quod est voluntarius, sicut ex supradictis[11] patet, sive sit voluntarius quasi a voluntate elicitus, ut ipsum velle et eligere; sive quasi a voluntate imperatus, ut exteriores actus vel locutionis vel operationis.[12] Habet autem actus humanus quod sit malus, ex eo quod caret debita commensuratione. Omnis autem commensuratio cuiuscumque rei attenditur per comparationem ad aliquam regulam, a qua si divertat, incommensurata erit. Regula autem voluntatis humanae est duplex, una propinqua et homogenea, scilicet ipsa humana ratio; alia vero est prima regula, scilicet lex aeterna, quae est quasi ratio Dei.[13] Et ideo Augustinus in definitione peccati posuit duo, unum quod pertinet ad substantiam actus humani, quod est quasi materiale in peccato, cum dixit, dictum vel factum vel concupitum; aliud autem quod pertinet ad rationem mali, quod est quasi formale in peccato, cum dixit, contra legem aeternam.

AD PRIMUM ergo dicendum quod affirmatio et negatio reducuntur ad idem genus:[14] sicut in divinis *genitum* et *ingenitum* ad relationem, ut Augustinus dicit, in V *de Trin.*[15] Et ideo pro eodem

---

10. Loc. cit. in 5 a.
11. q.1, a.1.
12. Cf. q.8, prol.

[답변] 앞서 말한 바에서 분명히 드러나듯이[10] 죄는 다름 아닌 인간의 악한 행위이다. 그런데 위에서[11] 말한 데에서 분명히 드러나듯이 어떤 행위가 인간적인 것은 그것이 원의나 선택과 같이 의지로부터 나오는 것이든, 또는 말이나 작용 같은 외적인 행위로서 의지에 의하여 명령된 것이든, 의지적인 것이기 때문이다.[12] 어떤 인간의 행위가 악한 것은 그 마땅한 기준에 부합하지 않기 때문이다. 한편 모든 사물의 기준은 어떤 규칙에 의하여 규정되는데, 기준이 그 규칙에서 벗어나면 그 사물은 기준에 부합하지 않게 된다. 인간 의지의 규칙은 두 가지인데, 그 하나는 가깝고 자신과 동질적인 것으로서, 인간 이성이다. 다른 하나는 첫 번째 규칙 곧 영원법인데, 이는 마치 하느님의 이성과 같다.[13] 그래서 아우구스티누스는 죄의 정의에 이 두 가지를 포함시켰다. 그 하나는 인간적 행위의 실체에 속하는 것이고 말하자면 죄의 재료와 같은 것으로서, "말, 행함, 욕구"가 그것이다. 다른 하나는 악의 근거에 속하는 것이고 죄의 형상과 같은 것으로서, "영원법에 반대된다"는 것이 그것이다.

[해답] 1. 긍정과 부정은 동일한 유에 속한다.[14] 이는 아우구스티누스가 『삼위일체론』 제5권[15]에서 말하듯이 신적인 데에서 "낳음을 받음"과 "낳음을 받지 않음"이 관계에 속하는 것과 같다. 그러므로 "말"과 "말하지 않음", "행함"과 "행하지 않음"에 대해서도 마찬가지

---

13. Cf. q.19, a.4; q.21, a.1; q.63, a.2, q.4; q.74, a.7; a.8, ad1; q.90, a.1; q.97, a.3; II-II, q.8, a.3, ad3; q.17, a.1; q.23, aa.3&6; q.37, a.1, ad1; q. 54, a.2, ad2.
14. Cf. I, q.33, a.4, ad3; q.72, a.6, ad3; q.79, a.3, ad1.
15. cc.6-7: PL 42, 914-915.

est accipiendum *dictum* et *non dictum, factum* et *non factum*.

AD SECUNDUM dicendum quod prima causa peccati est in voluntate, quae imperat omnes actus voluntarios,[16] in quibus solum invenitur peccatum,[17] et ideo Augustinus quandoque per solam voluntatem definit peccatum. Sed quia etiam ipsi exteriores actus pertinent ad substantiam peccati, cum sint secundum se mali, ut dictum est,[18] necesse fuit quod in definitione peccati poneretur etiam aliquid pertinens ad exteriores actus.

AD TERTIUM dicendum quod lex aeterna[19] primo et principaliter ordinat hominem ad finem, consequenter autem facit hominem bene se habere circa ea quae sunt ad finem. Et ideo in hoc quod dicit *contra legem aeternam*, tangit aversionem a fine, et omnes alias inordinationes.

AD QUARTUM dicendum quod, cum dicitur quod non omne peccatum ideo est malum quia est prohibitum, intelligitur de prohibitione facta per ius positivum.[20] Si autem referatur ad ius naturale, quod continetur primo quidem in lege aeterna, secundario vero in naturali iudicatorio rationis humanae, tunc omne peccatum est malum quia prohibitum, ex hoc enim ipso quod est inordinatum, iuri naturali repugnat.

AD QUINTUM dicendum quod a theologis consideratur peccatum praecipue secundum quod est offensa contra Deum, a philosopho autem morali, secundum quod contrariatur rationi.

로 생각할 수 있다.

2. 죄는 오직 의지적 행위들에서만 있을 수 있는데,[16] 의지가 모든 의지적 행위들을 명하므로[17] 죄의 제일원인은 의지 안에 있다. 그래서 아우구스티누스는 때로 오직 의지로 죄를 정의한다. 그러나 앞서[18] 말한 바와 같이 외적 행위들도 그 자체가 악할 때에는 죄의 실체에 속하므로, 죄를 정의하는 데에서 외적 행위에 관한 것도 지적하는 것이 필요했다.

3. 영원법은[19] 첫째로 그리고 주로 인간으로 하여금 그 목적을 지향하게 하고, 그에 따라 목적을 위하여 있는 수단들을 잘 사용하게 한다. 그러므로 '영원법에 반대된다"고 말할 때에는 목적을 거스르는 것과 다른 모든 무질서를 포함하는 것이다.

4. 모든 죄가 금지된 것이기 때문에 악한 것은 아니라고 말할 때에는, 실정법에 의한 금지를 뜻하는 것으로 이해된다.[20] 그러나 이것이 자연법을 말하는 것이라면, 자연법은 먼저 영원법에 들어 있고 둘째로는 인간 이성의 판단 안에 들어 있는 것이므로, 모든 죄는 금지된 것이기 때문에 악하다고 할 수 있다. 그것은 무질서한 것이기에 자연법에 부합하지 않는 것이기 때문이다.

5. 신학자들은 죄를 무엇보다도 하느님을 거스르는 것으로 본다. 한편 윤리철학자는 이성에 반대되는 것으로 본다. 그러므로 아우구

---

16. Cf. q.73, a.6; q.74, aa.1-3; q.76, a.3, ad 2; a.4; q.77, a.6; q.80, a.1; q.87, a.2.
17. Cf. q.17, a.1.
18. q.20, aa.1-3.
19. q.98을 보라.
20. Cf. II-II, q.57, a.2 c et ad3.

q.71, a.6

Et ideo Augustinus convenientius definit peccatum ex hoc quod est contra legem aeternam, quam ex hoc quod est contra rationem, praecipue cum per legem aeternam regulemur in multis quae excedunt rationem humanam, sicut in his quae sunt fidei."[21]

스티누스가 죄를 이성에 반대되는 것이라기보다 영원법에 반대되는 것이라고 정의한 것은 더 적절하다. 특히 자연법은 신앙에 속한 것들과 같이 인간 이성을 넘어서는 많은 것들도 규정하기 때문에 더욱 그러하다.[21]

---

21. Cf. q.71, a.2, ad4; q.73, a.7, ad3.

QUAESTIO LXXII
DE DISTINCTIONE PECCATORUM
in novem articulos divisa

Deinde considerandum est de distinctione peccatorum vel vitiorum.¹

Et circa hoc quaeruntur novem.

Primo: utrum peccata distinguantur specie secundum obiecta.

Secundo: de distinctione peccatorum spiritualium et carnalium.

Tertio: utrum secundum causas.

Quarto: utrum secundum eos in quos peccatur.

Quinto: utrum secundum diversitatem reatus.

Sexto: utrum secundum omissionem et commissionem.

Septimo: utrum secundum diversum processum peccati.

Octavo: utrum secundum abundantiam et defectum.

Nono: utrum secundum diversas circumstantias.

제72문

죄의 구분
(전9절)

다음으로는 죄 또는 악습의 구분에 대해 고찰해야 한다.[1]
이에 대해서는 아홉 가지 문제가 제기된다.
1. 죄는 대상에 따라 종적으로 구분되는가?
2. 영적인 죄와 육적인 죄의 구분.
3. 죄는 원인에 따라 구분되는가?
4. 죄는 누구를 거슬러 죄를 짓는지에 따라 구분되는가?
5. 죄는 죄책에 따라 구분되는가?
6. 죄는 부작위와 작위에 따라 구분되는가?
7. 죄는 죄의 상이한 과정에 따라 구분되는가?
8. 죄는 지나침과 부족함에 따라 구분되는가?
9. 죄는 상이한 상황들에 따라 구분되는가?

---

1. Cf. q.71, Introd.

Articulus 1
Utrum peccata differant specie secundum obiecta

Ad primum sic proceditur. Videtur quod peccata non differant specie secundum obiecta.

1. Actus enim humani praecipue dicuntur boni vel mali per comparationem ad finem, ut supra[1] ostensum est. Cum igitur peccatum nihil aliud sit quam actus hominis malus, sicut dictum est,[2] videtur quod secundum fines peccata debeant distingui specie, magis quam secundum obiecta.

2. Praeterea, malum, cum sit privatio, distinguitur specie secundum diversas species oppositorum. Sed peccatum est quoddam malum in genere humanorum actuum. Ergo peccata magis distinguuntur specie secundum opposita, quam secundum obiecta.

3. Praeterea, si peccata specie differrent secundum obiecta, impossibile esset idem peccatum specie circa diversa obiecta inveniri. Sed inveniuntur aliqua huiusmodi peccata, nam superbia est et in rebus spiritualibus et in corporalibus, ut Gregorius dicit, in libro XXXIV *Moral.*;[3] avaritia etiam est circa diversa genera rerum. Ergo peccata non distinguuntur specie secundum obiecta.

---

1. q.18, a.6.

제1절 죄는 대상에 따라 종적으로 구분되는가?

Parall.: Infra, a 3,8; *De Malo*, q.2, a.6; q.14, a.3.

[반론] 첫째에 대해서는 다음과 같이 진행된다. 죄는 대상에 따라 종적으로 구분되는 것이 아니라고 생각된다.

1. 위에서[1] 밝힌 바와 같이, 인간적 행위는 무엇보다도 그 목적과 관련하여 선하거나 악하다고 일컬어진다. 그런데 앞서[2] 말한 바와 같이 죄는 다름 아닌 인간의 악한 행위이므로, 죄는 대상이 따라서보다 목적에 따라서 종을 구분해야 하는 것으로 생각된다.

2. 악은 결핍이므로, 그것에 대립되는 것들의 상이한 종들에 따라 종이 구분된다. 그런데 죄는 인간의 행위라는 유에 속하는 일종의 악이다. 그러므로 죄는 대상에 따라서보다 대립되는 것에 따라서 종이 구분된다.

3. 죄가 대상에 따라 종적으로 구분된다면, 상이한 대상들에 대해 종적으로 동일한 죄가 있을 수 없을 것이다. 그런데 그러한 죄들이 있다. 그레고리우스가 『욥기 주해』 제34권[3]에서 말하듯이 교만은 영적인 사물들에 대해서도 있을 수 있고 육적인 사물들에 대해서도 있을 수 있기 때문이다. 탐욕도 여러 유의 사물들에 관련된다. 그러므로 죄는 대상에 따라 종적이 구분되지 않는다.

---

2. q.21, a.1; q.71, a.1.
3. c.23, al. 18, in vet. 19: PL 76, 745.

SED CONTRA est quod *peccatum est dictum vel factum vel concupitum contra legem Dei.*[4] Sed dicta vel facta vel concupita distinguuntur specie secundum diversa obiecta, quia actus per obiecta distinguuntur, ut supra[5] dictum est. Ergo etiam peccata secundum obiecta specie distinguuntur.

RESPONDEO dicendum quod, sicut dictum est,[6] ad rationem peccati duo concurrunt, scilicet actus voluntarius; et inordinatio eius, quae est per recessum a lege Dei. Horum autem duorum unum per se comparatur ad peccantem, qui intendit talem actum voluntarium exercere in tali materia, aliud autem, scilicet inordinatio actus, per accidens se habet ad intentionem peccantis;[7] *nullus* enim *intendens ad malum operatur*, ut Dionysius dicit, 4 cap. *de Div. Nom.*[8] Manifestum est autem quod unumquodque, consequitur speciem secundum illud quod est per se, non autem secundum id quod est per accidens, quia ea quae sunt per accidens, sunt extra rationem speciei. Et ideo peccata specie distinguuntur ex parte actuum voluntariorum, magis quam ex parte inordinationis in peccato existentis.[9] Actus autem voluntarii distinguuntur specie secundum obiecta, ut in superioribus ostensum est.[10] Unde sequitur quod peccata proprie distinguantur specie secundum obiecta.

---

4. Aug., *Contra Faustum*, l.XXII, c.27: PL 42, 418.
5. q18, a.5; I, q.77, a.3.

제72문 제1절

[재반론] 그러나 반대로 "죄는 하느님의 법에 반대되는 말, 행함, 욕구"[4]이다. 그런데 말이나 행함이나 욕구는 상이한 대상들에 따라 종이 구분된다. 위에서[5] 말한 바와 같이 행위는 대상에 따라 구분되기 때문이다. 그러므로 죄도 대상에 따라 종이 구분된다.

[답변] 앞서[6] 말한 바와 같이 죄에는 두 가지 요소가 있는데, 그것은 의지적 행위와 그 의지적 행위의 무질서함, 곧 하느님의 법에서 벗어나는 것이다. 이 두 가지 가운데 첫째 것은 그 자체로 죄를 짓는 사람과 연관된다. 그는 특정한 일에서 특정한 의지적 행위를 하고자 의도하는 것이다. 반면 둘째 것 곧 행위의 무질서는 죄짓는 사람의 의도에 우유적으로 연관된다.[7] 디오니시우스가 『신명론』 제4권[8]에서 말하듯이 "아무도 의도적으로 악을 행하지는 않기" 때문이다. 그런데 어떤 사물에서든지 그 종은 우유적인 것이 아니라 본질적인 것으로부터 결정된다. 우유적인 것들은 종의 특성에 속하지 않기 때문이다. 그러므로 죄는 죄 안에 들어 있는 무질서에 의해서보다 의지적 행위 편으로부터 종이 구분된다.[9] 그런데 위에서[10] 보인 바와 같이 의지적 행위는 대상에 따라 종이 구분된다. 그러므로 죄는 고유한 의미에서 대상에 따라 종이 구분된다는 결론이 나온다.

---

6. q.71, a.6.
7. Cf. q.73, a.1 c.
8. PG 3 716 C, 732 C; S. Thomas, lect.14, n.22.
9. Cf. q.79, a.2, ad3; II-II, q.10, a.5, ad1.
10. q.18, a.5.

AD PRIMUM ergo dicendum quod finis principaliter habet rationem boni, et ideo comparatur ad actum voluntatis, qui est primordialis in omni peccato, sicut obiectum. Unde in idem redit quod peccata differant secundum obiecta, vel secundum fines.

AD SECUNDUM dicendum quod peccatum non est pura privatio, sed est actus debito ordine privatus.[11] Et ideo peccata magis distinguuntur specie secundum obiecta actuum, quam secundum opposita.—Quamvis etiam si distinguantur secundum oppositas virtutes, in idem rediret, virtutes enim distinguuntur specie secundum obiecta, ut supra[12] habitum est.

AD TERTIUM dicendum quod nihil prohibet in diversis rebus specie vel genere differentibus, invenire unam formalem rationem obiecti, a qua peccatum speciem recipit. Et hoc modo superbia circa diversas res excellentiam quaerit, avaritia vero abundantiam eorum quae usui humano accommodantur.

Articulus 2
Utrum convenienter distinguantur peccata spiritualia a carnalibus

Ad secundum sic proceditur. Videtur quod inconvenienter distinguantur peccata spiritualia a carnalibus.

---

11. q.60, a.5.

[해답] 1. 선의 근거에 있어 주요한 것은 목적이다. 그러므로 목적은 모든 죄의 근원인 의지적 행위의 대상이 된다. 그러므로 죄가 대상에 의하여 구별되는 것과 목적에 의하여 구별되는 것은 같은 것이다.

2. 죄는 순전한 결핍이 아니라 마땅한 질서가 결핍된 어떤 행위이다. 그러므로 죄는 대립되는 것에 따라 구분되기보다 대상에 따라 종적으로 구분된다. 또한, 대립되는 덕들에 따라 구분하더라도 결과는 동일할 것이다. 위에서[11] 말한 바와 같이 덕들도 대상에 따라 종적으로 구분되기 때문이다.

3. 유나 종이 서로 다른 상이한 사물들 안에서 오직 죄를 종에 따라 구분해 주는 그 대상의 형상적 요소가 있는 것을 금하는 것은 아무것도 없다. 이러한 방식으로 교만은 다양한 사물들에 대하여 탁월함을 찾고, 탐욕은 인간이 사용하기에 적절한 것들의 풍부함을 찾는다.

제2절 영적인 죄와 육적인 죄를 구분하는 것이 적절한가?

Parall.: II-II, q.118, a.6; *In Ep. I ad Cor.*, c.6, lect.3; II, c.7, lect.1; *In Ep. ad Galat.*, c.5, lect.5

[반론] 둘째에 대해서는 다음과 같이 진행된다. 영적인 죄와 육적인 죄를 구분하는 것은 부적절한 것으로 생각된다.

q.72, a.2

1. Dicit enim Apostolus, *ad Galat.* 5, [19 sqq.]: *Manifesta sunt opera carnis, quae sunt fornicatio, immunditia, impudicitia, luxuria, idolorum servitus, veneficia,* etc., ex quo videtur quod omnia peccatorum genera sunt opera carnis. Sed peccata carnalia dicuntur opera carnis. Ergo non sunt distinguenda peccata carnalia a spiritualibus.

2. Praeterea, quicumque peccat, secundum carnem ambulat, secundum illud *Rom.* 8, [13]: *Si secundum carnem vixeritis, moriemini; si autem spiritu facta carnis mortificaveritis, vivetis.* Sed vivere vel ambulare secundum carnem, videtur pertinere ad rationem peccati carnalis. Ergo omnia peccata sunt carnalia. Non ergo sunt distinguenda peccata carnalia a spiritualibus.

3. Praeterea, superior pars animae, quae est mens vel ratio, spiritus nominatur, secundum illud *Ephes.* 4, [23]: *Renovamini spiritu mentis vestrae,* ubi *spiritus* pro *ratione* ponitur, ut ibi Glossa[1] dicit. Sed omne peccatum quod secundum carnem committitur, a ratione derivatur per consensum, quia superioris rationis est consentire in actum peccati, ut infra[2] dicetur. Ergo eadem peccata sunt carnalia et spiritualia. Non ergo sunt distinguenda ad invicem.

4. Praeterea, si aliqua peccata specialiter sunt carnalia, hoc potissime intelligendum videtur de illis peccatis quibus aliquis in corpus suum peccat. Sed sicut Apostolus dicit, I *ad Cor.* 6, [18], *omne peccatum quodcumque fecerit homo, extra corpus est, qui*

1. 사도는 갈라티아서 5장 [19절 이하]에서 "육의 행실은 자명합니다. 그것은 곧 불륜, 더러움, 방탕, 우상숭배, 마술, 적개심…"이라고 말한다. 여기에서부터, 모든 종류의 죄는 육의 행실임이 나타난다. 그런데 육의 행실은 육적인 죄라고 일컬어진다. 그러므로 육적인 죄를 영적인 죄로부터 구분하지 않아야 한다.

2. 로마서 8장 [13절]에서는 "여러분이 육에 따라 살면 죽을 것입니다. 그러나 성령의 힘으로 몸의 행실을 죽이면 살 것입니다."라고 말하므로, 죄를 짓는 사람은 누구나 육에 따라 걷는 것이다. 그런데 육에 따라 사는 것 또는 걷는 것은 육적인 죄에 해당하는 것으로 생각된다. 그러므로 모든 죄는 육적이다. 따라서 육적인 죄를 영적인 죄로부터 구분하지 않아야 한다.

3. 영(spiritus)이라고 일컬어지는 것은 영혼에서 상위의 부분인 정신 또는 이성이다. 에페소서 4장 [23절]에서는 "여러분 정신의 영이 새로워져"라고 말하는데, 『주석』[1]에서 말하듯이 여기서 영은 이성을 나타낸다. 그런데 육에 따라 범해지는 모든 죄는 동의에 의하여 이성에서 벗어나는 것이다. 아래에서[2] 말할 것처럼 죄의 행위에서 동의하는 것은 상위 이성에 속하는 일이기 때문이다. 그러므로 동일한 죄들이 육적이면서 영적이고, 따라서 이들은 서로 구분되지 않아야 한다.

4. 어떤 죄들이 특수하게 육적이라고 한다면 이는 특히 어떤 사람이 자신의 육체 안에서 짓는 죄들을 뜻하는 것으로 생각될 수 있다. 그런데 사도가 코린토 1서 6장 [18절]에서 말하듯이 "사람이 짓는

---

1. Interlin et ord: PL 114, 596 C; Lombardus: PL 192, 205 B. Cf. Aug., *De Trin.* l.XIV, c.16: PL 42, 1053; *De Gen. ad litt.* l.III, c.20: PL 34, 292.
2. q.74, a.7.

autem fornicatur, in corpus suum peccat. Ergo sola fornicatio esset peccatum carnale, cum tamen Apostolus, *ad Ephes.* 5, [3], etiam avaritiam carnalibus peccatis annumeret.

SED CONTRA est quod Gregorius, XXXI *Moral.*,[3] dicit quod *septem capitalium vitiorum quinque sunt spiritualia, et duo carnalia.*

RESPONDEO dicendum quod, sicut dictum est,[4] peccata recipiunt speciem ex obiectis. Omne autem peccatum consistit in appetitu alicuius commutabilis boni quod inordinate appetitur, et per consequens in eo iam habito inordinate aliquis delectatur. Ut autem ex superioribus[5] patet, duplex est delectatio. Una quidem animalis, quae consummatur in sola apprehensione alicuius rei ad votum habitae, et haec etiam potest dici delectatio spiritualis, sicut cum aliquis delectatur in laude humana, vel in aliquo huiusmodi. Alia vero delectatio est corporalis, sive naturalis, quae in ipso tactu corporali perficitur, quae potest etiam dici delectatio carnalis. Sic igitur illa peccata quae perficiuntur in delectatione spirituali, vocantur peccata spiritualia, illa vero quae perficiuntur in delectatione carnali, vocantur peccata carnalia; sicut gula, quae perficitur in delectatione ciborum, et luxuria, quae perficitur in delectatione venereorum. Unde et Apostolus

---

3. c.45: PL 76, 621 C.

다른 모든 죄는 몸 밖에서 이루어지지만, 불륜을 저지르는 자는 자기 몸에 죄를 짓는 것입니다." 그러므로 사음만이 육적인 죄가 될 것이다. 그런데 사도는 에페소서 5장 [3절]에서 탐욕도 육적인 죄들 가운데 하나로 든다.

[재반론] 그러나 반대로 그레고리우스는 『욥기 주해』 제31권[3]에서 "칠죄종 가운데 다섯 가지는 영적이고 두 가지는 육적이다."라고 말한다.

[답변] 앞서[4] 말한 바와 같이 죄는 그 대상에 따라 종이 구분된다. 그런데 모든 죄는 변화하는 선에 대한 욕구로서, 그것을 무질서하게 욕구하고 그 결과로 그것에 대해 무질서하게 쾌락을 느끼는 것이다. 그리고 위에서[5] 말한 바에서 알 수 있듯이 쾌락에는 두 종류가 있다. 그 첫째는 영혼이 즐기는 것으로, 이는 오직 원의대로 어떤 사물을 가졌다는 것을 파악함으로써 완성된다. 이를 영적 쾌락이라고 말할 수 있다. 어떤 사람이 인간적 칭찬이나 그와 같은 부류의 어떤 것에서 쾌락을 느낄 때가 여기에 속한다. 둘째는 육적 또는 본성적 쾌락으로, 육체적인 접촉에서 일어나는 쾌락이며 이는 육적인 쾌락이라고 말할 수 있다.

그러므로 영적인 쾌락에서의 죄는 영적인 죄라고 일컬어지고 육적인 쾌락에서 일어나는 죄는 육적인 죄라고 일컬어진다. 음식의 즐거움에서 일어나는 탐식과 성적인 즐거움에서 일어나는 색욕이 그 예

---

4. 앞 절.
5. q.31, a.3.

q.72, a.2

dicit II *ad Cor.* 7, [1]: *Emundemus nos ab omni inquinamento, carnis et spiritus.*[6]

AD PRIMUM ergo dicendum quod, sicut Glossa[7] ibidem dicit, illa vitia dicuntur opera carnis, *non quia in voluptate carnis perficiantur, sed caro sumitur ibi pro homine, qui dum secundum se vivit, secundum carnem vivere dicitur*; ut etiam Augustinus dicit, XIV *de Civ. Dei.*[8] Et huius ratio est ex hoc, quod omnis rationis humanae defectus ex sensu carnali aliquo modo initium habet.

Et per hoc etiam patet responsio AD SECUNDUM.

AD TERTIUM dicendum quod in peccatis etiam carnalibus est aliquis actus spiritualis, scilicet actus rationis, sed finis horum peccatorum, a quo denominantur, est delectatio carnis.

AD QUARTUM dicendum quod, sicut Glossa[9] ibidem dicit, *specialiter in fornicationis peccato servit anima corpori, intantum ut nihil aliud in ipso momento cogitare homini liceat.* Delectatio autem gulae, etsi sit carnalis, non ita absorbet rationem.— Vel potest dici quod in hoc peccato etiam quaedam iniuria fit corpori, dum inordinate maculatur. Et ideo per hoc solum peccatum dicitur specialiter homo in corpus peccare.

Avaritia vero quae in carnalibus peccatis connumeratur, pro

---

6. Emundemus nos ab omni iniquinamento, carnis et spiritus. 대중 라틴말 성경은, Mundemus nos...

들이다. 그러므로 사도도 코린토 2서 7장 [1절]에서 "육과 영의 모든 더러움에서 우리 자신을 깨끗이 합시다."[6]라고 말한다.

[해답] 1. 바로 그 주해에서[7] 말하듯이, 이 악습들이 육의 행실이라고 일컬어지는 것은 "이들이 육의 쾌락에서 일어나는 것이기 때문이 아니다. 여기서 육은 인간을 나타내고, 아우구스티누스도 『신국론』 제14권[8]에서 말하듯이 인간이 자기 자신만을 따라서 살 때에는 육을 따라 산다고 일컬어진다." 그 이유는, 인간 이성의 모든 결함이 어떤 식으로 육적인 감각에서 비롯되기 때문이다.

2. 이로써 둘째 반론에 대한 대답도 명백해진 것으로 보인다.

3. 육적인 죄에서도 어떤 영의 행위, 곧 이성의 행위가 있다. 그러나 이 죄들의 이름은 그 목적에서 나오는 것인데, 그 목적은 육적인 쾌락이다.

4. 『주해』[9]에서 말하듯이 "특히 사음의 죄에서 영혼은 육체에 종속된다. 인간이 그 순간에 다른 것을 전혀 생각할 수 없기 때문이다." 탐식의 즐거움은 비록 육적인 쾌락이라 해도 그렇게 이성을 흡수하지는 않는다. 또는, 사욕의 죄에서는 육처가 무질서하게 더럽혀지기 때문에 육체가 침해된다고도 말할 수 있다. 그래서 오직 그러한 죄로 인간이 특별히 자신의 육체에 대해 죄를 짓는다고 말할 수 있다.

육적인 죄들 가운데 하나로 열거되는 색욕은 간음을 나타내는 것

---

7. Ord.: PL 114, 584; Lombardus: PL 192, 159 C. Cf. Aug., *De civ. Dei* l.XIV, c.3: PL 41, 406.
8. cc.2-3: PL 41, 404, 406.
9. Lombardus(super 1 Cor. 6,18): PL 191, 1584 A. Ord.(ibid.): PL 114, 529A

adulterio ponitur, quod est iniusta usurpatio uxoris alienae.—Vel potest dici quod res in qua delectatur avarus, corporale quoddam est, et quantum ad hoc, connumeratur peccatis carnalibus. Sed ipsa delectatio non pertinet ad carnem, sed ad spiritum, et ideo secundum Gregorium, est spirituale peccatum.

Articulus 3
Utrum peccata distinguantur specie secundum causas

Ad tertium sic proceditur. Videtur quod peccata distinguantur specie secundum causas.

1. Ab eodem enim habet res speciem, a quo habet esse. Sed peccata habent esse ex suis causis. Ergo ab eis etiam speciem sortiuntur. Differunt ergo specie secundum diversitatem causarum.

2. Praeterea, inter alias causas minus videtur pertinere ad speciem causa materialis. Sed obiectum in peccato est sicut causa materialis. Cum ergo secundum obiecta peccata specie distinguantur, videtur quod peccata multo magis secundum alias causas distinguantur specie.

3. Praeterea, Augustinus, super illud Psalmi [79, 17], *Incensa igni et suffossa*, dicit[1] quod *omne peccatum est ex timore male humiliante, vel ex amore male inflammante*. Dicitur etiam I Ioan. 2, [16], quod *omne quod est in mundo, aut est concupiscentia*

인데, 간음은 다른 사람의 아내에 대한 불의한 탈취이다. 또는, 색욕이 있는 사람이 즐기는 것이 물질적인 것이고 그러한 점에서 육적인 죄로 여겨진다고 말할 수도 있다. 그러나 쾌락 자체는 육에 속한 것이 아니라 영에 속한 것이고, 그래서 그레고리우스는 색욕이 영적인 죄라고 말한다.

제3절 죄는 원인에 따라 종적으로 구분되는가?

Parall: *In Sent.*, II, dist.22, q.1, a.1.

[반론] 셋째에 대해서는 다음과 같이 진행된다. 죄들은 원인에 따라 종적으로 구분되는 것으로 생각된다.

1. 사물은 그것이 존재를 받는 것으로부터 종을 받는다. 그런데 죄는 그 원인으로부터 존재를 받는다. 그러므로 그것으로부터 종도 받는다. 그러므로 원인의 차이에 따라 종도 달라진다.

2. 원인들 가운데 질료적 원인은 종의 구분에 가장 관련이 적은 것으로 생각된다. 그런데 죄에서는 대상이 질료적 원인이 된다. 그러므로 대상에 따라 죄가 종적으로 구분된다면, 그보다 훨씬 더 죄는 다른 원인들에 따라서 종적으로 구분될 것으로 생각된다.

3. 아우구스티누스는 "그 가지는 불에 타고 꺾였습니다."라는 시편 [대중 라틴말 성경 79,17] 구절을 주해하면서[1] "모든 죄는 수치를 느끼게 하는 악한 두려움으로부터 또는 불타게 만드는 악한 사랑으로

---

1. *Enarr. in Ps.* 79,17, n.13: PL 36, 1027.

carnis, aut concupiscentia oculorum, aut superbia vitae,[2] dicitur autem aliquid esse in mundo, propter peccatum, secundum quod *mundi nomine amatores mundi significantur,* ut Augustinus dicit, *super Ioan.*[3] Gregorius etiam, XXXI *Moral.,*[4] distinguit omnia peccata secundum septem vitia capitalia. Omnes autem huiusmodi divisiones respiciunt causas peccatorum. Ergo videtur quod peccata differant specie secundum diversitatem causarum.

SED CONTRA est quia secundum hoc omnia peccata essent unius speciei, cum ex una causa causentur, dicitur enim *Eccli.* 10, [15], quod *initium omnis peccati est superbia*; et I *ad Tim.* ult., [10], quod *radix omnium malorum est cupiditas.* Manifestum est autem esse diversas species peccatorum. Non ergo peccata distinguuntur specie secundum diversitates causarum.

RESPONDEO dicendum quod, cum quatuor sint causarum genera, diversimode diversis attribuuntur. Causa enim formalis et materialis respiciunt proprie substantiam rei, et ideo substantiae secundum formam et materiam specie et genere distinguuntur. Agens autem et finis respiciunt directe motum et operationem, et ideo motus et operationes secundum huiusmodi causas specie distinguuntur; diversimode tamen.

---

2. 대중 라틴말 성경은, Omne quod est in mundo concupiscentia carnis dt concupiscentia oculorum et superbia vitae.

부터 나온다."고 말한다. 또한 요한 1서 2장 [16절]에서는 "세상에 있는 모든 것, 곧 육의 욕망과 눈의 욕망과 살림살이에 대한 자만"[2]이라고 말하는데, 여기서 어떤 것이 세상이 있는 것이라고 일컬어지는 것은 그것이 죄이기 때문이다. 아우구스티누스가 『요한복음서 강해』[3]에서 말하듯이 "세상이라는 단어는 세상을 사랑하는 이들을 의미한다." 그레고리우스 역시 『욥기 주해』 제31권[4]에서 모든 죄를 칠죄종에 따라 구분한다. 그런데 이 모든 구분들은 죄의 원인들과 연관된다. 그러므로 죄는 원인의 차이에 따라 종적으로 구분된다.

[재반론] 그러나 반대로 이 주장을 따른다면 모든 죄들은 같은 종이 될 것이다. 이들이 단 하나의 원인에서 나오기 때문이다. 집회서 10장 [13절]은 "교만은 모든 죄의 시작"이라고 말하고, 티모테오 1서 6장 [10절]에서는 "돈을 사랑하는 것이 모든 악의 뿌리"라고 말한다. 하지만 죄에는 상이한 종들이 있음이 명백하다. 그러므로 죄는 원인들의 차이에 따라 종적으로 구분되지 않는다.

[답변] 원인들에는 네 가지 종류가 있는데, 이들은 상이한 사물들에 상이한 방법으로 할당된다. 형상인과 질료인은 사물의 실체에 고유하게 연관되고, 그래서 실체들은 형상과 질료에 따라 유와 종으로 구분된다. 한편 작용인과 목적인은 직접적으로 운동과 작용에 관련된다. 그래서 운동과 작용은 이러한 원인들에 따라 종적으로 구분된다. 그러나 그 방법은 상이하다. 본성적인 작용의 원리들은 언제나

---

3. Tract. II, n.11: PL 35, 1393.
4. c.45, al. 17, in ver. 31: PL 76, 621 AC.

Nam principia activa naturalia sunt determinata semper ad eosdem actus, et ideo diversae species in actibus naturalibus attenduntur non solum secundum obiecta, quae sunt fines vel termini, sed etiam secundum principia activa; sicut calefacere et infrigidare distinguuntur specie secundum calidum et frigidum. Sed principia activa in actibus voluntariis, cuiusmodi sunt actus peccatorum, non se habent ex necessitate ad unum, et ideo ex uno principio activo vel motivo possunt diversae species peccatorum procedere; sicut ex timore male humiliante potest procedere quod homo furetur, et quod occidat, et quod deserat gregem sibi commissum; et haec eadem possunt procedere ex amore. Unde manifestum est quod peccata non differant specie secundum diversas causas activas vel motivas; sed solum secundum diversitatem causae finalis. Finis autem est obiectum voluntatis, ostensum est enim supra[5] quod actus humani habent speciem ex fine.

AD PRIMUM ergo dicendum quod principia activa in actibus voluntariis, cum non sint determinata ad unum, non sufficiunt ad producendum humanos actus, nisi determinetur voluntas ad unum per intentionem finis; ut patet per Philosophum, in IX *Metaphys.*[6] Et ideo a fine perficitur et esse et species peccati.

AD SECUNDUM dicendum quod obiecta, secundum quod comparantur ad actus exteriores, habent rationem materiae circa

동일한 행위를 가져오게 되어 있어서, 본성적 행위들의 상이한 종들은 대상 곧 목적이나 지향점에 따라서만이 아니라 작용의 원리에 따라서도 결정된다. 예를 들어 뜨겁게 하거나 차갑게 하는 것은 열기와 냉기에 따라 종적으로 구분된다. 그러나 죄의 행위와 같은 의지적 행위들에서 작용의 원리들은 반드시 하나의 행위를 가져오는 것이 아니어서, 동일한 하나의 작용 원리 또는 동기로부터 상이한 종의 죄들이 나올 수 있다. 예를 들어 수치를 느끼게 하는 악한 두려움은 절도를 하거나 살인을 하게 할 수도 있고, 그에게 맡겨진 양떼를 돌보지 않게 할 수도 있다. 그리고 사랑에 불탔을 때에도 마찬가지이다. 그러므로 죄는 작용인 또는 동력인에 따라 종적으로 달라지지 않고 오직 목적인의 차이에 따라서만 종적으로 달라짐이 명백하다. 그런데 목적은 의지의 대상이다. 위에서[5] 인간적 행위들은 목적에 따라 종이 달라짐을 이미 증명했다.

[해답] 1. 철학자가 『형이상학』 제9권[6]에서 보여 주듯이 의지적 행위들에서 작용의 원리들은 단 하나의 행위를 가져오는 것이 아니기 때문에, 의지가 어떤 목적에 대한 지향으로 결정되기 전에는 어떤 인간적 행위를 산출하기에 충분치 못하다. 그러므로 죄의 존재와 종은 목적으로부터 나오는 것이다.

2. 대상은 외적 작용에 있어서는 그것에 대해 작용을 하는 질료가 되지만, 의지의 내적 작용에 있어서는 목적이 되고 그래서 그 작

---

5. q.1, a.3; q.18, a.6.
6. c.5: 1048a10-16; S. Thomas, lect.4, n.1820.

quam, sed secundum quod comparantur ad actum interiorem voluntatis, habent rationem finium; et ex hoc habent quod dent speciem actui.⁷ Quamvis etiam secundum quod sunt materia circa quam, habeant rationem terminorum; a quibus motus specificantur, ut dicitur in V *Physic.*⁸ et in X *Ethic.*⁹ Sed tamen etiam termini motus dant speciem motibus, inquantum habent rationem finis.

AD TERTIUM dicendum quod illae divisiones peccatorum non dantur ad distinguendas species peccatorum; sed ad manifestandas diversas causas eorum.

Articulus 4
Utrum peccatum convenienter distinguatur in peccatum in Deum, in seipsum, et in proximum

Ad quartum sic proceditur. Videtur quod inconvenienter peccatum distinguatur per peccatum quod est in Deum, in proximum, et in seipsum.

1. Illud enim quod est commune omni peccato, non debet poni quasi pars in divisione peccati. Sed commune est omni peccato quod sit contra Deum, ponitur enim in definitione peccati quod sit *contra legem Dei*, ut supra¹ dictum est. Non

---

7. Cf. q.18, a.2 c et ad2; a.6 c.

용에 종을 부여하게 된다.[7] 하지만 대상은 거기에 작용을 하는 질료로서도 지향점이 되고, 『자연학』 제5권[8]과 『니코마코스 윤리학』 제10권[9]에서 말하듯이 운동은 지향점으로부터 종이 구분된다. 그러나 지향점이 운동에 종을 부여하는 것은 그 지향점이 목적이 된다는 점에서이다.

3. 이러한 죄의 구분은 죄의 종을 구분하기 위한 것이 아니라 그 상이한 원인들을 밝히기 위한 것이다.

제4절 죄를 하느님에 대한 죄, 자신에 대한 죄, 이웃에 대한 죄로 구분하는 것은 적절한가?

Parall.: *In Sent.*, II, dist.42, q.2, a.2, qc.2; *In Psalm.* 25.

[반론] 넷째에 대해서는 다음과 같이 진행된다. 죄를 하느님에 대한 죄, 이웃에 대한 죄, 자신에 대한 죄로 구분하는 것은 적절하지 않은 것으로 생각된다.

1. 모든 죄에 공통된 것은 죄의 구분에서 한 부분으로 간주될 수 없다. 그런데 하느님을 거스른다는 것은 모든 죄에 공통된 것이다. 위에서[1] 말한 바와 같이 "하느님의 법을 거스른다"는 것은 죄의 정의

---

8. c.1: 224b7-8; S. Thomas, lect.1, n.6.
9. c.3: 1174b4-7; S. Thomas, lect.5, nn.2013-2017.

1. q.71, a.6.

ergo peccatum in Deum debet poni quasi pars in divisione peccatorum.

2. Praeterea, omnis divisio debet fieri per opposita. Sed ista tria genera peccatorum non sunt opposita, quicumque enim peccat in proximum, peccat etiam in seipsum et in Deum. Non ergo peccatum convenienter dividitur secundum haec tria.

3. Praeterea, ea quae sunt extrinsecus, non conferunt speciem. Sed Deus et proximus sunt extra nos. Ergo per haec non distinguuntur peccata secundum speciem. Inconvenienter igitur secundum haec tria peccatum dividitur.

SED CONTRA est quod Isidorus,[2] in libro *de Summo Bono*, distinguens peccata, dicit quod *homo dicitur peccare in se, in Deum, et in proximum.*

RESPONDEO dicendum quod, sicut supra[3] dictum est, peccatum est actus inordinatus. Triplex autem ordo in homine debet esse.[4] Unus quidem secundum comparationem ad regulam rationis, prout scilicet omnes actiones et passiones nostrae debent secundum regulam rationis commensurari. Alius autem ordo est per comparationem ad regulam divinae legis, per quam homo in omnibus dirigi debet.[5] Et si quidem homo naturaliter esset

---

2. Hugo a S. Victore, *Summa Sent.*, tract.III, c.16: PL 176, 113 C.

안에 들어간다. 그러므로 하느님에 대한 죄는 죄의 구분에서 한 부분이 될 수 없다.

2. 모든 구분은 대립에 의하여 이루어져야 한다. 그러나 이러한 죄의 세 가지 종류는 서로 대립되지 않는다. 이웃에 대해 죄를 짓는 사람은 자신과 하느님에 대해서도 죄를 짓기 때문이다. 그러므로 죄를 이러한 세 가지로 구분하는 것은 적절하지 않다.

3. 외재적인 것은 종을 부여할 수 없다. 그런데 하느님과 이웃은 우리 밖에 있다. 그러므로 죄는 이들에 따라 종이 구분될 수 없다. 따라서 이 세 가지로 죄를 구분하는 것은 적절하지 않다.

[재반론] 그러나 반대로 이시도루스는 『최고선』[2]에서 죄들을 구분하면서 "인간은 자신에게, 하느님께, 그리고 이웃에게 죄를 짓는다고 일컬어진다."고 말한다.

[답변] 위에서[3] 말한 바와 같이 죄는 무질서한 행위이다. 그런데 인간 안에는 세 가지의 질서가 있어야 한다.[4] 그 하나는 이성의 규칙에 따르는 질서이다. 다시 말하면, 우리의 모든 작용과 정념은 이성의 규칙에 따라야 한다.[5] 다른 질서는 하느님의 법의 규칙에 따르는 질서인데, 인간은 모든 것에서 그 지도를 따라야 한다. 만일 인간이 본성적으로 혼자 사는 동물이라면 이 두 가지 질서로 충분할 것이다.

---

3. q.71, a.1.
4. Cf. q.87, a.1 c et ad3.
5. Cf. q.71, a.6 c: Regula autem voluntatis humanae est duplex...

animal solitarium, hic duplex ordo sufficeret, sed quia homo est naturaliter animal politicum et sociale, ut probatur in I *Polit.*,[6] ideo necesse est quod sit tertius ordo, quo homo ordinetur ad alios homines, quibus convivere debet.

Horum autem ordinum secundus continet primum, et excedit ipsum.[7] Quaecumque enim continentur sub ordine rationis, continentur sub ordine ipsius Dei, sed quaedam continentur sub ordine ipsius Dei, quae excedunt rationem humanam, sicut ea quae sunt fidei, et quae debentur soli Deo.[8] Unde qui in talibus peccat, dicitur in Deum peccare, sicut haereticus et sacrilegus et blasphemus.—Similiter etiam secundus ordo includit tertium, et excedit ipsum. Quia in omnibus in quibus ordinamur ad proximum, oportet nos dirigi secundum regulam rationis, sed in quibusdam dirigimur secundum rationem quantum ad nos tantum, non autem quantum ad proximum. Et quando in his peccatur, dicitur homo peccare in seipsum, sicut patet de guloso, luxurioso et prodigo.—Quando vero peccat homo in his quibus ad proximum ordinatur, dicitur peccare in proximum, sicut patet de fure et homicida.

Sunt autem diversa quibus homo ordinatur ad Deum, et ad proximum, et ad seipsum. Unde haec distinctio peccatorum est secundum obiecta, secundum quae diversificantur species peccatorum. Unde haec distinctio peccatorum proprie est secundum diversas peccatorum species. Nam et virtutes, quibus

그러나 『정치학』 제1권[6]에서 입증되듯이 인간은 본성적으로 정치적이고 사회적인 동물이므로, 인간이 함께 살아야 하는 다른 인간들에 대하여 질서 지어지는 셋째의 질서가 필요하다.

그런데 이 질서들 가운데 첫째 질서는 둘째 질서를 포함하고 그것을 능가한다.[7] 이성의 질서에 포함된 모든 것은 하느님의 질서에 포함되지만, 하느님의 질서에 포함된 것에는 신앙에 속하는 것들과 오직 하느님께 속하는 것들과 같이 인간 이성을 능가하는 것들이 있다.[8] 그러므로 그러한 것들에서 죄를 짓는 사람은 하느님에 대하여 죄를 짓는다고 일컬어진다. 이단자, 독성을 범하거나 신성을 모독하는 자의 경우가 그러하다.—마찬가지로, 둘째 질서는 셋째의 질서를 포함하고 그것을 능가한다. 우리가 이웃에 대해 지켜야 하는 모든 것들에서 우리는 이성의 규칙을 따라야 하기 때문이다. 하지만 우리가 이성에 따라야 하는 것들 중에는 오직 우리 자신에게만 관련되고 이웃에게는 관련되지 않는 것이 있다. 여기에 대해 죄를 지을 때, 자기 자신에 대해 죄를 짓는다고 일컬어진다. 탐식, 색욕, 방탕을 범하는 사람의 경우가 그러하다.—그러나 어떤 사람이 이웃에 대해 지켜야 할 것에서 죄를 지을 때에는, 이웃에 대해 죄를 짓는다고 일컬어진다. 절도와 살인의 경우가 그러하다.

또한 인간은 서로 다른 것을 통해 하느님과 이웃과 자신을 향한다. 그러므로 이러한 죄의 구분은 대상에 따른 것이 되는데, 대상은 죄들을 종적으로 구별해 주는 것이다. 그러므로 이 죄의 구분은 고

---

6. c.2: 1253a2-3; S. Thomas, lect.1.
7. 여기서 첫째, 둘째, 셋째는 위에서 열거된 순서를 말하는 것이 아니라 질서의 본성에 따른 순서이다. Caietanus, 해당 부분을 보라
8. Cf. q.71, a.6, ad5.

peccata opponuntur, secundum hanc differentiam specie distinguuntur, manifestum est enim ex dictis[9] quod virtutibus theologicis homo ordinatur ad Deum, temperantia vero et fortitudine ad seipsum, iustitia autem ad proximum.

AD PRIMUM ergo dicendum quod peccare in Deum, secundum quod ordo qui est ad Deum, includit omnem humanum ordinem, commune est omni peccato. Sed quantum ad id quod ordo Dei excedit alios duos ordines, sic peccatum in Deum est speciale genus peccati.

AD SECUNDUM dicendum quod quando aliqua quorum unum includit alterum, ab invicem distinguuntur, intelligitur fieri distinctio non secundum illud quod unum continetur in altero, sed secundum illud quod unum excedit alterum. Sicut patet in divisione numerorum et figurarum, non enim triangulus dividitur contra quadratum secundum quod continetur in eo, sed secundum quod exceditur ab eo; et similiter est de ternario et quaternario.

AD TERTIUM dicendum quod Deus et proximus, quamvis sint exteriora respectu ipsius peccantis, non tamen sunt extranea respectu actus peccati; sed comparantur ad ipsum sicut propria obiecta ipsius.

유한 의미에서 죄의 종에 대한 구분이 된다. 실상 죄와 대립되는 것인 덕도 이러한 차이에 따라 종이 구분된다. 앞서 말한 바에서[9] 명백히 드러나듯이 인간은 향주덕들에 의하여 하느님을 향하고, 절제와 용기에 의하여 자신을 향하며, 정의에 의하여 이웃을 향하게 된다.

[해답] 1. 하느님에 대한 질서는 모든 인간적 질서를 포함하므로, 하느님에 대해 죄를 짓는 것은 모든 죄에 공통된다. 그러나 하느님에 대한 질서가 다른 두 가지 질서를 능가한다는 점에서, 하느님에 대한 죄는 특수한 죄의 종류이다.

2. 어떤 것들에서 하나가 다른 하나를 포함하면서 이들이 서로 구분될 때에, 그 구분은 하나가 다른 것 안에 포함된다는 점이 아니라 하나가 다른 것을 넘어선다는 점에 대한 것으로 이해된다. 이는 숫자와 형태들의 구분에서 분명히 드러난다. 삼각형은 사각형에 포함되는 점에 따라서가 아니라 그것에 의하여 능가되는 점에 따라서 사각형과 구분되고 마찬가지로 셋이 넷에서 구분된다.

3. 하느님과 이웃은 죄를 짓는 사람에 대해서 외부적이지만 죄의 행위에 대해서는 외부적이 아니며, 그 죄의 고유한 대상으로서 죄와 연관된다.

---

9. q.62, a.1; q.66, aa.4&6.

Articulus 5
Utrum divisio peccatorum quae est secundum reatum, diversificet speciem

Ad quintum sic proceditur. Videtur quod divisio peccatorum quae est secundum reatum, diversificet speciem, puta cum dividitur secundum veniale et mortale.

1. Ea enim quae in infinitum differunt, non possunt esse unius speciei, nec etiam unius generis. Sed veniale et mortale peccatum differunt in infinitum, veniali enim debetur poena temporalis, mortali poena aeterna; mensura autem poenae respondet quantitati culpae, secundum illud *Deut.* 25, [2]: *Pro mensura delicti erit et plagarum modus.*[1] Ergo veniale et mortale non sunt unius generis, nedum quod sint unius speciei.

2. Praeterea, quaedam peccata sunt mortalia ex genere, sicut homicidium et adulterium, quaedam vero ex suo genere sunt peccata venialia, sicut verbum otiosum et risus superfluus. Ergo peccatum veniale et mortale specie differunt.

3. Praeterea, sicut se habet actus virtuosus ad praemium, ita se habet peccatum ad poenam. Sed praemium est finis virtuosi actus. Ergo et poena est finis peccati. Sed peccata distinguuntur specie secundum fines, ut dictum est.[2] Ergo etiam distinguuntur specie secundum reatum poenae.

제5절 죄책에 따른 죄의 구분은 죄를 종적으로 구분하는가?

Parall.: Infra, q.83, a.1; *In Sent.*, II, dist.42, q.1, a 3; *De Malo*, q.7, a.1.

[반론] 다섯째에 대해서는 다음과 같이 진행된다. 죄책에 따른 죄의 구분은 예를 들어 소죄와 사죄로 구분할 때, 종을 구분하는 것으로 생각된다.

1. 무한히 차이나는 것들은 하나의 종에 속할 수도 없고 하나의 유에 속할 수도 없다. 그런데 소죄와 사죄는 무한히 차이가 난다. 소죄는 잠벌만을 받고 사죄는 영벌을 받기 때문이다. 신명기 25장 [2절]에서 "그의 잘못에 해당하는 대 수만큼 매질하게 해야 한다."[1]고 말하듯이, 벌의 정도는 죄책에 양적으로 상응하는 것이다. 그러므로 소죄와 사죄는 같은 유에 속할 수 없고, 같은 종에는 더욱 속할 수 없다.

2. 살인과 간음 같은 어떤 죄들은 그 축에 의하여 사죄이다. 그러나 쓸데없는 말이나 지나친 웃음 등은 그 유에 의하여 소죄가 된다. 그러므로 소죄와 사죄는 종적으로 차이가 난다.

3. 상급에 대한 덕스러운 행위의 관계는 벌에 대한 죄의 관계와 같다. 그런데 상급은 덕스러운 행위의 목적이다. 그러므로 벌도 죄의 목적이다. 그런데 앞서[2] 말한 바와 같이 죄는 목적에 따라 종적으로 구분된다. 그러므로 죄책에 따라서도 종적으로 구분된다.

---

1. 대중 라틴말 성경은, Pro mensura peccati erit et plagarum modus.
2. a.3.Cf. a.1, ad1.

SED CONTRA, ea quae constituunt speciem, sunt priora, sicut differentiae specificae. Sed poena sequitur culpam, sicut effectus eius. Ergo peccata non differunt specie secundum reatum poenae.

RESPONDEO dicendum quod eorum quae specie differunt, duplex differentia invenitur.[3] Una quidem quae constituit diversitatem specierum, et talis differentia nunquam invenitur nisi in speciebus diversis; sicut rationale et irrationale, animatum et inanimatum. Alia autem differentia est consequens diversitatem speciei, et talis differentia, etsi in aliquibus consequatur diversitatem speciei, in aliis tamen potest inveniri in eadem specie; sicut album et nigrum consequuntur diversitatem speciei corvi et cygni, tamen invenitur huiusmodi differentia in eadem hominis specie.

Dicendum est ergo quod differentia venialis et mortalis peccati, vel quaecumque alia differentia sumitur penes reatum, non potest esse differentia constituens diversitatem speciei. Nunquam enim id quod est per accidens, constituit speciem. Id autem quod est praeter intentionem agentis, est per accidens, ut patet in II *Physic.*[4] Manifestum est autem quod poena est praeter intentionem peccantis. Unde per accidens se habet ad peccatum, ex parte ipsius peccantis.—Ordinatur tamen ad peccatum ab exteriori, scilicet ex iustitia iudicantis, qui secundum diversas conditiones peccatorum diversas poenas infligit. Unde differentia quae est ex reatu poenae, potest consequi diversam speciem

[재반론] 그러나 반대로 종차와 같이 종을 구성하는 것은 종보다 선행한다. 그런데 벌은 잘못의 결과로서 잘못에 뒤따른다. 그러므로 죄는 죄책에 따라 종적으로 구분되지 않는다.

[답변] 종적으로 서로 차이나는 것들은 두 가지로 차이가 난다.[3] 그 하나는 종들의 상이성을 구성하는 것이며, 이 차이는 서로 다른 종들에만 있는 것으로, 예를 들면 이성적인 것과 비이성적인 것, 생물과 무성물 같은 차이이다. 다른 차이는 종의 상이성의 결과로서, 이러한 차이는 어떤 경우는 종의 차이에 수반되지만 다른 경우는 같은 종에서도 있을 수 있다. 예를 들어 흰색과 검은색은 까마귀와 백조의 종의 상이성에 따른 것일 수도 있지만 동일한 인간 종에서도 있을 수 있다.

그러므로 소죄와 사죄의 차이 또는 죄책의 다른 어떤 차이는 종의 상이성을 구성하는 차이가 될 수 없다고 말해야 한다. 우유적인 것은 종을 구성할 수 없는데,『자연학』제2권[4]에서 보여 주듯이 행위자의 지향 밖에 있는 것은 우유적이다. 그리고 벌이 죄를 짓는 사람의 지향 밖에 있다는 것은 명백하다. 그러므로 죄를 짓는 사람 편에서 벌은 죄에 대해 우유적이다.―벌은 죄에 대하여 외브로부터, 곧 재판하는 사람의 정의로부터 지시되는 것이며, 그는 죄의 상이한 조건에 따라 상이한 벌을 부과한다. 그러므로 죄책에서의 차이는 죄의 종이 다른 데에서 나오는 결과일 수 있지만 그것이 종의 상이성을 구성하

---

3. Cf. q.18, a.7 c; q.35, a.8 c.
4. c.5: 195b23-24; S. Thomas, lect.8, n.8.

peccatorum; non autem constituit diversitatem speciei.

Differentia autem peccati venialis et mortalis consequitur diversitatem inordinationis, quae complet rationem peccati. Duplex enim est inordinatio, una per subtractionem principii ordinis; alia qua, salvato principio ordinis, fit inordinatio circa ea quae sunt post principium. Sicut in corpore animalis quandoque quidem inordinatio complexionis procedit usque ad destructionem principii vitalis, et haec est mors, quandoque vero, salvo principio vitae, fit inordinatio quaedam in humoribus, et tunc est aegritudo. Principium autem totius ordinis in moralibus est finis ultimus, qui ita se habet in operativis, sicut principium indemonstrabile in speculativis, ut dicitur in VII *Ethic*.[5] Unde quando anima deordinatur per peccatum usque ad aversionem ab ultimo fine, scilicet Deo, cui unimur per caritatem, tunc est peccatum mortale, quando vero fit deordinatio citra aversionem a Deo, tunc est peccatum veniale. Sicut enim in corporalibus deordinatio mortis, quae est per remotionem principii vitae, est irreparabilis secundum naturam; inordinatio autem aegritudinis reparari potest, propter id quod salvatur principium vitae; similiter est in his quae pertinent ad animam. Nam in speculativis qui errat circa principia, impersuasibilis est, qui autem errat salvatis principiis, per ipsa principia revocari potest. Et similiter in operativis qui peccando avertitur ab ultimo fine, quantum est ex natura peccati, habet lapsum irreparabilem, et ideo dicitur peccare mortaliter,

지는 않는다.

그러나 소죄와 사죄의 차이는 무질서의 정도의 차이에서 나오는 것인데 그것은 죄의 근거의 한 요소이다. 무질서에는 두 가지가 있다. 그 하나는 질서의 원리를 무너뜨리는 것이고, 다른 하나는 질서의 원리는 보존하면서 그 원리에 뒤따르는 것에서 무질서를 일으키는 것이다. 마치 동물의 몸에서 때로는 체질상의 무질서가 생명의 원리를 파괴하는 데에까지 이르게 되는데 그것이 곧 죽음이고, 때로는 생명의 원리는 남아 있으면서 상태가 무질서해지기도 하는데 이 경우는 질병인 것과 같다. 그런데 도덕적인 문제들에서 그 질서 전체의 원리는 최종 목적이다. 『니코마코스 윤리학』 제7권[5]에서 말하듯이 그것은 실천적인 영역에서, 마치 사변적인 영역에서 증명할 수 없는 원리들과 같은 역할을 한다. 그러므로 영혼이 죄에 의하여 무질서하게 되고 최종 목적 곧 우리가 사랑으로써 결합되는 하느님으로부터 들아설 때, 그것이 사죄이다. 그러나 무질서가 있더라도 하느님으로부터 돌아서지는 않을 때, 그것은 소죄이다. 육체에 있어서 생명의 원리가 제거됨으로써 생겨나는 죽음의 무질서는 본성에 따라 회복될 수 없는 데에 비하여 질병의 무질서는 생명의 원리가 보존되어 있으므로 회복될 수 있듯이, 영혼에 속한 것들에서도 마찬가지다. 사변적인 영역에서도, 원리들에 대해 오류를 범하는 사람은 설득할 수 없다. 그러나 오류를 범하더라도 원리를 유지하는 사람은 그 원리들 자체로써 바로잡을 수 있다. 이와 마찬가지로, 실천적인 영역에서 최종 목적으로부터 돌아서서 죄를 범하는 사람은 그 죄의 본성상 회복할 수 없는 잘못을 범하는 것이다. 그래서 그는 사죄를 범한다

---

5. c.9: 1151a16-17; S. Thomas, lect.8, n.1431.

q.72, a.5

aeternaliter puniendus. Qui vero peccat citra aversionem a Deo, ex ipsa ratione peccati reparabiliter deordinatur, quia salvatur principium, et ideo dicitur peccare venialiter, quia scilicet non ita peccat ut mereatur interminabilem poenam.

AD PRIMUM ergo dicendum quod peccatum mortale et veniale differunt in infinitum ex parte aversionis, non autem ex parte conversionis, per quam respicit obiectum, unde peccatum speciem habet.[6] Unde nihil prohibet in eadem specie inveniri aliquod peccatum mortale et veniale, sicut primus motus in genere adulterii est peccatum veniale; et verbum otiosum, quod plerumque est veniale, potest etiam esse mortale.

AD SECUNDUM dicendum quod ex hoc quod invenitur aliquod peccatum mortale ex genere, et aliquod peccatum veniale ex genere, sequitur quod talis differentia consequatur diversitatem peccatorum secundum speciem, non autem quod causet eam. Talis autem differentia potest inveniri etiam in his quae sunt eiusdem speciei, ut dictum est.[7]

AD TERTIUM dicendum quod praemium est de intentione merentis vel virtuose agentis, sed poena non est de intentione peccantis, sed magis est contra voluntatem ipsius.[8] Unde non est similis ratio.

---

6. Cf. q.87, a.5, ad1.
7. 답변.
8. "사죄와 소죄는 동일한 종에 속하지 않는다. 어떤 행위는 그 유에 의하여 선하고

고 일컬어지고, 영원한 벌을 받게 된다. 그러나 죄를 짓되 하느님으로부터 돌아서지 않은 사람은 바로 그 죄의 특성상 무질서하게 되면서도 회복이 가능하다. 원리가 보존되기 때문이다. 그러므로 그는 소죄를 짓는다고 일컬어진다. 그는 끝없는 벌을 받을 만큼 죄를 짓는 것이 아니기 때문이다.

[해답] 1. 사격와 소죄는 하느님으로부터 멀어지는 데이 있어서는 무한히 차이가 난다. 그러나 무엇을 향하여 돌아서는가에 있어서, 곧 대상이 있어서는 그렇지 않은데, 죄는 그 목적으로부터 종이 정해진다.[6] 그러므로 동일한 종 안에서 사죄와 소죄가 모두 있지 못할 이유가 없다. 예를 들어 간음에서 일반적으로 그 첫 움직임은 소죄이며, 쓸데없는 말은 대개 소죄이지만 그것 역시 사죄가 될 수 있다.

2. 어떤 죄는 유에 의하여 사죄가 되고 또 어떤 죄는 유에 의하여 소죄가 된다는 데에서, 이러한 차이가 종에 따른 죄의 다양성의 결과이며 그 원인이 아니라는 것을 알 수 있다. 앞서[7] 말한 바와 같이 그러한 차이는 동일한 종에서도 있을 수 있다.[8]

3. 상급은 그 상급을 받아야 할 사람 곧 덕스러운 행위를 하는 사람의 의도에 포함되지만, 벌은 죄를 짓는 사람의 의도에 포함되지 않고 오히려 그의 의지를 거슬러 부과된다.[9] 그러므로 비교는 성립되지 않는다.

어떤 행위는 그 유에 의하여 악하듯이, 어떤 죄는 그 유에 의하여 소죄이고 어떤 죄는 그 유에 의하여 대죄이다. 죄를 중대하게 하여 새로운 종이 되게 하는 것인 죄의 상황은 그것을 무한히 중대하게 하여 사죄에 해당하는 종이 되게 할 수 있다. 하지만 새로운 죄의 종을 구성할 정도로 중대하게 하지는 않는다면, 무한에까지 중대하게 하지는 않으며 소죄를 사죄가 되게 하지 않는다. 죄의 종에 의한 중대성은 언제나 새로운 종을 구성하는 것이 아닌 그 상황에 의한 중대성보다 더 크기 때문이다." *De Malo*, q.2, a.8

9. Cf. c.87, a.2 c; 6 c; I, q.48, a.5.

Articulus 6
Utrum peccatum commissionis et omissionis differant specie

Ad sextum sic proceditur. Videtur quod peccatum commissionis et omissionis specie differant.

1. Delictum enim contra peccatum dividitur, *Ephes.* 2, [1], ubi dicitur: *Cum essetis mortui delictis et peccatis vestris.* Et exponit ibi Glossa:[1] *Delictis, idest dimittendo quae iubentur; et peccatis, scilicet agendo prohibita*, ex quo patet quod per delictum intelligitur peccatum omissionis,[2] per peccatum, peccatum commissionis. Differunt igitur specie, cum ex opposito dividantur, tanquam diversae species.

2. Praeterea, peccato per se convenit quod sit contra legem Dei, ponitur enim in eius definitione, ut ex supradictis[3] patet. Sed in lege Dei alia sunt praecepta affirmativa, contra quae est peccatum omissionis; et alia praecepta negativa, contra quae est peccatum commissionis. Ergo peccatum omissionis et peccatum commissionis differunt specie.

3. Praeterea, omissio et commissio differunt sicut affirmatio et negatio. Sed affirmatio et negatio non possunt esse unius speciei, quia negatio non habet speciem; *non entis* enim *non sunt neque species neque differentiae*, ut Philosophus dicit.[4] Ergo omissio et commissio non possunt esse unius speciei.

제6절 범하는 죄와 궐하는 죄는 종적으로 구분되는가?

[반론] 여섯째에 대해서는 다음과 같이 진행된다. 범하는 죄와 궐하는 죄는 종적으로 구분되는 것으로 생각된다.

1. 잘못과 죄는 구분된다. 에페소서 2장 [1절]에서는 "여러분도 전에는 잘못과 죄를 저질러 죽었던 사람입니다."라고 말한다. 이에 대해 『주해』[1]에서는, "잘못은 명령받은 것을 행하지 않는 것이며, 죄는 금지된 것을 향하는 것"이라고 설명한다. 여기에서부터, 잘못은 부작위의 죄를 뜻하고[2] 죄는 범하는 죄를 뜻하는 것임이 드러난다. 그러므로 이들은 종적으로 차이가 난다. 이들은 상이한 종들로서 서로 대립되기 때문이다.

2. 죄는 그 자체로 하느님의 법에 반대되는 것이다. 위에서[3] 말한 바에서 알 수 있듯이, 이것은 죄의 정의에 포함된다. 그런데 하느님의 법에서 어떤 것들은 긍정적인 계명들로서 여기에 반대되는 것이 부작위의 죄이고, 어떤 것들은 부정적 계명들로서 여기에 반대되는 것이 범함의 죄이다. 그러므로 부작위의 죄와 범함의 죄는 종적으로 구분된다.

3. 부작위와 범함은 긍정과 부정처럼 서로 다르다. 그런데 긍정과 부정은 단 하나의 종에 속할 수 없다. 부정은 종이 없기 때문이다. 철학자가[4] 말하듯이 "비존재자에게는 종도 없고 차이도 없다." 그러므로 부작위와 범함은 하나의 종에 속할 수 없다.

---

1. Interl.; Lombardus: PL 192, 179 CD.
2. Cf. II-II, q.79, a.4, obj. 1 et ad1.
3. q.71, a.6.
4. *Phys.* IV, 8: 215a 0-11; S. Thomas, lect.11, n.5.

q.72, a.6

Sed contra, in eadem specie peccati invenitur omissio et commissio, avarus enim et aliena rapit, quod est peccatum commissionis; et sua non dat quibus dare debet, quod est peccatum omissionis. Ergo omissio et commissio non differunt specie.

Respondeo dicendum quod in peccatis invenitur duplex differentia, una materialis, et alia formalis. Materialis quidem attenditur secundum naturalem speciem actuum peccati, formalis autem secundum ordinem ad unum finem proprium, quod est obiectum proprium.[5] Unde inveniuntur aliqui actus materialiter specie differentes, qui tamen formaliter sunt in eadem specie peccati, quia ad idem ordinantur, sicut ad eandem speciem homicidii pertinet iugulatio, lapidatio et perforatio, quamvis actus sint specie differentes secundum speciem naturae.

Sic ergo si loquamur de specie peccati omissionis et commissionis materialiter, differunt specie, large tamen loquendo de specie, secundum quod negatio vel privatio speciem habere potest. Si autem loquamur de specie peccati omissionis et commissionis formaliter, sic non differunt specie, quia ad idem ordinantur, et ex eodem motivo procedunt. Avarus enim ad congregandum pecuniam et rapit, et non dat ea quae dare debet; et similiter gulosus ad satisfaciendum gulae, et superflua comedit, et ieiunia debita praetermittit; et idem est videre in ceteris. Semper enim in rebus negatio fundatur super aliqua affirmatione, quae

[재반론] 그러나 반대로 동일한 종의 죄 안에 부작위와 범함이 모두 있을 수 있다. 탐욕스러운 사람은 다른 사람의 것을 강탈하는데, 이는 범하는 죄이다. 또한 그는 주어야 할 사람에게 자신의 것을 주지 않는데, 이것은 궐하는 죄이다. 그러므로 부작위와 범함은 종적으로 차이가 나지 않는다.

[답변] 죄들 사이에는 두 가지 차이가 있는데, 그 하나는 질료적인 것이고 다른 하나는 형상적인 것이다. 질료적 차이는 죄의 행위의 본성적 종에 따른 것이고, 형상적인 차이는 그 행위 자체의 목적 곧 그 행위의 대상에 대한 질서에 따른 것이다.[5] 그러므로 어떤 행위들은 질료적으로는 서로 다른 종에 속하면서도 형상적으로는 같은 목적을 향해 질서 지어져 있어 동일한 죄의 종에 속할 수 있다. 예를 들면 목을 조르는 것, 돌로 치는 것, 찌르는 것은 그 본성의 종에 따라서는 서로 다른 종의 행위들이지만 모두 살인이라는 같은 종에 속한다.

그러므로 궐하는 죄와 범하는 죄는 질료적으로 말한다면 종적으로 서로 다르다. 이때에는 종을 넓은 의미로 말하는 것이어서, 부정이나 결핍도 종을 가질 수 있다. 그러나 형상적으로 말한다면 궐하는 죄와 범하는 죄는 종적으로 서로 다르지 않다. 이들은 동일한 것을 향해 질서 지어져 있고, 같은 동기로부터 나오는 것이기 때문이다. 탐욕스러운 사람은 돈을 모으기 위하여 강탈을 하고 주어야 할 것을 주지 않는다. 이와 마찬가지로 탐식하는 사람은 식욕을 충족하기 위하여 지나치게 먹으며 정해진 단식을 하지 않는다. 다른 경우

---

5. Cf. a.1 c et ad1.

q.72, a.6

est quodammodo causa eius, unde etiam in rebus naturalibus eiusdem rationis est quod ignis calefaciat, et quod non infrigidet.

AD PRIMUM ergo dicendum quod illa divisio quae est per commissionem et omissionem, non est secundum diversas species formales, sed materiales tantum, ut dictum est.[6]

AD SECUNDUM dicendum quod necesse fuit in lege Dei proponi diversa praecepta affirmativa et negativa, ut gradatim homines introducerentur ad virtutem, prius quidem abstinendo a malo, ad quod inducimur per praecepta negativa; et postmodum faciendo bonum, ad quod inducimur per praecepta affirmativa.[7] Et sic praecepta affirmativa et negativa non pertinent ad diversas virtutes, sed ad diversos gradus virtutis. Et per consequens non oportet quod contrarientur diversis peccatis secundum speciem.— Peccatum etiam non habet speciem ex parte aversionis, quia secundum hoc est negatio vel privatio, sed ex parte conversionis, secundum quod est actus quidam.[8] Unde secundum diversa praecepta legis non diversificantur peccata secundum speciem.

AD TERTIUM dicendum quod obiectio illa procedit de materiali diversitate speciei.—Sciendum est tamen quod negatio, etsi proprie non sit in specie, constituitur tamen in specie per reductionem ad aliquam affirmationem quam sequitur.[9]

---

6. 답변.
7. 그러므로 행위의 실행에 있어서는 덕을 심기 전에 먼저 악습을 근절해야 한다. q.106, a.6, ad2.

제72문 제6절

에서도 이와 같은 것을 볼 수 있다. 사물들에 있어 부정은 언제나 어떤 긍정에 기초하고, 그 긍정이 어떤 식으로 부정의 원인이 된다. 자연적 사물들에 있어서도 불이 뜨겁게 하는 것과 차갑게 하지 않는 것은 같은 것이다.

[해답] 1. 앞서[6] 말한 바와 같이 범함과 부작위에 대한 이러한 구분은 상이한 형상적 종에 따른 것이 아니라 오직 질료적 종에 따른 것이다.
2. 하느님의 법에는 상이한 긍정적 계명들과 부정적 계명들이 있어서, 인간이 먼저 부정적 계명들에 의하여 악을 멀리하게 되고 그다음에 긍정적 계명들에 의하여 선을 행하게 됨으로써 점차로 덕으로 인도되도록 하는 것이 필요하다.[7] 그러므로 긍정적 계명들과 부정적 계명들은 상이한 덕들에 관련되는 것이 아니라 덕의 상이한 단계들에 관련된다. 따라서 이들을 종적으로 상이한 죄들로 대립시키는 것은 필요하지 않다.―또한 죄는 무엇에서부터 돌아서는가에 따라 종이 정해지는 것이 아닌데, 이 측면에 따르면 죄는 부정 또는 결핍이기 때문이다. 죄는 오히려 그것이 무엇을 향해 돌아서는가에 따라, 곧 그것이 어떤 행위라는 측면으로부터 종이 정해진다.[8] 그러므로 죄는 상이한 법의 계명들에 따라 종이 달라지지 않는다.
3. 이 반론은 종의 질료적인 상이성으로부터 나오는 것이다.―그런데, 부정은 고유한 의미에서는 하나의 종에 들어가지 않지만 그에 상응하는 긍정으로 환원됨으로써 어떤 종에 속하게 된다는 것을 알아야 한다.[9]

---

8. Cf. q.9, ad1.
9. Cf. q.71, a.6, ad1.

Articulus 7
Utrum convenienter dividatur peccatum in peccatum cordis, oris, et operis

Ad septimum sic proceditur. Videtur quod inconvenienter dividatur peccatum in peccatum cordis, oris, et operis.

1. Augustinus enim, in XII *de Trin.*,[1] ponit tres gradus peccati, quorum primus est, *cum carnalis sensus illecebram quandam ingerit*, quod est peccatum cogitationis, secundus gradus est, *quando sola cogitationis delectatione aliquis contentus est*; tertius gradus est, *quando faciendum decernitur per consensum.* Sed tria haec pertinent ad peccatum cordis. Ergo inconvenienter peccatum cordis ponitur quasi unum genus peccati.

2. Praeterea, Gregorius, in IV *Moral.*,[2] ponit quatuor gradus peccati, quorum primus est *culpa latens in corde*; secundus, *cum exterius publicatur*; tertius est, *cum consuetudine roboratur*; quartus est, *cum usque ad praesumptionem divinae misericordiae, vel ad desperationem, homo procedit*. Ubi non distinguitur peccatum operis a peccato oris; et adduntur duo alii peccatorum gradus. Ergo inconveniens fuit prima divisio.

3. Praeterea, non potest esse peccatum in ore vel in opere, nisi fiat prius in corde. Ergo ista peccata specie non differunt. Non ergo debent contra se invicem dividi.

---

1. c.12: PL 42, 1007-1008.

제7절 죄를 마음의 죄, 입의 죄, 행위의 죄로 구분하는 것이 적절한가?

Parall.: III, q.90, a.3, ad1; *In Sent.*, II, dist.42, q.2. a.2, qc. 1.

[반론] 일곱째에 대해서는 다음과 같이 진행된다. 죄를 다음의 죄, 입의 죄, 행위의 죄로 구분하는 것은 적절치 않은 것으로 생각된다.

1. 아우구스티누스는 『삼위일체론』 제12권[1]에서 죄의 세 단계를 말한다. 그 첫째 단계는 "육적인 감각이 유혹할 때"로서, 이것이 생각의 죄이다. 둘째 단계는 "어떤 사람이 그러한 생각을 즐기는 것만으로 만족할 때"이다. 셋째 단계는 "행할 것이 동의로 결정될 때"이다. 그런데 이 세 가지는 모두 마음의 죄에 속한다. 그러므로 마음의 죄를 죄의 하나의 유처럼 여기는 것은 적절하지 않다.

2. 그레고리우스는 『욥기 주해』 제4권[2]에서 죄의 네 단계를 제시한다. 그 첫째는 "마음 안에 감추어진 죄책"이고, 둘째는 "외적으로 표출함"이고, 셋째는 "습관으로 굳어짐"이고, 넷째는 "인간이 하느님의 자비에 대한 억측 또는 절망에 이르게 되는 것"이다. 그런데 여기서는 행위의 죄를 입의 죄와 구분하지 않으며, 죄의 다른 두 단계를 첨가한다. 그러므로 첫 번째 구분은 적절하지 않다.

3. 먼저 마음 안에서 죄가 생겨나지 않는다면 입이나 행위에 죄가 있을 수 없다. 그러므로 이 죄들은 종적으로 구분되지 않는다. 그러므로 이들은 서로 구분되지 않아야 한다.

---

2. c.27, al. 25, in vet. 27: PL 75, 661 C.

SED CONTRA est quod Hieronymus dicit, *super Ezech.*:[3] *Tria sunt generalia delicta quibus humanum subiacet genus, aut enim cogitatione, aut sermone, aut opere peccamus.*

RESPONDEO dicendum quod aliqua inveniuntur differre specie dupliciter. Uno modo, ex eo quod utrumque habet speciem completam, sicut equus et bos differunt specie. Alio modo, secundum diversos gradus in aliqua generatione vel motu accipiuntur diversae species, sicut aedificatio est completa generatio domus, collocatio autem fundamenti et erectio parietis sunt species incompletae, ut patet per Philosophum, in X *Ethic.*;[4] et idem etiam potest dici in generationibus animalium.[5]

Sic igitur peccatum dividitur per haec tria, scilicet peccatum oris, cordis et operis, non sicut per diversas species completas, nam consummatio peccati est in opere, unde peccatum operis habet speciem completam. Sed prima inchoatio eius est quasi fundatio in corde; secundus autem gradus eius est in ore, secundum quod homo prorumpit facile ad manifestandum conceptum cordis; tertius autem gradus iam est in consummatione operis. Et sic haec tria differunt secundum diversos gradus peccati. Patet tamen quod haec tria pertinent ad unam perfectam peccati speciem, cum ab eodem motivo procedant:[6] iracundus enim, ex hoc quod appetit vindictam, primo quidem perturbatur in corde; secundo, in verba

---

3. l.XIII, c.43, 23 sqq.: PL 25, 427 B.

[재반론] 그러나 반대로 히에로니무스는 『에제키엘서 주해』³에서, "인류는 세 종류의 죄악에 종속되어 있다. 우리는 생각이나 말이나 행위로 죄를 짓는다."고 말한다.

[답변] 어떤 것이 종적으로 다른 것은 두 가지 방식으로 가능하다. 그 한 가지 방식은 말과 소가 종적으로 서로 다른 것과 같이 각각이 온전한 종을 갖는 것이다. 다른 방식은 어떤 생성이나 운동의 서로 다른 단계들로부터 서로 다른 종을 받게 되는 것이다. 예를 들면, 철학자가 『니코마코스 윤리학』 제10권⁴에서 말하듯이 건물은 집이 완전하게 생성된 것이며 그 기초를 놓거나 벽을 세우는 것은 불완전한 종들이다. 동물의 출산에 대해서도 마찬가지로 말할 수 있다.⁵

그러므로 죄를 이 세 가지, 곧 입과 마음과 행위의 죄로 나누는 것은 서로 다른 완전한 종으로 구분하는 것이 아니다. 죄의 완성은 행위에서 이루어지며, 따라서 행위의 죄는 완전한 하나의 종이 된다. 그러나 그 첫 시작은 마치 그 토대처럼 마음 안에 있는 것이다. 둘째 단계는 입에 있는데, 인간은 마음에서 생각한 것을 입으로 쉽게 표출하기 때문이다. 셋째 단계는 행위의 완성이다. 이렇게 이 세 가지는 죄의 상이한 단계에 따라 구분된다. 그러나 이 세 가지가 한 가지의 완전한 죄의 종류에 속한다는 것은 분명하다. 이들이 단 하나의 동기로부터 나오기 때문이다.⁶ 쉽게 분노하는 사람은 복수에 대한 욕구로부터 먼저 마음이 혼란해지고, 둘째로 무례한 말을 하게 되며,

---

4. c.3: 1174a19-29; S. Thomas, lect.5, nn.2010-2012.
5. Cf. I, q.118, a.1, ad4.
6. Cf. q.100, a.5 c, a.6 c.

contumeliosa prorumpit; tertio vero, procedit usque ad facta iniuriosa. Et idem patet in luxuria, et in quolibet alio peccato.

AD PRIMUM ergo dicendum quod omne peccatum cordis convenit in ratione occulti, et secundum hoc ponitur unus gradus. Qui tamen per tres gradus distinguitur, scilicet cogitationis, delectationis et consensus.

AD SECUNDUM dicendum quod peccatum oris et operis conveniunt in manifestatione, et propter hoc a Gregorio sub uno computantur. Hieronymus autem[7] distinguit ea, quia in peccato oris est manifestatio tantum, et principaliter intenta, in peccato vero operis est principaliter expletio interioris conceptus cordis, sed manifestatio est ex consequenti. Consuetudo vero[8] et desperatio[9] sunt gradus consequentes post speciem perfectam peccati, sicut adolescentia et iuventus post perfectam hominis generationem.

AD TERTIUM dicendum quod peccatum cordis et oris non distinguuntur a peccato operis, quando simul cum eo coniunguntur, sed prout quodlibet horum per se invenitur. Sicut etiam pars motus non distinguitur a toto motu, quando motus est continuus, sed solum quando motus sistit in medio.

셋째로는 해를 끼치는 행위로 나아간다. 색욕이나 다른 어떤 죄에서도 이와 같다.

[해답] 1. 마음의 모든 죄는 감추어져 있다는 점에서 서로 일치하고, 이 점에 있어서는 같은 단계에 속한다. 그러나 그 안에서 다시 세 단계, 곧 생각, 즐김, 동의로 구분된다.

2. 입의 죄와 행위의 죄는 드러난다는 점에서는 서로 일치하고, 그래서 그레고리우스는 이들을 하나로 여긴다. 그러나 히에로니무스는[7] 이들을 구분하는데, 입의 죄에는 표출만이 있고 그것이 주된 의도인 반면 행위의 죄는 주로 마음에서 내적으로 생각한 것을 실행하는 것이며 표출은 그 결과로 이루어지는 것이기 때문이다. 습관과[8] 절망은[9] 마치 인간이 완전히 출생한 후에 소년기와 청년기가 뒤따르듯이 한 종류의 죄가 완성된 후에 뒤따르는 단계들이다.

3. 마음의 죄와 입의 죄는 이들이 행위의 죄와 동시에 결합되어 있을 때에는 행위의 죄로부터 구분되지 않으며, 따로 떨어져 있을 때에만 구분된다. 이는 운동이 연속적일 때에는 운동의 그 한 부분이 전체로부터 구분되지 않고, 운동이 중간에 멈출 때에만 구분되는 것과 같다.

---

7. Cf. sed c.
8. 죄의 습관에 관하여, Cf. II-II, q.162, a.4, ad4.
9. Cf. II-II, q.20, a.1.

Articulus 8

Utrum superabundantia et defectus diversificent species peccatorum

Ad octavum sic proceditur. Videtur quod superabundantia et defectus non diversificent species peccatorum.

1. Superabundantia enim et defectus differunt secundum magis et minus. Sed magis et minus non diversificant speciem. Ergo superabundantia et defectus non diversificant speciem peccatorum.

2. Praeterea, sicut peccatum in agibilibus est ex hoc quod receditur a rectitudine rationis, ita falsitas in speculativis est ex hoc quod receditur a veritate rei. Sed non diversificatur species falsitatis ex hoc quod aliquis dicit plus vel minus esse quam sit in re. Ergo etiam non diversificatur species peccati ex hoc quod recedit a rectitudine rationis in plus vel in minus.

3. Praeterea, *ex duabus speciebus non constituitur una species*, ut Porphyrius dicit.[1] Sed superabundantia et defectus uniuntur in uno peccato, sunt enim simul quidam illiberales et prodigi, quorum duorum illiberalitas est peccatum secundum defectum, prodigalitas autem secundum superabundantiam. Ergo superabundantia et defectus non diversificant speciem peccatorum.

SED CONTRA, contraria differunt secundum speciem, nam *contrarietas est differentia secundum formam*, ut dicitur in X

제8절 죄는 지나침과 부족함에 따라 종적으로 구분되는가?

Parall.: *De Malo.* q.14, a.3.

[반론] 여덟째에 대해서는 다음과 같이 진행된다. 지나침과 부족함에 따라 죄가 종적으로 구분되지는 않는 것으로 생각된다.

1. 지나침과 부족함은 많고 적음에 따른 차이이다. 그런데 더 많거나 더 적은 것은 종이 달라지게 하지 않는다. 그러므로 지나침과 부족함은 죄의 종을 달라지게 하지 않는다.

2. 사변적 영역에서 거짓이 사물의 진리에서 멀어지는 데에서 기인하듯이, 행위의 영역에서 죄는 이성의 올바름에서 멀어지는 데에 기인한다. 그런데 어떤 사람이 실제보다 더 많게 말을 하는지 아니면 더 적게 말을 하는지 여부는 그 거짓의 종을 달라지게 하지 않는다. 그러므로 이성의 올바름에 대한 지나침과 부족함 역시 죄의 종을 달라지게 하지 않는다.

3. 포르피리우스가[1] 말하듯이 "두 종으로부터 하나의 종이 구성되지는 않는다." 그런데 지나침과 부족함은 하나의 죄 안에 결합된다. 인색하면서도 동시에 방탕한 사람들이 있는데, 이 두 가지 가운데 인색함은 부족함에 따른 죄이고 방탕함은 지나침에 따른 죄이다. 그러므로 지나침과 부족함은 죄의 종을 달라지게 하지 않는다.

[재반론] 그러나 반대로 서로 반대되는 것은 종적으로 서로 다르다.

---

1. *Isagoge*, c. ult.: ed. A. Busse, Berolini 1887(Comment. in Arist. graeca, ed. consilio et auctoritate Acad. Litter. Borussicae, vol. IV, p. I), p.47, l.8.Cf. Aristoteles, *Met.*, I, c.9: 991b21-27; S. Thomas, lect.14, nn.244-247.

*Metaphys.*² Sed vitia quae differunt secundum superabundantiam et defectum, sunt contraria, sicut illiberalitas prodigalitati. Ergo differunt secundum speciem.

RESPONDEO dicendum quod, cum in peccato sint duo, scilicet ipse actus, et inordinatio eius, prout receditur ab ordine rationis et legis divinae; species peccati attenditur non ex parte inordinationis, quae est praeter intentionem peccantis, ut supra³ dictum est; sed magis ex parte ipsius actus, secundum quod terminatur ad obiectum, in quod fertur intentio peccantis. Et ideo ubicumque occurrit diversum motivum inclinans intentionem ad peccandum, ibi est diversa species peccati. Manifestum est autem quod non est idem motivum ad peccandum in peccatis quae sunt secundum superabundantiam, et in peccatis quae sunt secundum defectum; quinimmo sunt contraria motiva; sicut motivum in peccato intemperantiae⁴ est amor delectationum corporalium, motivum autem in peccato insensibilitatis⁵ est odium earum. Unde huiusmodi peccata non solum differunt specie, sed etiam sunt sibi invicem contraria.

AD PRIMUM ergo dicendum quod magis et minus, etsi non sint causa diversitatis speciei, consequuntur tamen quandoque species

---

2. c.4: 1055a3-10; S. Thomas, lect.5, nn.2023-2026.

『형이상학』 제10권²에서 말하듯이 "반대되는 것은 형상에 따른 차이"이다. 그런데 인색함과 방탕처럼 지나침과 부족함에 있어 서로 다른 악습들은 서로 반대된다. 그러므로 이들은 종에 따라 서로 다르다.

[답변] 죄 안에는 두 가지, 곧 그 행위 자체 그리고 이성의 질서와 하느님의 법에서 벗어난 그 행위의 무질서가 있다. 그런데 죄의 종은 위에서³ 말한 바와 같이 죄를 짓는 사람의 지향 밖에 있는 그 무질서함으로부터 나오는 것이 아니라 죄를 짓는 사람의 지향이 향하는 대상에서 끝나게 되는 그 행위 자체로부터 나오는 것이다. 그러므로 지향이 죄를 짓도록 하는 상이한 동기가 있을 때마다 죄의 종은 달라진다. 그런데 지나침에 의한 죄들에서 죄를 짓게 하는 동기와 부족함에 의한 죄들에서의 동기는 동일하지 않음이 명백하다. 심지어 그 동기들은 서로 반대된다. 예를 들어 무절제의 죄에서⁴ 그 동기는 육체적 쾌락에 대한 사랑이고, 무감각의 죄에서⁵ 그 동기는 그러한 쾌락에 대한 미움이다. 그러므로 이러한 죄들은 종적으로 서로 다를 뿐만 아니라 서로 반대된다.

[해답] 1. 많고 적음의 차이는 상이한 종의 원인이 되지는 않지만, 불이 공기보다 가볍다고 일컬어지는 것과 같이 때로는 그 차이가 상

---

3. Art.1.
4. Cf. II-II, q.142, a.2 c.
5. Cf. II-II, q.142, a.1.

differentes, prout proveniunt ex diversis formis, sicut si dicatur quod ignis est levior aere. Unde Philosophus dicit, in VIII *Ethic.*,[6] quod qui posuerunt non esse diversas species amicitiarum propter hoc quod dicuntur secundum magis et minus, *non sufficienti crediderunt signo*. Et hoc modo superexcedere rationem, vel deficere ab ea, pertinet ad diversa peccata secundum speciem, inquantum consequuntur diversa motiva.

AD SECUNDUM dicendum quod intentio peccantis non est ut recedat a ratione, et ideo non efficitur eiusdem rationis peccatum superabundantiae et defectus propter recessum ab eadem rationis rectitudine. Sed quandoque ille qui dicit falsum, intendit veritatem occultare, unde quantum ad hoc, non refert utrum dicat vel plus vel minus. Si tamen recedere a veritate sit praeter intentionem, tunc manifestum est quod ex diversis causis aliquis movetur ad dicendum plus vel minus, et secundum hoc diversa est ratio falsitatis. Sicut patet de iactatore, qui superexcedit dicendo falsum, quaerens gloriam; et de deceptore, qui diminuit, evadens debiti solutionem. Unde et quaedam falsae opiniones sunt sibi invicem contrariae.

AD TERTIUM dicendum quod prodigus et illiberalis potest esse aliquis secundum diversa, ut scilicet sit aliquis illiberalis in accipiendo quae non debet, et prodigus in dando quae non debet.[7] Nihil autem prohibet contraria inesse eidem secundum diversa.

---

6. c.2: 1155b13-16; S. Thomas, lect.1, nn.1549-1550.

이한 형상들로부터 유래하는 것이기 때문에 서로 다른 종에 뒤따른다. 그래서 철학자는 『니코마코스 윤리학』 제8권[6]에서, 우정들은 더 많거나 더 적다고 일컬어지는 것이지 상이한 종들이 있는 것이 아니라고 주장하는 이들에 대해 "그들은 불충분한 표지를 가지고 믿었다."고 말한다. 이와 같이 하여, 이성에 대하여 지나치거나 거기에 미치지 못하는 것은 이들이 서로 다른 동기에서 나온다는 점에서 서로 종이 다른 죄에 속한다.

2. 죄를 짓는 사람의 의도는 이성에서 멀어지려는 것이 아니다. 그러므로 지나침과 부족함은 그것이 이성의 올바름으로부터 멀어지는 것이라고 해서 같은 죄가 되지는 않는다. 그러나 거짓을 말하는 사람은 의도적으로 진리를 감추려고 할 경우가 있다. 그래서 이런 경우에 있어서는 더 많은 것을 말하는지 더 적은 것을 말하는지 여부가 중요하지 않다. 그러나 진리에서 벗어나는 것이 그가 의도한 것이 아니라면, 상이한 이유들로 더 많은 것 또는 더 적은 것을 말하게 된 것임이 명백하다. 이에 따라 상이한 거짓들이 있게 된다. 예를 들어, 허세를 부리는 사람은 지나치게 말하여 거짓을 말하며 영예를 찾는다. 한편 사기꾼은 빚을 갚는 것을 피하기 위하여 더 적게 말한다. 그러므로 거짓된 견해들에서도 서로 반대되는 것이 있다.

3. 한 사람이 서로 다른 측면에서 방탕하기도 하고 인색하기도 할 수 있다. 예를 들어, 받지 말아야 할 것을 받는 데에서는 인색하면서, 주지 말아야 할 것을 주는 데에서 방탕할 수 있다.[7] 서로 다른 측면에서 반대되는 것이 같은 사람 안에 있지 못할 이유는 없다.

---

7. Cf. II-II, q.119, a.1, ad1.

Articulus 9
Utrum peccata diversificentur specie secundum diversas circumstantias

Ad nonum sic proceditur. Videtur quod vitia et peccata diversificentur specie secundum diversas circumstantias.

1. Quia, ut dicit Dionysius, 4 cap. *de Div. Nom.*,[1] *malum contingit ex singularibus defectibus*. Singulares autem defectus sunt corruptiones singularum circumstantiarum. Ergo ex singulis circumstantiis corruptis singulae species peccatorum consequuntur.

2. Praeterea, peccata sunt quidam actus humani. Sed actus humani interdum accipiunt speciem a circumstantiis, ut supra[2] habitum est. Ergo peccata differunt specie secundum quod diversae circumstantiae corrumpuntur.

3. Praeterea, diversae species gulae assignantur secundum particulas quae in hoc versiculo continentur: *Praepropere, laute, nimis, ardenter, studiose*. Haec autem pertinent ad diversas circumstantias, nam *praepropere* est antequam oportet, *nimis* plus quam oportet, et idem patet in aliis. Ergo species peccati diversificantur secundum diversas circumstantias.

---

1. PG 3, 729 C; S. Thomas, lect.22.

제9절 죄는 상이한 상황들에 따라 종이 달라지는가?

Parall.: II-II, q.53, a.2, ad3; *In Sent.*, IV, dist.16, q.3, a.2, qc.3; *De Malo*, q.2, a.6; q.14, a.3.

Doctr. Eccl.: 트리엔트공의회, 제14차 회기, 제5장은 이렇게 가르친다. "죄의 종류를 바꾸어 놓는 죄의 상황들도 고해에서 설명해야 한다. 그것이 없다면 죄가 참회자들에 의하여 온전히 제시될 수 없고, 심판관들에게 드러날 수도 없기 때문이다."(DS 899[=DH 1681])

[반론] 아홉째에 대해서는 다음과 같이 진행된다. 악습과 죄들은 상이한 상황들에 따라 종이 달라지는 것으로 생각된다.

1. 디오니시우스가 『신명론』 제4권[1]에서 말하듯이 "악은 개별적인 결함들에서 나온다." 그런데 개별적인 결함들은 개별적인 상황들이 손상된 것이다. 그러므로 개별적 상황들의 손상으로부터 개별적인 죄의 종들이 나온다.

2. 죄는 인간적 행위들이다. 그런데 위에서[2] 말한 바와 같이 인간적 행위들은 때로 그들의 상황으로부터 종이 결정된다. 그러므로 죄들은 상이한 상황들이 손상되는 데에 따라 종이 달라진다.

3. 탐식의 상이한 종들은 "성급하게, 풍성하게, 과도하게, 탐욕스럽게, 까다롭게"라는 구절에 들어 있는 사항들에 따라 구분된다. 그런데 이들은 상이한 상황들에 속한다. "성급하게"는 적절한 때보다 앞서는 것을 말하고, "풍성하게"는 적절한 것 이상을 뜻하는 등이다. 그러므로 죄의 종들은 상이한 상황들에 따라 달라진다.

---

2. q.18, a 10.

SED CONTRA est quod Philosophus dicit, in III[3] et IV[4] *Ethic.*, quod singula vitia peccant agendo *et plus quam oportet, et quando non oportet,* et similiter secundum omnes alias circumstantias. Non ergo secundum hoc diversificantur peccatorum species.

RESPONDEO dicendum quod, sicut dictum est,[5] ubi occurrit aliud motivum ad peccandum, ibi est alia peccati species, quia motivum ad peccandum est finis et obiectum. Contingit autem quandoque quod in corruptionibus diversarum circumstantiarum est idem motivum, sicut illiberalis ab eodem movetur quod accipiat quando non oportet, et ubi non oportet, et plus quam oportet, et similiter de aliis circumstantiis; hoc enim facit propter inordinatum appetitum pecuniae congregandae. Et in talibus diversarum circumstantiarum corruptiones non diversificant species peccatorum, sed pertinent ad unam et eandem peccati speciem.

Quandoque vero contingit quod corruptiones diversarum circumstantiarum proveniunt a diversis motivis. Puta quod aliquis praepropere comedat, potest provenire ex hoc quod homo non potest ferre dilationem cibi, propter facilem consumptionem humiditatis; quod vero appetat immoderatum cibum, potest contingere propter virtutem naturae potentem ad convertendum multum cibum; quod autem aliquis appetat cibos deliciosos,

---

3. c.10: 1115b15-17; S. Thomas, lect.15, nn.545-546.

[재반론] 그러나 반대로 철학자는 『니코마코스 윤리학』 제3권[3]과 제4권[4]에서 모든 악습은 "적절한 것 이상으로, 그리고 적절하지 않은 때에", 그리고 다른 상황들에 대해서도 마찬가지로 행함으로써 죄를 짓는 것이라고 말한다. 그러므로 죄의 종은 이에 따라 달라지지 않는다.

[답변] 앞서[5] 말한 바와 같이, 죄를 짓게 되는 동기가 다를 죄의 종이 다르게 된다. 죄를 짓게 되는 동기는 그 목적이고 대상이기 때문이다. 그런데, 같은 동기에서 상이한 상황들이 손상되는 경우가 있다. 예를 들어 탐욕스러운 사람은 같은 동기에서 적절하지 않은 때에, 적절하지 않은 장소에서, 적절한 것 이상으로 받으며 다른 상황들에 대해서도 그러하다. 그는 돈을 모으고자 하는 무질서한 욕구 때문에 이를 행하는 것이다. 이러한 경우에, 상이한 상황들의 손상된다는 것은 죄의 종을 달라지게 하지 않으며 이들은 하나의 동일한 종의 죄에 속한다.

그러나 어떤 경우에는 상이한 상황들이 상이한 동기들로 인하여 손상되게 된다. 예를 들어 어떤 사람이 성급하게 먹는 것은 그 사람이 소화액을 쉽게 소모하여 음식의 지체를 견딜 수 없기 때문일 수 있다. 그러나 그가 과도한 음식을 원하는 것은 많은 음식을 소화할 수 있는 강한 본성적 능력 때문일 수 있다. 또 어떤 사람이 맛있는 음식을 원하는 것은 음식을 즐기려는 욕구 때문일 수 있다. 이러한

---

4. c.1: 1119b22 sqq.; S. Thomas, lect.1 sqq.
5. 앞 절

contingit propter appetitum delectationis quae est in cibo. Unde in talibus diversarum circumstantiarum corruptiones inducunt diversas peccati species.[6]

AD PRIMUM ergo dicendum quod malum, inquantum huiusmodi, privatio est, et ideo diversificatur specie secundum ea quae privantur, sicut et ceterae privationes. Sed peccatum non sortitur speciem ex parte privationis vel aversionis, ut supra[7] dictum est; sed ex conversione ad obiectum actus.[8]

AD SECUNDUM dicendum quod circumstantia nunquam transfert actum in aliam speciem, nisi quando est aliud motivum.

AD TERTIUM dicendum quod in diversis speciebus gulae diversa sunt motiva, sicut dictum est.[9]

상이한 상황들에서의 손상은 상이한 종의 죄들을 가져온다.[6]

[해답] 1. 악은 그 자체로서 어떤 결핍이다. 그러므로 다른 결핍들에서와 마찬가지로, 결핍되는 것이 무엇인지에 따라 종이 달라진다. 그러나 위에서[7] 말한 바와 같이 죄는 결핍이나 멀어짐으로부터 그 종이 결정되는 것이 아니며, 행위의 대상을 향하는 데에서부터 종이 결정된다.[8]

2. 다른 동기가 있지 않다면, 상황은 하나의 행위를 다른 종으로 옮겨 놓을 수 없다.

3. 앞서[9] 말한 바와 같이 탐식의 상이한 종들에는 상이한 동기들이 있다.

---

6. Cf. II-II, q.148, a 4.
7. Art.1.
8. Cf. q.6, ad2.
9. 답변.

QUAESTIO LXXIII
DE COMPARATIONE PECCATORUM AD INVICEM
in decem articulos divisa

Deinde considerandum est de comparatione peccatorum ad invicem.[1]

Et circa hoc quaeruntur decem.

Primo: utrum omnia peccata et vitia sint connexa.

Secundo: utrum omnia sint paria.

Tertio: utrum gravitas peccatorum attendatur secundum obiecta.

Quarto: utrum secundum dignitatem virtutum quibus peccata opponuntur.

Quinto: utrum peccata carnalia sint graviora quam spiritualia.

Sexto: utrum secundum causas peccatorum attendatur gravitas peccatorum.

Septimo: utrum secundum circumstantias.

Octavo: utrum secundum quantitatem nocumenti.

Nono: utrum secundum conditionem personae in quam peccatur.

Decimo: utrum propter magnitudinem personae peccantis aggravetur peccatum.

# 제73문

죄들의 비교
(전10절)

다음으로는 죄들 서로 간의 비교에 대해 고찰하여야 한다.[1]
이에 대해서는 열 가지 문제가 제기된다.

1. 모든 죄와 악습은 서로 연결되어 있는가?
2. 모든 죄들은 동등한가?
3. 죄의 경중은 대상에 따라 결정되는가?
4. 죄의 경중은 그 죄에 반대되는 덕의 품위에 따라 결정되는가?
5. 육적인 죄들은 영적인 죄들보다 더 무거운가?
6. 죄의 경중은 죄의 원인에 따라 결정되는가?
7. 죄의 경중은 상황에 따라 결정되는가?
8. 죄의 경중은 피해의 양에 따라 결정되는가?
9. 죄의 경중은 그를 거슬러 죄를 짓는 그 사람의 조건에 따라 결정되는가?
10. 죄를 짓는 사람의 중요성 때문에 죄가 가중되는가?

---

1. Cf. q.71, Introd.

Articulus 1
Utrum omnia peccata sint connexa

Ad primum sic proceditur. Videtur quod omnia peccata sint connexa.

1. Dicitur enim Iac. 2, [10]: *Quicumque totam legem servaverit, offendat autem in uno, factus est omnium reus.* Sed idem est esse reum omnium mandatorum legis, quod habere omnia peccata, quia, sicut Ambrosius dicit,[1] *peccatum est transgressio legis divinae, et caelestium inobedientia mandatorum.* Ergo quicumque peccat uno peccato, subiicitur omnibus peccatis.

2. Praeterea, quodlibet peccatum excludit virtutem sibi oppositam. Sed qui caret una virtute, caret omnibus, ut patet ex supradictis.[2] Ergo qui peccat uno peccato, privatur omnibus virtutibus. Sed qui caret virtute, habet vitium sibi oppositum. Ergo qui habet unum peccatum, habet omnia peccata.

3. Praeterea, virtutes omnes sunt connexae quae conveniunt in uno principio, ut supra[3] habitum est. Sed sicut virtutes conveniunt in uno principio, ita et peccata, quia sicut *amor Dei, qui facit civitatem Dei,* est principium et radix omnium virtutum,[4] ita *amor sui, qui facit civitatem Babylonis,* est radix omnium peccatorum;[5] ut patet per Augustinum, XIV *de Civ.*

---

1. *De Paradiso*, c.8: PL 14, 292 D.
2. q.65, a.1.

제1절 모든 죄와 악습은 서로 연결되어 있는가?

Parall.: *In Sent.* III, dist.36, a.5; IV, q.16, q.2, a.1, qc. 2.

[반론] 첫째에 대해서는 다음과 같이 진행된다. 모든 죄와 악습은 서로 연결되어 있는 것으로 생각된다.

1. 야고보서 2장 [10절]에서는 "누구든지 율법을 전부 지키다가 한 조목이라도 어기면, 율법 전체를 어기는 것이 됩니다."라고 말한다. 그런데, 율법의 모든 계명에 대하여 죄책을 갖는다는 것은 모든 죄를 짓는 것과 같다. 암브로시우스가[1] 말하듯이 "죄는 하느님의 법에 대한 위반이고 천상적 계명에 대한 불순종"이기 때문이다. 그러므로 한 가지 죄를 짓는 사람은 모든 죄를 짓게 된다.

2. 모든 죄는 그에 반대되는 덕을 배제한다. 그런데, 위에서[2] 말한 바에서 드러나듯이 하나의 덕이 부족한 사람은 모든 덕이 부족하게 된다. 그러므로 한 가지 죄를 짓는 사람은 모든 덕들을 잃게 된다. 그런데 어떤 덕이 없는 사람은 그에 반대되는 악습을 지닌다. 그러므로 한 가지 죄를 짓는 사람은 모든 죄를 짓게 된다.

3. 위에서[3] 말한 바와 같이 모든 덕들은 단 하나의 원리에 수렴되어 서로 연결되어 있다. 그런데, 덕들이 하나의 원리에 수렴되듯이 죄들도 그러하다. 아우구스티누스가 『신국론』 제14권[4]에서 말하듯이 "하느님의 도성을 이룩하는 하느님에 대한 사랑"이 모든 덕의 원리이며 뿌리인 것처럼[5] "바빌론 도성을 이룩하는 자신에 대한 사랑"은 모

---

3. q.65, a.1,2.
4. c.28: PL 41, 436. Cf. *Enarr. in Ps.* 64: PL 36, 775.
5. Cf. q.65, a.3; II-II, q.23, a.8 c et ad2.

*Dei.*⁶ Ergo etiam omnia vitia et peccata sunt connexa, ita ut qui unum habet, habeat omnia.

SED CONTRA, quaedam vitia sunt sibi invicem contraria, ut patet per Philosophum, in II *Ethic.*⁷ Sed impossibile est contraria simul inesse eidem. Ergo impossibile est omnia peccata et vitia esse sibi invicem connexa.

RESPONDEO dicendum quod aliter se habet intentio agentis secundum virtutem ad sequendum rationem, et aliter intentio peccantis ad divertendum a ratione. Cuiuslibet enim agentis secundum virtutem intentio est ut rationis regulam sequatur, et ideo omnium virtutum intentio in idem tendit. Et propter hoc omnes virtutes habent connexionem ad invicem in ratione recta agibilium, quae est prudentia, sicut supra⁸ dictum est. Sed intentio peccantis non est ad hoc quod recedat ab eo quod est secundum rationem, sed potius ut tendat in aliquod bonum appetibile, a quo speciem sortitur.⁹ Huiusmodi autem bona in quae tendit intentio peccantis a ratione recedens, sunt diversa, nullam connexionem habentia ad invicem, immo etiam interdum sunt contraria. Cum igitur vitia et peccata speciem habeant secundum illud ad quod convertuntur,¹⁰ manifestum est

---

6. Cf. q.77, a.4.
7. c.8: 1108b27-30; S. Thomas, lect.10 n.363.

든 죄의 뿌리이기 때문이다.⁶ 그러므로 모든 악습과 죄 역시 서로 연결되어 있어서, 한 가지 죄를 짓는 사람은 모든 죄를 짓는 것이다.

[재반론] 그러나 반대로 철학자가 『니코마코스 윤리학』 제2권⁷에서 말하듯이 어떤 악습들은 서로 반대된다. 그런데 서로 반대되는 것들은 동시에 같은 것 안에 있을 수 없다. 그러므로 모든 죄와 악습들이 서로 연결되어 있을 수는 없다.

[답변] 이성을 따르기 위하여 덕에 따라 행하는 사람의 지향과 이성에서 멀어지기 위하여 죄를 짓는 사람의 지향은 서로 다르다. 덕에 따라 행하는 사람의 지향은 이성의 규칙을 따르는 것이다. 그래서 모든 덕들의 지향은 같은 목표를 향한다. 이 때문에 위에서⁸ 말한 바와 같이, 모든 덕들은 행해야 할 올바른 것 곧 현명으로 서로 연결되어 있다. 그러나 죄를 짓는 사람의 지향은 이성을 따르는 것에서부터 벗어나려는 것이 아니다. 오히려 그는 욕구의 대상인 어떤 선을 향하는 것이고, 좋은 여기에서부터 결정된다.⁹ 그런데 죄를 짓는 사람이 이성으로부터 멀어지면서 추구하는 선들은 서로 다르며, 서로 아무런 연관이 없고 심지어 때로는 서로 반대된다. 악습과 죄는 그것이 무엇을 향하는가에 따라 종이 결정되므로,¹⁰ 죄들은 그 죄의 종을 결정하는 것에 있어 아무런 연결이 없다. 실상 죄는 서로 연결되어 있는 덕들에서와 같이 수많은 것들로부터 단일한 것으로 다가감

---

8. q.65, a 1.
9. Cf. q. praec., a.8 c; a.9, ad1.
10. Cf. q. praec., a.1.

quod, secundum illud quod perficit speciem peccatorum, nullam connexionem habent peccata ad invicem. Non enim peccatum committitur in accedendo a multitudine ad unitatem, sicut accidit in virtutibus quae sunt connexae, sed potius in recedendo ab unitate ad multitudinem.

AD PRIMUM ergo dicendum quod Iacobus loquitur de peccato non ex parte conversionis, secundum quod peccata distinguuntur, sicut dictum est,[11] sed loquitur de eis ex parte aversionis, inquantum scilicet homo peccando recedit a legis mandato. Omnia autem legis mandata sunt ab uno et eodem, ut ipse ibidem[12] dicit, et ideo idem Deus contemnitur in omni peccato. Et ex hac parte dicit quod *qui offendit in uno, factus est omnium reus*: quia scilicet uno peccato peccando, incurrit poenae reatum ex hoc quod contemnit Deum, ex cuius contemptu provenit omnium peccatorum reatus.[13]

AD SECUNDUM dicendum quod, sicut supra[14] dictum est, non per quemlibet actum peccati tollitur virtus opposita, nam peccatum veniale virtutem non tollit; peccatum autem mortale tollit virtutem infusam, inquantum avertit a Deo; sed unus actus peccati etiam mortalis, non tollit habitum virtutis acquisitae.

---

11. q.72, a.1.
12. a.11.

으로써 범해지는 것이 아니라, 오히려 단일한 것으로부터 수많은 것으로 물러남으로써 범해지는 것이다.

[해답] 1. 앞서[11] 말한 바와 같이 죄는 그것이 무엇을 향해 가는지에 따라 구분되는데, 야고보는 이 측면으로부터 죄에 대해 말하는 것이 아니라 어디에서부터 멀어지는 것인지에 따라, 곧 인간이 죄를 지음으로써 율법의 계명으로부터 멀어진다는 측면에서 말하는 것이다. 그런데, 그가[12] 말하듯이 율법의 모든 계명들은 같은 한 분으로부터 나온다. 그러므로 모든 죄에서 같은 하느님이 모욕을 받으신다. 그래서 그 측면으로부터, "한 조목이라도 어기면, 율법 전체를 어기는 것"이라고 말하는 것이다. 하나의 죄를 범함으로써 하느님을 경멸한 죄의 벌을 받게 되는데, 모든 죄의 죄책은 이 경멸로부터 유래하는 것이다.[13]

2. 위에서[14] 말한 바와 같이, 죄의 모든 행위에서 그에 반대되는 덕이 제거되는 것은 아니다. 소죄는 덕을 제거하지 않는다. 사죄는 그것이 하느님으로부터 돌아서는 것이라는 점에서 주입된 덕들을 제거시킨다. 그러나 단 하나의 죄의 행위는 그것이 사죄의 행위라 하더라도 습득된 덕의 습성을 제거하지는 않는다. 하지만 그 행위들이 많아져서 반대되는 습성이 생겨나게 되면, 습득된 덕의 습성이 배제된다. 그리고 습득된 덕이 배제됨으로써 현명도 배제된다. 인간이 어떤 덕에 거슬러 행하든지 그는 현명을 거슬러 행하는 것이 되기 때문

---

13. Cf. II-II, q.5, a.3 ad3; III, q.88, a.1 c.
14. q.71, a.4.

Sed si multiplicentur actus intantum quod generetur contrarius habitus, excluditur habitus virtutis acquisitae. Qua exclusa, excluditur prudentia, quia cum homo agit contra quamcumque virtutem, agit contra prudentiam. Sine prudentia autem nulla virtus moralis esse potest, ut supra[15] habitum est. Et ideo per consequens excluduntur omnes virtutes morales, quantum ad perfectum et formale esse virtutis, quod habent secundum quod participant prudentiam, remanent tamen inclinationes ad actus virtutum, non habentes rationem virtutis.—Sed non sequitur quod propter hoc homo incurrat omnia vitia vel peccata. Primo quidem, quia uni virtuti plura vitia opponuntur, ita quod virtus potest privari per unum eorum, etsi alterum non adsit. Secundo, quia peccatum directe opponitur virtuti quantum ad inclinationem virtutis ad actum, ut supra[16] dictum est, unde, remanentibus aliquibus inclinationibus virtuosis, non potest dici quod homo habeat vitia vel peccata opposita.

AD TERTIUM dicendum quod amor Dei est congregativus, inquantum affectum hominis a multis ducit in unum, et ideo virtutes, quae ex amore Dei causantur, connexionem habent. Sed amor sui disgregat affectum hominis in diversa, prout scilicet homo se amat appetendo sibi bona temporalia, quae sunt varia et diversa, et ideo vitia et peccata, quae causantur ex amore sui, non sunt connexa.

이다. 그런데 위에서[15] 말한 바와 같이, 현명이 없다면 어떤 윤리덕도 있을 수 없다. 그러므로 결과적으로 모든 윤리덕이, 적어도 그 덕이 현명에 참여함으로써 지니게 되는 완전하고 형상적인 면에 있어서는 제거된다. 덕스러운 행위를 향한 성향은 남지만, 이들은 덕으로서의 특성은 지니지 않는 것이다.—하지만 그렇다고 해서 인간이 모든 악습과 죄를 범하게 되는 것은 아니다. 첫째로, 하나의 덕에는 많은 악습들이 반대된다. 그래서 다른 악습들이 없더라도 그 가운데 하나에 의하여 덕이 저거될 수 있다. 둘째로, 위에서[16] 말한 바와 같이 죄는 행위를 향한 성향으로서의 덕에 직접적으로 대립된다. 그러므로 어떤 덕스러운 성향들이 남아 있다면 그 사람이 이에 반대되는 악습이나 죄를 범한다고 말할 수 없게 된다.

3. 하느님에 대한 사랑은 결합적이어서, 인간의 애정을 많은 것들에서 하나로 이끈다. 그래서 하느님에 대한 사랑에서 기인하는 덕들은 서로 연결되어 있다. 그러나 자신에 대한 사랑은 인간의 애정을 여러 곳으로 흩어 놓는다. 인간은 다양하고 상이한 현세적 선들을 자신에게 바람으로써 자신을 사랑하기 때문이다. 그래서 자신에 대한 사랑에서 기인하는 악습과 죄는 서로 연결되어 있지 않다.

---

15. q.58, a.4; q.65, a.1.
16. q.71, a.1.

Articulus 2
Utrum omnia peccata sint paria

Ad secundum sic proceditur. Videtur quod omnia peccata sint paria.

1. Hoc enim est peccare, facere quod non licet. Sed facere quod non licet, uno et eodem modo in omnibus reprehenditur. Ergo peccare uno et eodem modo reprehenditur. Non ergo unum peccatum est alio gravius.

2. Praeterea, omne peccatum consistit in hoc quod homo transgreditur regulam rationis, quae ita se habet ad actus humanos, sicut regula linearis in corporalibus rebus. Ergo peccare simile est ei quod est lineas transilire. Sed lineas transilire est aequaliter et uno modo, etiam si aliquis longius recedat vel propinquius stet, quia privationes non recipiunt magis et minus. Ergo omnia peccata sunt aequalia.

3. Praeterea, peccata virtutibus opponuntur. Sed omnes virtutes aequales sunt, ut Tullius dicit, in *Paradoxis*.[1] Ergo omnia peccata sunt paria.

SED CONTRA est quod Dominus dicit ad Pilatum, Ioan. 19, [11]: *Qui tradidit me tibi, maius peccatum habet.*[2] Et tamen constat

---

1. Parad. 3: ed. Müller, Lipsiae 1910, p. 203, ll. 24 sqq.
2. 대중 라틴말 성경은, Quime tradit tibi maius peccatum habet.

제2절 모든 죄들은 동등한가?

Parall.: *In Sent.*, II, dist.42, q.2, a.5; *ScG*, III, c.139; *De Malo*, a.2, a.9.

* **Doctr. Eccl.** : 참조. 성 비오 5세에 의하여 단죄받은 디셀 바이우스의 명제 20(1567): "본성상 용서할 수 있는 죄는 존재하지 않고, 오히려 모든 죄는 영원한 벌을 받아 마땅하다"(DS 1020[=DH 1920]).

[반론] 둘째에 대해서는 다음과 같이 진행된다. 모든 죄들은 동등한 것으로 생각된다.

1. 죄를 짓는 것은 허락되지 않는 것을 하는 것이다. 그런데 허락되지 않는 것을 행하는 것은 모든 경우들에 하나의 동일한 방식으로 비난받는다. 그러므로 죄를 짓는 것은 하나이고 동일한 방식으로 비난받는 것이다. 그러므로 어떤 죄가 다른 죄보다 더 무겁지 않다.

2. 모든 죄는 인간이 이성의 규칙을 위반하는 데에 있으며, 인간적 행위에 대한 이성의 법칙의 관계는 유형적 사물들에서의 선의 법칙의 관계와 같다. 그러므로 죄를 짓는 것은 선을 지나치는 것과 같다. 그런데 선을 지나치는 것은 어떤 사람이 그 선에서 멀리 가든지 아니면 가까이에 머물든지 동일한 하나의 방식으로 동등하게 이루어진다. 결핍에는 많고 적음이 없기 때문이다. 그러므로 모든 죄는 동등하다.

3. 죄들은 덕들에 대립된다. 그런데 키케로가 『스토아철학의 역설』[1]에서 말하듯이 모든 덕은 동등하다. 그러므로 모든 죄들도 서로 동등하다.

[재반론] 그러나 반대로 요한복음서 19장 [11절]에서 주님께서는 빌

quod Pilatus aliquod peccatum habuit. Ergo unum peccatum est maius alio.

Respondeo dicendum quod opinio Stoicorum fuit, quam Tullius prosequitur in *Paradoxis*,[3] quod omnia peccata sunt paria. Et ex hoc etiam derivatus est quorundam haereticorum error,[4] qui, ponentes omnia peccata esse paria, dicunt etiam omnes poenas Inferni esse pares. Et quantum ex verbis Tullii perspici potest, Stoici movebantur ex hoc quod considerabant peccatum ex parte privationis tantum, prout scilicet est recessus a ratione, unde simpliciter aestimantes quod nulla privatio susciperet magis et minus, posuerunt omnia peccata esse paria.

Sed si quis diligenter consideret, inveniet duplex privationum genus. Est enim quaedam simplex et pura privatio, quae consistit quasi in corruptum esse, sicut mors est privatio vitae, et tenebra est privatio luminis. Et tales privationes non recipiunt magis et minus, quia nihil residuum est de habitu opposito. Unde non minus est mortuus aliquis primo die mortis, et tertio vel quarto, quam post annum, quando iam cadaver fuerit resolutum. Et similiter non est magis tenebrosa domus, si lucerna sit operta pluribus velaminibus, quam si sit operta uno solo velamine totum lumen intercludente.[5]

Est autem alia privatio non simplex, sed aliquid retinens de habitu opposito; quae quidem privatio magis consistit in

라도에게, "나를 너에게 넘긴 자의 죄가 더 크다."[2]그 말씀하신다. 그런데 빌라도에게 어떤 죄가 있다는 것은 분명하다. 그러므로 어떤 죄는 다른 죄보다 더 크다.

[답변] 스토아학파의 견해는 모든 죄가 동등하다는 것인데, 키케로는 『스토아철학의 역설』[3]에서 그 견해를 따른다. 그리고 여기에서부터 어떤 이단자들의 오류가 나왔다.[4] 이들은 모든 죄들이 동등하다고 여기면서, 또한 지옥의 벌들도 모두 동등하다고 말한다. 키케로의 말에서 파악할 수 있는 바로는, 스토아학파에서는 죄를 오직 결핍이라는 측면에서 곧 이성으로부터 벗어나는 것으로서만 보았기 때문에 이러한 결론에 이른 것으로 보인다. 그래서 단순히 결핍에는 많고 적음이 없다고 여김으로써 모든 죄들이 동등하다고 여기게 된 것이다.

그러나 잘 살펴보면, 결핍에는 두 종류가 있음을 보게 된다. 단순하고 순수한 결핍은 말하자면 이미 소멸된 것이다. 예를 들면 죽음은 생명의 결핍이고, 어둠은 빛의 결핍이다. 이러한 결핍에는 많고 적음이 없다. 그 반대되는 습성에서 아무것도 남아 있지 않기 때문이다. 어떤 사람이 죽음의 첫째 날이나 셋째 날이나 넷째 날에, 시신이 이미 분해된 일 년 후보다 덜 죽은 것은 아니다. 마찬가지로, 등불이 여러 개의 덮개로 덮여 있다고 해서, 빛 전체를 가리는 덮개 하나로 덮였을 때보다 더 어두운 것도 아니다.[5]

하지만 단순하지 않은 다른 결핍도 있는데, 여기서는 반대되는 습

---

3. Parad. 3: ed. Müller, Lipsiae 1910, p.203, ll.23-24.
4. 예를 들어 요비니아누스. Hieron., *Adversus Iovin.*, l.II, c.18: PL 23, 342를 보라; - Aug., *De Haer.*, § 82: PL, 45.
5. Cf. q.82, a4 c.

corrumpi, quam in corruptum esse, sicut aegritudo, quae privat debitam commensurationem humorum, ita tamen quod aliquid eius remanet, alioquin non remaneret animal vivum; et simile est de turpitudine, et aliis huiusmodi. Huiusmodi autem privationes recipiunt magis et minus ex parte eius quod remanet de habitu contrario, multum enim refert ad aegritudinem vel turpitudinem, utrum plus vel minus a debita commensuratione humorum vel membrorum recedatur. Et similiter dicendum est de vitiis et peccatis, sic enim in eis privatur debita commensuratio rationis,⁶ ut non totaliter ordo rationis tollatur; alioquin *malum, si sit integrum, destruit seipsum*, ut dicitur in IV *Ethic.*;⁷ non enim posset remanere substantia actus, vel affectio agentis, nisi aliquid remaneret de ordine rationis. Et ideo multum interest ad gravitatem peccati, utrum plus vel minus recedatur a rectitudine rationis. Et secundum hoc dicendum est quod non omnia peccata sunt paria.

AD PRIMUM ergo dicendum quod peccata committere non licet, propter aliquam deordinationem quam habent. Unde illa quae maiorem deordinationem continent, sunt magis illicita; et per consequens graviora peccata.

AD SECUNDUM dicendum quod ratio illa procedit de peccato, ac si esset privatio pura.

성이 남아 있다. 이러한 결핍은 이미 소멸된 것이라기보다 소멸되어 가는 중에 있는 것이다. 예를 들면 병에 걸렸을 경우, 있어야 할 만큼의 체액이 있지는 않지만 그 어느 정도는 남아 있다. 그렇지 않다면 그 동물은 살아 있지 않을 것이다. 추함이나 그와 같은 다른 것들에 대해서도 마찬가지이다. 이러한 결핍은 반대되는 습성이 남아 있는 정도에 따라서 덜함과 더함이 있게 된다. 체액이나 지체들의 마땅한 정도에서 많이 멀어졌는지 조금 멀어졌는지 여부는, 질병이나 추함에 있어 중요한 것이다. 악습과 죄에 대해서도 마찬가지로 말해야 한다. 악습과 죄에는 마땅한 정도의 이성이 없지만,[6] 그렇다고 이성의 질서가 완전히 제거되는 것은 아니다. 『니코마코스 윤리학』 제4권[7]에서 말하듯이, 만일 그렇지 않다면 "악이 전적이라면 그 자체를 파괴하게 될 것이다." 이성의 질서가 조금도 남아 있지 않다면 행위의 실체 또는 행위자의 정감은 남아 있을 수 없을 것이다. 그러므로 이성의 올바름에서 어느 정도 벗어났는가 하는 것은 죄의 경중에 큰 영향을 미친다. 이에 따라, 모든 죄들이 동등한 것은 아니라고 말해야 한다.

[해답] 1. 죄를 범하는 것이 허락되지 않는 이유는 그것이 어떤 무질서를 포함하기 때문이다. 그러므로 더 큰 무질서를 포함하는 죄들은 더욱 허락되지 않으며, 따라서 더 무거운 죄들이다.

2. 이 설명은 마치 죄가 순수한 결핍인 듯이 여기는 데에서부터 진행된다.

---

6. Cf. q.71, a.6.
7. c.11: 1126a12-13; S Thomas, lect.13, 808.

AD TERTIUM dicendum quod virtutes sunt aequales proportionaliter in uno et eodem, tamen una virtus praecedit aliam dignitate secundum suam speciem; et unus etiam homo est alio virtuosior in eadem specie virtutis, ut supra[8] habitum est. Et tamen si virtutes essent pares, non sequeretur vitia esse paria, quia virtutes habent connexionem, non autem vitia seu peccata.

Articulus 3
Utrum gravitas peccatorum varietur secundum obiecta

Ad tertium sic proceditur. Videtur quod peccatorum gravitas non varietur secundum obiecta.

1. Gravitas enim peccati pertinet ad modum vel qualitatem ipsius peccati. Sed obiectum est materia ipsius peccati. Ergo secundum diversa obiecta, peccatorum gravitas non variatur.

2. Praeterea, gravitas peccati est intensio malitiae ipsius. Peccatum autem non habet rationem malitiae ex parte conversionis ad proprium obiectum, quod est quoddam bonum appetibile; sed magis ex parte aversionis. Ergo gravitas peccatorum non variatur secundum diversa obiecta.

3. Praeterea, peccata quae habent diversa obiecta, sunt diversorum generum. Sed ea quae sunt diversorum generum, non sunt comparabilia, ut probatur in VII *Physic.*[1] Ergo unum peccatum

3. 하나인 동질한 주체 안에서 덕들은 비례적으로 동등하다. 그러나 품위에 있어서는 그 종에 따라 어떤 덕이 다른 덕보다 앞선다. 또한 위에서[8] 말한 바와 같이 어떤 사람은 같은 종의 덕에서 다른 사람보다 더 덕스러울 수 있다.─그러나 덕들이 동등하다고 해서 악습들이 동등하게 되지는 않는다. 덕들은 서로 연결되어 있지만 악습이나 죄들은 그렇지 않기 때문이다.

제3절 죄의 경중은 대상에 따라 달라지는가?

[반론] 셋째에 대해서는 다음과 같이 진행된다. 죄의 경중은 대상에 따라 달라지지 않는 것으로 생각된다.

1. 죄의 경중은 죄 자체의 양태 또는 자질에 속한다. 그런데 대상은 죄의 질료이다. 그러므로 죄들의 경중은 대상이 다르다고 해서 따라 달라지지 않는다.

2. 죄의 경중은 그 죄의 악의의 강도이다. 그런데 죄의 대상이 되는 것은 언제나 바랄 만한 선이며, 어떤 죄가 악의를 지니는 것은 그 죄가 대상으로서 무엇을 향하는 데에서 나오는 것이 아니라 무엇으로부터 멀어지는 데에서 나온다. 그러므로 죄의 경중은 대상이 다르다고 해서 달라지지 않는다.

3. 대상이 서로 다른 죄들은 유가 서로 다르다. 그런데 『자연학』 제7권[1]에서 보여 주듯이 유가 서로 다른 것은 서로 비교될 수 없다. 그

---

8. q.66, a 1,2.

1. c.4: 243b6-7; S. Thomas, lect.7, nn.5-7.

non est gravius altero secundum diversitatem obiectorum.

SED CONTRA, peccata recipiunt speciem ex obiectis, ut ex supradictis[2] patet. Sed aliquorum peccatorum unum est gravius altero secundum suam speciem, sicut homicidium furto. Ergo gravitas peccatorum differt secundum obiecta.

RESPONDEO dicendum quod, sicut ex supradictis[3] patet, gravitas peccatorum differt eo modo quo una aegritudo est alia gravior, sicut enim bonum sanitatis consistit in quadam commensuratione humorum per convenientiam ad naturam animalis, ita bonum virtutis consistit in quadam commensuratione humani actus secundum convenientiam ad regulam rationis. Manifestum est autem quod tanto est gravior aegritudo, quanto tollitur debita humorum commensuratio per commensurationem prioris principii, sicut aegritudo quae provenit in corpore humano ex corde, quod est principium vitae, vel ex aliquo quod appropinquat cordi, periculosior est.[4] Unde oportet etiam quod peccatum sit tanto gravius, quanto deordinatio contingit circa aliquod principium quod est prius in ordine rationis.

Ratio autem ordinat omnia in agibilibus ex fine. Et ideo quanto peccatum contingit in actibus humanis ex altiori fine, tanto peccatum est gravius.[5] Obiecta autem actuum sunt fines eorum, ut ex supradictis[6] patet. Et ideo secundum diversitatem

러므로 어떤 죄가 그 대상의 상이성에 따라 다른 죄보다 더 무거운 것은 아니다.

[재반론] 그러나 반대로 위에서[2] 말한 데에서 드러나듯이 죄의 종은 그 대상으로부터 정해진다. 그런데 살인이 강도보다 더 무거운 것과 같이, 어떤 죄들은 그들의 종에 따라서 다른 죄보다 더 무겁다. 그러므로 죄의 경중은 대상에 따라 달라진다.

[답변] 위에서[3] 말한 데에서 드러나듯이, 죄의 경중은 어떤 질병이 다른 질병보다 더 무거운 것과 같은 방식으로 서로 차이가 난다. 건강에서의 선이 동물의 본성에 적절한 체액의 비례에 있듯이, 덕에서의 선은 인간의 행위가 이성의 규칙에 적절한 비례를 이루는 데에 있다. 마땅한 체액의 비례가 더 주요한 원리에 비례하지 않는다면 질병이 더욱 무겁게 된다는 것은 명백하다. 예를 들어, 생명의 원리인 심장으로부터 오는 심장 가까이에서부터 인간의 육체에 오는 질병이 더욱 위험하다.[4] 그러므로, 이성의 질서에서 더 중요한 원리에 대하여 무질서가 일어날수록 죄는 더 무거워야 한다.

그런데, 행위의 영역에서 이성은 모든 것을 그 목적에 따라 질서 짓는다. 그러므로 인간의 행위들 안에서 더 높은 목적에 관련될수록 그 죄는 그만큼 더 무거운 것이 된다.[5] 그런데 위에서[6] 말한 바에

---

2. q.72, a.1.
3. 앞 절.
4. Cf. q.74, a.9, ad2.
5. Cf. a.) c.
6. q.72, a.3, ad2.

obiectorum attenditur diversitas gravitatis in peccatis. Sicut patet quod res exteriores ordinantur ad hominem sicut ad finem; homo autem ordinatur ulterius in Deum sicut in finem.[7] Unde peccatum quod est circa ipsam substantiam hominis, sicut homicidium est gravius peccato quod est circa res exteriores, sicut furtum; et adhuc est gravius peccatum quod immediate contra Deum committitur, sicut infidelitas, blasphemia et huiusmodi. Et in ordine quorumlibet horum peccatorum unum peccatum est gravius altero, secundum quod est circa aliquid principalius vel minus principale.—Et quia peccata habent speciem ex obiectis, differentia gravitatis quae attenditur penes obiecta, est prima et principalis, quasi consequens speciem.

AD PRIMUM ergo dicendum quod obiectum, etsi sit materia circa quam terminatur actus, habet tamen rationem finis, secundum quod intentio agentis fertur in ipsum, ut supra[8] dictum est. Forma autem actus moralis dependet ex fine, ut ex superioribus[9] patet.

Ad secundum dicendum quod ex ipsa indebita conversione ad aliquod bonum commutabile, sequitur aversio ab incommutabili bono, in qua perficitur ratio mali. Et ideo oportet quod secundum diversitatem eorum quae pertinent ad conversionem, sequatur diversa gravitas malitiae in peccatis.

서 드러나듯이 행위의 대상은 그 행위의 목적이다. 그러므로 죄에 있어 그 대상의 상이성에 따라 그 경중이 결정된다. 그런데, 외적 사물들이 인간을 그 목적으로 지향하고 인간은 더 나아가서 하느님을 자신의 목적으로 지향한다는 것은 분명하다.[7] 그러므로 살인과 같이 인간의 실체 자체에 대한 죄는 절도와 같이 외적 사물에 대한 죄보다 더 무겁고, 불신, 모독과 같이 직접적으로 하느님을 거슬러 범해지는 죄는 그보다도 더 무겁다. 또한 어떤 죄들의 영역에서든지, 그 죄가 더 중요한 것에 대한 것인지 덜 중요한 것에 대한 것인지에 따라 어떤 죄는 다른 죄보다 더 무겁게 된다.—그리고 죄는 그 대상으로부터 종이 정해지므로, 대상에 따라 정해지는 경중의 차이는 첫째이고 주된 차이가 된다. 그것이 말하자면 죄의 종으로부터 나오는 것이기 때문이다.

[해답] 1. 대상은 행위가 거기에 관련되는 질료이기는 하지만, 또한 위에서[3] 말한 바와 같이 행위자의 지향이 거기로 옮겨진다는 점에서 목적이기도 하다. 위에서[9] 말한 바와 같이 도덕적 행위의 형상은 목적에 달려 있다

2. 변화하는 어떤 선을 부당하게 향한다는 것 자체로부터 변할 수 없는 선으로부터 멀어진다는 결과가 나오는데, 이로써 그 행위가 악한 것이 된다. 그러므로 어떤 것을 향하여 돌아서는지의 상이성에 따라 그 죄에 들어 있는 악의의 경중이 달라진다.

---

7. Cf. I, c.65, a.2 c.
8. q.72, a.3, ad2.
9. q.18, a 6; q.72, a.6.

Ad tertium dicendum quod omnia obiecta humanorum actuum habent ordinem ad invicem, et ideo omnes actus humani quodammodo conveniunt in uno genere, secundum quod ordinantur ad ultimum finem. Et ideo nihil prohibet omnia peccata esse comparabilia.

Articulus 4
Utrum gravitas peccatorum differat secundum dignitatem virtutum quibus opponuntur

Ad quartum sic proceditur. Videtur quod gravitas peccatorum non differat secundum dignitatem virtutum quibus peccata opponuntur, ut scilicet maiori virtuti gravius peccatum opponatur.

1. Quia ut dicitur *Prov.* 15, [5], *in abundanti iustitia virtus maxima est.* Sed sicut dicit Dominus, Matth. 5, [20 sqq.], abundans iustitia cohibet iram; quae est minus peccatum quam homicidium, quod cohibet minor iustitia. Ergo maximae virtuti opponitur minimum peccatum.

2. Praeterea, in II *Ethic.*[1] dicitur quod *virtus est circa difficile et bonum,* ex quo videtur quod maior virtus sit circa magis difficile. Sed minus est peccatum si homo deficiat in magis difficili, quam si deficiat in minus difficili. Ergo maiori virtuti minus peccatum

3. 인간의 행위의 모든 대상들 사이에는 서로에 대한 질서가 있어서, 모든 인간의 행위는 그것이 최종 목적을 지향한다는 점에서 어떤 식으로 하나의 유가 된다. 그러므로 모든 죄들이 서로 비교될 수 있는 것을 막는 것은 아무것도 없다.

제4절 죄의 경중은 그 죄에 반대되는 덕의 품위에 따라 달라지는가?

Parall.: II-II, q.20, a.3; *De Malo*, q.2, a.10.

[반론] 넷째에 대해서는 다음과 같이 진행된다. 죄의 경중은 그 죄에 반대되는 덕의 품위에 따라 달라지지 않는 것으로, 곧 더 중요한 덕에 반대된다고 해서 그 죄가 더 무거워지지 않는 것으로 생각된다.

1. 잠언 15장 [5절](대중 라틴말 성경)에서 말하듯이, "의로움이 많은 것이 가장 큰 덕이다." 그런데 마태오복음서 5장 [20절]에서 주님께서 말씀하시듯이 의로움이 많을 때에는 분노를 억누르는데, 분노는 더 작은 의로움이 억누르는 살인보다 더 작은 죄이다. 그러므로 가장 큰 덕은 가장 작은 죄에 반대된다.

2. 『니코마코스 윤리학』 제2권[1]에서 말하듯이 "덕은 어렵고 선한 것에 관련된다." 여기에서부터, 더 큰 덕은 어려운 것에 관한 것임을 볼 수 있다. 그런데 어떤 사람이 더 어려운 것들에서 부족하다면, 덜 어려운 것들에서 부족할 때보다 죄가 더 작을 것이다. 그러므로 더

---

1. c.2: 1105a9-13; S. Thomas, lect.3, n.278.

opponitur.

3. Praeterea, caritas est maior virtus quam fides et spes, ut dicitur I *ad Cor.* 13, [13]. Odium autem, quod opponitur caritati, est minus peccatum quam infidelitas vel desperatio, quae opponuntur fidei et spei. Ergo maiori virtuti opponitur minus peccatum.

SED CONTRA est quod Philosophus dicit, in VIII *Ethic.*,[2] quod *pessimum optimo contrarium est.* Optimum autem in moralibus est maxima virtus; pessimum autem, gravissimum peccatum. Ergo maximae virtuti opponitur gravissimum peccatum.

RESPONDEO dicendum quod virtuti opponitur aliquod peccatum, uno quidem modo principaliter et directe, quod scilicet est circa idem obiectum, nam contraria circa idem sunt. Et hoc modo oportet quod maiori virtuti opponatur gravius peccatum.[3] Sicut enim ex parte obiecti attenditur maior gravitas peccati, ita etiam maior dignitas virtutis, utrumque enim ex obiecto speciem sortitur, ut ex supradictis[4] patet. Unde oportet quod maximae virtuti directe contrarietur maximum peccatum, quasi maxime ab eo distans in eodem genere.

Alio modo potest considerari oppositio virtutis ad peccatum, secundum quandam extensionem virtutis cohibentis peccatum, quanto enim fuerit virtus maior, tanto magis elongat hominem

큰 덕에 반대되는 것은 더 작은 죄이다.

3. 코린토 1서 13장 [13절]에서 말하듯이 참사랑은 믿음과 희망보다 더 큰 덕이다. 그런데 참사랑에 대립되는 미움은 믿음과 희망에 대립되는 불신이나 절망보다 작은 죄이다. 그러므로 더 큰 덕에 대립되는 것은 더 작은 죄이다.

[재반론] 그러나 반대로 철학자가 『니코마코스 윤리학』 제8권[2]에서 말하듯이 "가장 악한 것은 가장 선한 것에 반대된다." 그런데 윤리적인 영역에서 가장 선한 것은 가장 큰 덕이며 가장 악한 것은 가장 무거운 죄이다. 그러므로 가장 큰 덕에는 가장 무거운 죄가 반대된다.

[답변] 죄는 두 가지 방식으로 덕에 대립된다. 그 한 가지는 주되고 직접적인 방식으로, 동일한 대상에 관련되는 것이다. 서로 반대되는 것은 동일한 것에 관련되기 때문이다. 이러한 방식으로는, 더 무거운 죄가 더 큰 덕에 대립된다.[3] 그런데 죄가 더 무겁다는 것이 대상 편에서 결정되듯이, 덕의 품위가 더 크다는 것도 대상으로부터 결정된다. 위에서[4] 말한 바에서 드러나듯이 두 가지 모두 그 대상으로부터 종이 정해지기 때문이다. 그러므로 가장 큰 덕에 직접적으로 반대되는 것은 동일한 유에서 그것으로부터 가장 멀리 떨어져 있는 것인 가장 큰 죄여야 한다.

다른 방식으로는, 덕이 죄를 억누르는 범위에 따라 덕이 죄에 대립

---

2. c.12: 1160b9-12; S. Thomas, lect.10, n.1677.
3. Cf. II-II, q.116, a.2 c.
4. q.60, a.5; q.72, a.1.

a peccato sibi contrario, ita quod non solum ipsum peccatum, sed etiam inducentia ad peccatum cohibet. Et sic manifestum est quod quanto aliqua virtus fuerit maior, tanto etiam minora peccata cohibet, sicut etiam sanitas, quanto fuerit maior, tanto etiam minores distemperantias excludit. Et per hunc modum maiori virtuti minus peccatum opponitur ex parte effectus.

AD PRIMUM ergo dicendum quod ratio illa procedit de oppositione quae attenditur secundum cohibitionem peccati, sic enim abundans iustitia etiam minora peccata cohibet.

AD SECUNDUM dicendum quod maiori virtuti, quae est circa bonum magis difficile, contrariatur directe peccatum quod est circa malum magis difficile. Utrobique enim invenitur quaedam eminentia, ex hoc quod ostenditur voluntas proclivior in bonum vel in malum, ex hoc quod difficultate non vincitur.

AD TERTIUM dicendum quod caritas non est quicumque amor, sed amor Dei. Unde non opponitur ei quodcumque odium directe, sed odium Dei, quod est gravissimum peccatorum.[5]

되는 것을 고찰할 수 있다. 덕이 클수록 그 덕은 인간을 자신과 반대되는 죄에서 멀어지게 하고, 그럼으로써 죄 자체만이 아니라 죄로 이끄는 것까지도 억누른다. 이는 건강이 강할수록 더 작은 이상도 배제하는 것과 같다. 이러한 방식으로는 결과의 측면에서 더 작은 죄가 더 큰 덕에 반대된다.[5]

[해답] 1. 이 반론은 죄를 억누르는 것으로 이해된 대립으로부터 시작한다. 의로움이 많으면 더 작은 죄들까지 억누르기 때문이다.

2. 더 어려운 선에 관련된 것인 더 큰 덕은 직접적으로 더 어려운 악에 관련된 악에 반대된다. 두 경우 모두 의지가 선 또는 악을 강하게 지향하면서 그 어려움에 굴복되지 않는다는 점에서 어떤 탁월함을 지니고 있기 때문이다.

3. 여기서 참사랑(caritas)은 모든 사랑(amor)을 말하는 것이 아니라 하느님에 대한 사랑을 말한다. 그러므로 어떤 미움이든지 여기에 직접 대립되는 것이 아니며, 가장 무거운 죄인 하느님에 대한 미움이 그 사랑에 직접 반대된다.

---

5. Cf. II-II, q.34, a.2 q.39, a.2, ad3.

Articulus 5
Utrum peccata carnalia sint minoris culpae quam spiritualia

Ad quintum sic proceditur. Videtur quod peccata carnalia non sint minoris culpae quam peccata spiritualia.

1. Adulterium enim gravius peccatum est quam furtum, dicitur enim *Prov.* 6, [30-32]: *Non grandis est culpae cum quis furatus fuerit. Qui autem adulter est, propter cordis inopiam perdet animam suam.* Sed furtum pertinet ad avaritiam, quae est peccatum spirituale; adulterium autem ad luxuriam, quae est peccatum carnale. Ergo peccata carnalia sunt maioris culpae.

2. Praeterea, Augustinus dicit, *super Levit.*,[1] quod diabolus maxime gaudet de peccato luxuriae et idololatriae. Sed de maiori culpa magis gaudet. Ergo, cum luxuria sit peccatum carnale, videtur quod peccata carnalia sint maximae culpae.

3. Praeterea, Philosophus probat, in VII *Ethic.*,[2] quod *incontinens concupiscentiae est turpior quam incontinens irae.* Sed ira est peccatum spirituale, secundum Gregorium, XXXI *Moral.*;[3] concupiscentia autem pertinet ad peccata carnalia. Ergo peccatum carnale est gravius quam peccatum spirituale.

SED CONTRA est quod Gregorius dicit,[4] quod peccata carnalia

---

1. *De civ. Dei*, l.II, c.2, cc.4,26: PL 41, 50,74.
2. c.7: 1149b2-3,24-26; S. Thomas, lect.6 nn.1389,1397.

제5절 육적인 죄들은 영적인 죄들보다 덜 무거운가?

Parall. II-II, q.154, a.3; *In Sent.*, IV, dist.33, q.1, a.3, qc. 3; *De Veritate*, q.25, a.6, ad2; *In Isaiam*, c.1.

[반론] 다섯째에 대해서는 다음과 같이 진행된다. 육적인 죄들은 영적인 죄들보다 덜 무겁지 않은 것으로 생각된다.

1. 간음은 절도보다 무거운 죄이다. 잠언 6장 [30.32절]에서는 "도둑의 잘못은 크지 않다. 그러나 간음하는 자는 지각없는 자는 그의 어리석은 마음 때문에 영혼을 잃는다."고 말한다. 그런데 절도는 영적인 죄인 탐욕에 속하고, 간음은 육적인 죄인 색욕에 속한다. 그러므로 육적인 죄의 죄책이 더 크다.

2. 아우구스티누스는 레위기에 대한 강론에서[1] 악마가 색욕과 우상숭배의 죄를 가장 기뻐한다고 말한다. 그런데 악마는 죄책이 클 때에 더 많이 기뻐한다. 그런데 색욕은 육적인 죄이므로, 육적인 죄들이 가장 죄책이 크다.

3. 철학자는 『니코마코스 윤리학』 제7권[2]에서, "욕망의 무절제는 분노의 무절제보다 더 수치스럽다."고 말한다. 그런데 그레고리우스는 『욥기 주해』 제31권[3]에서 분노는 영적인 죄이고, 욕망은 육적인 죄에 속한다고 말한다. 그러므로 육적인 죄는 영적인 죄보다 더 무겁다.

[재반론] 그러나 반대로 그레고리우스는[4] 육적인 죄들은 죄책은 더

---

3. c.45, al 17, in vert. 51: PL 76, 621BC.
4. *Moralia*, l.XXXII, c.12, al. 11, in vert. 15: PL 76, 688 BC.

sunt minoris culpae, et maioris infamiae.

Respondeo dicendum quod peccata spiritualia sunt maioris culpae quam peccata carnalia. Quod non est sic intelligendum quasi quodlibet peccatum spirituale sit maioris culpae quolibet peccato carnali, sed quia, considerata hac sola differentia spiritualitatis et carnalitatis, graviora sunt quam cetera peccata, ceteris paribus. Cuius ratio triplex potest assignari. Prima quidem ex parte subiecti. Nam peccata spiritualia pertinent ad spiritum, cuius est converti ad Deum et ab eo averti, peccata vero carnalia consummantur in delectatione carnalis appetitus, ad quem principaliter pertinet ad bonum corporale converti.[5] Et ideo peccatum carnale, inquantum huiusmodi, plus habet de conversione, propter quod etiam est maioris adhaesionis, sed peccatum spirituale habet plus de aversione, ex qua procedit ratio culpae. Et ideo peccatum spirituale, inquantum huiusmodi, est maioris culpae.

Secunda ratio potest sumi ex parte eius in quem peccatur. Nam peccatum carnale, inquantum huiusmodi, est in corpus proprium; quod est minus diligendum, secundum ordinem caritatis, quam Deus et proximus,[6] in quos peccatur per peccata spiritualia. Et ideo peccata spiritualia, inquantum huiusmodi, sunt maioris culpae.

Tertia ratio potest sumi ex parte motivi. Quia quanto est gravius impulsivum ad peccandum, tanto homo minus peccat, ut infra[7]

작지만 더 수치스럽다고 말한다.

[답변] 영적인 죄들은 육적인 죄들보다 죄책이 크다. 이것은 어떤 영적인 죄라도 어떤 육적인 죄보다 더 죄책이 크다는 의미로 이해되어서는 안 된다. 이 말은 영적인 것과 육적인 것이라는 차이만을 고찰했을 때, 다른 점들이 동일하다면 영적인 죄들이 육적인 죄들보다 더 무겁다는 것을 뜻한다. 그 이유는 세 가지로 말할 수 있다. 첫째 이유는 주체 편에 있다. 영적인 죄들은 영에 관련되고, 하느님을 향해 돌아서거나 하느님으로부터 멀어지는 것이 영에 속한다. 반면 육적인 죄들은 육적인 욕구를 즐기는 것으로 이루어지는데, 육적인 욕구에 주로 속하는 것은 육적인 선을 향해 돌아서는 것이다.[5] 그러므로 육적인 죄는 그와 같이 주로 어떤 것을 향하는 것에 관련되고, 무엇인가를 더 많이 추종하는 것이다. 반면 영적인 죄는 어떤 것으로부터 돌아서는 것이고, 그것이 죄책의 원인이 된다. 그러한 것으로서 영적인 죄는 더 죄책이 크다.

둘째 이유는 그것을 거슬러 죄를 짓는 그 편으로부터 나온다. 육적인 죄는 그 자체로서 자신의 육체에 죄를 짓는 것이다. 그런데 사랑의 질서에 따르면 자신의 육체는 하느님이나 이웃보다 덜 사랑해야 하는 것이며,[6] 하느님과 이웃을 거스르는 죄는 영적인 죄들이다. 그러므로 영적인 죄들은 그 자체로서 더 죄책이 크다.

셋째 이유는 동기 편에서 취할 수 있다. 아래에서[7] 말할 것과 같이

---

5. Cf. q.72, a.2.
6. Cf. II-II, q.26, a.2 5.
7. 다음 절.

dicetur. Peccata autem carnalia habent vehementius impulsivum, idest ipsam concupiscentiam carnis nobis innatam. Et ideo peccata spiritualia, inquantum huiusmodi, sunt maioris culpae.

Ad primum ergo dicendum quod adulterium non solum pertinet ad peccatum luxuriae, sed etiam pertinet ad peccatum iniustitiae. Et quantum ad hoc, potest ad avaritiam reduci; ut Glossa[8] dicit, *ad Ephes.* [5], super illud, *Omnis fornicator, aut immundus, aut avarus.* Et tunc gravius est adulterium quam furtum, quanto homini carior est uxor quam res possessa.[9]

AD SECUNDUM dicendum quod diabolus dicitur maxime gaudere de peccato luxuriae, quia est maximae adhaerentiae, et difficile ab eo homo potest eripi, *insatiabilis est enim delectabilis appetitus,* ut Philosophus dicit, in III *Ethic.*[10]

AD TERTIUM dicendum quod Philosophus dicit, turpiorem esse incontinentem concupiscentiae quam incontinentem irae, quia minus participat de ratione.[11] Et secundum hoc etiam dicit, in III *Ethic.*,[12] quod peccata intemperantiae sunt maxime exprobrabilia, quia sunt circa illas delectationes quae sunt communes nobis et brutis, unde quodammodo per ista peccata homo brutalis redditur. Et inde est quod, sicut Gregorius dicit, sunt maioris infamiae.[13]

---

8. Ord.: PL 114, 597 D; Lombardus, PL 192, 209 D.-Cf. Hier., *In Eph.*, l.III, super 5,5; PL 26, 521 C.
9. Cf. q.72, a.2, ad4; q.73, a.7 c; q.88, a.5 c; q.100, a.6 c; II-II, q.65, a.4, ad3; q.73, a.3 c; q.154, a.1, ad2.

죄를 짓게 하는 충동이 강할수록 인간의 죄는 적어진다. 그런데 육적인 죄들은 그 충동이 더 강렬하다. 우리가 타고난 육의 욕망이 그 충동이다. 그러므로 영적인 죄들은 그 자체로 죄책이 더 크다.

[해답] 1. 간음은 색욕의 죄에 속할 뿐 아니라 불의의 죄에도 속한다. 그리고 이에 따라, 에페소서 5장 [5절]의 『주해』[8]에서 '불륜을 저지르는 자나 더러운 자나 탐욕을 부리는 자'라는 구절에 대해 말하듯이 탐욕으로 여겨질 수도 있다. 그러므로 간음이 절도보다 무거운 죄인 것은 인간에게 아내가 소유한 재산보다 더 소중하기 때문이다.[9]

2. 악마는 색욕의 죄를 가장 즐거워한다고 일컬어지는데, 이는 그 죄가 가장 강하게 인간에게 들러붙고 인간이 이를 물리치기가 어렵기 때문이다. 철학자가 『니코마코스 윤리학』 제3권[10]에서 말하듯이, "유쾌한 것에 대한 욕구는 만족시키는 것이 불가능하다."[11]

3. 철학자가 욕망의 무절제가 분노의 무절제보다 더 수치스럽다고 말하는 것은 그것이 이성에서 더 동떨어진 것이기 때문이다.[12] 또한 이에 따라 그는 『니코마코스 윤리학』 제3권[13]에서, 무절제의 죄는 가장 비난받을 만한 것이라고 말한다. 그것이 우리와 짐승들에게 공통된 즐김에 관한 것이기 때문이다. 그러므로 어떤 식으로 이 죄로써 인간은 짐승과 같이 되는 것이다. 이 때문에, 그레고리우스가 말하듯이 이들은 더 수치스러운 죄들이다.

---

10. c.15: 1119b8-10; S. Thomas, lect.22, n.646.
11. Cf. II-II, q.156, a.4.
12. c.13: 1118b2-8; S. Thomas, lect.20, nn.616-617. Cf. *Eth.*, VII, c.7: 1149b2-3; 24-26; S. Thomas, lect.6, nn.1389,1397.
13. 재반론 참조.

Articulus 6
Utrum gravitas peccatorum attendatur secundum causam peccati

Ad sextum sic proceditur. Videtur quod gravitas peccatorum non attendatur secundum causam peccati.

1. Quanto enim peccati causa fuerit maior, tanto vehementius movet ad peccandum, et ita difficilius potest ei resisti. Sed peccatum diminuitur ex hoc quod ei difficilius resistitur, hoc enim pertinet ad infirmitatem peccantis, ut non facile resistat peccato; peccatum autem quod est ex infirmitate, levius iudicatur. Non ergo peccatum habet gravitatem ex parte suae causae.

2. Praeterea, concupiscentia est generalis quaedam causa peccati, unde dicit Glossa,[1] super illud *Rom.* 7, [7], *Nam concupiscentiam nesciebam* etc.: *Bona est lex, quae, dum concupiscentiam prohibet, omne malum prohibet*. Sed quanto homo fuerit victus maiori concupiscentia, tanto est minus peccatum. Gravitas ergo peccati diminuitur ex magnitudine causae.

3. Praeterea, sicut rectitudo rationis est causa virtuosi actus, ita defectus rationis videtur esse causa peccati. Sed defectus rationis, quanto fuerit maior, tanto est minus peccatum, intantum quod qui carent usu rationis, omnino excusentur a peccato; et qui ex ignorantia peccat, levius peccat. Ergo gravitas peccati non augetur ex magnitudine causae.

제6절 죄의 경중은 죄의 원인에 따라 결정되는가?

Parall.: *De Malo*, q.2, a.10.

[반론] 여섯째에 대해서는 다음과 같이 진행된다. 죄의 경중은 죄의 원인에 따라 결정되지 않는 것으로 생각된다.

1. 죄의 원인이 클수록 그것은 그만큼 더 강렬하게 죄를 짓도록 만들고, 그래서 이에 저항하기가 더 어려워진다. 그런데, 그것에 저항하기가 더 어려워짐으로써 죄는 줄어든다. 죄에 저항하기가 어려운 것은 죄를 짓는 사람의 약함에 속하는 것이며, 그 약함으로 인한 죄는 더 가벼운 것으로 여겨지기 때문이다. 그러므로 죄의 경증은 그 원인들 편에 달려 있는 것이 아니다.

2. 탐욕은 죄의 일반적인 원인이다. 그래서 로마서 7장 [7절]의 "율법이 없었다면··"에 대하여 『주해』¹에서는 "율법은 선한 것이다. 율법은 욕망을 금함으로써 모든 악을 금한다."라고 말한다. 그런데 인간이 굴복 당하는 욕망이 더 큰 것일수록 죄는 그만큼 더 작아진다. 그러므로 죄의 경중은 원인이 중대할수록 가벼워진다.

3. 이성의 올바름이 덕스러운 행위의 원인이듯이 이성의 결함은 죄의 원인으로 여겨진다. 그런데 이성의 결함이 클수록 죄는 작아진다. 그래서 이성을 전혀 사용할 수 없는 사람에게는 전혀 죄책이 없고, 무지로 인하여 죄를 짓는 사람은 죄가 가볍다. 그러므로 죄의 경중은 원인의 중대함으로 인하여 증가되지 않는다.

---

1. Interl.; Ord.: PL 114, 491 A; Lombardus: PL 191, 1416 C.-Cf. Aug., *De spiritu et litera*, c.4: PL 44, 204.

SED CONTRA, multiplicata causa, multiplicatur effectus. Ergo, si causa peccati maior fuerit, peccatum erit gravius.

RESPONDEO dicendum quod in genere peccati, sicut et in quolibet alio genere, potest accipi duplex causa. Una quae est propria et per se causa peccati, quae est ipsa voluntas peccandi, comparatur enim ad actum peccati sicut arbor ad fructum, ut dicitur in Glossa,[2] super illud Matth. 7, [18], *Non potest arbor bona fructus malos facere*. Et huiusmodi causa quanto fuerit maior, tanto peccatum erit gravius, quanto enim voluntas fuerit maior ad peccandum, tanto homo gravius peccat.

Aliae vero causae peccati accipiuntur quasi extrinsecae et remotae, ex quibus scilicet voluntas inclinatur ad peccandum. Et in his causis est distinguendum. Quaedam enim harum inducunt voluntatem ad peccandum, secundum ipsam naturam voluntatis, sicut finis, quod est proprium obiectum voluntatis.[3] Et ex tali causa augetur peccatum, gravius enim peccat cuius voluntas ex intentione peioris finis inclinatur ad peccandum.— Aliae vero causae sunt quae inclinant voluntatem ad peccandum, praeter naturam et ordinem ipsius voluntatis, quae nata est moveri libere ex seipsa secundum iudicium rationis. Unde causae quae diminuunt iudicium rationis, sicut ignorantia;[4] vel quae diminuunt liberum motum voluntatis, sicut infirmitas[5] vel violentia[6] aut metus,[7] aut aliquid huiusmodi, diminuunt

[재반론] 그러나 반대로 원인이 증가하면 결과도 증가한다. 그러므로 죄의 원인이 더 커진다면 죄도 더 무거워질 것이다.

[답변] 다른 모든 유에서와 마찬가지로 죄라는 유에 있어서도 원인에는 두 가지가 있다. 죄의 고유한 그 자체의 원인은, 죄를 지으려는 의지이다. 마태오복음서 7장 [18절]의 "좋은 나무가 나쁜 열매를 맺을 수 없다."는 구절에 대하여 『주해』[2]에서 말하듯이, 죄의 행위에 대한 이 의지의 관계는 마치 열매에 대한 나무의 관계와 같다. 그리고 이 원인이 클수록 죄는 더 무겁다. 죄를 지으려는 의지가 클수록 더 무겁게 죄를 짓게 되는 것이다.

그러나 죄의 다른 원인들은 외재적이고 떨어져 있는 원인들로서, 의지가 죄를 짓도록 기울게 하는 것들이다. 이 원인들에 대해서는 구별을 해야 한다. 어떤 원인들은 의지를 그 의지의 본성 자체에 따라 죄를 짓도록 이끈다. 예를 들어, 의지의 고유한 대상인 목적이 그러하다.[3] 이러한 원인들은 죄를 증가시킨다. 더 악한 목적에 의하여 의지가 죄로 기운 사람은 더 무겁게 죄를 짓는 것이다.—그러나 또 다른 원인들은, 스스로 이성의 판단에 따라 자유롭게 움직이도록 되어 있는 그 의지의 본성과 의지 자체의 질서를 거슬러 의지가 죄를 짓도록 기울게 한다. 이 원인들은 무지[4]와 같이 이성의 판단을 약하게 하거나 아니면 나약함[5]이나 폭력[6]이나 두려움[7] 등과 같이 의지의 자

---

2. Ord.: PL 114, 111 A.
3. Cf. a.2, a.1 c; q.72, a.1, ad1; q.3, ad2.
4. q.76을 보라.
5. Cf. q.77, a.3.
6. Cf. q.6, a.4,5.
7. Cf. q.6, a.6.

peccatum, sicut et diminuunt voluntarium, intantum quod si actus sit omnino involuntarius, non habet rationem peccati.

AD PRIMUM ergo dicendum quod obiectio illa procedit de causa movente extrinseca, quae diminuit voluntarium, cuius quidem causae augmentum diminuit peccatum, ut dictum est.[8]

AD SECUNDUM dicendum quod si sub concupiscentia includatur etiam ipse motus voluntatis, sic ubi est maior concupiscentia, est maius peccatum. Si vero concupiscentia dicatur passio quaedam, quae est motus vis concupiscibilis, sic maior concupiscentia praecedens iudicium rationis et motum voluntatis, diminuit peccatum, quia qui maiori concupiscentia stimulatus peccat, cadit ex graviori tentatione; unde minus ei imputatur. Si vero concupiscentia sic sumpta sequatur iudicium rationis et motum voluntatis, sic ubi est maior concupiscentia, est maius peccatum, insurgit enim interdum maior concupiscentiae motus ex hoc quod voluntas ineffrenate tendit in suum obiectum.[9]

AD TERTIUM dicendum quod ratio illa procedit de causa quae causat involuntarium, et haec diminuit peccatum, ut dictum est.[10]

유로운 움직임을 약하게 하여, 의지적 성격을 감소시키고 죄도 감소시킨다. 만일 그 행위가 전혀 의지적인 것이 아니라면 그것은 죄가 되지 않는다.

[해답] 1. 이 반론은 의지적 성격을 약화시키는 외재적인 원인에서 나오는 것이다. 앞서[8] 말한 바와 같이, 이 원인이 증가하면 죄는 감소한다.

2. 의지의 움직임까지 욕망에 포함된다면, 욕망이 강할수록 죄는 더 클 것이다. 그러나 정념 곧 탐욕적 혼의 운동이 욕망이라고 일컬어진다면, 이성의 판단과 의지의 움직임에 선행하는 것인 욕망이 강할수록 죄는 감소된다. 여기서는 더 강한 욕망의 자극을 받아 죄를 짓는 것이고 더 심한 유혹에 떨어지는 것이기에, 그에 대한 죄책은 더 작은 것이다. 그러나 욕망이 이성의 판단과 의지의 움직임에 뒤따르는 것이라면, 욕망이 더 강하다면 죄도 더 커진다. 그때에는 의지가 제어되지 않고 자체의 대상을 추구하므로 더 강한 욕망의 움직임이 일어나는 것이기 때문이다.

3. 그 반론은 행위를 의지적이지 않은 것이 되게 하는 원인으로부터 시작된다. 그리고 앞서[9] 말한 바와 같이 그 원인은 죄를 감소시킨다.

---

8. 답변.
9. Cf. q.77, a.6-8.

Articulus 7
Utrum circumstantia aggravet peccatum

Ad septimum sic proceditur. Videtur quod circumstantia non aggravet peccatum.

1. Peccatum enim habet gravitatem ex sua specie. Circumstantia autem non dat speciem peccato, cum sit quoddam accidens eius. Ergo gravitas peccati non consideratur ex circumstantia.

2. Praeterea, aut circumstantia est mala, aut non. Si circumstantia mala est, ipsa per se causat quandam speciem mali, si vero non sit mala, non habet unde augeat malum. Ergo circumstantia nullo modo auget peccatum.

3. Praeterea, malitia peccati est ex parte aversionis. Sed circumstantiae consequuntur peccatum ex parte conversionis. Ergo non augent malitiam peccati.

SED CONTRA est quod ignorantia circumstantiae diminuit peccatum, qui enim peccat ex ignorantia circumstantiae, meretur veniam, ut dicitur in III *Ethic.*[1] Hoc autem non esset, nisi circumstantia aggravaret peccatum. Ergo circumstantia peccatum aggravat.

---

1. c.1: 1111a1-2; S. Thomas, lect.3, n.413.

제7절 상황은 죄를 더 무겁게 만드는가?

Parall.: *In Sent.* IV, dist.16, q.3, a.2, qc.1; *De Malo*, q.2, a.7.

Doctr. Eccl.: 트리엔트공의회, 제14차 회기, 제5장은 이렇게 가르친다. "죄의 종류를 바꾸어 놓는 죄의 상황들도 고해에서 설명해야 한다. 그것이 없다면 죄가 참회자들에 의하여 온전히 제시될 수 없고, 심판관들에게 드러날 수도 없으며, 범죄의 중대성을 올바로 알 수 없기 때문이다."(DS 899[=DH 1681]) *72문 9절의 내용과 거의 같음

[반론] 일곱째에 대해서는 다음과 같이 진행된다. 상황은 죄를 더 무겁게 만들지 않는 것으로 생각된다.

1. 죄는 그 종으로부터 경중이 결정된다. 그런데 상황은 죄의 우유이므로 그 죄에 종을 부여하지 않는다. 그러므로 죄의 경중은 상황으로부터 결정되지 않는다.

2. 상황은 악하거나 아니면 그렇지 않다. 상황이 악하다면 그 상황 자체가 어떤 종에 속하는 악의 원인이 된다. 그러나 상황이 악하지 않다면 그것은 악을 증가시키지 않는다. 그러므로 상황은 어떤 방식으로도 죄를 증가시키지 않는다.

3. 죄의 악의는 무엇으로부터 멀어지는가에 달려 있다. 그런데 상황은 그것을 향해 돌아서는 것 편에서 죄에 연관된다. 그러므로 상황은 죄의 악의를 증가시키지 않는다.

[재반론] 그러나 반대로 어떤 상황에 대한 무지는 죄를 감소시킨다. 『니코마코스 윤리학』 제3권[1]에서 말하듯이, 상황에 대한 무지로 죄를 짓는 사람은 용서를 받을 만하다. 그런데 상황이 죄를 더 무겁게 만

q.73, a.7

Respondeo dicendum quod unumquodque ex eodem natum est augeri, ex quo causatur; sicut Philosophus dicit de habitu virtutis, in II *Ethic*.² Manifestum est autem quod peccatum causatur ex defectu alicuius circumstantiae, ex hoc enim receditur ab ordine rationis, quod aliquis in operando non observat debitas circumstantias.³ Unde manifestum est quod peccatum natum est aggravari per circumstantiam.

Sed hoc quidem contingit tripliciter. Uno quidem modo, inquantum circumstantia transfert in aliud genus peccati. Sicut peccatum fornicationis consistit in hoc quod homo accedit ad non suam, si autem addatur haec circumstantia, ut illa ad quam accedit sit alterius uxor, transfertur iam in aliud genus peccati, scilicet in iniustitiam, inquantum homo usurpat rem alterius. Et secundum hoc, adulterium est gravius peccatum quam fornicatio.⁴

Aliquando vero circumstantia non aggravat peccatum quasi trahens in aliud genus peccati, sed solum quia multiplicat rationem peccati. Sicut si prodigus det quando non debet, et cui non debet, multiplicius peccat eodem genere peccati, quam si solum det cui non debet. Et ex hoc ipso peccatum fit gravius, sicut etiam aegritudo est gravior quae plures partes corporis

---

2. c.2: 1104a27-b3; S. Thomas, lect.2, n.264.
3. Cf. 앞 문제, a.9.

드는 것이 아니라면 이는 그렇게 되지 않을 것이다. 그러므로 상황은 죄를 더 무겁게 만드는 것이다.

[답변] 철학자가 『니코마코스 윤리학』 제2권[2]에서 덕의 습성에 대해 말하듯이, 사물은 그것의 원인이 된 바로 그것에 의하여 증가되는 것이 본성적이다. 그런데 죄가 상황의 어떤 결함에서 기인할 수 있다는 것은 명백하다. 어떤 사람이 작용에 있어서 마땅한 상황을 존중하지 않을 때에 그는 이성의 질서에서 멀어지게 되는 것이기 때문이다.[3] 그러므로 죄는 본성적으로 상황에 의하여 더 무겁게 되는 것이 분명하다.

그런데 이는 세 가지 방식으로 이루어진다. 첫째로는 상황이 죄의 종을 달라지게 함으로써 이루어진다. 예를 들어 사음의 죄는 어떤 사람이 자신의 아내가 아닌 여자에게 접근하는 것이다. 그런데 여기에 그가 접근하는 여자가 다른 사람의 아내라는 상황이 더해진다면 그것은 다른 종류의 죄 곧 불의가 된다. 그가 다른 사람의 것을 가로채는 것이기 때문이다. 이에 따라 간음은 사음보다 더 무거운 죄가 된다.[4]

다른 경우에 상황은 죄의 종류가 달라지게 함으로써가 아니라 다만 죄가 되는 이유를 많아지게 함으로써 죄를 더 무겁게 만든다. 예를 들어 낭비하는 사람이 주지 말아야 할 때에 그리고 주지 말아야 할 사람에게 준다면, 다만 주지 말아야 할 사람에게 줄 때보다 같은 종류의 죄를 더 많이 짓게 되는 것이다. 그리고 몸의 여러 부분에 병이 들 때에 그 질병이 더 무거워지는 것과 같이, 이 자체로 죄는 더

---

4. Cf. II-II, q.154, a.3.

inficit. Unde et Tullius dicit, in *Paradoxis*,[5] quod *in patris vita violanda, multa peccantur, violatur enim is qui procreavit, qui aluit, qui erudivit, qui in sede ac domo, atque in republica collocavit.*

Tertio modo circumstantia aggravat peccatum ex eo quod auget deformitatem provenientem ex alia circumstantia. Sicut accipere alienum constituit peccatum furti, si autem addatur haec circumstantia, ut multum accipiat de alieno, est peccatum gravius; quamvis accipere multum vel parum, de se non dicat rationem boni vel mali.

AD PRIMUM ergo dicendum quod aliqua circumstantia dat speciem actui morali, ut supra[6] habitum est.—Et tamen circumstantia quae non dat speciem, potest aggravare peccatum. Quia sicut bonitas rei non solum pensatur ex sua specie, sed etiam ex aliquo accidente; ita malitia actus non solum pensatur ex specie actus, sed etiam ex circumstantia.

AD SECUNDUM dicendum quod utroque modo circumstantia potest aggravare peccatum. Si enim sit mala, non tamen propter hoc oportet quod semper constituat speciem peccati, potest enim addere rationem malitiae in eadem specie, ut dictum est.[7] Si autem non sit mala, potest aggravare peccatum in ordine ad malitiam alterius circumstantiae.

무거워진다. 그래서 키케로는 『스토아철학의 역설』[5]에서 이렇게 말한다. "아버지의 생명을 침해하는 사람은 많은 죄를 범한다. 그를 낳고, 양육하고, 교육하고, 고향과 나라에서 자리를 준 이를 침해하는 것이기 때문이다."

셋째로 상황은 다른 상황으로부터 유래하는 무질서를 가중시킴으로써 죄를 더 두껍게 만든다. 예를 들어, 다른 사람의 것을 취하는 것은 절도이다. 그러나 다른 사람에게서 많은 것을 취한다는 상황이 더해진다면, 많이 또는 적게 취한다는 것이 선의 이유도 악의 이유도 되지 않는다 하더라도 그 죄는 더 무겁다.

[해답] 1. 위에서[6] 말한 바와 같이 어떤 상황들은 윤리적 행위에 종을 부여한다.—그리고 종을 부여하지 않는 상황들도 죄를 더 무겁게 만들 수 있다. 어떤 사물의 선성이 그 종으로부터만 결정되는 것이 아니라 다른 우유적인 것들에 의해서도 결정되듯이, 행위의 악함도 그 행위의 종으로부터만 결정되는 것이 아니라 상황들로부터도 결정된다.

2. 상황은 그 두 가지 방식 모두로 죄를 더 무겁게 만들 수 있다. 상황이 악하다고 해서 그 때문에 언제나 어떤 죄의 종이 구성되는 것은 아니지만, 위에서 말한 바와 같이[7] 동일한 종 안에서 그 죄를 더 악하게 만들 수 있다. 상황이 악하지 않은 경우라면, 그것은 다른 상황의 악함으로 인하여 죄를 가중시킬 수 있다.

---

5. Parad. 3: ed. Müller, Lipsiae 1910, p.204. ll.33-36.
6. q.18, a.10.
7. 답변.

AD TERTIUM dicendum quod ratio debet ordinare actum non solum quantum ad obiectum, sed etiam quantum ad omnes circumstantias. Et ideo aversio quaedam a regula rationis attenditur secundum corruptionem cuiuslibet circumstantiae, puta si aliquis operetur quando non debet, vel ubi non debet. Et huiusmodi aversio sufficit ad rationem mali. Hanc autem aversionem a regula rationis, sequitur aversio a Deo, cui debet homo per rectam rationem coniungi.

Articulus 8
Utrum gravitas peccati augeatur secundum maius nocumentum

Ad octavum sic proceditur. Videtur quod gravitas peccati non augeatur secundum maius nocumentum.

1. Nocumentum enim est quidam eventus consequens actum peccati. Sed eventus sequens non addit ad bonitatem vel malitiam actus, ut supra[1] dictum est. Ergo peccatum non aggravatur propter maius nocumentum.

2. Praeterea, nocumentum maxime invenitur in peccatis quae sunt contra proximum, quia sibi ipsi nemo vult nocere; Deo autem nemo potest nocere, secundum illud *Iob* 35, [6-8]: *Si multiplicatae fuerint iniquitates tuae, quid facies contra*

3. 이성은 대상에 대해서만이 아니라 모든 상황들에 관련해서도 행위를 규정해야 한다. 그러므로 이성의 규칙에서 벗어나는 것은 예를 들어 어떤 사람이 그렇게 행하지 말아야 할 때에, 또는 그렇게 행하지 말아야 할 곳에서 행하는 것과 같이 상황에 대한 모든 무시에까지 이른다. 그리고 이러한 멀어짐은 충분히 악의 근거가 된다. 이성의 규칙에서 멀어지는 것에는, 인간이 올바른 이성으로 결합되어 있어야 하는 하느님으로부터 멀어지는 것이 뒤따르기 때문이다.

제8절 죄는 피해가 많을수록 무거워지는가?

Parall: Supra, q.20, a.5.

[반론] 여덟째에 대해서는 다음과 같이 진행된다. 죄의 무게는 피해가 많다고 해서 증가되지 않는 것으로 보인다.

1. 피해는 죄의 행위에 뒤따르는 사건이다. 그런데 위에서[1] 말한 바와 같이, 어떤 행위에 뒤따르는 사건은 그 행위의 선함이나 악함을 증가시키지 않는다. 그러므로 피해가 더 크다고 해서 죄가 더 무거워지지는 않는다.

2. 피해는 주로 이웃을 거스르는 죄에 관련된다. 아무도 자신에게 해를 입히려고는 하지 않으며, 욥기 35장 [6-8절]에서는 "당신이 죄지었다 한들 그분께 무슨 해를 끼치겠습니까? 당신의 불의는 당신 같은 인간에게나 해당되고 당신의 정의는 사람에게나 해당된답니

---

1. q.20, a.5.

*illum? Homini, qui similis tibi est, nocebit impietas tua.*² Si ergo peccatum aggravaretur propter maius nocumentum, sequeretur quod peccatum quo quis peccat in proximum, esset gravius peccato quo quis peccat in Deum vel in seipsum.

3. Praeterea, maius nocumentum infertur alicui cum privatur vita gratiae, quam cum privatur vita naturae, quia vita gratiae est melior quam vita naturae, intantum quod homo debet vitam naturae contemnere ne amittat vitam gratiae. Sed ille qui inducit aliquam mulierem ad fornicandum, quantum est de se, privat eam vita gratiae, inducens eam ad peccatum mortale. Si ergo peccatum esset gravius propter maius nocumentum, sequeretur quod simplex fornicator gravius peccaret quam homicida, quod est manifeste falsum. Non ergo peccatum est gravius propter maius nocumentum.

SED CONTRA est quod Augustinus dicit, in III *de Lib. Arb.*:³ *Quia vitium naturae adversatur,*⁴ *tantum additur malitiae vitiorum, quantum integritati naturarum minuitur.* Sed diminutio integritatis naturae est nocumentum. Ergo tanto gravius est peccatum, quanto maius est nocumentum.

RESPONDEO dicendum quod nocumentum tripliciter se habere potest ad peccatum. Quandoque enim nocumentum quod provenit ex peccato, est praevisum et intentum, sicut cum aliquis aliquid operatur animo nocendi alteri, ut homicida vel fur. Et

다."[2]라고 하듯이 아무도 하느님께 피해를 입힐 수는 없기 때문이다. 그러므로 피해가 더 크기 때문에 죄가 더 무거워진다면 이웃을 거슬러 범하는 죄가 하느님이나 자신을 거슬러 범하는 죄보다 더 무겁게 될 것이다.

3. 인간은 자연적 생명을 상실하게 되는 것보다 은총의 생명을 상실하게 됨으로써 더 큰 피해를 입게 된다. 은총의 생명은 자연적 생명보다 더 나은 것이어서, 인간은 은총의 생명을 잃지 않기 위하여 자연적 생명을 경멸해야 하기 때문이다. 그런데 어떤 여자를 사음으로 끌어들이는 사람은 그 여자를 사죄로 끌어들임으로써 은총의 생명을 잃게 하는 것이다. 그러므로 만일 피해가 더 크기 때문에 죄가 더 무거워진다면, 단순히 사음을 범하는 사람이 살인자보다 더 무거운 죄를 짓는 셈이 될 것이다. 그러므로 죄는 피해가 더 크다고 해서 더 무거워지지 않는다.

[재반론] 그러나 반대로 아우구스티누스가 『자유의지론』 제3권[3]에서 말하듯이, "악습은 본성에 반대되므로,[4] 악습들의 악함이 증가할수록 본성의 온전성은 더 감소된다." 그런데 본성의 온전성이 감소되는 것은 피해이다. 그러므로 피해가 클수록 죄는 더 무겁다.

[답변] 피해는 세 가지로 죄에 연관될 수 있다. 죄로부터 유래하는 피해가 예견되는 것이고 의도된 것일 때, 예를 들어 어떤 사람이 살

---

2. 대중 라틴말 성경은, Si multiplicatae fuerint iniquitates tuae, quid facies contra eum? ... Homini, qui similis tui est, nocebit impietas tua.
3. c.14, n.41: PL 32, 1291.
4. Cf. q.72, a.2.

tunc directe quantitas nocumenti adauget gravitatem peccati, quia tunc nocumentum est per se obiectum peccati.

Quandoque autem nocumentum est praevisum, sed non intentum, sicut cum aliquis transiens per agrum ut compendiosius vadat ad fornicandum, infert nocumentum his quae sunt seminata in agro, scienter, licet non animo nocendi. Et sic etiam quantitas nocumenti aggravat peccatum, sed indirecte, inquantum scilicet ex voluntate multum inclinata ad peccandum, procedit quod aliquis non praetermittat facere damnum sibi vel alii, quod simpliciter non vellet.

Quandoque autem nocumentum nec est praevisum nec intentum. Et tunc si per accidens se habeat ad peccatum, non aggravat peccatum directe, sed propter negligentiam considerandi nocumenta quae consequi possent, imputantur homini ad poenam mala quae eveniunt praeter eius intentionem, si dabat operam rei illicitae.—Si vero nocumentum per se sequatur ex actu peccati, licet non sit intentum nec praevisum, directe peccatum aggravat, quia quaecumque per se consequuntur ad peccatum, pertinent quodammodo ad ipsam peccati speciem. Puta si aliquis publice fornicetur, sequitur scandalum plurimorum, quod quamvis ipse non intendat, nec forte praevideat, directe per hoc aggravatur peccatum.

Aliter tamen videtur se habere circa nocumentum poenale, quod incurrit ipse qui peccat. Huiusmodi enim nocumentum,

인 또는 절도로 다른 사람에게 해를 입히려는 마음으로 무엇을 행할 경우가 있다. 이때에 피해의 양은 직접적으로 죄의 경중에 영향을 미친다. 피해가 그 자체로 죄의 목적이기 때문이다.

피해가 예견되는 것이지만 의도된 것은 아닐 때, 예를 들어 어떤 사람이 싸움을 하려고 서둘러 가기 위하여 밭을 가로지를 경우 그는 밭에 심은 것에 피해를 입히지만 그렇게 피해를 입히려는 마음을 갖고 있는 것은 아니다. 이때에 피해의 양은 간접적으로 죄를 더 무겁게 만든다. 이 사람은 죄를 지으려는 강한 의지로 인하여, 자신에게나 다른 사람들에게나 자신이 의도하지 않았을 피해에 주의를 기울이지 않은 것이기 때문이다.

또 어떤 경우는 피해가 예견된 것도 아니고 의도된 것도 아닐 때가 있다. 이때에 피해가 우연적으로만 죄와 연관된다면, 그 피해는 직접적으로 죄를 무겁게 만들지는 않는다. 그러나 생겨날 수 있는 피해를 조심하는 것을 소홀히 했다는 점에서, 그가 불법적인 행위를 했다면 그는 자신의 의도와 상관없이 일어난 악에 대하여 죄책이 있는 것으로 여겨진다.―그러나 피해가 죄의 행위로부터 그 자체로 따라 나오는 것이라면, 그것이 의도되거나 예견되지 않았다 하더라도 그 피해는 직접적으로 죄를 더 무겁게 만든다. 죄에 그 자체로 뒤따르는 모든 것은 어떤 식으로 죄의 종 자체에 속하기 때문이다. 예를 들어 어떤 사람이 공공연하게 싸움을 저지른다면, 이것은 많은 이들에게 물의를 일으킨다. 그가 의도하지 않았고 아마 예견하지 않았다 하더라도 이것은 직접적으로 죄를 더 무겁게 만든다.

죄를 짓는 사람 자신이 겪게 되는 벌의 피해는 이와 달리 여겨진다. 이러한 피해는 만일 그것이 죄의 행위에 대하여 우연적인 관계에

si per accidens se habeat ad actum peccati, et non sit praevisum nec intentum, non aggravat peccatum, neque sequitur maiorem gravitatem peccati, sicut si aliquis currens ad occidendum, impingat et laedat sibi pedem.—Si vero tale nocumentum per se consequatur ad actum peccati, licet forte nec sit praevisum nec intentum, tunc maius nocumentum non facit gravius peccatum; sed e converso gravius peccatum inducit gravius nocumentum. Sicut aliquis infidelis, qui nihil audivit de poenis Inferni, graviorem poenam in Inferno patietur pro peccato homicidii quam pro peccato furti, quia enim hoc nec intendit nec praevidet, non aggravatur ex hoc peccatum (sicut contingit circa fidelem, qui ex hoc ipso videtur peccare gravius, quod maiores poenas contemnit ut impleat voluntatem peccati), sed gravitas huiusmodi nocumenti solum causatur ex gravitate peccati.

AD PRIMUM ergo dicendum quod, sicut etiam supra[5] dictum est, cum de bonitate et malitia exteriorum actuum ageretur, eventus sequens, si sit praevisus et intentus, addit ad bonitatem vel malitiam actus.

AD SECUNDUM dicendum quod, quamvis nocumentum aggravet peccatum, non tamen sequitur quod ex solo nocumento peccatum aggravetur, quinimmo peccatum per se est gravius propter inordinationem, ut supra dictum est.[6] Unde et ipsum nocumentum aggravat peccatum, inquantum facit actum esse

있으며 예견되지도 의도되지도 않은 것이라면, 죄를 더 무겁게 만들지도 않고 또한 더 무거운 죄에 뒤따르는 것도 아니다. 예를 들어 어떤 사람이 살인을 하려다가 걸려 넘어져 발을 다칠 경우가 그러하다.—하지만 만일 그러한 피해가 그 자체로 죄의 행위에 뒤따르는 것이라면, 설령 예견되거나 의도되지 않은 것이라 하더라도 피해가 더 크다고 해서 죄가 더 무겁게 되지는 않는다. 오히려 그 반대로, 죄가 더 무거울 때 피해가 더 커진다. 예를 들어 지옥의 벌에 대해 전혀 듣지 못한 불신자는 지옥에서 절도의 죄에 대해서보다 살인의 죄에 대해서 더 무거운 벌을 받을 것이다. 그는 그 벌을 의도하지도 예견하지도 않았으므로 그것으로 죄가 더 무거워지지는 않으며 (그러나 신자의 경우에는 죄를 지으려는 의지를 이루기 위하여 더 큰 벌을 무시함으로써 더 무거운 죄를 짓는 것으로 여겨진다.) 피해의 무게는 다만 죄의 무게로부터 기인한다.

[해답] 1. 위에서[5] 말한 바와 같이, 외적 행위들의 선함이나 악함에 관련하여, 그 행위에 뒤따르는 사건이 만일 예견되고 의도된 것이라면 그것은 그 행위의 선함이나 악함을 증가시킨다.

2. 피해가 죄를 더 무겁게 한다 하더라도, 그렇다고 해서 오직 피해로 인해서만 죄가 무거워지는 것은 아니다. 위에서[6] 말한 바와 같이 죄는 그 무질서 때문에 그 자체로 더 무거워지는 것이다. 그러므로 피해 역시, 그것이 행위를 더 무질서하게 만든다는 점에서 죄를 더 무겁게 만든다. 따라서 이웃을 거스르는 죄에서 피해가 가장 크다고

---

5. Loc. cit. in arg.
6. Art. 2,3.

magis inordinatum. Unde non sequitur quod, si nocumentum maxime habeat locum in peccatis quae sunt contra proximum, quod illa peccata sunt gravissima, quia multo maior inordinatio invenitur in peccatis quae sunt contra Deum, et in quibusdam eorum quae sunt contra seipsum.—Et tamen potest dici quod, etsi Deo nullus possit nocere quantum ad eius substantiam, potest tamen nocumentum attentare in his quae Dei sunt, sicut extirpando fidem, violando sacra, quae sunt peccata gravissima.[7] Sibi etiam aliquis quandoque scienter et volenter infert nocumentum, sicut patet in his qui se interimunt, licet finaliter hoc referant ad aliquod bonum apparens, puta ad hoc quod liberentur ab aliqua angustia.[8]

AD TERTIUM dicendum quod illa ratio non sequitur, propter duo. Primo quidem, quia homicida intendit directe nocumentum proximi, fornicator autem qui provocat mulierem, non intendit nocumentum, sed delectationem.—Secundo, quia homicida est per se et sufficiens causa corporalis mortis, spiritualis autem mortis nullus potest esse alteri causa per se et sufficiens; quia nullus spiritualiter moritur nisi propria voluntate peccando.[9]

해서 그 죄들이 가장 무거운 죄가 되는 것은 아니다. 하느님을 거스르는 죄에서, 그리고 자신을 거스르는 어떤 죄들에서 무질서가 훨씬 더 크기 때문이다.—이렇게 말할 수도 있다. 하느님의 실체에 대해서는 아무도 피해를 입힐 수 없지만 하느님께 속하는 것들에는, 예를 들어 신앙을 근절하거나 거룩한 것을 붇함으로써 피해를 끼칠 수 있는데, 이들은 대단히 중대한 죄들이다.[7] 또한 자신을 거슬러서도 알면서 그리고 의도적으로 피해를 끼칠 수 있다. 예를 들어 자살의 경우가 그러하다. 비록 이 경우에 최종적으로는 외관상의 선을, 곧 어떤 고통으로부터 벗어나는 것을 지향한다 해도 그러하다.[8]

3. 이 논거는 두 가지로 인하여 성립되지 않는다. 첫째로 살인자는 직접적으로 이웃의 피해를 의도하는 반면 여인을 유혹하여 사음하는 사람은 피해가 아니라 쾌락을 의도하는 것이기 때문이다.—둘째로 살인은 그 자체로 육체적 죽음의 충분한 이유인 반면 아무것도 그 자체로 다른 사람의 영적 죽음의 충분한 원인이 될 수는 없다. 자신의 의지로 죄를 지음으로써가 아니라면 아무도 영적으로 죽게 되지 않기 때문이다.[9]

---

7. Cf. q.21, a.4.
8. Cf. II-II, q.64, a.5.
9. Cf. q.75, a.2,3; q.30, a.1; II-II, q.43, a.2, ad3; q.73, a.3, ad2; q.115, a.2, ad1.

Articulus 9
Utrum peccatum aggravetur ratione personae in quam peccatur

Ad nonum sic proceditur. Videtur quod propter conditionem personae in quam peccatur, peccatum non aggravetur.

1. Si enim hoc esset, maxime aggravaretur ex hoc quod aliquis peccat contra aliquem virum iustum et sanctum. Sed ex hoc non aggravatur peccatum, minus enim laeditur ex iniuria illata virtuosus, qui aequanimiter tolerat, quam alii, qui etiam interius scandalizati laeduntur. Ergo conditio personae in quam peccatur, non aggravat peccatum.

2. Praeterea, si conditio personae aggravaret peccatum, maxime aggravaretur ex propinquitate, quia sicut Tullius dicit in Paradoxis,[1] *in servo necando semel peccatur, in patris vita violanda multa peccantur*. Sed propinquitas personae in quam peccatur, non videtur aggravare peccatum, quia unusquisque sibi ipsi maxime est propinquus; et tamen minus peccat qui aliquod damnum sibi infert, quam si inferret alteri, puta si occideret equum suum, quam si occideret equum alterius, ut patet per Philosophum, in V *Ethic*.[2] Ergo propinquitas personae non aggravat peccatum.

3. Praeterea, conditio personae peccantis praecipue aggravat

---

1. Parad. 3: ed. Müller, Lipsiae 1910, p.204, ll.32-34.
2. c.15: 1138a24-26; S. Thomas, lect.17, n.1101.

제9절 죄는 그를 거슬러 죄를 짓는 그 사람으로 인하여 더 무거워지는가?

Parall.: II-II, q.65, a.4; III, q.80, a.5; *In Ep. I ad Cor.*, c.11, lect.7.

[반론] 아홉째에 대해서는 다음과 같이 진행된다. 죄는 그를 거슬러 죄를 짓는 사람의 조건 때문에 더 무거워지지 않는 것으로 생각된다.

1. 만일 그 때문에 죄가 더 무거워진다면, 의롭고 거룩한 사람을 거스른 죄가 가장 무겁게 될 것이다. 그러나 죄는 이것으로 무거워지지 않는다. 피해를 평온하게 인내하는 덕스러운 사람은 피해로 인하여 상처를 덜 받고, 다른 이들은 걸려 넘어지며 내적으로도 상처를 입기 때문이다. 그러므로 그를 거슬러 죄를 짓는 사람의 조건은 죄를 더 무겁게 하지 않는다.

2. 그 사람의 조건이 죄를 무겁게 한다면 친척의 경우에 죄가 가장 무겁게 될 것이다. 키케로가 『스토아철학의 역설』[1]에서 말하듯이 "종을 죽이면 한번 죄를 짓지만, 아버지의 생명을 침해하는 사람은 많은 죄를 범한다." 그러나 그를 거슬러 죄를 범하는 사람이 친척이라는 것은 죄를 더 무겁게 만들지 않는 것으로 생각된다. 가장 가까운 친척은 자기 자신인데, 자신에게 해를 끼치는 사람은 다른 사람에게 해를 끼치는 사람보다 죄를 덜 짓는 것이기 때문이다. 예를 들어, 철학자가 『니코마코스 윤리학』 제5권[2]에서 보여 주듯이 자신의 말을 죽이는 것은 다른 사람의 말을 죽이는 것보다 작은 죄이다. 그러므로 친척 관계는 죄를 더 무겁게 하지 않는다.

3. 죄를 짓는 사람의 상태는 특히 그의 품위나 지식으로 인하여

peccatum ratione dignitatis vel scientiae, secundum illud *Sap.* 6, [7]: *Potentes potenter tormenta patientur*; et Luc. 12, [47]: *Servus sciens voluntatem domini, et non faciens, plagis vapulabit multis.*[3] Ergo, pari ratione, ex parte personae in quam peccatur, magis aggravaret peccatum dignitas aut scientia personae in quam peccatur. Sed non videtur gravius peccare qui facit iniuriam personae ditiori vel potentiori, quam alicui pauperi, quia non *est personarum acceptio apud Deum*,[4] secundum cuius iudicium gravitas peccati pensatur. Ergo conditio personae in quam peccatur, non aggravat peccatum.

SED CONTRA est quod in sacra Scriptura specialiter vituperatur peccatum quod contra servos Dei committitur, sicut III *Reg.* 19, [14]: *Altaria tua destruxerunt, et prophetas tuos occiderunt gladio*. Vituperatur etiam specialiter peccatum commissum contra personas propinquas, secundum illud Mich. 7, [6]: *Filius contumeliam facit patri, filia consurgit adversus matrem suam.* Vituperatur etiam specialiter peccatum quod committitur contra personas in dignitate constitutas, ut patet *Iob* 34, [18]: *Qui dicit regi, Apostata; qui vocat duces impios*. Ergo conditio personae in quam peccatur, aggravat peccatum.

---

3. 대중 라틴말 성경은, Servus, qui cognovit voluntatem domini sui... et non fecit secundum voluntatem eius, vapulabit multis.

죄를 무겁게 만든다. 지혜서 6장 [8절]에서는 "세력가들은 엄정하게 심리하신다."고 말하고, 루카복음서 12장 [47절]에서는 '주인의 뜻을 알고도 하지 않은 그 종은 매를 많이 맞을 것이다.'³라고 말한다. 그러므로 같은 이유로, 그에게 죄가 저질러지는 사람의 편에서도 그를 거슬러 죄를 짓는 그 사람의 품위나 지식은 죄를 더 두껍게 만들 것이다. 하지만 더 부유하거나 세력 있는 사람에게 피해를 입히는 것이 다른 가난한 사람에게 하는 것보다 더 무거운 죄라고는 생각되지 않는다. "하느님은 사람을 차별하지 않으시고"⁴ 죄의 경중은 그분의 판단에 따라 헤아려지기 때문이다. 그러므로 그를 거슬러 죄를 짓는 그 사람의 조건은 죄를 더 무겁게 만들지 않는다.

[재반론] 그러나 반대로 성경에서는 하느님의 종들을 거슬러 범해지는 죄를 특별히 비난한다. 열왕기 상권 19장 [14절]에서는 "그들은 당신의 제단들을 헐었을 뿐 아니라, 당신의 예언자들을 칼로 쳐 죽였습니다."라고 말한다. 또한 친척을 거슬러 범한 죄도 특별히 비난한다. 미카서 7장 [6절]에서는 "아들이 아버지를 경멸하고 딸이 어머니에게, 며느리가 시어머니에게 대든다."고 말한다. 또한 품위를 지닌 사람을 거슬러 범한 죄에 대해서도 특별히 비난한다. 욥기 34장 [18절]에서는 "임금에게 '쓸모없는 자!', 귀족들에게 '악인!'이라고 말씀하시는 분"이라고 말한다. 그러므로 그를 거슬러 죄를 범하는 그 사람의 조건은 죄를 더 무겁게 만든다.

---

4. 로마 2,11; 콜로 3,25.

RESPONDEO dicendum quod persona in quam peccatur, est quodammodo obiectum peccati. Dictum est autem supra[5] quod prima gravitas peccati attenditur ex parte obiecti. Ex quo quidem tanto attenditur maior gravitas in peccato, quanto obiectum eius est principalior finis. Fines autem principales humanorum actuum sunt Deus, ipse homo, et proximus, quidquid enim facimus, propter aliquod horum facimus; quamvis etiam horum trium unum sub altero ordinetur.[6] Potest igitur ex parte horum trium considerari maior vel minor gravitas in peccato secundum conditionem personae in quam peccatur. Primo quidem, ex parte Dei, cui tanto magis aliquis homo coniungitur, quanto est virtuosior vel Deo sacratior. Et ideo iniuria tali personae illata, magis redundat in Deum, secundum illud Zach. 2, [8]: *Qui vos tetigerit, tangit pupillam oculi mei.*[7] Unde peccatum fit gravius ex hoc quod peccatur in personam magis Deo coniunctam, vel ratione virtutis vel ratione officii.

Ex parte vero sui ipsius, manifestum est quod tanto aliquis gravius peccat, quanto in magis coniunctam personam, seu naturali necessitudine, seu beneficiis, seu quacumque coniunctione, peccaverit, quia videtur in seipsum magis peccare, et pro tanto gravius peccat, secundum illud *Eccli.* 14, [5]: *Qui sibi nequam est, cui bonus erit?*[8]

---

5. Art.3.
6. Cf. q.72, a.4.

[답변] 그를 거슬러 죄를 짓는 그 사람은 어떤 식으로 죄의 대상이 된다. 위에서 말한 바와 같이 죄의 경중은 일차적으로 대상 편으로부터 결정된다. 그러므로 죄의 대상이 더 중요한 목적일수록 죄는 더 무거운 것이 된다. 그런데 인간의 행위의 주된 목적들은 하느님, 인간 자신, 그리고 이웃이다. 이 셋 가운데 어떤 것은 다른 것에 종속되지간, 우리가 행하는 것은 도두 이들 가운데 어떤 것 때문에 행하는 것이다.6 다라서, 그를 거슬러 죄를 짓는 그 사람의 조건에 따른 죄의 경중을 이들 셋 편에서 고찰할 수 있다. 첫째로 하느님 편에서는, 인간은 더 덕스러울수록 또는 하느님께 축성되었을수록 그분과 더욱 결합된다. 그러므로 그러한 사람에게 끼치는 피해는 하느님을 거슬러 피해를 끼치는 것이다. 즈카르야서 2장 [8절, 대중 라틴말 성경. 우리말 성경은 12절]에서는 "너희를 건드리는 자는 정녕 내 눈동자를 건드리는 자"7라고 말한다. 그러므로 덕으로 인하여 또는 직무로 인하여 하느님께 더 많이 결합된 사람을 거슬러 죄를 짓는다면 그 죄는 더 무거워진다.

인간 자신 편에서는, 본성적 관계에 의해서든 은혜에 의해서든 다른 어떤 유대에 의해서든 자신과 더 많이 결합된 사람을 거슬러 죄를 지을수록 더 무거운 죄를 범하는 것임이 명백하다. 그것은 자신을 거슬러 더 큰 죄를 짓는 것이고 따라서 더 중대한 죄를 짓는 것이기 때문이다. 집회서 14장 [5절]에서는 "자신에게 악한 자가 누구에게 관대하겠느냐?"8라고 말한다.

---

7. 대중 라틴말 성경은, Qui tetigerit vos tangit pupillam oculi mei.
8. 대중 라틴말 성경은, Qui sibi nequam est, cui alii bonus erit?

Ex parte vero proximi, tanto gravius peccatur, quanto peccatum plures tangit. Et ideo peccatum quod fit in personam publicam, puta regem vel principem, qui gerit personam totius multitudinis, est gravius quam peccatum quod committitur contra unam personam privatam, unde specialiter dicitur *Exod.* 22, [28]: *Principi populi tui non maledices.* Et similiter iniuria quae fit alicui famosae personae, videtur esse gravior, ex hoc quod in scandalum et in turbationem plurimorum redundat.

AD PRIMUM ergo dicendum quod ille qui infert iniuriam virtuoso, quantum est in se, turbat eum et interius et exterius. Sed quod iste interius non turbetur, contingit ex eius bonitate, quae non diminuit peccatum iniuriantis.

AD SECUNDUM dicendum quod nocumentum quod quis sibi ipsi infert in his quae subsunt dominio propriae voluntatis, sicut in rebus possessis, habet minus de peccato quam si alteri inferatur, quia propria voluntate hoc agit. Sed in his quae non subduntur dominio voluntatis, sicut sunt naturalia et spiritualia bona, est gravius peccatum nocumentum sibi ipsi inferre, gravius enim peccat qui occidit seipsum, quam qui occidit alterum.[9] Sed quia res propinquorum nostrorum non subduntur voluntatis nostrae dominio, non procedit ratio quantum ad nocumenta rebus illorum illata, quod circa ea minus peccetur; nisi forte velint, vel ratum habeant.

이웃 편에서는, 그 죄가 많은 사람들에 관련될수록 더 무거운 죄를 짓는 것이 된다. 그러므로 임금이나 군주와 같이 군중 전체를 대표하는 공적인 인물을 거스르는 죄는 사적인 한 개인을 거스르는 죄보다 더 중대하다. 그래서 탈출기 22장 [27절]에서는 특별히 "너희 백성의 수장을 저주해서는 안 된다."고 말한다. 마찬가지로, 추문으로써 도는 이로 인하여 많은 이들을 혼란스럽게 함으로써 유명한 인물에게 피해를 입히는 것은 더 중대한 죄로 여겨진다.

[해답] 1. 덕스러운 사람에게 피해를 끼치는 사람은 그 자신에게 있어서는 내적으로도 외적으로도 혼란을 일으킨다. 그 덕스러운 사람이 내적으로 혼란스러워지지 않는다는 것은 그의 선함에서 나오는 것으로, 이것은 피해를 입힌 사람의 죄를 감소시키지 않는다.

2. 자신의 의지에 지배받는 것들, 예를 들어 자신이 소유한 사물들에 스스로 입히는 피해는 다른 사람에게 입히는 피해보다 죄가 덜 된다. 그것이 그의 의지로 행하는 것이기 때문이다. 하지만 의지의 지배 아래 있지 않은 것, 곧 본성적 선과 영적인 선에 있어서는 자신에게 입히는 피해가 더 무거운 죄가 된다. 다른 사람을 죽이는 사람보다 자신을 죽이는 사람은 더 무거운 죄를 짓는 것이다.[9] 그런데 우리 친척의 것은 우리 의지의 지배 아래 있지 않으므로, 혹시 그 친척이 스스로 원했거나 동의한 경우가 아니라면, 이 논거는 그것에 대하여 피해를 입히는 것이 죄가 덜 무거운 것이라고 할 근거가 되지 못한다.

---

9. Cf. II-II, q.64, a.5.

AD TERTIUM dicendum quod non est acceptio personarum si Deus gravius punit peccantem contra excellentiores personas, hoc enim fit propter hoc quod hoc redundat in plurium nocumentum.[10]

Articulus 10
Utrum magnitudo personae peccantis aggravet peccatum

Ad decimum sic proceditur. Videtur quod magnitudo personae peccantis non aggravet peccatum.

1. Homo enim maxime redditur magnus ex hoc quod Deo adhaeret, secundum illud *Eccli.* 25, [13]: *Quam magnus est qui invenit sapientiam et scientiam! Sed non est super timentem Deum.* Sed quanto aliquis magis Deo adhaeret, tanto minus imputatur ei aliquid ad peccatum, dicitur enim II Paralip. 30, [18-19]: *Dominus bonus propitiabitur cunctis qui in toto corde requirunt Dominum Deum patrum suorum, et non imputabitur eis quod minus sanctificati sunt.*[1] Ergo peccatum non aggravatur ex magnitudine personae peccantis.

2. Praeterea, *non est personarum acceptio apud Deum*, ut dicitur *Rom.* 2, [11]. Ergo non magis punit pro uno et eodem peccato, unum quam alium. Non ergo aggravatur ex magnitudine personae peccantis.

3. 하느님이 더 높은 사람에 대해 범한 죄를 더 무겁게 벌하신다면 그것은 사람을 차별하시는 것이 아니다. 그것은 많은 이들에게 끼친 피해 때문에 그렇게 하시는 것이기 때문이다.

제10절 죄를 짓는 사람의 중요성 때문에 죄가 가중되는가?

Paral.: Infra, q.39, a.3; *De Malo*, q.7, a.10, ad5; *In Ep. ad Heb.*, c.10, lect.3.

[반론] 열째에 대해서는 다음과 같이 진행된다. 죄를 짓는 사람의 중요성은 죄를 가중시키지 않는 것으로 생각된다.

1. 인간은 하느님을 따름으로써 가장 중요하게 된다. 집회서 25장 [13절, 우리말 성경은 10절]에서는 이렇게 말한다. "지혜를 찾은 사람은 얼마나 위대한가! 그러나 주님을 경외하는 이보다 위대한 이는 없다." 그런데 어떤 사람이 하느님을 더 많이 따를수록 더 적은 것들이 그의 죄로 돌려지게 된다. 역대기 하권 30장 [18-19]절에서는 이렇게 말한다. "선하신 주님께서 이들을 용서하여 주시기를 빕니다. 이들은 성소의 정결 예식을 따르지 않았지만,[1] 저마다 하느님을, 자기 조상들의 하느님을 찾기로 마음을 굳힌 사람들입니다." 그러므로 죄는 그 죄를 짓는 사람의 중요성으로 인하여 가중되지 않는다.

2. 로마서 2장 [11절]에서 말하듯이 "하느님께서는 사람을 차별하지 않으시기 때문입니다." 그러므로 하나의 동일한 죄에 대해서 한 사람을 다른 사람보다 더 많이 벌하지 않으신다. 따라서 죄는 그 죄

---

1. 대중 라틴말 성경은, et non imputabit eis.

3. Praeterea, nullus debet ex bono incommodum reportare. Reportaret autem, si id quod agit, magis ei imputaretur ad culpam. Ergo propter magnitudinem personae peccantis non aggravatur peccatum.

SED CONTRA est quod Isidorus dicit, in II *de Summo Bono*:[2] *Tanto maius cognoscitur peccatum esse, quanto maior qui peccat habetur.*

RESPONDEO dicendum quod duplex est peccatum. Quoddam ex subreptione proveniens, propter infirmitatem humanae naturae. Et tale peccatum minus imputatur ei qui est maior in virtute, eo quod minus negligit huiusmodi peccata reprimere, quae tamen omnino subterfugere infirmitas humana non sinit.— Alia vero peccata sunt ex deliberatione procedentia. Et ista peccata tanto magis alicui imputantur, quanto maior est.

Et hoc potest esse propter quatuor. Primo quidem, quia facilius possunt resistere peccato maiores, puta qui excedunt in scientia et virtute. Unde Dominus dicit, Luc. 12, [47], quod *servus sciens voluntatem domini sui, et non faciens, plagis vapulabit multis.*—Secundo, propter ingratitudinem, quia omne bonum quo quis magnificatur, est Dei beneficium, cui homo fit ingratus peccando. Et quantum ad hoc, quaelibet maioritas, etiam in temporalibus bonis peccatum aggravat, secundum

를 짓는 사람의 중요성으로 인하여 가중되지 않는다.

3. 아무도 선함 때문에 손해를 입어서는 안 된다. 그런데 어떤 사람이 행하는 것이 그에게 더 크게 잘못으로 여겨진다면 그러한 일이 일어나게 될 것이다. 그러므로 죄는 그 죄를 짓는 사람의 중요성 때문에 가중되지 않는다.

[재반론] 그러나 반대로 이시도루스는 『최고선』[2]에서, "죄를 짓는 사람이 더 중요한 사람일수록 죄는 더 큰 것으로 여겨진다."고 말한다.

[답변] 죄에는 두 가지가 있다. 어떤 죄는 인간 본성의 약함 때문에, 알지 못하는 사이에 일어난다. 이러한 죄는, 더 덕스러운 사람에게 더 작은 잘못으로 여겨진다. 그는 죄를 피하는 데에 더 노력했으나, 인간적 약함이 그에게 모든 죄를 피하는 것은 허락지 않은 것이기 때문이다.—그러나 어떤 죄들은 의도적으로 이루어진다. 그리고 이러한 죄들은 그가 중요한 사람일수록 그에게 더 큰 잘못으로 여겨진다.

여기에는 네 가지 이유가 있을 수 있다. 첫째로는, 더 중요한 사람 곧 지식과 덕에서 더 뛰어난 사람은 죄에 더 쉽게 저항할 수 있기 때문이다. 그래서 주님은 루카복음서 12장 [47절]에서 "주인의 뜻을 알고도 하지 않은 그 종은 매를 많이 맞을 것이다."라고 말씀하신다.—둘째로는, 그가 은혜를 모르는 것이기 때문이다. 한 사람이 그로써 위대하게 되는 모든 선은 하느님의 은혜이고, 인간은 죄를 지음으로써 그 은혜에 감사하지 않게 되는 것이기 때문이다. 이 점에 있

---

2. Al. *Sent.*, c.18: PL 83, 621 B.

illud *Sap.* 6, [7]: *Potentes potenter tormenta patientur.*—Tertio, propter specialem repugnantiam actus peccati ad magnitudinem personae, sicut si princeps iustitiam violet, qui ponitur iustitiae custos; et si sacerdos fornicetur, qui castitatem vovit.—Quarto, propter exemplum, sive scandalum, quia, ut Gregorius dicit in *Pastorali*,[3] *in exemplum culpa vehementer extenditur, quando pro reverentia gradus peccator honoratur.* Ad plurium etiam notitiam perveniunt peccata magnorum; et magis homines ea indigne ferunt.

AD PRIMUM ergo dicendum quod auctoritas illa loquitur de his quae per subreptionem infirmitatis humanae negligenter aguntur.

AD SECUNDUM dicendum quod Deus non accipit personas, si maiores plus punit, quia ipsorum maioritas facit ad gravitatem peccati, ut dictum est.[4]

AD TERTIUM dicendum quod homo magnus non reportat incommodum ex bono quod habet, sed ex malo usu illius.

어서, 현세적 선을 포함하여 모든 우월함은 죄를 가중시킨다. 그래서 지혜서 6장 [8절]에서는 "세력가들은 엄정하게 심리하신다."고 말한다.—셋째로는, 그 죄의 행위가 그 사람의 중요성에 비교하여 특별히 혐오스럽기 때문이다. 예를 들어 정의를 수호해야 할 군주가 정의를 침해하거나, 정결을 서원한 사제가 사음을 행할 경우가 그러하다.—넷째로는, 표양 또는 추문으로 인해서이다. 그레고리우스가 『사목 지침서』[3]에서 말하듯이, "죄를 짓는 사람이 그 지위 때문에 존경을 받는 사람일 때, 그 잘못은 표양으로서 매우 강하게 전파된다." 중요한 인물들의 죄는 많은 이들에게 알려지고, 사람들은 이에 대하여 더 많이 분노하게 되는 것이다.

[해답] 1. 여기서 저자는 인간의 약함으로 인하여 알지 못하는 사이에 소홀히 여겨지는 죄에 대해 말하는 것이다.

2. 하느님이 중요한 사람들을 더 많이 벌하신다고 해서 사람을 차별하시는 것은 아니다. 이미 말한 바와 같이[4] 그들 자신의 중요성이 죄를 가중시키는 것이다.

3. 중요한 사람은 자신이 지닌 선 때문이 아니라 그 오용 때문에 손해를 겪는 것이다.

---

3. P.I, c.2: PL 77, 16 A.
4. 답변.

QUAESTIO LXXIV
DE SUBIECTO PECCATORUM
in decem articulos divisa

Deinde considerandum est de subiecto vitiorum, sive peccatorum.[1]

Et circa hoc quaeruntur decem.

Primo: utrum voluntas possit esse subiectum peccati.

Secundo: utrum voluntas sola sit peccati subiectum.

Tertio: utrum sensualitas possit esse subiectum peccati.

Quarto: utrum possit esse subiectum peccati mortalis.

Quinto: utrum ratio possit esse subiectum peccati.

Sexto: utrum delectatio morosa, vel non morosa, sit in ratione inferiori sicut in subiecto.

Septimo: utrum peccatum consensus in actum sit in superiori ratione sicut in subiecto.

Octavo: utrum ratio inferior possit esse subiectum peccati mortalis.

Nono: utrum ratio superior possit esse subiectum peccati venialis.

Decimo: utrum in ratione superiori possit esse peccatum veniale circa proprium obiectum.

제74문
죄의 주체
(전10절)

다음으로는 악습 곧 죄의 주체에 대해 고찰해야 한다.[1]
이어 대해서는 열 가지 문제가 제기된다.

1. 의지는 죄의 주체가 될 수 있는가?
2. 의지만이 죄의 주체인가?
3. 감각은 죄의 주체가 될 수 있는가?
4. 감각은 사죄의 주체가 될 수 있는가?
5. 이성은 죄의 주체가 될 수 있는가?
6. 지체하는 또는 그렇지 않은 쾌락은 그 주체인 하위 이성 안에 자리하는가?
7. 행위에 동의하는 죄는 그 주체인 상위 이성 안에 자리하는가?
8. 하위 이성은 사죄의 주체가 될 수 있는가?
9. 상위 이성은 소죄의 주체가 될 수 있는가?
10. 상위 이성 안에는 자체의 대상에 대한 소죄가 있을 수 있는가?

---

1. Cf. c.71, Introd.

Articulus 1
Utrum voluntas sit subiectum peccati

Ad primum sic proceditur. Videtur quod voluntas non possit esse subiectum peccati.

1. Dicit enim Dionysius, in 4 cap. *de Div. Nom.*,[1] quod *malum est praeter voluntatem et intentionem*. Sed peccatum habet rationem mali. Ergo peccatum non potest esse in voluntate.

2. Praeterea, voluntas est boni, vel apparentis boni. Ex hoc autem quod voluntas vult bonum, non peccat, hoc autem quod vult apparens bonum quod non est vere bonum, magis pertinere videtur ad defectum virtutis apprehensivae quam ad defectum voluntatis. Ergo peccatum nullo modo est in voluntate.

3. Praeterea, non potest esse idem subiectum peccati, et causa efficiens, quia causa efficiens et materialis non incidunt in idem, ut dicitur in II *Physic.*[2] Sed voluntas est causa efficiens peccati, *prima* enim *causa peccandi est voluntas*, ut Augustinus dicit, in libro *de Duabus Animabus*.[3] Ergo non est subiectum peccati.

SED CONTRA est quod Augustinus dicit, in libro *Retract.*,[4] quod *voluntas est qua peccatur, et recte vivitur*.

---

1. PG 3, 732 C; S. Thomas, lect.22.
2. c.7: 198a24; S. Thomas, lect.11, n.2.

제1절 의지는 죄의 주체가 될 수 있는가?

[반론] 첫째에 대해서는 다음과 같이 진행된다. 의지는 죄의 주체가 될 수 없는 것으로 생각된다.

1. 디오니시우스는 『신명론』 제4장[1]에서, "악은 의지와 지향 밖에 있다."고 말한다. 그런데 죄는 악의 특성을 지니고 있다. 그러므로 죄는 의지 안에 있을 수 없다.

2. 의지는 선 또는 선으로 보이는 것을 향한다. 그런데 의지가 선을 원할 때 의지는 죄를 짓지 않는다. 참된 선이 아닌, 선으로 보이는 것을 원할 때 그것은 의지의 결함에 속한다기보다 인식 능력의 결함에 속하는 것으로 생각된다. 그러므로 죄는 어떤 식으로도 의지 안에 있지 않다.

3. 죄의 주체와 그 작용인은 동일할 수 없다. 『자연학』 제2권[2]에서 말하듯이 작용인과 질료인은 동일할 수 없기 때문이다. 그런데 아우구스티누스가 『두 영혼』[3]에서 말하듯이, '죄의 제일원인은 의지이다.' 그러므로 의지는 죄의 주체가 아니다.

[재반론] 그러나 반대로 아우구스티누스는 『재론고』[4]에서, "죄를 짓거나 올바로 사는 것은 의지를 통해서이다."라고 말한다.

---

3. *De lib. arb.* l.III, c.17, n.49; PL 32, 1295. Cf. *De duabus animabus*, cc.10,11: PL 42, 104-105.
4. l.I, c.9 n.4: PL 32, 596.

RESPONDEO dicendum quod peccatum quidam actus est, sicut supra⁵ dictum est. Actuum autem quidam transeunt in exteriorem materiam, ut urere et secare, et huiusmodi actus habent pro materia et subiecto id in quod transit actio; sicut Philosophus dicit, in III *Physic.*,⁶ quod *motus est actus mobilis a movente*. Quidam vero actus sunt non transeuntes in exteriorem materiam, sed manentes in agente, sicut appetere et cognoscere:⁷ et tales actus sunt omnes actus morales, sive sint actus virtutum, sive peccatorum. Unde oportet quod proprium subiectum actus peccati sit potentia quae est principium actus. Cum autem proprium sit actuum moralium quod sint voluntarii, ut supra⁸ habitum est; sequitur quod voluntas, quae est principium actuum voluntariorum, sive bonorum sive malorum, quae sunt peccata, sit principium peccatorum. Et ideo sequitur quod peccatum sit in voluntate sicut in subiecto.

AD PRIMUM ergo dicendum quod malum dicitur esse praeter voluntatem, quia voluntas non tendit in ipsum sub ratione mali. Sed quia aliquod malum est apparens bonum, ideo voluntas aliquando appetit aliquod malum.⁹ Et secundum hoc peccatum est in voluntate.

AD SECUNDUM dicendum quod si defectus apprehensivae virtutis nullo modo subiaceret voluntati, non esset peccatum nec in voluntate nec in apprehensiva virtute, sicut patet in his

[답변] 위에서[5] 말한 바와 같이 죄는 일종의 행위이다. 그런데 행위들 가운데에서 어떤 행위들은 태우는 것이나 자르는 것과 같이 외부의 질료를 지나면서 이루어진다. 이러한 행위는, 그 작용이 지나가는 그것이 질료이며 주체가 된다. 철학자가 『자연학』 제3권[6]에서 말하듯이 "운동은 움직이게 하는 것에 의한, 움직여지는 것의 현위"이다. 그러나 갈망하는 것이나 아는 것과 같은 행위는 외부의 질료를 지나가지 않으며, 행위자 안에 머문다.[7] 그리고 덕의 행위든 죄의 행위든 모든 윤리적 행위들은 이러한 행위들이다. 따라서 죄의 행위의 고유한 주체는 그 행위의 원리가 되는 그 능력이어야 한다. 그런데 위에서[8] 말한 바와 같이 윤리적 행위들의 고유한 특성은 의지적이라는 것이므로, 선한 것이든 악한 것 곧 죄이든 의지적 행위들의 원리인 의지가 또한 죄의 원리가 된다. 따라서 죄의 주체는 의지라는 결론이 나온다.

[해답] 1. 악이 의지 밖에 있다고 말하는 것은, 의지가 그것이 악이라는 이유로 추구하는 것이 아니기 때문이다. 그러나 어떤 악은 선으로 보이고, 그래서 의지가 때로 어떤 악을 추구하게 된다.[9] 이러한 의미에서 죄는 의지 안에 있다.

2. 인식 능력의 결함이 어떤 식으로도 의지 아래 속해 있지 않다면, 의지에도 인식 능력에도 죄가 없을 것이다. 불가항력적인 무지를

---

5. q.21, a.1; q.71, a.1,6.
6. c.3: 202a13-14; S. Thomas, lect.4, n.7.
7. Cf. q.3, a.2, ad3: q.31, a.5 c.
8. q.1, a.1; q.18, a.6,9.
9. Cf. q.8, a.1, c et ad3.

qui habent ignorantiam invincibilem.[10] Et ideo relinquitur quod etiam defectus apprehensivae virtutis subiacens voluntati, deputetur in peccatum.

AD TERTIUM dicendum quod ratio illa procedit in causis efficientibus quarum actiones transeunt in materiam exteriorem, et quae non movent se, sed alia. Cuius contrarium est in voluntate. Unde ratio non sequitur.

Articulus 2
Utrum sola voluntas sit subiectum peccati

Ad secundum sic proceditur. Videtur quod sola voluntas sit subiectum peccati.

1. Dicit enim Augustinus, in libro de *Duabus Animabus*,[1] quod *non nisi voluntate peccatur.* Sed peccatum est sicut in subiecto in potentia qua peccatur. Ergo sola voluntas est subiectum peccati.

2. Praeterea, peccatum est quoddam malum contra rationem. Sed bonum et malum ad rationem pertinens, est obiectum solius voluntatis. Ergo sola voluntas est subiectum peccati.

3. Praeterea, omne peccatum est actus voluntarius, quia, ut dicit Augustinus, in libro *de Lib. Arb.*,[2] *peccatum adeo est*

---

10. Cf. q.6, a.8; q.76, aa.2-3.

가진 사람의 경우가 그러하다.[10] 그러므로 인식 능력의 결함이 의지 아래 속해 있는 경우라면 그것은 죄로 여겨지게 된다.

3. 이 논거는 그 작용인들의 작용이 외부의 질료를 지나가는 경우, 곧 스스로를 움직이는 것이 아니라 다른 것을 움직이는 경우에 해당한다. 그러나 의지 안에서는 이와 반대로 이루어진다. 그러므로 이 논거는 성립되지 않는다.

제2절 의지만이 죄의 주체인가?

Paral.: II-II, q.10, a.2; *In Sent.*, II, dist.41, q.2, a.2; *De Malo*, q.7, a.6.

[반론] 둘째에 대해서는 다음과 같이 진행된다. 의지만이 죄의 주체인 것으로 생각된다.

1. 아우구스티누스는 『두 영혼』[1]에서, "오직 의지로써만 죄를 짓는다."고 말한다. 그런데 죄는 그것으로써 죄를 짓게 되는 그 능력을 주체로 하여 그 안에 자리한다. 그러므로 의지만이 죄의 주체이다.

2. 죄는 이성이 반대되는 악이다. 그런데 이성에 속하는 선과 악은 의지만의 대상이다. 그러므로 오직 의지만이 죄의 주체이다.

3. 모든 죄는 의지적 행위이다. 아우구스티누스가 『자유의지론』[2]에서 말하듯이 "죄는 참으로 의지적이어서, 의지적이 아니라면 죄가

---

1. c.10, r.14: PL 42 104.
2. *De vera rel.* c.14: PL 32, 133; Cf. *De lib. arb.* l.III, c.18: PL 32, 1295.

voluntarium, quod si non sit voluntarium, non est peccatum. Sed actus aliarum virium non sunt voluntarii nisi inquantum illae vires moventur a voluntate. Hoc autem non sufficit ad hoc quod sint subiectum peccati, quia secundum hoc etiam membra exteriora, quae moventur a voluntate, essent subiectum peccati; quod patet esse falsum. Ergo sola voluntas est subiectum peccati.

SED CONTRA, peccatum virtuti contrariatur. Contraria autem sunt circa idem. Sed aliae etiam vires animae praeter voluntatem, sunt subiecta virtutum, ut supra[3] dictum est. Ergo non sola voluntas est subiectum peccati.

RESPONDEO dicendum quod, sicut ex praedictis[4] patet, omne quod est principium voluntarii actus, est subiectum peccati. Actus autem voluntarii dicuntur non solum illi qui eliciuntur a voluntate, sed etiam illi qui a voluntate imperantur; ut supra[5] dictum est, cum de voluntario ageretur. Unde non sola voluntas potest esse subiectum peccati, sed omnes illae potentiae quae possunt moveri ad suos actus, vel ab eis reprimi, per voluntatem.[6] Et eaedem etiam potentiae sunt subiecta habituum moralium bonorum vel malorum, quia eiusdem est actus et habitus.

---

3. q.56, a.3,4.
4. 앞 절.

아니다." 그런데 다른 능력들의 행위는 그 능력이 의지에 의하여 움직여질 때에만 의지적인 것이다. 이는 이들을 죄의 주체가 되게 하기에 충분한 것은 아니다. 그렇게 된다면 의지에 의하여 움직여지는 외적 지체들 역시 죄의 주체가 될 것인데, 이는 분명 그릇된 것이기 때문이다. 그러므로 의지만이 죄의 주체이다.

[재반론] 그러나 반대로, 죄는 덕에 반대되는데 서로 반대되는 것들은 동일한 것에 관련된다. 그리고 위에서[3] 말한 바와 같이 의지 외에 다른 영혼의 능력들도 덕의 주체가 될 수 있다. 그러므로 의지만이 죄의 주체가 되는 것은 아니다.

[답변] 앞서 말한 데에서[4] 드러나듯이, 의지적 행위의 원리가 되는 모든 것은 죄의 주체가 될 수 있다. 그런데 위에서[5] 의지에 대해 다루면서 말한 바와 같이, 의지적 행위라고 일컬어지는 것에는 의지로부터 야기되는 행위들만이 아니라 의지에 의하여 명해지는 행위들도 포함된다. 그러므로 의지만이 죄의 주체가 될 수 있는 것이 아니라 의지에 의하여 의지의 행위를 하도록 움직여지거나 그러한 행위를 하는 데에서 저지될 수 있는 모든 능력들이 죄의 주체가 될 수 있다.[6] 그리고 그 같은 능력들이 선한 윤리적 습성과 악한 윤리적 습성 모두의 주체가 된다. 행위와 습성은 같은 주체에 속하기 때문이다.

---

5. q.6, a.4.
6. Cf. q.17.

AD PRIMUM ergo dicendum quod non peccatur nisi voluntate sicut primo movente, aliis autem potentiis peccatur sicut ab ea motis.

AD SECUNDUM dicendum quod bonum et malum pertinent ad voluntatem sicut per se obiecta ipsius:[7] sed aliae potentiae habent aliquod determinatum bonum et malum, ratione cuius potest in eis esse et virtus et vitium et peccatum, secundum quod participant voluntate et ratione.

AD TERTIUM dicendum quod membra corporis non sunt principia actuum, sed solum organa, unde et comparantur ad animam moventem sicut servus, qui agitur et non agit.[8] Potentiae autem appetitivae interiores comparantur ad rationem quasi liberae, quia agunt quodammodo et aguntur,[9] ut patet per id quod dicitur I *Polit.*[10] — Et praeterea actus exteriorum membrorum sunt actiones in exteriorem materiam transeuntes, sicut patet de percussione in peccato homicidii. Et propter hoc non est similis ratio.

Articulus 3
Utrum in sensualitate possit esse peccatum

Ad tertium sic proceditur. Videtur quod in sensualitate[1] non possit esse peccatum.

[해답] 1. 의지가 첫 번째 운동자가 되지 않고서는 죄가 이루어지지 않지만, 의지에 의하여 움직여진 다른 능력들로도 죄를 지을 수 있다.

2. 선과 악은 의지의 고유한 대상으로서 의지에 관련된다.[7] 그러나 다른 능력들은 특정한 선 또는 악을 대상으로 하고, 이러한 이유로 그들은 의지와 이성에 참여한다는 점에서 덕과 악습과 죄의 주체가 될 수 있다.

3. 육체의 지체들은 행위의 기원이 아니며 오직 그 기관일 뿐이다. 따라서 육체를 움직이는 영혼에 비하여 육체는 스스로 움직이지 않고 움직여지기만 하는 종과 같다.[8] 그러나 내적인 욕구의 능력들은 이성에 대하여 마치 자유인과 같다. 『정치학』 제1권[9]에서 말하는 데에서 알 수 있듯이 스스로 움직이고 또 움직여지기도 하기 때문이다.[10]—살인죄의 타격에서 알 수 있듯이, 외적 지체들의 행위는 외부의 질료에 도달한다. 그러므로 비교는 성립되지 않는다.

제3절 감각은 죄의 주체가 될 수 있는가?

Parall.: *In Sent.*, II, dist.24, q.3, a.2; *De Veritate*, q.25, a.5; *De Malo*, q.7, a.6; *Quodlib*. IV, q.11, a.1.

Doctr. Eccl.: "누가 세례 때에 주어지는 우리 주 예수 그리스도의 은총을 통하여 원죄의 죄책이 사해진다는 것을 부인하거나, 참되고 고유한 죄의 특성을 지닌 모든

---

7. Cf. q.8, a.1.
8. Cf. q.7, a.9; I, q.81, a.3, ad2.
9. c.5: 1254b4-9; S. Thomas, lect.3.
10. Cf. q.17, a.7; I, q 81, a.3, ad2.

1. Peccatum enim est proprium homini, qui ex suis actibus laudatur vel vituperatur. Sed sensualitas est communis nobis et brutis. Ergo in sensualitate non potest esse peccatum.

2. Praeterea, *nullus peccat in eo quod vitare non potest*; sicut Augustinus dicit, in libro *de Lib. Arb.*[2] Sed homo non potest vitare quin actus sensualitatis sit inordinatus, est enim sensualitas perpetuae corruptionis, quandiu in hac mortali vita vivimus; unde et per serpentem significatur, ut Augustinus dicit, XII *de Trin.*[3] Ergo inordinatio motus sensualitatis non est peccatum.

3. Praeterea, illud quod homo ipse non facit, non imputatur ei ad peccatum. Sed *hoc solum videmur nos ipsi facere, quod cum deliberatione rationis facimus*; ut Philosophus dicit, in IX *Ethic.*[4] Ergo motus sensualitatis qui est sine deliberatione rationis, non imputatur homini ad peccatum.

SED CONTRA est quod dicitur *Rom.* 7, [15]: *Non enim quod volo bonum, hoc ago; sed quod odi malum, illud facio*, quod exponit Augustinus[5] de malo concupiscentiae, quam constat esse motum quendam sensualitatis. Ergo in sensualitate est aliquod peccatum.

---

1. 또는 감각적 욕구. I, q.81, aa.1-2.

것이 제거되는 것이 아니라 다만 벗겨지거나 책임을 묻지 않게 되는 것이라고 주장한다면, 그는 파문되어야 한다. 새로 태어난 이들에게서 하느님은 아무것도 미워하지 않으시는데, 이는 '세례를 통하여 죽고 그리스도와 함께 묻힌'(로마 6,4) 이들은 '단죄를 받을 일이 없기' 때문이다.(로마 8,1) 그들은 '육을 따라 살지 않고'(로마 8,1[역주. 우리말 성경은 8,4]) 낡은 인간을 벗어버리고 하느님을 따라 창조된 새 인간을 입은 이들은 무죄하고 흠 없고 순수하고 티 없는 이들이 되고 하느님의 사랑하는 자녀들(에페 4,22 이하; 콜로 3,9-10), '하느님의 상속자이며 그리스도와 더불어 공동 상속자'(로마 8,17)가 되어 아무것도 그들이 하늘나라에 들어가는 것을 가로막지 않는다. 그러나 세례 받은 이들 안에 욕망 내지 불씨가 남아 있다는 것을 본 거룩한 공의회는 고백하고 인정한다. 이것은 인간이 맞서 싸우도록 남겨진 것이므로, 이에 동의하지 않고 예수 그리스도의 은총으로 용감하게 맞서는 이들에게는 해를 입힐 수 없다. 오히려 '규칙대로 경기를 하는 사람은 승리의 화관을 얻을 것이다.'(2티모 2,5 참조) 가톨릭교회는 사도가 때로 '죄'라고 부르는(로마 6,12 이하) 이 욕망이 세례 받은 이들 안에서 참되고 고유한 의미로 그것이 죄이기 때문에 죄라고 불린다고 이해한 일이 없으며, 그것이 죄에서 유래하고 죄로 기울기 때문에 그렇게 불린다고 이해한다고 본 거룩한 공의회는 선언한다. 누가 그와 반대로 생각한다면, 그는 파문되어야 한다."(트리엔트공의회, 제5차 회기, 법규 5), DS 792[= DH 1515]—성 비오 5세에 의하여 단죄된(1567년) 미카엘 바유스의 명제들 가운데 다음과 같은 것들이 있다. "46. 의지적이라는 것은 죄의 본질과 정의에 속하지 않는다. 그러므로 모든 죄가 반드시 의지적이어야 하는가 하는 질문은 죄의 정의에 관한 것이 아니라 죄의 원인과 기원에 관한 것이다. 50. 이성이 동의하지 않으며 인간이 자신의 의지를 거슬러 겪게 되는 악한 욕망은 '탐내서는 안 된다.'(탈출 20,17)는 계명에 의하여 금지된다. 51. 인간이 자신의 의지를 거슬러 겪게 되는 욕망 도는 지체들의 법, 그리고 그 악한 욕망은 법에 대한 참된 불순종이다. 74. 새로 태어나고 나서 다시 대죄에 떨어졌으며 그들 안에서 욕당이 지배하고 있는 사람들에게서, 욕망은 다른 악습들과 마찬가지로 죄이다. 75. 악습에 물든 인간의 상태를 고려하여, 욕망의 악한 충동은 '탐내서는 안 된다.'(탈출 20,17)는 계명에 의하여 금지된다. 그러므로 그 충동을 느끼는 사람은 거기에 동의하지 않더라도 '탐내서는 안 된다.'는 계명을 범하는 것이다. 그것이 죄로 여겨지지 않더라도 그러하다."; DS 1046, 1050, 1051, 1074, 1075[= DH 1946, 1950, 1951, 1974, 1975].

[반론] 셋째에 대해서는 다음과 같이 진행된다. 죄는 감각[1] 안에 있을 수 없는 것으로 생각된다.

1. 죄는 자신의 행위로 인하여 칭찬을 받거나 비난을 받는 인간에

q.74, a.3

RESPONDEO dicendum quod, sicut supra[6] dictum est, peccatum potest inveniri in qualibet potentia cuius actus potest esse voluntarius et inordinatus, in quo consistit ratio peccati. Manifestum est autem quod actus sensualitatis potest esse voluntarius, inquantum sensualitas, idest appetitus sensitivus, nata est a voluntate moveri.[7] Unde relinquitur quod in sensualitate possit esse peccatum.

AD PRIMUM ergo dicendum quod aliquae vires sensitivae partis, etsi sint communes nobis et brutis, tamen in nobis habent aliquam excellentiam ex hoc quod rationi iunguntur, sicut nos, prae aliis animalibus, habemus in parte sensitiva cogitativam et reminiscentiam, ut in Primo[8] dictum est. Et per hunc modum etiam appetitus sensitivus in nobis prae aliis animalibus habet quandam excellentiam, scilicet quod natus est obedire rationi. Et quantum ad hoc, potest esse principium actus voluntarii; et per consequens subiectum peccati.[9]

---

2. l.III, c.18, n.50; PL 32, 1295.
3. cc.12,13: PL 42, 1007-1009.-O. Lottin O.S.B., *La doctrine morale des mouvements premiers de l'appétit sensitif aux XIIème et XIIIème siècles*, in *Archives d'histoire doctrinale et littéraire du moyen âge*, t. VI(1931), p.49.
4. c.8: 1168b35-1169a1; S. Thomas, lect.9, n.1871.
5. *Sermones ad Populum* 30, al *de Verbis Apost.* 12, cc.2,3: PL 38, 188,189; *Contra Iulianum*, l.III, c.26: PL 44, 733.
6. 앞 절.
7. Cf. q.17, a.7; I, q.81, a.3.

게 고유한 것이다. 그런데 감각은 우리와 짐승들에게 공통된 것이다. 그러므로 감각 안에는 죄가 있을 수 없다.

2. 아우구스티누스가 『자유의지론』²에서 말하듯이, "피할 수 없는 것에서는 아무도 죄를 지을 수 없다." 그런데 인간은 감각의 행위들이 무질서하게 되는 것을 피할 수 없다. 우리가 이 사멸할 삶을 사는 동안 감각은 끊임없이 부패하기에, 아우구스티누스는 『삼위일체론』 제12권³에서 감각을 뱀으로 나타낸다. 그러므로 감각의 무질서한 충동은 죄가 아니다.

3. 자신이 하지 않은 것에 대해 죄책을 지울 수는 없다. 그런데 철학자가 『니코마코스 윤리학』 제9권⁴에서 말하듯이, "우리가 이성의 숙고로 행하는 것만이 우리 자신이 행하는 것으로 간주된다." 그러므로 이성의 숙고 없이 일어나는 감각의 움직임은 인간에게 죄로 여겨지지 않는다.

[재반론] 그러나 반대로 로마서 7장 [15절]에서는 "나는 내가 바라는 선을 하지 않고 오히려 내가 싫어하는 악을 합니다."라고 말한다. 아우구스티누스는⁵ 이것을 욕망의 악에 대한 것으로 보는데, 욕망은 분명 감각의 움직임이다. 그러므로 어떤 죄는 감각 안에 있다.

[답변] 위에서⁶ 말한 바와 같이, 죄는 그 행위가 의지적이고 무질서할 수 있는 모든 능력 안에 있을 수 있다. 의지적이고 무질서한 행위라는 것이 죄의 특성이다. 그런데 감각의 행위들이 의지적일 수 있다는 것은 명백하다. 감각 곧 감각적 욕구는 의지에 의하여 움직여지도록 만들어진 것이기 때문이다.⁷ 그러므로 죄는 감각 안에 있을 수 있다.

AD SECUNDUM dicendum quod perpetua corruptio sensualitatis est intelligenda quantum ad fomitem, qui nunquam totaliter tollitur in hac vita, transit enim peccatum originale reatu, et remanet actu. Sed talis corruptio fomitis non impedit quin homo rationabili voluntate possit reprimere singulos motus inordinatos sensualitatis, si praesentiat, puta divertendo cogitationem ad alia. Sed dum homo ad aliud cogitationem divertit, potest etiam circa illud aliquis inordinatus motus insurgere, sicut cum aliquis transfert cogitationem suam a delectabilibus carnis, volens concupiscentiae motus vitare, ad speculationem scientiae, insurgit quandoque aliquis motus inanis gloriae impraemeditatus. Et ideo non potest homo vitare omnes huiusmodi motus, propter corruptionem praedictam, sed hoc solum sufficit ad rationem peccati voluntarii, quod possit vitare singulos.[10]

AD TERTIUM dicendum quod illud quod homo facit sine deliberatione rationis, non perfecte ipse facit, quia nihil operatur ibi id quod est principale in homine. Unde non est perfecte actus humanus. Et per consequens non potest esse perfecte actus virtutis vel peccati, sed aliquid imperfectum in genere

---

8. q.78, a.4.
9. Cf. q.24, a.1 c et ad1.
10. Cf. q.109, a.8 c.
11. Cf. q.1, a.1 c.

[해답] 1. 어떤 감각적 부분의 능력들이 우리와 짐승들에게 공통되기는 하지만, 우리 안에서 이들은 이성과 연결되어 있다는 점에서 더 우월하다. 제1부[8]에서 말한 바와 같이, 예를 들어 우리는 다른 동물들과 달리 감각적 부분 안에 인식과 기억의 능력을 지니고 있다. 이렇기 하여 우리 안에서는 감각적 욕구도 다른 동물들에서와 달리 어떤 우위를 지니고 있는데, 이는 그것이 이성에 순종한다는 점에서이다. 이 점에서 감각적 욕구는 의지적 행위의 원리가 될 수 있고, 따라서 죄의 주체가 될 수 있다.[9]

2. 감각이 끊임없이 부패한다는 것은 도화선에 관한 것으로 이해해야 하는데, 현세의 삶에서 그것은 결코 완전히 제거되지는 않는다. 원죄는 죄책으로서는 사라지지만 행위로서는 남아 있기 때문이다. 그러나 이와 같은 도화선의 부패는, 개별적인 감각의 무질서한 움직임이 일어날 때에 인간이 이성적인 의지로써, 예를 들어 다른 데로 생각을 돌림으로써 그것을 억제하는 것을 가로막지 않는다. 하지만 인간이 다른 데로 생각을 돌릴 때에는 그 다른 것에 관련하여 어떤 무질서한 움직임이 일어날 수 있다. 예를 들어 어떤 사람이 욕망의 움직임을 피하고자 자신의 생각을 육적인 쾌락으로부터 학문적 사변으로 돌릴 때, 그는 갑자기 허영의 움직임을 느낄 수 있다. 따라서 인간은 앞서 말한 부패로 인하여 모든 움직임을 다 피할 수는 없다. 하지만 개별적인 움직임들을 피할 수 있다는 것만으로도, 이들이 의지적인 죄가 되기에 충분하다.[10]

3. 인간이 이성의 숙고 없이 하는 일들은 완전히 그가 하는 일이 아니다. 인간에게서 주된 부분이 거기서 아무것도 하지 않기 때문이다. 따라서 그것은 완전한 의미에서 인간적 행위가 아니다.[11] 그러므

horum. Unde talis motus sensualitatis rationem praeveniens, est peccatum veniale,[11] quod est quiddam imperfectum in genere peccati.

Articulus 4
Utrum in sensualitate possit esse peccatum mortale

Ad quartum sic proceditur. Videtur quod in sensualitate possit esse peccatum mortale.

1. Actus enim ex obiecto cognoscitur. Sed circa obiecta sensualitatis contingit peccare mortaliter, sicut circa delectabilia carnis. Ergo actus sensualitatis potest esse peccatum mortale. Et ita in sensualitate peccatum mortale invenitur.

2. Praeterea, peccatum mortale contrariatur virtuti. Sed virtus potest esse in sensualitate, *temperantia enim et fortitudo sunt virtutes irrationabilium partium*, ut Philosophus dicit, in III *Ethic.*[1] Ergo in sensualitate potest esse peccatum mortale, cum contraria sint nata fieri circa idem.

3. Praeterea, veniale peccatum est dispositio ad mortale. Sed dispositio et habitus sunt in eodem. Cum igitur veniale peccatum sit in sensualitate, ut dictum est;[2] etiam mortale peccatum esse poterit in eadem.

---
12. Cf. III, q.41, a.1, ad3.

로 그것은 완전한 의미에서 덕 또는 죄의 행위가 될 수 없으며, 그 유에서 어떤 점이 불완전하다. 따라서 이성에 선행하는 그러한 감각의 움직임은 죄의 유 안에서 어떤 점이 불완전한 소죄가 된다.[12]

제4절 감각은 사죄의 주체가 될 수 있는가?

Parall.: *In Sent.*, II, dist.24, q.3, a.2. ad3; *De veritate*, q.25, a.5; *De Malo*, q7, a.6; *Quodlib*. IV, q.11, a.1.

[반론] 넷째에 대해서는 다음과 같이 진행된다. 감각 안에는 사죄가 있을 수 있는 것으로 생각된다.

1. 행위는 그 대상으로부터 인식된다. 그런데 감각의 대상에 대해서 육의 쾌락과 같은 사죄를 지을 수 있다. 그러므로 감각의 행위는 사죄가 될 수 있고, 감각 안에 사죄가 있을 수 있다.

2. 사죄는 덕에 반대된다. 그런데 덕은 감각 안에 있을 수 있다. 철학자가 『니코마코스 윤리학』 제3권[1]에서 말하듯이 '절제와 용기는 이성적이지 않은 부분의 덕들이다.' 그러므로 감각 안에 사죄가 있을 수 있다. 반대되는 것들은 같은 것에 연관되기 때문이다.

3. 소죄는 대죄를 향해 있는 상태이다. 그런데 상태와 습성은 같은 것 안에 있다. 그리고 앞서[2] 말한 바와 같이 소죄가 감각 안에 있으므로, 대죄도 같은 감각 안에 있을 수 있다.

---

1. c.13: 1117b23-24; S. Thomas, lect.19, nn.595-597.
2. 앞 절. ad3.

q.74, a.4

SED CONTRA est quod Augustinus dicit, in libro *Retract.*,[3] et habetur in Glossa[4] *Rom.* 7, [14]: *Inordinatus concupiscentiae motus* (qui est peccatum sensualitatis) *potest etiam esse in his qui sunt in gratia*: in quibus tamen peccatum mortale non invenitur. Ergo inordinatus motus sensualitatis non est peccatum mortale.

RESPONDEO dicendum quod, sicut inordinatio corrumpens principium vitae corporalis, causat corporalem mortem; ita etiam inordinatio corrumpens principium spiritualis vitae, quod est finis ultimus, causat mortem spiritualem peccati mortalis, ut supra[5] dictum est. Ordinare autem aliquid in finem non est sensualitatis, sed solum rationis. Inordinatio autem a fine non est nisi eius cuius est ordinare in finem. Unde peccatum mortale non potest esse in sensualitate, sed solum in ratione.[6]

AD PRIMUM ergo dicendum quod actus sensualitatis potest concurrere ad peccatum mortale, sed tamen actus peccati mortalis non habet quod sit peccatum mortale, ex eo quod est sensualitatis; sed ex eo quod est rationis, cuius est ordinare in finem. Et ideo peccatum mortale non attribuitur sensualitati, sed rationi.

AD SECUNDUM dicendum quod etiam actus virtutis non

---

3. l.I, c.23, n.1: PL 32, 621.
4. Ordin.: PL 114, 492 C; Lombardus, PL 191, 1421 C.

[재반론] 그러나 반대로 아우구스티누스는 『재론고』³에서 그리고 로마서 7장 [14절]에 대한 『주해』⁴에서 "욕망의 무질서한 움직임은 (그것이 감각의 죄이다) 은총 안에 있는 이들에게도 있을 수 있다."고 말한다. 그런데 그들에게는 사죄가 있을 수 없다. 그러므로 감각의 무질서한 움직임은 사죄가 아니다.

[답변] 위에서⁵ 말한 바와 같이, 육체의 생명의 원리를 무너뜨리는 무질서가 육체적인 죽음의 원인이 되듯이, 영적인 생명의 원리 곧 최종 목적을 무너뜨리는 무질서는 사죄라는 영적인 죽음의 원인이 된다. 그런데 어떤 것을 목적을 향하게 하는 것은 감각이 아니라 오직 이성에 속한다. 그리고 목적으로부터 벗어나는 무질서를 일으키는 것은 오직 목적을 향해 질서 짓는 그것에만 속한다. 그러므로 사죄는 감각 안에 있을 수 없고 오직 이성 안에 있다.⁶

[해답] 1. 감각의 행위는 사죄와 함께 일어날 수 있지만, 사죄의 행위가 사죄가 되는 것은 그것이 감각에 속한다는 데에서 나오는 것이 아니라 목적을 향하여 질서 짓는 것인 이성에 속한다는 데에서 나온다. 그러므로 사죄는 감각에 귀속되지 않고 이성에 귀속된다.

2. 덕의 행위 역시 감각에 속한다는 데에서 완성되지 않고 오히려 선택하는 역할을 하는 이성과 의지에 속하는 데에서 완성된다. 실상

---

5. q.72, a.5.
6. Cf. q 89, a.5.

perficitur per id quod est sensualitatis tantum, sed magis per id quod est rationis et voluntatis, cuius est eligere, nam actus virtutis moralis non est sine electione. Unde semper cum actu virtutis moralis, quae perficit vim appetitivam, est etiam actus prudentiae, quae perficit vim rationalem.[7] Et idem est etiam de peccato mortali, sicut dictum est.[8]

AD TERTIUM dicendum quod dispositio tripliciter se habet ad id ad quod disponit. Quandoque enim est idem et in eodem, sicut scientia inchoata dicitur esse dispositio ad scientiam perfectam.[9] Quandoque autem est in eodem, sed non idem, sicut calor est dispositio ad formam ignis.[10] Quandoque vero nec idem nec in eodem, sicut in his quae habent ordinem ad invicem ut ex uno perveniatur in aliud, sicut bonitas imaginationis est dispositio ad scientiam, quae est in intellectu.[11] Et hoc modo veniale peccatum, quod est in sensualitate, potest esse dispositio ad peccatum mortale, quod est in ratione.[12]

---

7. Cf. q.65, a.1.
8. In resp. ad1.
9. Cf. q.49, a.2, ad3; q.88, a.4, ad4.

선택 없이는 윤리덕의 행위가 없다. 그러므로 욕구 능력을 완전하게 하는 윤리덕의 행위에는 언제나 이성적 능력을 완전하게 하는 현명의 행위가 함께 있다.[7] 그리고 앞서[8] 말한 바와 같이 사려에 대해서도 이와 마찬가지이다.

3. 상태(dispositio)는 그것이 준비하는 것에 대해 세 가지로 관련될 수 있다. 때로는 그것과 동일하여, 같은 것 안에 있을 수 있다. 예를 들어 처음 시작된 지식은 이러한 방식으로 완전한 지식을 향한 상태라고 일컬어진다.[9] 때로는, 그것과 동일하지는 않으면서 같은 것 안에 있을 수 있다. 예를 들어 열기는 이러한 방식으로 불의 형상에 대한 상태가 된다.[10] 그러나 때로는 그것과 동일하지도 않고 같은 것 안에 있지도 않을 수 있다. 예를 들어 상상의 선함이 지성 안에서 지식을 향한 상태가 될 때와 같이, 하나를 통하여 다른 하나에 도달하게 되는, 하나가 다른 것에 종속된 것들의 경우가 그러하다.[11] 감각 안에 있는 소죄는 이러한 방식으로 이성 안에 있는 사려를 향한 상태가 될 수 있다.[12]

---

10. Cf. III, q.7, a.13 ad2; q.9, a.3, ad2.
11. Cf. I, q.85, a.8.
12. Cf. q.88, a.3.

Articulus 5
Utrum peccatum possit esse in ratione

Ad quintum sic proceditur. Videtur quod peccatum non possit esse in ratione.

1. Cuiuslibet enim potentiae peccatum est aliquis defectus ipsius. Sed defectus rationis non est peccatum, sed magis excusat peccatum, excusatur enim aliquis a peccato propter ignorantiam. Ergo in ratione non potest esse peccatum.

2. Praeterea, primum subiectum peccati est voluntas, ut dictum est.[1] Sed ratio praecedit voluntatem, cum sit directiva ipsius. Ergo peccatum esse non potest in ratione.

3. Praeterea, non potest esse peccatum nisi circa ea quae sunt in nobis. Sed perfectio et defectus rationis non est eorum quae sunt in nobis, quidam enim sunt naturaliter ratione deficientes, vel ratione solertes. Ergo in ratione non est peccatum.

SED CONTRA est quod Augustinus dicit, in libro XII *de Trin.*,[2] quod peccatum est in ratione inferiori et in ratione superiori.[3]

RESPONDEO dicendum quod peccatum cuiuslibet potentiae consistit in actu ipsius, sicut ex dictis[4] patet. Habet autem ratio

---
1. Art.1.
2. c.12: PL 42, 1008.

제5절 죄는 이성 안에 있을 수 있는가?

Parall.: *In Sent.*. II, dist.24, q.3, a.3.

[반론] 다섯째에 대해서는 다음과 같이 진행된다. 죄는 이성 안에 있을 수 없는 것으로 생각된다.

1. 어떤 능력에서든지 죄는 그 능력의 어떤 결함에 있다. 그러나 이성의 결함은 죄가 아니며 오히려 죄를 면하게 한다. 무지로 인하여 죄를 면하게 되는 것이다. 그러므로 이성에는 죄가 있을 수 없다.

2. 앞서[1] 말한 바와 같이 죄의 첫 번째 주체는 의지이다. 그런데 이성은 의지를 선행하며 의지에 방향을 제시한다. 그러므로 죄는 이성 안에 있을 수 없다.

3. 우리에게 달려 있는 것에 대해서만 죄가 있을 수 있다. 그런데 이성의 완전성이나 결함은 우리에게 달려 있는 것이 아니다. 어떤 이들은 본성적으로 이성에 결함이 있고, 어떤 이들은 본성적으로 영리하기 때문이다. 그러므로 이성에는 죄가 있을 수 없다.

[재반론] 그러나 반대로 아우구스티누스는 『삼위일체론』 제12권[2]에서, 죄는 하위 이성에도 있고 상위 이성에도 있다고 말한다.[3]

[답변] 앞서[4] 말한 데에서 드러나듯이, 어떤 능력의 죄는 그 능력 자체의 행위에 있다. 그런데 이성에는 두 가지 행위가 있다. 그 한 가지

---

3. 이러한 두 가지 이성에 관하여, Cf. I, q.79, a.9.
4. aa.1,2,3.

duplicem actum, unum quidem secundum se, in comparatione ad proprium obiectum, quod est cognoscere aliquod verum; alius autem actus rationis est inquantum est directiva aliarum virium.⁵ Utroque igitur modo contingit esse peccatum in ratione. Et primo quidem, inquantum errat in cognitione veri, quod quidem tunc imputatur ei ad peccatum, quando habet ignorantiam vel errorem circa id quod potest et debet scire.⁶ Secundo, quando inordinatos actus inferiorum virium vel imperat, vel etiam post deliberationem non coercet.

AD PRIMUM ergo dicendum quod ratio illa procedit de defectu rationis qui pertinet ad actum proprium respectu proprii obiecti, et hoc quando est defectus cognitionis eius quod quis non potest scire. Tunc enim talis defectus rationis non est peccatum, sed excusat a peccato, sicut patet in his quae per furiosos committuntur.⁷ Si vero sit defectus rationis circa id quod homo potest et debet scire, non omnino homo excusatur a peccato, sed ipse defectus imputatur ei ad peccatum.⁸—Defectus autem qui est solum in dirigendo alias vires, semper imputatur ei ad peccatum, quia huic defectui occurrere potest per proprium actum.

AD SECUNDUM dicendum quod, sicut supra⁹ dictum est, cum de actibus voluntatis et rationis ageretur, voluntas quodammodo movet et praecedit rationem, et ratio quodammodo voluntatem,

는 그 자체에 따른, 곧 자체의 고유한 대상에 대한 것인데, 이는 참된 것을 아는 것이다. 이성의 다른 한 가지 행위는 다른 능력들을 지도하는 것이다.[5] 죄는 그 두 가지 방법 모두로 이성 안에 있을 수 있다. 그 첫째는, 참된 것을 인식하는 데에서 오류를 범하는 경우이다. 이것이 죄책이 되는 경우는, 알 수 있고 알아야 하는 것에 대해서 무지 또는 오류를 범할 때이다.[6] 둘째는 하위의 능력에 무질서한 행위를 명하거나, 숙고한 후에 이를 저지하지 않을 경우이다.

[해답] 1. 이 논거는 자체의 고유한 대상에 대한 이성의 고유한 행위에 속하는 이성의 결함에 해당하며, 어떤 사람이 알 수 없는 것에 대한 인식의 결함에 관한 것이다. 이성의 이러한 결함은 죄가 아니며 죄를 면하게 한다. 이는 미친 사람의 행위에서 분명히 드러난다.[7] 그러나 이성의 결함이 어떤 사람이 알 수 있고 알아야 하는 것에 대한 것이라면, 그 결함은 죄를 면하게 하지 않으며 결함이 그에게 죄로 여겨진다.[8] ─ 다른 능력들을 지도하는 데에만 속하는 결함은 언제나 이성의 죄로 여겨진다. 이성은 언제나 자체의 행위를 통하여 이 결함들을 바로잡을 수 있기 때문이다.

2. 의지의 행위와 이성의 행위의 관계를 다루면서 위에서[9] 말한 바와 같이, 어떤 식으로는 의지가 이성을 움직이며 이성에 선행하고 또 어떤 식으로는 이성이 의지를 움직이고 의지에 선행한다. 그러므로

---

5. 이 행위는 명령이다. 이에 대해서는 q.17, a.1을 보라.
6. Cf. q.6, a.8; q.76, aa.2-3.
7. Cf. q.76, a.3.
8. Cf. ibid.
9. q.17, a.1.

unde et motus voluntatis dici potest rationalis, et actus rationis potest dici voluntarius. Et secundum hoc in ratione invenitur peccatum, vel prout est defectus eius voluntarius, vel prout actus rationis est principium actus voluntatis.

AD TERTIUM patet responsio ex dictis.[10]

Articulus 6
Utrum peccatum morosae delectationis sit in ratione

Ad sextum sic proceditur. Videtur quod peccatum morosae delectationis non sit in ratione.

1. Delectatio enim importat motum appetitivae virtutis, ut supra[1] dictum est. Sed vis appetitiva distinguitur a ratione, quae est vis apprehensiva. Ergo delectatio morosa non est in ratione.

2. Praeterea, ex obiectis cognosci potest ad quam potentiam actus pertineat, per quem potentia ordinatur ad obiectum. Sed quandoque est delectatio morosa circa bona sensibilia, et non circa bona rationis. Ergo peccatum delectationis morosae non est in ratione.

3. Praeterea, morosum dicitur aliquid propter diuturnitatem temporis. Sed diuturnitas temporis non est ratio quod aliquis actus pertineat ad aliquam potentiam. Ergo delectatio morosa

---

10. ad1.

의지의 움직임은 이성적이라고 말할 수 있고, 이성의 행위는 의지적이라고 말할 수 있다. 이에 따라 이성에 죄가 있게 되는데, 이는 그 결함이 의지적인 것이기 때문이거나 이성의 행위가 의지의 행위의 원리이기 때문이다.

3. 셋째에 대해서는 앞서 말한 데에서[16] 대답이 분명하게 드러난다.

제6절 지체하는 쾌락의 죄는 이성 안에 자리하는가?

Parall.: *In Sent.*, II, dist.24, q.3, a.1.

[반론] 여섯째에 대해서는 다음과 같이 진행된다. 지체하는 쾌락의 죄는 이성 안에 있지 않은 것으로 생각된다.

1. 위에서[1] 말한 바와 같이 쾌락은 욕구적 능력의 움직임이다. 그런데 욕구적 능력은 이해 능력인 이성과 구별된다. 그러므로 지체하는 쾌락은 이성 안에 있지 않다.

2. 한 행위가 어떤 능력에 속하는 것인지는 그 대상으로부터 알 수 있다. 능력은 그 행위를 통하여 대상을 향하게 되는 것이기 때문이다. 그런데 때로 지체하는 쾌락은 이성의 선이 아니라 감각적 선에 관련된다. 그러므로 지체하는 쾌락의 죄는 이성 안에 있지 않다.

3. 어떤 것이 지체한다고 일컬어지는 것은 시간적으로 지속되기 때문이다. 그런데 시간적 지속은 어떤 행위가 어떤 능력에 속하기 위한 충분한 이유가 되지 않는다. 그러므로 지체하는 쾌락은 이성에 속하

---

1. q.31, a 1.

non pertinet ad rationem.

SED CONTRA est quod Augustinus dicit, XII *de Trin.*,[2] quod *consensus illecebrae si sola cogitationis delectatione contentus est, sic habendum existimo velut cibum vetitum mulier sola comederit.* Per mulierem autem intelligitur ratio inferior,[3] sicut ibidem ipse exponit. Ergo peccatum morosae delectationis est in ratione.

RESPONDEO dicendum quod, sicut iam[4] dictum est, peccatum contingit esse in ratione quandoque quidem inquantum est directiva humanorum actuum. Manifestum est autem quod ratio non solum est directiva exteriorum actuum, sed etiam interiorum passionum. Et ideo quando deficit ratio in directione interiorum passionum, dicitur esse peccatum in ratione, sicut etiam quando deficit in directione exteriorum actuum. Deficit autem in directione passionum interiorum dupliciter. Uno modo, quando imperat illicitas passiones, sicut quando homo ex deliberatione provocat sibi motum irae vel concupiscentiae. Alio modo, quando non reprimit illicitum passionis motum, sicut cum aliquis, postquam deliberavit quod motus passionis insurgens est inordinatus, nihilominus circa ipsum immoratur, et ipsum non expellit.[5] Et secundum hoc dicitur peccatum delectationis morosae esse in ratione.

지 않는다.

[재반론] 그러나 반대로 아우구스티누스는 『삼위일체론』 제12권[2]에서, "유혹에 대한 동의가 쾌락에 대한 생각에만 머물러 있다면, 나는 그것은 여인만이 금지된 음식을 먹은 것과 같다고 본다."고 말한다. 그 자신이 설명하듯이 여기서 여인은 하위 이성을 뜻한다.[3] 그러므로 지체하는 쾌락은 이성 안에 있다.

[답변] 이미[4] 말한 바와 같이 죄는 인간적 행위들을 지도할 때에도 이성 안에 있게 된다. 그런데 이성이 외적 행위만이 아니라 내적인 정념들도 지도한다는 것은 명백하다. 따라서 이성이 내적인 정념들을 지도하는 데에서 결함이 있을 때에는, 외적 행위들을 지도하는 데에서 결함이 있을 때와 마찬가지로, 이성 안에 죄가 있다고 일컬어진다. 그런데 내적인 정념을 지도하는 데에서의 결함은 두 가지로 일어날 수 있다. 그 첫째는 불법적인 정념들을 명령할 때이다. 예를 들어 어떤 사람이 의도적으로 자신에게 분노나 욕강의 움직임을 불러일으킬 때가 그러하다. 둘째는 불법적인 정념의 움직임들을 저지하지 않을 때이다. 예를 들어 어떤 사람이 자신에게서 일어나는 정념이 무질서한 것임을 성찰하고 나서도 거기에 머물며 그것을 제거하지 않을 때가 그러하다.[5] 이러한 경우에 지체하는 쾌락의 죄는 이성 안에 있다고 일컬어진다.

---

2. c.12: PL 42, 1007-1008.
3. Cf. I, q.79, a.9.
4. 앞 절.
5. Cf. q.24, a.1 c.

AD PRIMUM ergo dicendum quod delectatio quidem est in vi appetitiva sicut in proximo principio, sed in ratione est sicut in primo motivo, secundum hoc quod supra[6] dictum est, quod actiones quae non transeunt in exteriorem materiam, sunt sicut in subiecto in suis principiis.

AD SECUNDUM dicendum quod ratio actum proprium illicitum habet circa proprium obiectum, sed directionem habet circa omnia obiecta inferiorum virium quae per rationem dirigi possunt. Et secundum hoc etiam delectatio circa sensibilia obiecta pertinet ad rationem.

AD TERTIUM dicendum quod delectatio dicitur morosa non ex mora temporis; sed ex eo quod ratio deliberans circa eam immoratur,[7] nec tamen eam repellit, *tenens et volvens libenter quae statim ut attigerunt animum, respui debuerunt,* ut Augustinus dicit, XII *de Trin.*[8]

Articulus 7
Utrum peccatum consensus in actum sit in ratione superiori

Ad septimum sic proceditur. Videtur quod peccatum consensus in actum non sit in ratione superiori.[1]

---

6. Art.1.

[해답] 1. 쾌락의 가장 가까운 기원은 욕구적 능력 안에 있지만, 그 첫 동인은 이성 안에 있다. 위에서[6] 말한 바에 따라, 외부의 질료를 대상으로 하지 않는 작용은 그 원리를 주체로 하여 그 안에 머문다.

2. 이성은 자체의 고유한 대상에 대하여 고유한 합법적 행위를 하지만, 이성에 의하여 지도될 수 있는 하위의 능력들의 대상 전체를 지도하기도 한다. 여기에 따라 감각적 대상들에 대한 쾌락도 이성에 속하게 된다.

3. 어떤 쾌락이 지체한다고 일컬어지는 것은 시간적으로 지속되기 때문이 아니라, 이성이 그것에 대해 숙고하면서 아우구스티누스가 『삼위일체론』 제12권에서 말하듯이 이성이 그것에 대해 숙고하면서 지체하여,[7] "정신이 거기에 닿자마자 물리쳐야 할 것에 즐겨 머물고 그것을 원하기"[8] 때문이다.

제7절 행위에 동의하는 죄는 상위 이성 안에 자리하는가?

Parall.: Supra, q.15, a.4; In Sent., II, dist.24, q.3, a.1; De veritate, q.15, a.3.

[반론] 일곱째에 대해서는 다음과 같이 진행된다. 행위에 동의하는 죄는 상위 이성 안에 자리하지 않는 것으로 생각된다.[1]

---

7. Cf. q.7, ad4; q.3: a.2, ad2; q.88, a.5, ad2.
8. c.12, n.18: PL 42 1008.

1. Cf. I, q.79, a.9.

1. Consentire enim est actus appetitivae virtutis, ut supra[2] habitum est. Sed ratio est vis apprehensiva. Ergo peccatum consensus in actum non est in ratione superiori.

2. Praeterea, ratio superior intendit *rationibus aeternis inspiciendis et consulendis,* ut Augustinus dicit, XII *de Trin.*[3] Sed quandoque consentitur in actum non consultis rationibus aeternis, non enim semper homo cogitat de rebus divinis, quando consentit in aliquem actum. Ergo peccatum consensus in actum non semper est in ratione superiori.

3. Praeterea, sicut per rationes aeternas potest homo regulare actus exteriores, ita etiam interiores delectationes, vel alias passiones. Sed consensus in delectationem absque hoc quod *opere statuatur implendum,* est rationis inferioris; ut dicit Augustinus, XII *de Trin.*[4] Ergo etiam consensus in actum peccati debet interdum attribui rationi inferiori.

4. Praeterea, sicut ratio superior excedit inferiorem, ita ratio excedit vim imaginativam. Sed quandoque procedit homo in actum per apprehensionem virtutis imaginativae, absque omni deliberatione rationis, sicut cum aliquis ex impraemeditato movet manum aut pedem. Ergo etiam quandoque potest ratio inferior consentire in actum peccati, absque ratione superiori.

Sed contra est quod Augustinus dicit, XII *de Trin.*:[5] *Si in consensione male utendi rebus quae per sensum corporis sentiuntur,*

1. 위에서[2] 달한 바와 같이, 동의하는 것은 욕구적 능력의 행위이다. 그런데 이성은 파악 능력이다. 그러므로 행위에 동의하는 죄는 상급 이성 안에 있지 않다.

2. 아우구스티누스가 『삼위일체론』 제2권[3]에서 말하듯이 상위 이성은 '영원한 근거들을 관조하고 고찰하는 것'을 지향한다. 하지만 인간은 때로는 영원한 근거들을 고찰하지 않고서 행위에 동의한다. 어떤 행위에 동의할 때 언제나 신적인 것을 생각하는 것은 아니다. 그러므로 행위에 동의하는 죄는 언제나 상위 이성에 자리하는 것은 아니다.

3. 인간은 영원한 근거들로써 외적 행위들뿐만 아니라 내적 쾌락 또는 다른 정념들도 규정할 수 있다. 그런데 아우구스티누스가 『삼위일체론』 제12권[4]에서 말하듯이 "행위를 실행하기로 결정"하지 않고 쾌락에 동의하는 것은 하위 이성에 속한다. 그러므로 죄스러운 행위에 동의하는 것은 하위 이성에도 귀속되어야 한다.

4. 상위 이성이 하위 이성을 능가하듯이 이성은 상상력을 능가한다. 그런데 인간은 때로 이성의 숙고가 전혀 없이 상상력의 파악에 의하여 행위를 실행하게 된다. 예를 들어 어떤 사람이 아무 생각을 하지 않고 손이나 발을 움직일 때가 그러하다. 그러므로 때로 하위 이성은 상위 이성과 무관하게 죄스러운 행위에 동의할 수 있다.

[재반론] 그러나 반대로 아우구스티누스는 『삼위일체론』 제12권[5]에

---

2. q.15, a.1.
3. c.7: PL 42, 1005.
4. c.12, r.18: PL 42, 1008.
5. c.12, r.17: PL 42, 1008.

ita decernitur quodcumque peccatum, ut, si potestas sit, etiam corpore compleatur, intelligenda est mulier cibum illicitum viro dedisse, per quem superior ratio significatur. Ergo ad rationem superiorem pertinet consentire in actum peccati.

Respondeo dicendum quod consensus importat iudicium quoddam de eo in quod consentitur, sicut enim ratio speculativa iudicat et sententiat de rebus intelligibilibus, ita ratio practica iudicat et sententiat de agendis.[6] Est autem considerandum quod in omni iudicio ultima sententia pertinet ad supremum iudicatorium, sicut videmus in speculativis quod ultima sententia de aliqua propositione datur per resolutionem ad prima principia. Quandiu enim remanet aliquod principium altius, adhuc per ipsum potest examinari id de quo quaeritur, unde adhuc est suspensum iudicium, quasi nondum data finali sententia.

Manifestum est autem quod actus humani regulari possunt ex regula rationis humanae, quae sumitur ex rebus creatis, quas naturaliter homo cognoscit; et ulterius ex regula legis divinae, ut supra[7] dictum est. Unde cum regula legis divinae sit superior, consequens est ut ultima sententia, per quam iudicium finaliter terminatur, pertineat ad rationem superiorem, quae intendit rationibus aeternis. Cum autem de pluribus occurrit iudicandum, finale iudicium est de eo quod ultimo occurrit. In actibus autem humanis ultimo occurrit ipse actus; praeambulum

서 "육체의 감각에 의하여 지각되는 사물들을 악하게 사용하는 데에 동의하면서, 할 수 있다면 실제적으로도 죄를 범할 수 있도록 어떤 죄를 결심한다면, 여자가 남자에게 금지된 음식을 준 것으로 이해해야 한다."고 말하는데, 여기서 남자는 상위 이성을 뜻한다. 그러므로 죄의 행위에 동의하는 것은 상위 이성에 속한다.

[답변] 동의는 동의하는 것에 대한 판단을 내포한다. 사변적 이성이 가지적 사물들을 판단하고 판결하듯이, 실천적 이성은 행할 것에 대하여 판단하고 판결한다.[6] 그런데, 모든 판단에서 최종 판결은 최고의 재판정에 속한다는 점을 고려해야 한다. 사변적인 것에서도 우리는 어떤 명제에 대한 최종 판결은 제일원리들에 돌아감으로써 내려진다는 것을 본다. 더 높은 원리가 남아 있는 동안에는 제기된 문제가 그에 따라 재고될 수 있고, 따라서 마치 최종 판결이 내려지지 않은 것처럼 판단이 중지되어 있는 것이다.

그런데, 위에서[7] 말한 바와 같이 인간적 행위들은 인간이 본성적으로 인식하는 창조된 사물들로부터 이끌어 낸 인간 이성의 규칙으로 규정될 수도 있고, 하느님의 법의 규칙으로 규정될 수도 있다는 것은 명백하다. 그런데 하느님의 법이 더 상위에 있으므로, 마지막으로 판단이 끝나게 되는 최종 판결은 영원한 근거들을 대상으로 하는 상위 이성에 속한다. 하지만 여러 가지에 대해 판단해야 할 때, 최종 판단은 그중 마지막 것에 대한 것이다. 그런데 인간의 행위들에서 마지막에 일어나는 것은 행위 자체이고, 행위로 이끄는 쾌락은 그 입

---

6. 사변적 이성과 실천적 이성에 관하여, Cf. I, q.79 a.11.
7. q.19, a.4; q.71, a.6

autem est delectatio, quae inducit ad actum. Et ideo ad rationem superiorem proprie pertinet consensus in actum; ad rationem vero inferiorem, quae habet inferius iudicium, pertinet iudicium praeambulum, quod est de delectatione.—Quamvis etiam et de delectatione superior ratio iudicare possit, quia quidquid iudicio subditur inferioris, subditur etiam iudicio superioris, sed non convertitur.

AD PRIMUM ergo dicendum quod consentire est actus appetitivae virtutis non absolute, sed consequenter ad actum rationis deliberantis et iudicantis, ut supra[8] dictum est, in hoc enim terminatur consensus, quod voluntas tendit in id quod est ratione iudicatum. Unde consensus potest attribui et voluntati et rationi.

AD SECUNDUM dicendum quod ex hoc ipso quod ratio superior non dirigit actus humanos secundum legem divinam, impediens actum peccati, dicitur ipsa consentire; sive cogitet de lege aeterna, sive non. Cum enim cogitat de lege Dei, actu eam contemnit, cum vero non cogitat, eam negligit per modum omissionis cuiusdam. Unde omnibus modis consensus in actum peccati procedit ex superiori ratione, quia, ut Augustinus dicit, XII *de Trin.*,[9] *non potest peccatum efficaciter perpetrandum mente decerni, nisi illa mentis intentio penes quam summa potestas est membra in opus movendi vel ab opere cohibendi, malae actioni cedat aut serviat.*

구와 같다. 그러므로 행위에 대한 동의는 고유한 의미에서 상위 이성에 속하지만, 예비적 판단인 쾌락에 대한 판단은 하위의 판단을 내리는 하위 이성에 속한다.—그러나 상위 이성도 쾌락에 대해 판단할 수는 있다. 하위의 판단에 종속되는 것은 상위의 판단에도 종속될 수 있으나, 그 역은 성립되지 않기 때문이다.

[해답] 1. 위에서[8] 말한 바와 같이 동의하는 것은 절대적으로 욕구 능력의 행위인 것이 아니라, 숙고하고 판단하는 이성의 행위에 뒤따르는 것이다. 동의는, 이성이 판단한 것을 의지가 지향하는 것에서 끝난다. 따라서 동의는 의지에도 귀속될 수 있고 이성에도 귀속될 수 있다.

2. 상위 이성이 하느님의 법에 따라 인간의 행위들을 지배하여 죄의 행위를 가로막지 않을 때, 영원법을 생각하든 그렇지 않든 그것은 죄스러운 행위에 동의한다고 일컬어진다. 그것이 하느님의 법을 생각한다면, 이는 그 법을 무시하는 것이다. 그러나 만일 그 법을 생각하지 않는다면, 그에 대한 부작위로 하느님의 법을 소홀히 하는 것이다. 따라서 두 경우 모두 죄스러운 행위에 대한 동의는 상위 이성으로부터 나온다. 아우구스티누스는 『삼위일체론』 제12권[9]에서 이렇게 말한다. "지체를 움직이도록 하거나 움직이지 않도록 하는 최고의 힘을 지닌 정신의 지향이 동의를 통하여 악한 행위에 떨어지거나 그것을 돕지 않고서는, 정신은 죄를 범하기로 실제적으로 결정할 수 없다."

---

8. q.15, a.3.
9. c.12, n.17: PL 42, 1008.

AD TERTIUM dicendum quod ratio superior, per considerationem legis aeternae, sicut potest dirigere vel cohibere actum exteriorem, ita etiam delectationem interiorem. Sed tamen antequam ad iudicium superioris rationis deveniatur, statim ut sensualitas proponit delectationem, inferior ratio, per rationes temporales deliberans, quandoque huiusmodi delectationem acceptat, et tunc consensus in delectationem pertinet ad inferiorem rationem. Si vero etiam consideratis rationibus aeternis, homo in eodem consensu perseveret, iam talis consensus ad superiorem rationem pertinebit.

AD QUARTUM dicendum quod apprehensio virtutis imaginativae est subita et sine deliberatione, et ideo potest aliquem actum causare antequam superior vel inferior ratio etiam habeat tempus deliberandi.[10] Sed iudicium rationis inferioris est cum deliberatione, quae indiget tempore, in quo etiam ratio superior deliberare potest. Unde si non cohibeat ab actu peccati per suam deliberationem, ei imputatur.

Articulus 8
Utrum consensus in delectationem sit peccatum mortale

Ad octavum sic proceditur. Videtur quod consensus in delectationem non sit peccatum mortale.

3. 상위 이성은 영원법을 숙고함으로써 외적인 행위도, 내적인 쾌락도 불러일으키거나 저지할 수 있다. 그러나 상위 이성의 판단에 이르기 전에, 감각이 쾌락을 제시할 때에 대로 하위 이성이 즉시 현세적인 이유들을 고려하여 그러한 쾌락을 받아들인다. 이러한 경우에 쾌락에 대한 동의는 하위 이성에 속한다. 그러나 어떤 사람이 영원한 이유들을 고려한 다음에도 그러한 동의에 머무른다면, 그 동의는 상위 이성에 속할 것이다.

4. 상상력에 의한 파악은 갑작스럽고 숙고 없이 이루어진다. 그래서 상위 이성 도는 하위 이성이 숙고할 시간을 갖기도 전에 어떤 행위를 일으킬 수 있다. 그러나 하위 이성의 판단에는 숙고가 있어야 하고, 숙고는 시간을 필요로 하며 그 사이에 상위 이성도 숙고를 할 수 있다. 그러므로 상위 이성이 숙고를 하고서 죄의 행위를 저지하지 않는다면 그것은 죄책을 지니게 된다.

제8절 쾌락에 대한 동의는 사죄인가?

Parall : Infra, q.58, a.5, ad2; *In Sent.*. II, dist.24, q.3, a.4; *De Veritate*, q.15, a.4; *Quodlib*. XII, q.22, a.1.

Doctr. Eccl.: 인노첸시오 11세(재위 1679년부터)에 의하여 단죄된 명제들. "13. 마땅한 정도를 지킨다면, 그 사람에 대한 혐오 때문이 아니라 현세적 이익 때문에 어떤 사람이 살아 있는 것에 대해 슬퍼하고 그의 자연적 죽음을 기뻐하며, 실제로 행하는 것이 아닌 감정으로 그 죽음을 청하고 갈망하는 것이 대죄가 되지 않을 수 있다. 15. 아들이 유산으로 얻어지는 큰 재산 때문에 자신이 술에 취한 상태에서 부모를 죽인 것을 기뻐하는 것은 허용된다."(DS 1163, 1165[= DH 2113, 2115])

1. Consentire enim in delectationem pertinet ad rationem inferiorem, cuius non est intendere rationibus aeternis vel legi divinae, et per consequens nec ab eis averti. Sed omne peccatum mortale est per aversionem a lege divina; ut patet per definitionem Augustini, de peccato mortali datam, quae supra[1] posita est. Ergo consensus in delectationem non est peccatum mortale.

2. Praeterea, consentire in aliquid non est malum nisi quia illud est malum in quod consentitur. Sed *propter quod unumquodque, et illud magis,*[2] vel saltem non minus. Non ergo illud in quod consentitur, potest esse minus malum quam consensus. Sed delectatio sine opere non est peccatum mortale, sed veniale tantum. Ergo nec consensus in delectationem est peccatum mortale.

3. Praeterea, delectationes differunt in bonitate et malitia secundum differentiam operationum, ut dicit Philosophus, in X *Ethic.*[3] Sed alia operatio est interior cogitatio, et alia actus exterior, puta fornicationis. Ergo et delectatio consequens actum interioris cogitationis, tantum differt a delectatione fornicationis in bonitate vel malitia, quantum differt cogitatio interior ab actu exteriori. Et per consequens etiam eodem modo differt consentire in utrumque. Sed cogitatio interior non est peccatum mortale; nec etiam consensus in cogitationem. Ergo per consequens nec consensus in delectationem.

[반론] 여덟째에 대해서는 다음과 같이 진행된다. 쾌락에 동의하는 것은 사죄가 아닌 것으로 생각된다.

1. 쾌락에 동의하는 것은 하위 이성에 속하는데, 하위 이성은 영원한 근거들이나 하느님의 법을 대상으로 하지 않으며, 따라서 그것들에서 멀어지지 않는다. 그러나 위에서[1] 제시한 사죄에 대한 아우구스티누스의 정의에서 드러나듯이, 모든 사죄는 하느님의 법에서 멀어지는 것으로 이루어진다. 그러므로 쾌락에 대한 동의는 사죄가 아니다.

2. 어떤 것에 동의하는 것은 오직 동의하는 대상이 악할 때에만 악하다. 그런데 어떤 것이 어떠하다면 그것의 원인은 더욱 그러하며[2] 적어도 그보다 덜하지 않다. 그러므로 동의하는 대상은 동의보다 덜 악할 수 없다. 그러나 작용이 없는 쾌락은 사죄가 아니라 소죄일 뿐이다. 그러므로 쾌락에 동의하는 것도 사죄가 아니다.

3. 철학자가 『니코마코스 윤리학』 제10권[3]에서 말하듯이, 쾌락은 작용들의 차이에 따라 선과 악에서 차이가 난다. 그런데 내적인 생각의 작용과 외적인 행위, 예를 들어 사음은 서로 다르다. 그러므로 내적인 생각이 외적인 행위와 다르듯이 내적인 생각의 행위에 뒤따르는 쾌락도 사음의 쾌락과 선과 악에서 차이가 난다. 이에 따라 그 둘에 대한 동의도 같은 방식으로 차이가 난다. 그러나 내적인 생각은 사죄가 아니며, 생각에 대한 동의도 그러하다. 따라서 쾌락에 대한 동의도 그러하다.

---

1. q.71, a.6.
2. Aristoteles, *Poster.* I, 2: 72a29-32; S. Thomas, lect.6, n.3 sq.
3. c.5: 1175b26-28; S. Thomas, lect.8, n.2050.

4. Praeterea, exterior actus fornicationis vel adulterii non est peccatum mortale ratione delectationis, quae etiam invenitur in actu matrimoniali; sed ratione inordinationis ipsius actus. Sed ille qui consentit in delectationem, non propter hoc consentit in deordinationem actus. Ergo non videtur mortaliter peccare.

5. Praeterea, peccatum homicidii est gravius quam simplicis fornicationis. Sed consentire in delectationem quae consequitur cogitationem de homicidio, non est peccatum mortale. Ergo multo minus consentire in delectationem quae consequitur cogitationem de fornicatione, est peccatum mortale.

6. Praeterea, oratio dominica quotidie dicitur pro remissione venialium, ut Augustinus dicit.[4] Sed consensum in delectationem Augustinus docet esse abolendum per orationem dominicam, dicit enim, in XII *de Trin.*,[5] quod *hoc est longe minus peccatum quam si opere statuatur implendum, et ideo de talibus quoque cogitationibus venia petenda est, pectusque percutiendum, atque dicendum, dimitte nobis debita nostra*. Ergo consensus in delectationem est peccatum veniale.

SED CONTRA est quod Augustinus post pauca subdit: *Totus homo damnabitur, nisi haec quae, sine voluntate operandi, sed tamen cum voluntate animum talibus oblectandi, solius cogitationis sentiuntur esse peccata, per mediatoris gratiam remittantur.* Sed

---

4. *De fide et operibus*, c.26: PL 40, 228; *Enchiridion ad Laurentium*, c.71: PL 40, 265.

4. 사음 또는 간음의 외적 행위는 쾌락 때문에 사죄가 되는 것이 아니다. 쾌락은 부부의 행위에서도 나타나는 것이다. 이들이 사죄가 되는 것은 그 행위 자체의 무질서함 때문이다. 그런데 쾌락에 동의하는 사람은 그렇다고 해서 행위의 무질서에 동의하는 것은 아니다. 그러므로 그는 사죄를 범하는 것으로 생각되지 않는다.

5. 살인의 죄는 단순한 사음보다 더 무겁다. 그러나 살인을 생각하는 데에 뒤따르는 쾌락에 동의하는 것은 사죄가 아니다. 그러므로 사음을 생각하는 데에 뒤따르는 쾌락에 동의하는 것은 그보다 훨씬 더 사죄가 아니다.

6. 아우구스티누스가 말하듯이[4] 주님의 기도를 매일 하는 것은 소죄의 사함을 위해서이다. 하지만 아우구스티누스는 쾌락에 대한 동의가 그러한 기도로 사라지게 된다고 가르친다. 그는 『삼위일체론』 제12권[5]에서 이렇게 말한다. "이것은 행위로 실행하기로 결정할 경우보다 훨씬 작은 죄이다. 그래서 이와 유사한 생각들에 대하여 용서를 청하고 가슴을 치며 '우리 죄를 용서하시고'라고 말해야 한다." 그러므로 쾌락에 동의하는 것은 소죄이다.

[재반론] 그러나 반대로 아우구스티누스는 위에 인용한 말보다 조금 더 가서 이렇게 말한다. "실행하려는 의지가 없이 그것을 즐기고자 하는 영혼의 의지간 있었기에 생각만으로 지은 것으로 여겨지는 죄들이 중개자의 은총으로 사해지지 않는다면, 인간은 완전히 단죄될 것이다." 그런데 사죄 때문이 아니라면 아무도 단죄 받지 않는다. 그

---

5. c.12, n.18: PL 42, 1003.

nullus damnatur nisi pro peccato mortali. Ergo consensus in delectationem est peccatum mortale.

RESPONDEO dicendum quod circa hoc aliqui diversimode opinati sunt. Quidam[6] enim dixerunt quod consensus in delectationem non est peccatum mortale, sed veniale tantum. Alii[7] vero dixerunt quod est peccatum mortale, et haec opinio est communior et verisimilior. Est enim considerandum quod, cum omnis delectatio consequatur aliquam operationem, ut dicitur in X *Ethic.*;[8] et iterum cum omnis delectatio habeat aliquod obiectum, delectatio quaelibet potest comparari ad duo, scilicet ad operationem quam consequitur, et ad obiectum in quo quis delectatur.[9] Contingit autem quod aliqua operatio sit obiectum delectationis, sicut et aliqua alia res, quia ipsa operatio potest accipi ut bonum et finis, in quo quis delectatus requiescit. Et quandoque quidem ipsamet operatio quam consequitur delectatio, est obiectum delectationis, inquantum scilicet vis appetitiva, cuius est delectari, reflectitur in ipsam operationem sicut in quoddam bonum; puta cum aliquis cogitat, et delectatur de hoc ipso quod cogitat, inquantum sua cogitatio placet. Quandoque vero delectatio consequens unam operationem, puta cogitationem aliquam, habet pro obiecto aliam operationem quasi rem cogitatam, et tunc talis delectatio procedit ex inclinatione appetitus non quidem in cogitationem, sed in

러므로 쾌락에 동의하는 것은 사죄이다.

[답변] 이에 대해서는 상이한 견해들이 있다. 어떤 이들은[6] 쾌락에 동의하는 것이 사죄가 아니며 소죄일 뿐이라고 말했다. 그러나 다른 이들은[7] 사죄라고 말하는데, 이 견해가 더 일반적이고 더 그럴듯한 것으로 생각된다. 『니코마코스 윤리학』 제10권[8]에서 말하듯이 모든 쾌락은 어떤 작용에 뒤따르며, 또한 모든 작용에는 대상이 있다는 점을 고려해야 한다. 그래서 모든 쾌락은 두 가지 곧 그 쾌락이 수반되는 작용과 그 쾌락의 대상에 연관된다.[9] 그런데 다른 모든 사물들과 마찬가지로 어떤 작용이 쾌락의 대상이 되는 경우도 있다. 작용 자체가 즐기는 사람을 충족시켜 주는 선이며 목적으로 여겨질 수 있기 때문이다. 그 때에는 쾌락이 수반되는 작용 자체가 쾌락의 대상이다. 때로 쾌락을 즐기는 욕구 능력은 작용 자체를 선으로 여기며 그 작용으로 되돌아온다. 예를 들어, 어떤 사람이 자신이 생각한다는 것 자체를 즐거워하면서 생각한다는 것을 생각하고 또 즐거워하는 경우가 그러하다. 그러나 때로 어떤 작용 예를 들어 어떤 생각에 뒤따르는 쾌락은 다른 작용을 생각된 사물 곧 대상으로 한다. 이 경우 그러한 쾌락은 욕구의 성향으로부터 나와서, 생각을 향하는 것이 아

---

6. Cf. Albertus M., *Summa de creat.*, p.I, tr.4, q.69, a.3: ed. A. Borgnet, t.34, p.713 b; II Sent., q.24, a.3; ibid., t.34, p.412 a; Summa Theol. II, tr.15, q.34, m 6: ibid., t.33, pp.203-209.
7. Cf. *Sent.*, II, dist.24, q.3, a.4 c: 그는 아우구스티누스의 말을 따르는 것으로 생각된다.(*De Trin.*, l.XII, c.12: PL 42, 1007; *De Gen. contra Man.*, l.II, c.14: PL 34, 206) Cf. Bonaventura, *In Sent.*, II dist.24, p.2, a.2, q.2: Ad Claras Aquas, t.II, p.582.
8. c.4: 1175a5-6; S. Thomas, lect.6, n.2033.
9. Cf. q.31, a.5 c.

operationem cogitatam.

Sic igitur aliquis de fornicatione cogitans, de duobus potest delectari, uno modo, de ipsa cogitatione; alio modo, de fornicatione cogitata. Delectatio autem de cogitatione ipsa sequitur inclinationem affectus in cogitationem ipsam. Cogitatio autem ipsa secundum se non est peccatum mortale, immo quandoque est veniale tantum, puta cum aliquis inutiliter cogitat; quandoque autem sine peccato omnino, puta cum aliquis utiliter de ea cogitat, sicut cum vult de ea praedicare vel disputare. Et ideo per consequens affectio et delectatio quae sic est de cogitatione fornicationis, non est de genere peccati mortalis; sed quandoque est peccatum veniale, quandoque nullum. Unde nec consensus in talem delectationem est peccatum mortale. Et secundum hoc prima opinio habet veritatem.

Quod autem aliquis cogitans de fornicatione, delectetur de ipso actu cogitato, hoc contingit ex hoc quod affectio eius inclinata est in hunc actum. Unde quod aliquis consentiat in talem delectationem, hoc nihil aliud est quam quod ipse consentiat in hoc quod affectus suus sit inclinatus in fornicationem, nullus enim delectatur nisi in eo quod est conforme appetitui eius. Quod autem aliquis ex deliberatione eligat quod affectus suus conformetur his quae secundum se sunt peccata mortalia, est peccatum mortale. Unde talis consensus in delectationem peccati mortalis, est peccatum mortale;[10] ut secunda opinio ponit.

니라 생각된 다른 어떤 작용을 향한다.

그러므로 사음을 생각하는 사람은 두 가지의 쾌락을 즐길 수 있다. 첫째는 그 생각 자체이고, 둘째는 생각의 대상이 되는 사음이다. 그런데 생각 자체에 대한 쾌락은 생각 자체에 대한 감정의 성향에 뒤따른다. 그리고 생각하는 것은 그 자체로는 사죄가 아니다. 예를 들어 어떤 사람이 결과 없이 그저 생각만 한다면 그것은 소죄일 뿐이다. 또 어떤 경우는 죄가 전혀 없게 되는데, 예를 들어 그것에 대해 설교하거나 토론하기 위해서 생각할 때와 같이 유익하게 그것에 대해 생각할 경우가 그러하다. 그러므로 사음을 생각하는 것에 대한 감정이나 쾌락은 사죄의 유에 속하지 않으며, 때로는 소죄가 되고 때로는 전혀 죄가 되지 않는다. 그러므로 그러한 쾌락에 대한 동의 역시 사죄가 아니다. 이렇게 본다면 첫 번째 견해가 옳은 것이다.

그러나 사음을 생각하는 사람이 생각의 대상이 되는 그 행위 자체를 즐긴다면, 이는 그의 감정이 그 행의를 향하여 있는 데에서 나오는 것이다. 그러므로 어떤 사람이 그러한 쾌락에 동의한다는 것은 다름이 아니라 그의 감정이 사음을 향하는 데에 동의하는 것이다. 자신의 욕구에 부합하는 것이 아니라면 그것을 즐기지 않을 것이기 때문이다. 그런데 어떤 사람이 숙고를 거쳐 자신의 감정이 그 자체로 사죄인 것을 따르는 것을 선택한다면, 그것은 사죄이다. 그러므로 사죄에 대한 그와 같은 동의는 둘째 견해에서 말하듯이 사죄이다.[10]

---

10. Cf. q.88, a.5, ad2; II-II, q.154, a.4.

AD PRIMUM ergo dicendum quod consensus in delectationem potest esse non solum rationis inferioris, sed etiam superioris, ut dictum est.[11]—Et tamen ipsa etiam ratio inferior potest averti a rationibus aeternis. Quia etsi non intendit eis ut secundum eas regulans, quod est proprium superioris rationis; intendit tamen eis ut secundum eas regulata. Et hoc modo, ab eis se avertens, potest peccare mortaliter. Nam et actus inferiorum virium, et etiam exteriorum membrorum, possunt esse peccata mortalia, secundum quod deficit ordinatio superioris rationis regulantis eos secundum rationes aeternas.

AD SECUNDUM dicendum quod consensus in peccatum quod est veniale ex genere, est veniale peccatum. Et secundum hoc potest concludi quod consensus in delectationem quae est de ipsa vana cogitatione fornicationis, est peccatum veniale. Sed delectatio quae est in ipso actu fornicationis, de genere suo est peccatum mortale. Sed quod ante consensum sit veniale peccatum tantum, hoc est per accidens, scilicet propter imperfectionem actus. Quae quidem imperfectio tollitur per consensum deliberatum supervenientem. Unde ex hoc adducitur in suam naturam, ut sit peccatum mortale.

AD TERTIUM dicendum quod ratio illa procedit de delectatione quae habet cogitationem pro obiecto.

AD QUARTUM dicendum quod delectatio quae habet actum exteriorem pro obiecto, non potest esse absque complacentia

[해답] 1. 앞서[11] 말한 바와 같이 쾌락에 대한 동의는 하위 이성에만 속하는 것이 아니라 상위 이성에도 속할 수 있다. 그리고 하위 이성도 영원한 근거들로부터 멀어질 수 있다. 하위 이성은 이들을 향하여 이들을 지배하지는 않는다. 그것은 상위 이성의 고유한 부분이다. 그러나 하위 이성은 이들을 향하며, 이들에 의하여 지배된다. 이러한 의미에서, 그들로부터 멀어짐으로써 사죄를 지을 수 있다. 하위의 능력들의 행위도 외적 지체들의 행위까지도, 영원한 근거들에 따라 이들을 지배하는 상위 이성의 질서를 따르지 않는다면 사죄가 될 수 있다.

2. 유에 있어 소죄인 죄에 동의하는 것은 소죄이다. 그러한 의미에서, 사음에 대한 헛된 생각에서 나오는 쾌락에 동의하는 것은 소죄라는 결론을 내릴 수 있다. 그러나 사음의 행위 자체에 대한 쾌락은 그 유에 있어 사죄이고, 동의 이전에 그것이 소죄라는 것은 행위가 완성되지 않았다는 데에 기인하는 우유적인 것이다. 그 불완전함은 그 후에 숙고를 거친 동의에 의하여 제거된다. 그러므로 이로써 그 본성에 이르게 되어 사죄가 된다.

3. 이 근거는 생각을 대상으로 하는 쾌락에 해당된다.

4. 외적 행위를 대상으로 하는 쾌락은, 비록 어떤 상급자의 금지로 인하여 그것을 실행하기로 결정하지 못했다 하더라도, 외적 행위 자체에 대한 즐김이 없을 수 없다. 그러므로 그 행위는 무질서한 것이 되고, 따라서 그 쾌락 역시 무질서한 것이다.

---

11. 앞 절.

exterioris actus secundum se; etiam si non statuatur implendum, propter prohibitionem alicuius superioris. Unde actus fit inordinatus, et per consequens delectatio erit inordinata.

AD QUINTUM dicendum quod etiam consensus in delectationem quae procedit ex complacentia ipsius actus homicidii cogitati, est peccatum mortale. Non autem consensus in delectationem quae procedit ex complacentia cogitationis de homicidio.

AD SEXTUM dicendum quod oratio dominica non solum contra peccata venialia dicenda est, sed etiam contra mortalia.

Articulus 9
Utrum in superiori ratione possit esse peccatum veniale, secundum quod est directiva inferiorum virium

Ad nonum sic proceditur. Videtur quod in superiori ratione non possit esse peccatum veniale, secundum quod est directiva inferiorum virium, idest secundum quod consentit in actum peccati.

1. Dicit enim Augustinus, in XII *de Trin.*,[1] quod ratio superior *inhaeret rationibus aeternis*. Sed peccare mortaliter est per aversionem a rationibus aeternis. Ergo videtur quod in superiori ratione non possit esse peccatum nisi mortale.

2. Praeterea, superior ratio se habet in vita spirituali tanquam principium; sicut et cor in vita corporali. Sed infirmitates cordis

5. 생각의 대상으로서 살인 행위 자체를 즐기는 데에서 나오는 쾌락에 동의하는 것 역시 사죄이다. 살인을 생각하는 것을 즐기는 데에서 나오는 쾌락에 동의하는 것은 그렇지 않다.

6. 주님의 기도는 소죄에 대해서만이 아니라 사죄에 대해서도 드려야 한다.

제9절 하위의 능력들을 지배하는 상위 이성 안에는 소죄가 있을 수 있는가?

Parall.: *In Sent*, II, dist.24, q.3, a.5; *De Veritate*, c.15, a.5; *De Malo*, q.7, a.5.

[반론] 아홉째에 대해서는 다음과 같이 진행된다. 하위의 힘들을 지배하는 것으로서, 곧 죄의 행위에 동의하는 것으로서 상위 이성 안에는 소죄가 있을 수 없는 것으로 생각된다.

1. 아우구스티누스는 『삼위일체론』 제12권[1]에서, 상위 이성은 "영원한 근거들을 따른다"고 말한다. 그런데 사죄를 짓는 것은 영원한 근거들로부터 멀어지는 것이다. 그러므로 상위 이성 안에는 사죄 이외의 죄는 있을 수 없는 것으로 생각된다.

2. 육적인 삶에서 심장이 그 원리가 되듯이 상위 이성은 영적인 삶에서 그 원리가 된다. 그런데 심장의 질병은 치명적이다. 그러므로 상위 이성의 죄들도 사죄들이다.

---

1. c.8: PL 42, 1005.

sunt mortales. Ergo peccata superioris rationis sunt mortalia.

3. Praeterea, peccatum veniale fit mortale, si fiat ex contemptu. Sed hoc non videtur esse sine contemptu, quod aliquis ex deliberatione peccet etiam venialiter. Cum ergo consensus rationis superioris semper sit cum deliberatione legis divinae, videtur quod non possit esse sine peccato mortali, propter contemptum divinae legis.

SED CONTRA, consensus in actum peccati pertinet ad rationem superiorem, ut supra[2] dictum est. Sed consensus in actum peccati venialis est peccatum veniale.[3] Ergo in superiori ratione potest esse peccatum veniale.

RESPONDEO dicendum quod, sicut Augustinus dicit, in XII *de Trin.*,[4] ratio superior *inhaeret rationibus aeternis conspiciendis aut consulendis*: conspiciendis quidem, secundum quod earum veritatem speculatur; consulendis autem, secundum quod per rationes aeternas de aliis iudicat et ordinat;[5] ad quod pertinet quod, deliberando per rationes aeternas, consentit in aliquem actum, vel dissentit ab eo. Contingit autem quod inordinatio actus in quem consentit, non contrariatur rationibus aeternis, quia non est cum aversione a fine ultimo, sicut contrariatur actus peccati mortalis, sed est praeter eas, sicut actus peccati venialis.[6]

---

2. a.7.

3. 소죄는 그것이 경멸에서 나온 것이라면 사죄가 된다. 그런데 소죄라 하더라도 어떤 사람이 숙고한 후에 그 죄를 범하는 것은 경멸 없이는 이루어지지 않을 것으로 생각된다. 그렇다면 상위 이성의 동의는 언제나 하느님의 법에 대한 숙고를 거치는 것이므로, 그 동의는 하느님의 법을 경멸한 것이어서 사죄가 되지 않을 수 없는 것으로 생각된다.

[재반론] 그러나 반대로 위에서[2] 말한 바와 같이 죄의 행위에 대한 동의는 상위 이성에 속한다. 그런데 소죄에 대한 동의는 소죄이다.[3] 그러므로 상위 이성에는 소죄가 있을 수 있다.

[답변] 아우구스티누스가 『삼위일체론』 제12권[4]에서 말하듯이 "상위 이성은 영원한 근거들을 바라보거나 고려하며 그것을 따른다." 그것의 진리를 살펴봄으로써 그것을 관조하고, 영원한 근거들에 따라 다른 것들을 판단하고 질서 지음으로써 그것을 고려하는 것이다.[5] 영원한 근거들을 통하여 숙고함으로써 어떤 행위에 동의하거나 어떤 행위에 동의하지 않는 것은 그 후자에 속한다. 그런데, 그것이 동의하는 어떤 행위의 무질서가 사죄의 경우와 같이 영원한 근거들에 반대되지 않는 때도 있다. 그 무질서가 최종 목적으로부터 멀어지는 것이 아니고 소죄의 행위에서와 같이 다만 그 목적을 벗어나는 것일 때에 그러하다.[6] 그러므로 상위 이성이 소죄의 행위에 동의할 때에는

---

3. Cf. q.88, a.5, ad2.
4. Cf. c.7: PL 42, 1005.
5. Cf. I, q.79, a.9.
6. Cf. q.72, a.5.

q.74, a.9

Unde quando ratio superior in actum peccati venialis consentit, non avertitur a rationibus aeternis. Unde non peccat mortaliter, sed venialiter.

Et per hoc patet responsio AD PRIMUM.

AD SECUNDUM dicendum quod duplex est infirmitas cordis. Una quae est in ipsa substantia cordis, et immutat naturalem complexionem ipsius, et talis infirmitas semper est mortalis. Alia est autem infirmitas cordis propter aliquam inordinationem vel motus eius, vel alicuius eorum quae circumstant cor, et talis infirmitas non semper est mortalis. Et similiter in ratione superiori semper est peccatum mortale, quando tollitur ipsa ordinatio rationis superioris ad proprium obiectum, quod est rationes aeternae. Sed quando est inordinatio circa hoc, non est peccatum mortale, sed veniale.

AD TERTIUM dicendum quod deliberatus consensus in peccatum non semper pertinet ad contemptum legis divinae, sed solum quando peccatum legi divinae contrariatur.

---

7. 이는 철학자가 『영혼론』 제5권에서 말하듯이(comm. 63과 161) 감각이 자체의 고유한 대상들에 있어 결코 속지 않지만 공통된 대상이나 우유적인 대상에 있어서는 속을 수 있는 것과 같다. 마찬가지로 지성은 자체의 대상 곧 하성(quid quod est)에 있어서는 혹시 우유적으로가 아니라면 결코 속지 않는다. 어떤 것이 인식되면 즉시 인식되는 자체의 원리들에 있어서도 그러하다. 그러나 공통된 원리를

영원한 근거들에서 멀어지는 것이 아니라. 그러므로 그것은 사죄를 짓는 것이 아니라 소죄를 짓는다.

1. 첫째 반론에 대한 대답은 이로써 분명하다.
2. 심장의 질병은 두 가지이다. 그 한 가지는 심장의 실체 자체의 질병으로서 그 본성적 구성을 바꾸어 놓으며, 이러한 질병은 언제나 치명적이다. 다른 한 가지는 심장의 운동이나 그 주변 기관의 무질서로 인한 심장의 질병으로, 이러한 질병은 언제나 치명적인 것은 아니다. 이와 마찬가지로, 상위 이성에서 자체의 고유한 대상 곧 영원한 근거들을 향한 그 자체의 질서가 사라질 때에는 언제나 사죄가 있게 된다. 그러나 무질서가 주변에 관한 것이라면, 사죄가 아니라 소죄가 된다.⁷
3. 죄에 대하여 숙고하고 동의하는 것은 언제나 하느님의 법에 대한 경멸에 속하는 것이 아니며, 그 죄가 하느님의 법에 반대되는 것일 때에만 그러하다.

개별적 결론들에 비교하고 적용하는 데에서는 속을 수 있다. 이와 같이 이성은 그 올바름을 잃고 그로써 죄를 지을 수 있다. *De Verit.*, q.15, a.3, ad1.—어리석음과 무지는 그 자체로서는 직접적으로 지혜와 지식에 대립되지만, 어떤 의미에서 간접적으로는 다른 모든 죄에 대립된다. 모든 행위에서 요구되는 지혜와 지식의 지배가 죄에 의하여 손상되기 때문이다. 그래서 모든 악인은 무지한 이라고 일컬어진다. Ibid., ad2.—인간의 죄는 이성에 반대된다고 일컬어진다. 그것이 올바른 이성에 반대되고, 올바른 이성에는 죄가 있을 수 없기 때문이다. Ibid., ad4.

Articulus 10
Utrum in ratione superiori possit esse peccatum veniale secundum seipsam

Ad decimum sic proceditur. Videtur quod in superiori ratione non possit esse peccatum veniale secundum seipsam, idest secundum quod inspicit rationes aeternas.

1. Actus enim potentiae non invenitur esse deficiens, nisi per hoc quod inordinate se habet circa suum obiectum. Sed obiectum superioris rationis sunt aeternae rationes, a quibus deordinari non est sine peccato mortali. Ergo in superiori ratione non potest esse peccatum veniale secundum seipsam.

2. Praeterea, cum ratio sit vis deliberativa, actus rationis semper est cum deliberatione. Sed omnis inordinatus motus in his quae Dei sunt, si sit cum deliberatione, est peccatum mortale. Ergo in ratione superiori secundum seipsam, nunquam est peccatum veniale.

3. Praeterea, contingit quandoque quod peccatum ex subreptione est peccatum veniale, peccatum autem ex deliberatione est peccatum mortale, per hoc quod ratio deliberans recurrit ad aliquod maius bonum, contra quod homo agens gravius peccat, sicut cum de actu delectabili inordinato ratio deliberat quod est contra legem Dei, gravius peccat consentiendo, quam si solum consideraret quod est contra virtutem moralem. Sed ratio superior

제10절 그 자체로서의 상위 이성 안에는 자체의 대상에 대한 소죄가 있을 수 있는가?

Parall.: *In Sent.*, II, dist.24, q.3, a.5; *De Veritate*, q.15, a.5; *De Malo*, q.7, a.5.

[반론] 열째에 대해서는 다음과 같이 진행된다. 그 자체로서, 곧 영원한 근거들을 고찰하는 것으로서 상위 이성 안에는 소죄가 있을 수 없는 것으로 생각된다.

1. 어떤 능력의 행위에 결함이 있는 것은 오직 그 대상에 관하여 무질서가 있을 때이다. 그런데 상위 이성의 대상은 영원한 근거들이고, 사죄가 없다면 여기에 대한 무질서는 없다. 그러므로 그 자체로서 상위 이성에는 소죄가 있을 수 없다.

2. 이성은 숙고하는 능력이므로, 이성의 행위는 언제나 숙고된 행위이다. 그런데 하느님의 것들에 관한 모든 무질서한 움직임들은, 숙고가 있었다면 사죄이다. 그러므로 그 자체로서의 상위 이성에는 소죄가 결코 없다.

3. 모르는 사이에 죄가 일어날 때에는 소죄가 되고, 숙고한 후에 범한 죄는 사죄가 될 수 있다. 이성이 숙고를 하면서 어떤 더 큰 선을 생각하고, 인간은 그것을 거슬러 행함으로써 더 중대한 죄를 짓게 되는 것이기 때문이다. 예를 들어 무질서한 쾌락의 행위를 숙고하면서 이성이 그것이 하느님의 법을 거스르는 것임을 생각한다면, 그것이 윤리덕을 거스르는 것이라는 점만을 생각했을 때보다 더 중대한 죄를 범하는 것이다. 그런데 상위 이성은 자체의 대상보다 더 높은 다른 무엇을 생각할 수 없다. 그러므로 모르는 사이에 일어나는

non potest recurrere ad aliquod altius quam sit suum obiectum. Ergo si motus ex subreptione non sit peccatum mortale, neque etiam deliberatio superveniens faciet ipsum esse peccatum mortale, quod patet esse falsum. Non ergo in ratione superiori secundum seipsam, potest esse peccatum veniale.

Sed contra, motus subreptitius infidelitatis est peccatum veniale. Sed pertinet ad superiorem rationem secundum seipsam. Ergo in ratione superiori potest esse peccatum veniale secundum seipsam.

Respondeo dicendum quod ratio superior aliter fertur in suum obiectum, atque aliter in obiecta inferiorum virium quae per ipsam diriguntur.[1] In obiecta enim inferiorum virium non fertur nisi inquantum de eis consulit rationes aeternas. Unde non fertur in ea nisi per modum deliberationis. Deliberatus autem consensus in his quae ex genere suo sunt mortalia, est mortale peccatum.[2] Et ideo ratio superior semper mortaliter peccat, si actus inferiorum virium in quos consentit, sint peccata mortalia.

Sed circa proprium obiectum habet duos actus, scilicet simplicem intuitum; et deliberationem, secundum quod etiam de proprio obiecto consulit rationes aeternas. Secundum autem simplicem intuitum, potest aliquem inordinatum motum habere circa divina, puta cum quis patitur subitum infidelitatis motum.

움직임이 사죄가 아니라면 그 후에 따라오는 숙고 역시 사죄가 아닐 것인데, 이는 명백한 거짓이다. 그러므로 그 자체로서의 상위 이성 안에는 소죄가 있을 수 없다.

[재반론] 그러나 반대로 모르는 사이에 일어나는 불신앙의 움직임은 소죄이다. 그런데 이것은 그 자체로서의 상위 이성에 속한다. 그러므로 그 자체로서 상위 이성 안에는 소죄가 있을 수 있다.

[답변] 상위 이성은 그것에 의하여 지도되는 하위의 능력들의 대상들과 다른 방식으로 자체의 대상을 향한다.[1] 그것은 하위의 능력들의 대상에 대해서는 그들에 관하여 영원한 근거들을 고려하기 위해서만 그들을 향한다. 그러므로 숙고의 방식으로써만 그들을 향한다. 그런데, 유에 있어 사죄인 것들에 대한 숙고된 동의는 사죄이다.[2] 따라서, 상위 이성이 동의하는 하위 능력의 행위가 사죄라면 상위 이성은 언제나 사죄를 범한다.

그런데 상위 이성은 자체의 고유한 대상에 대하여 두 가지 행위를 한다. 그것은 단순한 직관과 숙고인데, 숙고에 있어서도 상위 이성은 자체의 고유한 대상에 대하여 영원한 근거들을 고려한다. 단순한 직관에 있어서는 신적인 것들에 관련하여 무질서한 움직임이 있을 수 있다. 예를 들어 어떤 사람이 갑작스러운 불신의 움직임을 겪을 때가 그러하다. 비록 불신은 그 유에 있어 사죄이지만, 갑작스러운 불신의 움직임은 소죄이다. 하느님의 법을 거스르는 것이 아니라면 사

---

1. Cf. I, q.79, a.9.
2. Cf. a.8.

Et quamvis infidelitas secundum suum genus sit peccatum mortale, tamen subitus motus infidelitatis est peccatum veniale. Quia peccatum mortale non est nisi sit contra legem Dei, potest autem aliquid eorum quae pertinent ad fidem, subito rationi occurrere sub quadam alia ratione, antequam super hoc consulatur, vel consuli possit, ratio aeterna, idest lex Dei; puta cum quis resurrectionem mortuorum subito apprehendit ut impossibilem secundum naturam, et simul apprehendendo renititur, antequam tempus habeat deliberandi quod hoc est nobis traditum ut credendum secundum legem divinam. Si vero post hanc deliberationem motus infidelitatis maneat, est peccatum mortale.

Et ideo circa proprium obiectum, etsi sit peccatum mortale ex genere, potest ratio superior peccare venialiter in subitis motibus; vel etiam mortaliter per deliberatum consensum. In his autem quae pertinent ad inferiores vires, semper peccat mortaliter in his quae sunt peccata mortalia ex suo genere, non autem in his quae secundum suum genus sunt venialia peccata.[3]

AD PRIMUM ergo dicendum quod peccatum quod est contra rationes aeternas, etsi sit peccatum mortale ex genere, potest tamen esse peccatum veniale propter imperfectionem actus subiti, ut dictum est.[4]

AD SECUNDUM dicendum quod in operativis ad rationem, ad

죄는 아니기 때문이다. 그러나 신앙에 속하는 것들 가운데 어떤 것은 그것에 대하여 영원한 이성 곧 하느님의 법을 고찰하거나 고려하기 이전에 갑자기 이성에 다른 모습으로 나타날 수 있다. 예를 들어 어떤 사람이 하느님의 법에 따라 죽은 이들의 부활이 믿어야 할 것으로 우리에게 전해졌다는 것을 숙고할 시간을 갖기 전에, 죽은 이들의 부활을 본성에 따라 불가능하다고 여기면서 동시에 이에 거부감을 느낄 수 있다. 그러나 그러한 숙고 후에도 불신의 충동이 남아 있다면 그것은 사죄이다.

그러므로 상위 이성은 자체의 고유한 대상에 관련하여 그 죄가 유에 따라서는 사죄라 하더라도 갑작스러운 움직임들에서는 소죄를 지을 수 있고, 숙고된 동의를 통해서는 사죄도 지을 수 있다. 하위의 능력들에 속하는 것에 대해서는, 유에 있어 사죄인 것에 대해서는 언제나 사죄가 된다. 자체의 유에 있어 소죄인 것에 대해서는 그렇지 않다.³

[해답] 1. 영원한 근거들을 거스르는 죄는 그 유에 있어 사죄라 하더라도 앞서⁴ 말한 바와 같이 갑작스러운 행위의 불완전성으로 인하여 소죄가 될 수 있다.

2. 사변적인 것들에서 삼단논법을 사용하는 것이나 명제들을 형성하는 것이 모두 이성에 속하듯이, 실천적인 것들에 있어서는 숙고가 이성에 속하고 숙고가 거기에서부터 나오게 되는 단순한 직관도 이

---

3. Cf. a. praec.
4. 답변.

quam pertinet deliberatio, pertinet etiam simplex intuitus eorum ex quibus deliberatio procedit, sicut etiam in speculativis ad rationem pertinet et syllogizare, et propositiones formare. Et ideo etiam ratio potest habere subitum motum.

AD TERTIUM dicendum quod una et eadem res potest diversas considerationes habere, quarum una est altera altior, sicut Deum esse potest considerari vel inquantum est cognoscibile ratione humana, vel inquantum creditur revelatione divina, quae est consideratio altior. Et ideo quamvis obiectum rationis superioris sit quiddam secundum naturam rei altissimum, tamen potest etiam reduci in quandam altiorem considerationem. Et hac ratione, quod in motu subito non erat peccatum mortale, per deliberationem reducentem in altiorem considerationem fit peccatum mortale, sicut supra[5] expositum est.

성에 속한다. 그러므로 이성에도 갑작스러운 움직임이 있을 수 있다.

3. 하나이고 동일한 사물은 상이하게 고찰될 수 있고, 그 가운데 어떤 것은 다른 것보다 더 높다. 예를 들어 하느님은 인간 이성에 의하여 인식될 수 있다는 점에서 고찰될 수도 있고 신적 계시에 의하여 믿게 된다는 점에서 고찰될 수도 있는데, 후자가 더 높은 고찰이다. 그러므로 상위 이성의 대상은 비록 그 사물의 본성에 따라서는 지극히 높은 것이지만, 그보다 더 높은 고찰로 옮겨질 수 있다. 이러한 이유로, 위에서 설명한 바와 같이[5] 갑작스러운 움직임에서는 사죄가 아닌 것이 그것을 더 높은 고찰로 옮겨 놓는 수고에 의하여 사죄가 될 수 있다.

---

5. Ibid.

QUAESTIO LXXV
DE CAUSIS PECCATORUM IN GENERALI
in quatuor articulos divisa

Deinde considerandum est de causis peccatorum.[1] Et primo, in generali; secundo, in speciali.[2]

Circa primum quaeruntur quatuor.

Primo: utrum peccatum habeat causam.

Secundo: utrum habeat causam interiorem.

Tertio: utrum habeat causam exteriorem.

Quarto: utrum peccatum sit causa peccati.

Articulus 1
Utrum peccatum habeat causam

Ad primum sic proceditur. Videtur quod peccatum non habeat causam.

1. Peccatum enim habet rationem mali, ut dictum est.[1] Sed

---

1. Cf. q.71, Introd.
2. q.76.

제75문
죄의 일반적 원인
(전4절)

다음으로는 죄의 원인에 대해 고찰해야 한다.[1] 첫째로는 일반적 원인을,[2] 둘째로는 특수한 원인을 고찰해야 한다.

첫째에 대해서는 네 가지 문제가 제기된다.

1. 죄에는 원인이 있는가?
2. 죄에는 내적인 원인이 있는가?
3. 죄에는 외적인 원인이 있는가?
4. 죄는 죄의 원인인가?

제1절 죄에는 원인이 있는가?

Parall.: I, q.49, a 1; *In Sent.*, II, dist.34, a.3.

[반론] 첫째에 대해서는 다음과 같이 진행된다. 죄에는 원인이 없는 것으로 생각된다.

1. 앞서[1] 말한 바와 같이 죄는 악의 특성을 지니고 있다. 그런데 디

---

1. q.71, a.6.

malum non habet causam, ut Dionysius dicit, 4 cap. *de Div. Nom.*[2] Ergo peccatum non habet causam.

2. Praeterea, causa est *ad quam de necessitate sequitur aliud*. Sed quod est ex necessitate, non videtur esse peccatum, eo quod omne peccatum est voluntarium. Ergo peccatum non habet causam.

3. Praeterea, si peccatum habet causam, aut habet pro causa bonum, aut malum. Non autem bonum, quia bonum non facit nisi bonum; *non* enim *potest arbor bona fructus malos facere*, ut dicitur Matth. 7, [18]. Similiter autem nec malum potest esse causa peccati, quia malum poenae sequitur ad peccatum; malum autem culpae est idem quod peccatum. Peccatum igitur non habet causam.

S<small>ED CONTRA</small>, omne quod fit, habet causam, quia, ut dicitur *Iob* 5, [6], *nihil in terra sine causa fit*. Sed peccatum fit: est enim *dictum vel factum vel concupitum contra legem Dei*.[3] Ergo peccatum habet causam.

R<small>ESPONDEO</small> dicendum quod peccatum est quidam actus inordinatus.[4] Ex parte igitur actus, potest habere per se causam, sicut et quilibet alius actus.—Ex parte autem inordinationis, habet causam eo modo quo negatio vel privatio potest habere causam. Negationis autem alicuius potest duplex causa assignari.

오니시우스가 『신명론』 제4장²에서 말하는 바와 같이 "악에는 이유가 없다." 그러므로 죄에는 원인이 없다.

2. 원인은 "그것에 어떤 것이 필연적으로 뒤따르는 것"이다. 그런데 필연적으로 일어나는 것은 죄라고 여겨지지 않는다. 모든 죄는 의지적이기 때문이다. 그러므로 죄에는 원인이 없다.

3. 죄에 원인이 있다면 그 원인은 선이거나 악이어야 할 것이다. 하지만 선은 그 원인일 수 없다. 선은 선만을 만들어 내기 때문이다. 마태오복음서 7장 [18절]에서 말하듯이 "좋은 나무가 나쁜 열매를 맺을 수 없다." 마찬가지로 악도 죄의 원인이 될 수 없다. 형벌의 악은 죄에 뒤따르는 것이고, 죄책의 악은 바로 죄이기 때문이다. 그러므로 죄에는 원인이 없다.

[재반론] 그러나 반대로 일어나는 모든 일에는 원인이 있다. 욥기 5장 [6절, 대중 라틴말 성경]에서 말하듯이 "지상에서 원인 없이 일어나는 일은 없다." 그런데 죄는 일어난다. 죄는 "하느님의 법을 거스르는 말이나 행함이나 욕구"이다.³ 그러므로 죄에는 원인이 있다.

[답변] 죄는 무질서한 행위이다.⁴ 그러므로 행위라는 점에서는 다른 어떤 행위와 마찬가지로 그 자체의 원인이 있을 수 있다.―무질서라는 점에서는, 부정이나 결핍에 원인이 있을 수 있는 것과 같은 방식으로 이유가 있다. 그런데 부정에는 두 가지로 원인이 정해질 수 있

---

2. PG 3, 732 C; S. Thomas, lect.22.
3. Aug. *Contra Faustum*, l.XXII, c.27: PL 42, 418.
4. Cf. q.71, a.6 c.

Primo quidem, defectus causae, idest ipsius causae negatio, est causa negationis secundum seipsam, ad remotionem enim causae sequitur remotio effectus; sicut obscuritatis causa est absentia solis. Alio modo, causa affirmationis ad quam sequitur negatio, est per accidens causa negationis consequentis, sicut ignis, causando calorem ex principali intentione, consequenter causat privationem frigiditatis. Quorum primum potest sufficere ad simplicem negationem. Sed cum inordinatio peccati, et quodlibet malum, non sit simplex negatio, sed privatio eius quod quid natum est et debet habere; necesse est quod talis inordinatio habeat causam agentem per accidens, quod enim natum est inesse et debet, nunquam abesset nisi propter causam aliquam impedientem. Et secundum hoc consuevit dici quod malum, quod in quadam privatione consistit, habet causam deficientem, vel agentem per accidens.

Omnis autem causa per accidens reducitur ad causam per se.[5] Cum igitur peccatum ex parte inordinationis habeat causam agentem per accidens, ex parte autem actus habeat causam agentem per se; sequitur quod inordinatio peccati consequatur ex ipsa causa actus. Sic igitur voluntas carens directione regulae rationis et legis divinae,[6] intendens aliquod bonum commutabile, causat actum quidem peccati per se, sed inordinationem actus per accidens et praeter intentionem, provenit enim defectus ordinis in actu, ex defectu directionis in voluntate.

다. 첫째로, 원인의 결함 곧 원인 자체의 부정은 그 자체로서 부정의 원인이다. 태양의 부재가 어둠의 원인이 되듯이, 원인이 제거되면 결과가 제거되는 것이다. 둘째로, 그 뒤에 부정이 뒤따르게 되는 긍정의 원인은 우유적으로 그에 뒤다르는 부정의 원인이 된다. 예를 들어, 불은 주된 지향으로는 열기의 원인이 되면서 그 결과로 냉기의 결핍의 원인이 된다. 단순한 부정에 대해서는 그 첫째 것으로 충분할 수 있다. 하지만 죄의 무질서와 모든 악의 무질서는 단순한 부정이 아니라, 어떤 것에 본성적이고 지니고 있어야 마땅한 것의 결핍이다. 그러한 무질서에는 우유적인 작용인이 있어야 한다. 어떤 것에 본성적이고 있어야 하는 것은, 어떤 원인이 그것을 가로막는 경우가 아니라면 결코 없을 수 없기 때문이다. 이에 따라, 무엇인가의 결핍인 악은 결함의 원인, 또는 우유적인 작용인이 있어야 한다고 말하곤 한다.

그런데 모든 우유적인 원인은 그 자체로서의 원인으로 환원된다.[5] 죄는 무질서라는 면에서는 우유적인 작용인이 있고, 행위라는 면에서는 그 자체로서의 작용인이 있다. 그러므로 죄의 무질서는 행위의 원인 자체로부터 나오는 것이라는 결론이 나온다. 그러므로 의지가 이성의 규칙과 하느님의 법에 인도되지 않고[6] 어떤 변할 수 있는 선을 지향할 때, 그 자체로서 죄인 행위의 원인이 되거나 우연히 그리고 의도 없이 행위의 무질서의 원인이 된다. 행위에서 질서가 없는 것은 의지에서 지도가 없다는 데에서 기인하는 것이다.

---

5. Cf. q.19, a.2 c; I, q 49, a.3,5 a; *ScG*, III, c.10, n.1937; c.11, n.1956; c.107, n.2823.
6. Cf. q.71, a.6 c.

AD PRIMUM ergo dicendum quod peccatum non solum significat ipsam privationem boni, quae est inordinatio; sed significat actum sub tali privatione, quae habet rationem mali. Quod quidem qualiter habeat causam, dictum est.[7]

AD SECUNDUM dicendum quod, si illa definitio causae universaliter debeat verificari, oportet ut intelligatur de causa sufficienti et non impedita. Contingit enim aliquid esse causam sufficientem alterius, et tamen non ex necessitate sequitur effectus, propter aliquod impedimentum superveniens, alioquin sequeretur quod omnia ex necessitate contingerent, ut patet in VI *Metaphys.*[8] Sic igitur, etsi peccatum habeat causam, non tamen sequitur quod sit necessaria, quia effectus potest impediri.

AD TERTIUM dicendum quod, sicut dictum est,[9] voluntas sine adhibitione regulae rationis vel legis divinae, est causa peccati. Hoc autem quod est non adhibere regulam rationis vel legis divinae, secundum se non habet rationem mali, nec poenae nec culpae, antequam applicetur ad actum. Unde secundum hoc, peccati primi non est causa aliquod malum, sed bonum aliquod cum absentia alicuius alterius boni.[10]

[해답] 1. 죄는 선의 결핍 곧 무질서만을 지칭하지 않고, 그러한 결핍 아래 이루어지는 악의 특성을 지닌 행위도 지칭한다. 어떻게 거기에 원인이[7] 있게 되는지는 앞서 말한 바와 같다.

2. 원인에 대한 이 정의가 보편적으로 입증되려면, 장애를 받지 않는 충분한 원인에 관한 것으로 이해해야 한다. 실상 어떤 것이 다른 것의 충분한 이유이면서도, 어떤 장애가 발생하여 그 결과가 반드시 뒤따르지는 않는 경우가 있다. 『자연학』 제6권[8]에서 드러나듯이, 그렇지 않다면 모든 것이 필연적으로 일어날 것이다. 그러므로 죄에 원인이 있다 하더라도 그것은 필연적인 원인은 아니다. 결과가 방해를 받을 수 있기 때문이다.

3. 앞서[9] 말한 바와 같이, 이성의 법칙이나 하느님의 법에 부합하지 않는 의지는 죄의 원인이 된다. 그런데 이렇게 이성의 법칙이나 하느님의 법에 부합하지 않는다는 것은 행위에 적용되기 전 그 자체로서는 형벌이나 죄책으로서 악의 근거를 갖지 않는다. 그러므로 이에 따르면, 죄의 첫째 원인은 악이 아니며 다른 어떤 선이 결핍된 선이다.

---

7. 답변.
8. c.3: 1027a29-b11; S. Thomas, lect.3, 1191-1200.
9. 답변.

Articulus 2
Utrum peccatum habeat causam interiorem

Ad secundum sic proceditur. Videtur quod peccatum non habeat causam interiorem.

1. Id enim quod est interius alicui rei, semper adest ei. Si igitur peccatum habeat causam interiorem, semper homo peccaret, cum, posita causa, ponatur effectus.

2. Praeterea, idem non est causa sui ipsius. Sed interiores motus hominis sunt peccatum. Ergo non sunt causa peccati.

3. Praeterea, quidquid est intra hominem, aut est naturale, aut voluntarium. Sed id quod est naturale, non potest esse peccati causa, quia peccatum est *contra naturam*, ut dicit Damascenus.[1] Quod autem est voluntarium, si sit inordinatum, iam est peccatum. Non ergo aliquid intrinsecum potest esse causa primi peccati.

SED CONTRA est quod Augustinus dicit,[2] quod voluntas est causa peccati.

RESPONDEO dicendum quod, sicut iam[3] dictum est, per se causam peccati oportet accipere ex parte ipsius actus. Actus autem humani potest accipi causa interior et mediata, et immediata. Immediata quidem causa humani actus est ratio et

제2절 죄에는 내적인 원인이 있는가?

[반론] 둘째에 대해서는 다음과 같이 진행된다. 죄에는 내적인 원인이 없는 것으로 생각된다.

1. 어떤 사물에 내적인 것은 언제나 그 안에 있다. 그러므로 죄에 내적인 원인이 있다면 인간은 언제나 죄를 지을 것이다. 원인이 있다면 결과도 있게 되기 때문이다.

2. 어떤 것이 그 자체의 원인일 수는 없다. 그런데 인간의 내적 움직임은 죄이다. 그러므로 그것은 죄의 원인이 아니다.

3. 인간 안에 있는 것은 본성적인 것이거나 의지적인 것이다. 그런데 본성적인 것은 죄의 원인이 될 수 없다. 다마셰누스[1]가 말하듯이 죄는 "본성을 거스르기" 때문이다. 한편 의지적인 것은 그것이 무질서한 것이라면 이미 죄이다. 그러므로 내재적인 것은 첫 죄의 원인이 될 수 없다.

[재반론] 그러나 반대로 아우구스티누스[2]는 "의지가 죄의 원인"이라고 말한다.

[답변] 이미[3] 말한 바와 같이 죄의 원인은 행위 편에서 파악해야 한다. 그런데 인간적 행위에서는 직접적인 내적 원인과 간접적인 내적 원인을 알아볼 수 있다. 인간적 행위의 직접적인 원인은 이성과 의지

---

1. *De Fide Orthodoxa*, II, cc.4&30; IV, c.20: PG 94, 876 A, 976 A, 1196 B.
2. *De lib. arb.* l.III, c.17: PL 32, 1294. Cf. *De duabus anim*, c.10,11: PL 42, 104-105.
3. 앞 절.

voluntas, secundum quam homo est liber arbitrio. Causa autem remota est apprehensio sensitivae partis, et etiam appetitus sensitivus, sicut enim ex iudicio rationis voluntas movetur ad aliquid secundum rationem, ita etiam ex apprehensione sensus appetitus sensitivus in aliquid inclinatur. Quae quidem inclinatio interdum trahit voluntatem et rationem, sicut infra[4] patebit. Sic igitur duplex causa peccati interior potest assignari, una proxima, ex parte rationis et voluntatis; alia vero remota, ex parte imaginationis vel appetitus sensitivi.

Sed quia supra[5] dictum est quod causa peccati est aliquod bonum apparens motivum cum defectu debiti motivi, scilicet regulae rationis vel legis divinae; ipsum motivum quod est apparens bonum, pertinet ad apprehensionem sensus et appetitum. Ipsa autem absentia debitae regulae pertinet ad rationem, quae nata est huiusmodi regulam considerare. Sed ipsa perfectio voluntarii actus peccati pertinet ad voluntatem, ita quod ipse voluntatis actus, praemissis suppositis, iam est quoddam peccatum.[6]

AD PRIMUM ergo dicendum quod id quod est intrinsecum sicut potentia naturalis, semper inest,[7] id autem quod est intrinsecum sicut actus interior appetitivae vel apprehensivae virtutis, non semper inest.[8] Ipsa autem potentia voluntatis est causa peccati in potentia, sed reducitur in actum per motus

로, 인간은 이에 따라 자유의지를 행사한다. 한편 멀리 있는 원인은 감각적 부분의 파악과 감각적 욕구이다. 의지가 이성의 판단에 의하여 이성에 부합한 것을 향해 움직여지듯이, 감각적 욕구는 감각의 파악에 의하여 어떤 것을 향하게 된다. 아래에서[4] 보게 될 것처럼, 성향은 의지와 이성에 영향을 미치기 때문이다. 그러므로 죄의 내적 원인은 두 가지로 지정될 수 있다. 근접 원인은 이성과 의지에서 나오고, 먼 원인은 상상과 감각적 욕구에서 나온다.

그러나 위에서[5] 말한 바와 같이, 죄의 원인은 마땅한 동기 곧 이성의 규칙이나 하느님의 법에 부합하지 않는 외관상의 선이다. 외관상의 선이라는 이 동기는 감각과 욕구의 파악에 속한다. 그런데 마땅한 규칙이 결핍되었다는 것은 이러한 규칙을 고찰하는 본성을 지닌 이성에 속하는 것이다. 하지만 죄의 의지적 행위를 완성하는 것은 의지에 속한다. 그러므로 위에 말한 전제들이 주어질 때에 의지 자체의 행위는 이미 죄가 된다.[6]

[해답] 1. 본성적 능력으로서 어떤 것 안에 있는 것은 언제나 그 안에 있다.[7] 그러나 욕구 능력과 파악 능력의 내적 행위로서 어떤 것 안에 있는 것은 언제나 그 안에 있는 것이 아니다.[8] 그런데 의지의 능력 자체는 죄의 가능적 원인이지만, 그에 선행하는 움직임에 의하

---

4. q.77, a.1.
5. 앞 절.
6. Cf. a. sq. c; II-II, q.10, a.2 c.
7. 즉 고유한 것이다.
8. 즉 우유적이다 (는리적이다).

praecedentes et sensitivae partis primo, et rationis consequenter. Ex hoc enim quod aliquid proponitur ut appetibile secundum sensum et appetitus sensitivus inclinatur in illud, ratio interdum cessat a consideratione regulae debitae, et sic voluntas producit actum peccati.[9] Quia igitur motus praecedentes non semper sunt in actu, neque peccatum semper est in actu.

AD SECUNDUM dicendum quod non omnes motus interiores sunt de substantia peccati, quod consistit principaliter in actu voluntatis, sed quidam praecedunt, et quidam consequuntur ipsum peccatum.

AD TERTIUM dicendum quod illud quod est causa peccati sicut potentia producens actum, est naturale. Motus etiam sensitivae partis, ex quo sequitur peccatum, interdum est naturalis, sicut cum propter appetitum cibi aliquis peccat. Sed efficitur peccatum innaturale ex hoc ipso quod deficit regula naturalis, quam homo secundum naturam suam debet attendere.

Articulus 3
Utrum peccatum habeat causam exteriorem

Ad tertium sic proceditur. Videtur quod peccatum non habeat causam exteriorem.

여 곧 먼저 감각적 부분의 움직임에 의하여, 그리고 그다음에는 이성의 움직임에 의하여 현실태가 된다. 이성이 때로 마땅한 규칙을 따르지 않는 것은 어떤 것이 감각에 의하여 바람직한 것으로 제시되고 감각적 욕구가 그것을 향해 기우는 데에 기인하고, 이렇게 하여 의지가 죄의 행위를 만들어 내는 것이기 때문이다.[9] 그러므로 선행하는 움직임은 언제나 현실태에 있는 것이 아니며, 죄도 언제나 현실태에 있는 것이 아니다.

2. 모든 내적 움직임이 죄의 실체에 속하는 것은 아니다. 죄의 실체는 주로 의지의 행위에 있다. 그러나 어떤 움직임들은 죄에 선행하고, 어떤 움직임들은 죄에 뒤따른다.

3. 가능태로서 죄의 원인인 것이 행위(현실태)를 만들어 내는 것은 본성적이다. 음식에 대한 욕구 때문에 어떤 사람이 죄를 짓는 경우와 같이, 거기에 죄가 뒤따르는 감각적 부분의 움직임도 때로는 본성적이다. 그러나 인간이 자신의 본성에 따라 준수해야 하는 본성적 규칙을 벗어난다는 점에서 죄는 본성에 어긋나는 것이 된다.

제3절 죄에는 외적인 원인이 있는가?

Parall.: Infra, q.80, a.1,3; *De Malo*, q.3, art.3,4.

[반론] 셋째에 대해서는 다음과 같이 진행된다. 죄에는 외적인 원인이 없는 것으로 생각된다.

---

9. Cf. q.9, a.2; q.77, a.1.

1. Peccatum enim est actus voluntarius. Voluntaria autem sunt eorum quae sunt in nobis; et ita non habent exteriorem causam. Ergo peccatum non habet exteriorem causam.

2. Praeterea, sicut natura est principium interius, ita etiam voluntas. Sed peccatum in rebus naturalibus nunquam accidit nisi ex aliqua interiori causa, ut puta monstruosi partus proveniunt ex corruptione alicuius principii interioris. Ergo neque in moralibus potest contingere peccatum nisi ex interiori causa. Non ergo habet peccatum causam exteriorem.

3. Praeterea, multiplicata causa, multiplicatur effectus. Sed quanto plura sunt et maiora exterius inducentia ad peccandum, tanto minus id quod quis inordinate agit, ei imputatur ad peccatum. Ergo nihil exterius est causa peccati.

SED CONTRA est quod dicitur *Num.* 31, [16]: *Nonne istae sunt quae deceperunt filios Israel, et praevaricari vos fecerunt in Domino super peccato Phogor?* Ergo aliquid exterius potest esse causa faciens peccare.

RESPONDEO dicendum quod, sicut supra[1] dictum est, causa interior peccati est et voluntas, ut perficiens actum peccati; et ratio, quantum ad carentiam debitae regulae; et appetitus sensitivus inclinans. Sic ergo aliquid extrinsecum tripliciter posset esse causa peccati, vel quia moveret immediate ipsam

1. 죄는 의지적 행위이다. 그런데 의지적인 것들은 우리 안에 있는 것들에 속하며, 따라서 외적인 이유가 없다. 그러므로 죄에는 외적인 이유가 없다.

2. 본성이 내적인 원리이듯이 의지도 그러하다. 그런데 본성적인 것들에서 죄는 내적인 원인으로부터만 발생한다. 예를 들어 기형으로 태어나는 것은 어떤 내적 원리가 손상된 데에서 기인한다. 그러므로 윤리적인 것들에서도 죄는 내적인 원인으로부터만 생겨날 수 있다. 그러므로 죄에는 외적인 원인이 없다.

3. 원인이 다수가 되면 결과도 다수가 된다. 그런데 죄를 짓게 하는 외적 자극들이 많고 강할수록 무질서를 행하는 사람에게는 죄책이 적어진다. 그러므로 외적인 것은 아무것도 죄의 원인이 아니다.

[재반론] 그러나 반대로 민수기 31장 [16절]에서는 "프오르에서 그 일이 일어났을 때, 발라암의 말에 따라 이스라엘 자손들에게 주님을 배신하게 한 것이 이들이 아닌가?"라고 말한다. 그러므로 외적인 것이 죄를 짓게 하는 원인이 될 수 있다.

[답변] 위에서¹ 말한 바와 같이, 죄의 내적인 원인은 죄의 행위를 실행하는 의지, 마땅한 규칙을 따르지 않게 하는 이성, 그리고 무엇인가를 향해 기울게 하는 감각적 욕구이다. 그러므로 외재적인 어떤 것은 세 가지 방식으로 죄의 원인이 될 수 있다. 그것은 직접적으로 의지 자체를 움직임으로써, 또는 이성을 움직임으로써, 또는 감각적 욕

---

1. 앞 절.

voluntatem; vel quia moveret rationem; vel quia moveret appetitum sensitivum. Voluntatem autem, ut supra[2] dictum est, interius movere non potest nisi Deus; qui non potest esse causa peccati, ut infra[3] ostendetur. Unde relinquitur quod nihil exterius potest esse causa peccati, nisi vel inquantum movet rationem, sicut homo vel Daemon persuadens peccatum; vel sicut movens appetitum sensitivum, sicut aliqua sensibilia exteriora movent appetitum sensitivum. Sed neque persuasio exterior in rebus agendis ex necessitate movet rationem; neque etiam res exterius propositae ex necessitate movent appetitum sensitivum, nisi forte aliquo modo dispositum; et tamen etiam appetitus sensitivus non ex necessitate movet rationem et voluntatem. Unde aliquid exterius potest esse aliqua causa movens ad peccandum, non tamen sufficienter ad peccatum inducens, sed causa sufficienter complens peccatum est sola voluntas.

AD PRIMUM ergo dicendum quod ex hoc ipso quod exteriora moventia ad peccandum non sufficienter et ex necessitate inducunt, sequitur quod remaneat in nobis peccare et non peccare.

AD SECUNDUM dicendum quod per hoc quod ponitur interior causa peccati, non excluditur exterior, non enim id quod est exterius est causa peccati, nisi mediante causa interiori, ut dictum est.[4]

구를 움직임으로써이다. 그런데 위에서² 말한 바와 같이 하느님 외에는 아무도 내적으로 의지를 움직일 수 없다. 하지만 아래에서³ 밝혀질 것처럼 하느님은 죄의 원인이 될 수 없다. 그러므로 인간이나 악마가 죄를 짓도록 설득할 때처럼 의지를 움직이거나 아니면 어떤 외적인 감각적 사물이 감각적 욕구를 움직일 때처럼 감각적 욕구를 움직이지 않는다면 외적인 것은 아무것도 죄의 원인이 될 수 없게 된다. 그러나 어떤 것을 행하는 데에 있어서 외적인 설득은 필연적으로 이성을 움직이지 못하며, 제시된 외적 사물들도 감각적 욕구가 어떤 식으로 이미 준비되어 있는 경우가 아니라면 필연적으로 감각적 욕구를 움직이지 못한다. 그리고 감각적 욕구 역시 이성과 의지를 필연적으로 움직이지는 못한다. 그러므로 어떤 외적인 것이 죄를 짓도록 움직이게 할 수는 있지만, 죄로 유인하도록 충분치는 못하다. 충분하게 죄를 실행하게 하는 원인은 오직 의지뿐이다.

[해답] 1. 외적인 동인이 충분히 그리고 필연적으로 죄를 짓도록 이끌지 못한다는 사실로부터, 죄를 짓거나 짓지 않는 것은 우리 자신에게 달려 있다는 결론이 나온다.
2. 죄의 내적인 원인이 있다고 해서 의적인 원인이 배제되는 것은 아니다. 앞서⁴ 말한 바와 같이 외적인 것은 내적인 원인을 통해서가 아니라면 죄의 원인이 되지 않기 때문이다.

---

2. q.9, a.6.
3. q.79, a.1.
4. In ccrp.

AD TERTIUM dicendum quod, multiplicatis exterioribus causis inclinantibus ad peccandum, multiplicantur actus peccati, quia plures ex illis causis, et pluries, inclinantur ad actus peccati. Sed tamen minuitur ratio culpae, quae consistit in hoc quod aliquid sit voluntarium et in nobis.

Articulus 4
Utrum peccatum sit causa peccati

Ad quartum sic proceditur. Videtur quod peccatum non sit causa peccati.

1. Sunt enim quatuor genera causarum, quorum nullum potest ad hoc congruere quod peccatum sit causa peccati. Finis enim habet rationem boni, quod non competit peccato, quod de sua ratione est malum. Et eadem ratione nec peccatum potest esse causa efficiens, quia malum non est causa agens, sed est *infirmum et impotens*, ut Dionysius dicit, 4 cap. *de Div. Nom.*[1] Causa autem materialis et formalis videntur habere solum locum in naturalibus corporibus quae sunt composita ex materia et forma. Ergo peccatum non potest habere causam materialem et formalem.

2. Praeterea, agere sibi simile est rei perfectae, ut dicitur in IV Meteor.[2] Sed peccatum de sui ratione est imperfectum. Ergo

3. 죄로 기울게 하는 외적 원인들이 많아지면 죄의 행위도 많아진다. 이 원인들에 의하여 더 많이 그리고 더 자주 죄로 기울게 되기 때문이다. 그러나 죄책이 되는 이유는 감소한다. 죄책은 어떤 것이 의지적이며 우리에게 달려 있는 데에 있는 것이기 때문이다.

제4절 죄는 죄의 원인인가?

Paral.: *In Sent.* II, dist.36, a.1; dist.42, q.2, aa 1&3; *De Malo*, a.8, a.1; *In Ep. ad Rom*, c.1, lect.3.

[반론] 넷째에 대해서는 다음과 같이 진행된다. 죄는 죄의 원인이 아닌 것으로 생각된다.

1. 원인의 종류는 네 가지인데, 그 가운데 어떤 것도 하나의 죄가 다른 죄의 원인이 되기에 적합하지 않다. 목적은 선이라는 특성을 지니고, 이는 악의 특성을 지니는 죄와 어울리지 않는다. 같은 이유로 죄는 작용인이 될 수도 없다. 악은 행위를 하는 원인이 아니라, 디오니시우스가 『신명론』 제4권[1]에서 말하듯이 "약하고 무력하다." 질료인과 형상인은 질료와 형상으로 합성된 자연적 물체에만 해당되는 것으로 생각된다. 그러므로 죄에는 질료인과 형상인이 있을 수 없다.

2. 『기상학』 제4권[2]에서 말하듯이 "자체와 유사한 것을 만들어 내는 것은 완전한 사물에 속한다." 그런데 죄는 본성상 불완전하다. 그

---

1. PG 3, 729 A, 732 C; S. Thomas, lect.21,22.
2. c.3: 380a14-15; 『기상학』에 대한 토마스의 설명은, Caietanus, l.4, n.1 Cf. *De anima* II, 4: 415a 26-b 7; S. Thomas, lect.8, nn.313-317.

peccatum non potest esse causa peccati.

3. Praeterea, si huius peccati sit causa aliud peccatum, eadem ratione et illius erit causa aliquod aliud peccatum, et sic procedetur in infinitum, quod est inconveniens. Non ergo peccatum est causa peccati.

SED CONTRA est quod Gregorius dicit, *super Ezech.*:[3] *Peccatum quod per poenitentiam citius non deletur, peccatum est et causa peccati.*

RESPONDEO dicendum quod, cum peccatum habeat causam ex parte actus,[4] hoc modo unum peccatum posset esse causa alterius, sicut unus actus humanus potest esse causa alterius.[5] Contingit igitur unum peccatum esse causam alterius secundum quatuor genera causarum. Primo quidem, secundum modum causae efficientis vel moventis, et per se et per accidens. Per accidens quidem, sicut removens prohibens dicitur movens per accidens, cum enim per unum actum peccati homo amittit gratiam, vel caritatem, vel verecundiam, vel quodcumque aliud retrahens a peccato, incidit ex hoc in aliud peccatum; et sic primum peccatum est causa secundi per accidens. Per se autem, sicut cum ex uno actu peccati homo disponitur ad hoc quod alium actum consimilem facilius committit, ex actibus enim

러므로 죄는 죄의 원인이 될 수 없다.

3. 어떤 죄의 원인이 다른 죄라면, 같은 이유로 그 다른 죄의 원인 역시 또 다른 죄일 것이며 이렇게 무한히 진행될 것인데 이는 부적절하다. 그러므로 죄는 죄의 원인이 아니다.

[재반론] 그러나 반대로 그레고리우스가 『에제키엘서에 대한 강론』[3]에서 말하듯이 "참회로 빨리 지워지지 않은 죄는 죄이며 또한 죄의 원인이 된다."

[답변] 죄에는 행위라는 면에서 원인이 있는 것이므로,[4] 하나의 인간적 행위가 다른 인간적 행위의 원인이 될 수 있는 것과 같은 방식으로[5] 하나의 죄가 다른 죄의 원인이 될 수 있다. 그러므로 하나의 죄는 죄의 네 가지 종류에 따라 다른 죄의 원인이 될 수 있다. 그 첫째로는 작용인 또는 동작인으로서인데, 그 자체로서 또는 우유적으로 이러한 방식으로 원인이 된다. 우유적으로는, 장어를 제거하는 것이 우유적으로 동인이라고 일컬어지는 것이다. 실상 죄의 행위로써 인간은 은총, 사랑, 수치심, 또는 죄를 짓지 않게 하는 다른 어떤 것을 잃게 되므로, 이로써 다른 죄에 떨어지게 된다. 이렇게 하여 첫째 죄는 우유적으로 둘째 죄의 원인이 된다. 그 자체로서는, 하나의 죄의 행위로써 인간이 더 쉽게 그와 유사한 행위를 범하게 되는 것이다. 실상 행위들로부터, 그와 유사한 행위로 기울게 되는 태도와 습

---

3. Hom. 11: PL 76, 915 B.
4. Cf. a.1 c, a.2 c.
5. Cf. q.84.

causantur dispositiones et habitus inclinantes ad similes actus.⁶—Secundum vero genus causae materialis, unum peccatum est causa alterius, inquantum praeparat ei materiam, sicut avaritia praeparat materiam litigio, quod plerumque est de divitiis congregatis.—Secundum vero genus causae finalis, unum peccatum est causa alterius, inquantum propter finem unius peccati aliquis committit aliud peccatum, sicut cum aliquis committit simoniam propter finem ambitionis, vel fornicationem propter furtum.—Et quia finis dat formam in moralibus, ut supra⁷ habitum est, ex hoc etiam sequitur quod unum peccatum sit formalis causa alterius, in actu enim fornicationis quae propter furtum committitur, est quidem fornicatio sicut materiale, furtum vero sicut formale.

AD PRIMUM ergo dicendum quod peccatum, inquantum est inordinatum, habet rationem mali, sed inquantum est actus quidam, habet aliquod bonum, saltem apparens, pro fine. Et ita ex parte actus potest esse causa et finalis et effectiva alterius peccati, licet non ex parte inordinationis. Materiam autem habet peccatum non ex qua, sed circa quam. Formam autem habet ex fine. Et ideo secundum quatuor genera causarum peccatum potest dici causa peccati, ut dictum est.⁸

AD SECUNDUM dicendum quod peccatum est imperfectum imperfectione morali ex parte inordinationis, sed ex parte actus

성이 생겨나게 된다.[6]—둘째로 질료인으로서는, 하나의 죄는 다른 죄의 질료를 준비한다는 의미에서 그 죄의 원인이 된다. 예를 들어 탐욕은 다툼의 질료를 준비한다. 대개 다툼은 모아 놓은 많은 재산에 관한 것이다.—목적인으로서는, 하나의 죄는 그 죄의 목적에 이르기 위하여 다른 죄를 범하게 된다는 의미에서 다른 죄의 목적인이 된다. 예를 들어 어떤 사람이 야심을 목적으로 성직매매를 범하거나, 절도를 하기 위하여 사음을 범하는 경우가 그러하다.—그리고 위에서[7] 말한 바와 같이 목적이 윤리적인 것들에 형상을 부여하므로, 하나의 죄는 다른 죄의 형상인이 된다. 절도를 하기 위하여 범한 사음의 행위에서, 사음은 질료와 같고 절도는 형상과 같다.

[해답][8] 1. 죄는 무질서라는 점에서는 악의 특성을 지니지만, 행위라는 점에서는 적어도 외관상으로는 선으로 보이는 것을 목적으로 한다. 그러므로 무질서라는 면에서는 아니더라도 행위라는 면에서는 목적인이며 작용인이 될 수 있다. 죄에 질료가 있다는 것은 죄가 그 질료로 만들어진다는 것이 아니라 그 질료에 대한 것이라는 뜻이다. 반면 죄에 형상이 있는 것은 그 목적으로부터 있게 되는 것이다. 그러므로 위에서[8] 말한 바와 같이 죄는 원인의 네 가지 종류에 따라 죄의 원인이 될 수 있다.

2. 죄는 무질서라는 면에서는 윤리적 불완전함으로 인하여 불완전하지만, 행위로서는 본성적 완전성을 지닐 수 있다. 그리고 이에 따

---

6. Cf. q 51, a.2.
7. q.1, a.3; q.18, a.6.
8. 답변

potest habere perfectionem naturae. Et secundum hoc potest esse causa peccati.

AD TERTIUM dicendum quod non omnis causa peccati est peccatum. Unde non oportet quod procedatur in infinitum; sed potest perveniri ad aliquod primum peccatum, cuius causa non est aliud peccatum.

라 죄의 원인이 될 수 있다.

  3. 죄의 모든 원인이 죄인 것은 아니다. 그러므로 무한히 진행할 필요는 없다. 그 원인이 다른 죄에 있지 않은 어떤 첫째 죄에 도달할 수 있기 때문이다.

QUAESTIO LXXVI
DE CAUSIS PECCATI IN SPECIALI
in quatuor articulos divisa

Deinde considerandum est de causis peccati in speciali.[1] Et primo, de causis interioribus peccati; secundo, de exterioribus;[2] tertio, de peccatis quae sunt causa aliorum peccatorum.[3] Prima autem consideratio, secundum praemissa,[4] erit tripartita, nam primo, agetur de ignorantia, quae est causa peccati ex parte rationis; secundo, de infirmitate seu passione, quae est causa peccati ex parte appetitus sensitivi;[5] tertio, de malitia, quae est causa peccati ex parte voluntatis.[6]

Circa primum quaeruntur quatuor.

Primo: utrum ignorantia sit causa peccati.

Secundo: utrum ignorantia sit peccatum.

Tertio: utrum totaliter a peccato excuset.

Quarto: utrum diminuat peccatum.

---

1. Cf. q.75, Introd.
2. q.79.
3. q.84.

제76문
죄의 특수 원인
(전4절)

다음으로는 죄의 특수 원인에 대해 고찰해야 한다.[1] 첫째로는 죄의 내적 원인에 대해, 둘째로는 외적 원인에 대해,[2] 셋째로는 다른 죄들의 원인이 되는 죄들에 대해[3] 고찰해야 한다. 앞에서 전제된 바에 따라[4] 그 첫 주제는 세 부분으로 나뉜다. 첫째로는 무지를 다루는데, 이는 이성 편에서의 죄의 원인이다. 둘째로는 약함 또는 정념을 다루는데, 이는 감각적 욕구 편에서의 죄의 원인이다.[5] 셋째로는 악의를 다루는데, 이는 의지 편에서의 죄의 원인이다.[6]

첫째에 대해서는 네 가지 문제가 제기된다.

1. 무지는 죄의 원인인가?
2. 무지는 죄인가?
3. 무지는 죄를 완전히 면하게 하는가?
4. 무지는 죄를 감소시키는가?

---

4. Cf. q.75, a.2.
5. q.77.
6. q.78.

Articulus 1
Utrum ignorantia possit esse causa peccati

Ad primum sic proceditur. Videtur quod ignorantia non possit esse causa peccati.

1. Quia quod non est, nullius est causa. Sed ignorantia est non ens, cum sit privatio quaedam scientiae. Ergo ignorantia non est causa peccati.

2. Praeterea, causae peccati sunt accipiendae ex parte conversionis, ut ex supradictis[1] patet. Sed ignorantia videtur respicere aversionem. Ergo non debet poni causa peccati.

3. Praeterea, omne peccatum in voluntate consistit, ut supra[2] dictum est. Sed voluntas non fertur nisi in aliquod cognitum, quia bonum apprehensum est obiectum voluntatis. Ergo ignorantia non potest esse causa peccati.

SED CONTRA est quod Augustinus dicit, in libro *de Natura et Gratia*,[3] quod quidam per ignorantiam peccant.

RESPONDEO dicendum quod, secundum Philosophum, in VIII *Physic.*,[4] causa movens est duplex, una per se, et alia per accidens.[5] Per se quidem, quae propria virtute movet, sicut

---
1. q.75, a.1.
2. q.74, a.1.
3. q.67: PL 44, 287. Cf. *De lib. arb.*, l.III, c.18, n.51: PL 32, 1295.

제1절 무지는 죄의 원인이 될 수 있는가?

Parall.: Infra, a.3; *De Malo*, q.3, a.6; III *Ethic*., lect.3.

[반론] 첫째에 대해서는 다음과 같이 진행된다. 무지는 죄의 원인이 될 수 없는 것으로 생각된다.

1. 존재하지 않는 것은 어떤 것의 원인도 될 수 없다. 그런데 무지는 지식의 결핍이므로 비-존재자이다. 그러므로 무지는 죄의 원인이 아니다.

2. 위에서¹ 말한 바와 같이 죄의 원인들은 어떤 것을 향하여 돌아서는 것으로 이해해야 한다. 그런데 무지는 멀어지는 것과 관계된다. 그러므로 무지는 죄의 원인으로 간주되지 않아야 한다.

3. 위에서² 말한 바와 같이 모든 죄는 의지에 자리한다. 그런데 의지는 인식된 것만을 향한다. 의지의 대상은 파악된 선이기 때문이다. 그러므로 무지는 죄의 원인이 될 수 없다.

[재반론] 그러나 반대로 아우구스티누스는 『본성과 은총』³에서, 어떤 이들은 무지로 죄를 짓는다고 말한다.

[답변] 철학자가 『자연학』 제8권⁴에서 말하는 바와 같이, 등작인에는 두 가지가 있다. 그것은 그 자체로서의 동작인인 것과 우유적으로 동작인인 것이다.⁵ 그 자체로서 동작인이 되는 것은, 자체의 힘으로

---

4. c.4: 254b7-12; S. Thomas, lect.7, n.2.
5. Cf. q.75, a.4; q.85, a.5; q.88, a.3; II-II, q.3, a.1, ad2; q.4, a.7.

generans est causa movens gravia et levia. Per accidens autem, sicut removens prohibens, vel sicut ipsa remotio prohibentis. Et hoc modo ignorantia potest esse causa actus peccati, est enim privatio scientiae perficientis rationem, quae prohibet actum peccati, inquantum dirigit actus humanos.

Considerandum est autem quod ratio secundum duplicem scientiam est humanorum actuum directiva, scilicet secundum scientiam universalem, et particularem. Conferens enim de agendis, utitur quodam syllogismo, cuius conclusio est iudicium seu electio vel operatio.[6] Actiones autem in singularibus sunt. Unde conclusio syllogismi operativi est singularis. Singularis autem propositio non concluditur ex universali nisi mediante aliqua propositione singulari, sicut homo prohibetur ab actu parricidii per hoc quod scit patrem non esse occidendum, et per hoc quod scit hunc esse patrem. Utriusque ergo ignorantia potest causare parricidii actum, scilicet et universalis principii, quod est quaedam regula rationis; et singularis circumstantiae.

Unde patet quod non quaelibet ignorantia peccantis est causa peccati, sed illa tantum quae tollit scientiam prohibentem actum peccati.[7] Unde si voluntas alicuius esset sic disposita quod non prohiberetur ab actu parricidii, etiam si patrem agnosceret; ignorantia patris non est huic causa peccati, sed concomitanter se

---

6. Cf. q.13, a.3 c; q.77, a.2, ad4; q.90, a.1, ad2.

움직이게 하는 것이다. 예를 들어 생성하는 것은 무겁고 가벼운 것들의 동력인이다. 우유적으로 작용인이 되는 것은 장애물을 제거하는 것 또는 장애물의 제거 그 자체이다. 이 후자의 방식으로 무지는 죄의 행위의 원인이 될 수 있다. 무지는 인간적 행위의 방향을 정하는 것으로서 죄의 행위를 금하는 이성을 완전하게 하는 지식의 결핍이기 때문이다.

그런데, 이성이 두 가지 방식으로 곧 보편적 지식에 따라서 그리고 개별적 지식에 따라서 인간의 행위들을 지도한다는 점을 고려해야 한다. 행해야 할 것을 다루는 데에 있어 이성은 삼단논법을 사용하는데, 그 결론은 판단 또는 선택 또는 작용이 된다.[6] 그런데 행위는 개별적인 것들에 속한다. 그러므로 실천적인 삼단논법의 결론은 개별적이다. 그런데 개별적인 명제는 다른 개별적인 명제를 거치지 않고서는 보편적인 것들로부터 결론으로 나올 수 없다. 예를 들면, 인간은 아버지를 죽이지 말아야 한다는 것을 알고 있고 또한 이 사람이 그의 아버지라는 것을 알고 있다는 데에서부터 자신의 아버지를 죽이지 않게 된다. 두 가지 중에 어떤 한 가지, 곧 이성의 법칙인 보편적 원리와 개별적 상황 가운데 어떤 한 가지에 대한 무지는 아버지를 죽이는 행위의 원인이 될 수 있다.

그러므로 죄를 짓는 사람의 모든 무지가 죄의 원인이 되는 것이 아니라 죄의 행위를 금하는 지식을 없애는 무지만이 죄의 원인이 된다는 것이 분명하다.[7] 그러므로 어떤 사람의 의지가 자신의 아버지를 알면서도 아버지를 죽이는 행위를 삼가지 않고자 한다면, 아버지에 대한 무지는 죄의 원인이 아니라 죄를 지을 때의 상황일 뿐이다. 그

---

7. q.6, a.8을 보라.

habet ad peccatum. Et ideo talis non peccat *propter ignorantiam*, sed peccat *ignorans*, secundum Philosophum, in III *Ethic.*[8]

AD PRIMUM ergo dicendum quod non ens non potest esse alicuius causa per se, potest tamen esse causa per accidens, sicut remotio prohibentis.

AD SECUNDUM dicendum quod sicut scientia quam tollit ignorantia, respicit peccatum ex parte conversionis; ita etiam ignorantia ex parte conversionis est causa peccati ut removens prohibens.

AD TERTIUM dicendum quod in illud quod est quantum ad omnia ignotum, non potest ferri voluntas, sed si aliquid est secundum aliquid notum et secundum aliquid ignotum, potest voluntas illud velle. Et hoc modo ignorantia est causa peccati, sicut cum aliquis scit hunc quem occidit, esse hominem, sed nescit eum esse patrem; vel cum aliquis scit aliquem actum esse delectabilem, nescit tamen eum esse peccatum.

Articulus 2
Utrum ignorantia sit peccatum

Ad secundum sic proceditur. Videtur quod ignorantia non sit peccatum.

러므로 철학자가 『니코마코스 윤리학』 제3권[8]에서 말하듯이 그러한 사람은 무지 때문에 죄를 짓는 것이 아니라 무지한 상태로 죄를 짓는 것이다.

[해답] 1. 비존재자는 그 자체로서 다른 어떤 것의 원인이 될 수 없지만 우유적으로, 장애물을 제거하는 것으로서 원인이 될 수 있다.

2. 무지에 의해 제거되는 지식이 어떤 것을 향하여 돌아서는가 하는 측면에서 죄에 관련되듯이, 그 측면에 대한 무지는 죄의 장애를 제거하는 것으로서 죄의 원인이 된다.

3. 의지는 전혀 알려져 있지 않은 것을 향할 수 없지만, 만일 어떤 것이 어떤 면에서는 알려져 있고 어떤 면에서는 알려져 있지 않다면 의지는 그것을 원할 수 있다. 이러한 방식으로 무지는 죄의 원인이 된다. 어떤 사람이 그가 죽이는 것이 인간임을 알면서도 그가 자신의 아버지라는 것을 알지 못하거나, 어떤 행위가 즐겁다는 것을 알면서도 그것이 죄임을 알지 못하는 경우가 그러하다.

제2절 무지는 죄인가?

Parall.: Sufra, q.74, a.1, ad2; a.5; II-II, q.53, a.2, ad2; *In Sent.*, II, dist.22, q.2, a.1; dist.42, q.2, a.2, qc.1, ad3; IV, dist.9, a.3, qc.2, ad1; *De Malo*, q.3, a.7; *Quodlib.* I, q.9, a.3; *In Ethic.*, III, lect.11.

---

8. c.2: 1110b25-30; S. Thomas, lect.3, nn.409-410.

1. *Peccatum* enim *est dictum vel factum vel concupitum contra legem Dei*, ut supra[1] habitum est. Sed ignorantia non importat aliquem actum, neque interiorem neque exteriorem. Ergo ignorantia non est peccatum.

2. Praeterea, peccatum directius opponitur gratiae quam scientiae. Sed privatio gratiae non est peccatum, sed magis poena quaedam consequens peccatum. Ergo ignorantia, quae est privatio scientiae, non est peccatum.

3. Praeterea, si ignorantia est peccatum, hoc non est nisi inquantum est voluntaria. Sed si ignorantia sit peccatum inquantum est voluntaria, videtur peccatum in ipso actu voluntatis consistere magis quam in ignorantia. Ergo ignorantia non erit peccatum, sed magis aliquid consequens ad peccatum.

4. Praeterea, omne peccatum per poenitentiam tollitur; nec aliquod peccatum transiens reatu remanet actu, nisi solum originale. Ignorantia autem non tollitur per poenitentiam, sed adhuc remanet actu, omni reatu per poenitentiam remoto. Ergo ignorantia non est peccatum, nisi forte sit originale.

5. Praeterea, si ipsa ignorantia sit peccatum, quandiu ignorantia remaneret in homine, tandiu actu peccaret. Sed continue manet ignorantia in ignorante. Ergo ignorans continue peccaret. Quod patet esse falsum, quia sic ignorantia esset gravissimum. Non

---

1. q.71, a.6.

Doctr. Eccl.: 인노첸시오 2세에 의하여 단죄 받은 페트루스 아벨라르두스의 명제(1140년): "10. 무지한 채로 그리스도를 십자가에 못 박은 이들은 죄를 짓지 않았으며, 무지로 인하여 행한 것은 죄책으로 여겨지지 않아야 한다."(DS 377[= DH 729-730])―비오 5세에 의하여 단죄 받은 미카엘 바유스의 명제(1567년): '68. 그리스도가 아직 선포되지 않은 이들에게서, 순전히 부정적인 불신앙은 죄이다."(DS 1068[= DH 1968])―알렉산데르 8세에 의하여 단죄 받은 얀센주의자들의 명제(1690년): "자연법에 대한 불가항력적인 무지가 있다 하여도, 타락한 본성의 상태에서 이것은 그 무지에서 행하는 사람에게 형상적 죄를 면하게 하지 않는다."(DS 1292[= DH 2302])

[반론] 둘째에 대해서는 다음과 같이 진행된다. 무지는 죄가 아닌 것으로 생각된다.

1. 위에서¹ 말한 바와 같이 "죄는 하느님의 법을 거스르는 행함이나 욕구"이다. 그런데 무지는 어떤 내적 또는 외적 행위도 수반하지 않는다. 그러므로 무지는 죄가 아니다.

2. 죄는 지식보다 은총에 더 직접적으로 대립된다. 그런데 은총의 결핍은 죄가 아니며 오히려 죄에 뒤따르는 벌이다. 그러므로 지식의 결핍인 무지는 죄가 아니다.

3. 만일 무지가 죄라면 이는 무지가 의지적인 것인 한에서일 것이다. 그런데 만일 무지가 의지적인 것인 한에서 죄라면, 죄는 무지에 있기보다 오히려 의지의 행위 자체에 있는 것으로 생각된다. 그러므로 무지는 죄가 아니며 오히려 죄의 결과이다.

4. 모든 죄는 참회로 제거되며, 오직 원죄 외에는 죄책이 이미 지나가고 나서도 행위가 남아 있는 경우가 없다. 그런데 무지는 참회로 제거되지 않으며, 참회로 죄책이 완전히 없어지고 나서도 행위가 남는다. 그러므로 무지는 혹시 원죄가 아니라면 죄가 아니다.

5. 만일 무지 자체가 죄라면 무지가 인간 안에 남아 있는 동안 그는 실제적으로 죄를 짓고 있는 셈이 될 것이다. 그런데 무지는 무지

ergo ignorantia est peccatum.

Sed contra, nihil meretur poenam nisi peccatum. Sed ignorantia meretur poenam, secundum illud I *ad Cor.* 14, [38]: *Si quis ignorat, ignorabitur.* Ergo ignorantia est peccatum.

Respondeo dicendum quod ignorantia in hoc a nescientia differt, quod nescientia dicit simplicem scientiae negationem, unde cuicumque deest aliquarum rerum scientia, potest dici nescire illas; secundum quem modum Dionysius in Angelis nescientiam ponit, 7 cap. *Cael. Hier.*[2] Ignorantia vero importat scientiae privationem, dum scilicet alicui deest scientia eorum quae aptus natus est scire.[3] Horum autem quaedam aliquis scire tenetur, illa scilicet sine quorum scientia non potest debitum actum recte exercere. Unde omnes tenentur scire communiter ea quae sunt fidei, et universalia iuris praecepta, singuli autem ea quae ad eorum statum vel officium spectant. Quaedam vero sunt quae etsi aliquis natus est scire, non tamen ea scire tenetur, sicut theoremata geometriae, et contingentia particularia, nisi in casu.

Manifestum est autem quod quicumque negligit habere vel facere id quod tenetur habere vel facere, peccat peccato omissionis.[4] Unde propter negligentiam, ignorantia eorum quae

---

2. PG 3, 209 C.-Cf. *Eccl. Hier.*, c.6: PG 3, 537 B.(Cf. I, q.106, a.2, ad1)
3. Cf. I, q.101, a.1, ad2.
4. Cf. q.71, a.5; q.72, a.6.

한 사람 안에 지속적으로 계속 남으므로, 무지한 사람은 지속적으로 죄를 짓게 될 것이다. 이는 분명 거짓이다. 그렇다면 가장 중대한 죄가 될 것이기 때문이다. 그러므로 무지는 죄가 아니다.

[재반론] 그러나 반대로 죄가 아니라면 아무것도 벌을 받을 것이 아니다. 그런데 무지는 벌을 받을 만하다. 코린토 1서 14장 [38절]에서는 "누구든지 이것을 인정하지 않으면 그 사람도 인정받지 못합니다."라고 말한다.

[답변] 무지는 알지 못하는 것과 구별된다. 알지 못하는 것은 단순한 지식의 부정이어서, 어떤 사물에 대한 지식이 없는 것은 모두 그것을 알지 못하는 것이라고 말할 수 있다. 이러한 의미에서 디오니시우스는 『교회 의계론』 제7장[2]에서, 천사들에게 알지 못하는 것이 있다고 본다. 그러나 무지는 지식의 결핍을 내포하여 아는 것이 본성적으로 적합한 것에 대한 지식이 없음을 뜻한다.[3] 어떤 것들은, 그것을 알지 않고서는 마땅한 행위를 올바로 실행할 수 없기 때문에 그것을 알아야만 한다. 그러므로 모든 이는 공통적으로 신앙에 속한 것들과 보편적인 법의 계명들을 알아야 하고, 개인들은 자신의 신분 또는 직무에 관련된 것을 알아야 한다. 그러나 어떤 것들은, 예를 들어 기하학의 정리들이나 개별적인 우유들과 같이, 어떤 사람이 그것을 아는 것이 본성적으로 적합하다 하더라도 특별한 경우가 아니라면 그가 그것을 알아야 하는 것은 아니다.

그런데, 어떤 사람이 지니고 있어야 하거나 행해야 하는 것을 소홀히 하는 사람은 누구나 부작위의 죄를 짓는 것임이 명백하다.[4] 그러

aliquis scire tenetur, est peccatum. Non autem imputatur homini ad negligentiam, si nesciat ea quae scire non potest. Unde horum ignorantia invincibilis dicitur, quia scilicet studio superari non potest. Et propter hoc talis ignorantia, cum non sit voluntaria, eo quod non est in potestate nostra eam repellere, non est peccatum. Ex quo patet quod nulla ignorantia invincibilis est peccatum, ignorantia autem vincibilis est peccatum, si sit eorum quae aliquis scire tenetur; non autem si sit eorum quae quis scire non tenetur.[5]

AD PRIMUM ergo dicendum quod, sicut supra[6] dictum est, in hoc quod dicitur *dictum vel factum vel concupitum*, sunt intelligendae etiam negationes oppositae, secundum quod omissio habet rationem peccati. Et ita negligentia, secundum quam ignorantia est peccatum, continetur sub praedicta definitione peccati, inquantum praetermittitur aliquid quod debuit dici vel fieri vel concupisci, ad scientiam debitam acquirendam.

AD SECUNDUM dicendum quod privatio gratiae, etsi secundum se non sit peccatum, tamen ratione negligentiae praeparandi se ad gratiam, potest habere rationem peccati, sicut et ignorantia. Et tamen quantum ad hoc est dissimile, quia homo potest aliquam scientiam acquirere per suos actus, gratia vero non acquiritur ex nostris actibus, sed ex Dei munere.[7]

므로 어떤 사람이 알아야 하는 것에 대한 무지는 나태로 인하여 죄가 된다. 그러나 알 수 없는 것을 알지 못한다면 그것은 나태의 죄로 여겨질 수 없다. 그래서 이러한 무지는 불가항력적이라고 일컬어진다. 이는 노력으로 극복될 수 없기 때문이다. 이러한 무지는 의지적인 것이 아니기 때문에 우리의 권한으로 이를 제거할 수 없으므로, 죄가 아니다. 따라서 불가항력적인 무지는 전혀 죄가 아니다. 그러나 만일 어떤 사람이 알아야 하는 것에 대한 극복할 수 있는 무지는 죄이다. 알아야 하는 것이 아니라면 죄가 되지 않는다.[5]

[해답] 1. 위에서[6] 말한 바와 같이 "말이나 행함이나 욕구"라고 일컬어진 것은 그에 대립되는 부정들도 뜻하는 것으로 이해해야 한다. 부작위도 죄이기 때문이다. 그러므로 무지를 죄가 되게 하는 나태는 마땅한 지식을 습득하기 위하여 말하거나 행하거나 갈망해야 하는 것을 소홀히 하는 것이라는 점에서 위에 언급된 죄의 정의에 포함된다.

2. 은총의 결핍은 그 자체로 죄가 되는 것은 아니지만, 은총을 받기 위하여 준비하는 데에 나태했다는 점에서 무지와 마찬가지로 죄가 될 수 있다. 그러나 차이점은, 은총은 우리의 행위로 얻을 수 없으며 하느님으로부터 주어진다는 데에 있다.[7]

---

5. Cf. q 74, a.1, ad 2; a.5 c et ad1.
6. q.71, a.6, ad1.
7. Cf. q.112, a.1,2.

AD TERTIUM dicendum quod, sicut in peccato transgressionis peccatum non consistit in solo actu voluntatis, sed etiam in actu volito qui est imperatus a voluntate; ita in peccato omissionis non solum actus voluntatis est peccatum, sed etiam ipsa omissio, inquantum est aliqualiter voluntaria. Et hoc modo ipsa negligentia sciendi, vel inconsideratio, est peccatum.[8]

AD QUARTUM dicendum quod licet, transeunte reatu per poenitentiam, remaneat ignorantia secundum quod est privatio scientiae; non tamen remanet negligentia, secundum quam ignorantia peccatum dicitur.

AD QUINTUM dicendum quod, sicut in aliis peccatis omissionis solo illo tempore homo actu peccat, pro quo praeceptum affirmativum obligat;[9] ita est etiam de peccato ignorantiae. Non enim continuo ignorans actu peccat, sed solum quando est tempus acquirendi scientiam quam habere tenetur.

Articulus 3
Utrum ignorantia excuset ex toto a peccato

Ad tertium sic proceditur. Videtur quod ignorantia, ex toto excuset a peccato.

1. Quia, ut Augustinus dicit,[1] omne peccatum voluntarium

3. 범하는 죄의 경우에 죄가 의지의 행위에만 있는 것이 아니라 또한 의지에 의하여 명령된 그 원한 행위에도 있는 것과 같이, 부작위의 죄에서도 의지의 행위만이 아니라 그 부작위 자체도 어떤 식으로 의지적이며 죄가 된다. 마찬가지로, 아는 데에서의 나태함이나 부주의함도 죄가 된다.[8]

4. 참회로 죄책이 없어지고 나서도 지식의 결핍으로서의 무지는 남아 있지만, 무지가 죄라고 일컬어지는 것으로서의 무지는 남아 있지 않다.

5. 다른 부작위의 죄들과 마찬가지로, 긍정적인 계명에 의하여 의무가 지워진 때에만 실제로 죄를 짓는 것이 된다. 그러므로 무지한 상태에 있다고 해서 지속적으로 실제로 죄를 짓는 것은 아니며, 오직 알아야 하는 지식을 습득해야 하는 그때에만 죄를 짓는 것이다.

제3절 무지는 죄를 완전히 면하게 하는가?

Parall.: Supra, q.19, a.5; II-II, q.59, a.4, ad1; III, q.47, a.5, ad3; *In Sent.*, II, dist.22, q.2, a.2; dist.41, q.2, a.1, ad3; IV, dist.9, a.3, qc. 2; *De Malo*, q.3, a.8; *Quodlib*. VIII, q.6, a.5; *In Ep. ad Rom.*, c.1, lect.3; *In De div. nom.*, c.4, lect.22; *In Ethic.*, V lect.13.

[반론] 셋째에 대해서는 다음과 같이 진행된다. 무지는 죄를 완전히 면하게 하는 것으로 생각된다.

1. 아우구스티누스[1]가 말하듯이 모든 죄는 의지적이다. 그런데 위

---

8. Cf. q.71, a.5; II-II, q.53, aa.2&4-5.

1. *De vera rel.* c.14: PL 34, 133.

est. Sed ignorantia causat involuntarium ut supra[2] habitum est. Ergo ignorantia totaliter excusat peccatum.

2. Praeterea, id quod aliquis facit praeter intentionem, per accidens agit. Sed intentio non potest esse de eo quod est ignotum. Ergo id quod per ignorantiam homo agit, per accidens se habet in actibus humanis. Sed quod est per accidens, non dat speciem. Nihil ergo quod est per ignorantiam factum, debet iudicari peccatum vel virtuosum in humanis actibus.

3. Praeterea, homo est subiectum virtutis et peccati inquantum est particeps rationis. Sed ignorantia excludit scientiam, per quam ratio perficitur. Ergo ignorantia totaliter excusat a peccato.

SED CONTRA est quod Augustinus dicit, in libro *de Lib. Arb.*,[3] quod *quaedam per ignorantiam facta, recte improbantur*. Sed solum illa recte improbantur quae sunt peccata. Ergo quaedam per ignorantiam facta, sunt peccata. Non ergo ignorantia omnino excusat a peccato.

RESPONDEO dicendum quod ignorantia de se habet quod faciat actum quem causat, involuntarium esse.[4] Iam autem[5] dictum est quod ignorantia dicitur causare actum quem scientia opposita prohibebat. Et ita talis actus, si scientia adesset, esset contrarius

---

2. q.6, a.8.
3. l.III, c.18, n.51; PL 32, 1295.

에서[2] 말한 바와 같이 무지는 의지적이지 않은 것의 원인이 된다. 그러므로 무지는 죄를 완전히 면하게 한다.

2. 어떤 사람이 의도 없이 행하는 것은 우유적으로 행하는 것이다. 그런데 모르는 것에는 의도가 있을 수 없다. 그러므로 인간이 무지로 택하는 것은, 그것이 인간적 행위들 안에서 일어난다면 우유적으로 일어나는 것이다. 그런데 우유적으로 있는 것은 종을 부여할 수 없다. 그러므로 인간적 행위 안에서 무지로 행해진 것은 어떤 것도 죄로 또는 덕스러운 것으로 판단 받을 수 없다.

3. 인간은 이성에 참여한다는 점에서 덕 또는 죄의 주체가 된다. 그런데 무지는 이성을 완전하게 하는 지식을 배제한다. 그러므로 무지는 죄를 완전히 면하게 한다.

[재반론] 그러나 반대로 아우구스티누스는 『자유의지론』[2]에서 "무지로 행해진 어떤 것은 비난받는 것이 마땅하다."고 말한다. 그런데 죄에 해당하는 것만이 비난받아 마땅하다. 그러므로 무지는 죄를 완전히 면하게 하지 않는다.

[답변] 무지는 본성상 그것으로 기인하는 행위를 의지적이지 않은 것이 되게 한다.[4] 이미[5] 말한 바와 같이, 무지는 그에 대립되는 지식이 금했을 행위를 하게 하는 원인이 된다고 일컬어진다. 그 행위는, 만일 지식이 있었더라면 의지에 반대되는 행위가 되었을 것이다. 의지적이지 않다는 말은 이를 뜻한다. 그러나 만일 지식이 무지에 의하

---

4. Cf. q.6, a.8.
5. Art.1.

voluntati, quod importat nomen involuntarii. Si vero scientia quae per ignorantiam privatur, non prohiberet actum, propter inclinationem voluntatis in ipsum; ignorantia huius scientiae non facit hominem involuntarium, sed non volentem, ut dicitur in III *Ethic*.⁶ Et talis ignorantia, quae non est causa actus peccati, ut dictum est,7 quia non causat involuntarium, non excusat a peccato. Et eadem ratio est de quacumque ignorantia non causante, sed consequente vel concomitante actum peccati. Sed ignorantia quae est causa actus, quia causat involuntarium, de se habet quod excuset a peccato, eo quod voluntarium est de ratione peccati.

Sed quod aliquando non totaliter excuset a peccato, potest contingere ex duobus. Uno modo, ex parte ipsius rei ignoratae. Intantum enim ignorantia excusat a peccato, inquantum ignoratur aliquid esse peccatum. Potest autem contingere quod aliquis ignoret quidem aliquam circumstantiam peccati, quam si sciret, retraheretur a peccando, sive illa circumstantia faciat ad rationem peccati sive non; et tamen adhuc remanet in eius scientia aliquid per quod cognoscit illud esse actum peccati. Puta si aliquis percutiens aliquem, sciat quidem ipsum esse hominem, quod sufficit ad rationem peccati; non tamen scit eum esse patrem, quod est circumstantia constituens novam speciem peccati; vel forte nescit quod ille se defendens repercutiat eum, quod si sciret, non percuteret, quod non pertinet ad

여 제거되어 행위를 금지하지 않는다면, 의지 자체의 성향으로 인하여, 그 지식에 대한 무지는 인간을 의지적이지 않게 하는 것이 아니라 『니코마코스 윤리학』 제3권[6]에서 말하듯이 어떤 것을 "원하지 않게(non volentem)" 한다. 앞서[7] 말한 바와 같이 죄의 원인이 되지 않는 그러한 무지는, 의지적이지 않은 행위를 하게 하지 않으므로 죄를 면하게 하지 않는다. 죄의 행위의 원인이 되는 것이 아니라 그에 뒤따르거나 동반하는 모든 무지에 대해 이러한 설명이 적용된다. 그러나 의지적이지 않은 행위를 하게 함으로써 행위의 원인이 되는 무지는 그 자체로 죄를 면하게 하는 특성을 지닌다. 의지적인 것이 죄의 특성이기 때문이다.

하지만 무지는 때로는 죄를 완전히 면하게 하지는 않는데, 이는 두 가지 이유에서 그러할 수 있다. 첫째로는 무지의 대상이 되는 사물로 인하여 그러하다. 무지가 죄를 면하게 하는 것은 어떤 것에 대해 그것이 죄임을 모른다는 점에서이다. 그런데 어떤 상황이 죄의 근거가 되는 것이든 그렇지 않든, 어떤 사람이 그 상황을 알고 있었더라면 죄를 짓지 않았을 것이지만, 그 상황을 모르더라도 그것이 죄의 행위임을 알 수 있는 지식은 있을 수 있다. 예를 들어 어떤 사람이 다른 사람을 때리면서 그가 사람임을 안다면, 그 행위가 죄가 되기에는 이로써 충분하다. 그런데 그가 때린 사람이 자신의 아버지라는 것은 이를 새로운 죄의 종이 되게 하는 상황인데, 그가 이 상황을 모를 수 있다. 또는 그 사람이 자신을 방어하며 그를 때릴 것임을 알았더라면 그를 때리지 않았을 것인데 그럴 줄을 모를 수도 있다. 그

---

6. c.2: 1110b23-24; S. Thomas, lect.3, nn.406-408.
7. Art.1.

rationem peccati. Unde licet talis propter ignorantiam peccet, non tamen totaliter excusatur a peccato, quia adhuc remanet ei cognitio peccati.—Alio modo potest hoc contingere ex parte ipsius ignorantiae, quia scilicet ipsa ignorantia est voluntaria, vel directe, sicut cum aliquis studiose vult nescire aliqua, ut liberius peccet; vel indirecte, sicut cum aliquis propter laborem, vel propter alias occupationes, negligit addiscere id per quod a peccato retraheretur. Talis enim negligentia facit ignorantiam ipsam esse voluntariam et peccatum, dummodo sit eorum quae quis scire tenetur et potest. Et ideo talis ignorantia non totaliter excusat a peccato.

Si vero sit talis ignorantia quae omnino sit involuntaria, sive quia est invincibilis, sive quia est eius quod quis scire non tenetur; talis ignorantia omnino excusat a peccato.

AD PRIMUM ergo dicendum quod non omnis ignorantia causat involuntarium, sicut supra[8] dictum est. Unde non omnis ignorantia totaliter excusat a peccato.

AD SECUNDUM dicendum quod inquantum remanet in ignorante de voluntario, intantum remanet de intentione peccati. Et secundum hoc, non erit per accidens peccatum.

AD TERTIUM dicendum quod, si esset talis ignorantia quae totaliter usum rationis excluderet, omnino a peccato excusaret, sicut patet in furiosis et amentibus.[9] Non autem semper

러나 이러한 상황은 그 행위가 죄라는 데에 영향을 미치지 않는다. 그러므로 이 사람이 무지로 인하여 죄를 짓는다 해도, 그것이 죄를 완전히 면하게 하지는 않는다. 그에게는 죄에 대한 앎이 있기 때문이다.—둘째로는 무지 자체로 인하여 그러하다. 다시 말하면, 무지 자체가 의지적일 때에 그러하다. 여기에는 직접적으로, 예를 들어 어떤 사람이 더 자유롭게 죄를 짓기 위하여 일부러 애써 어떤 것을 알지 않으려고 할 경우가 있고 또는 간접적으로, 예를 들어 어떤 사람이 노동이나 다른 일로 인하여 죄를 멀리하게 하는 어떤 것을 배우기를 소홀히 하는 경우가 있다. 이것이 그가 알아야 하고 알 수 있는 것일 경우, 이러한 태도는 무지 자체를 의지적인 것이 되게 하고 죄가 되게 한다. 그러므로 이러한 무지는 죄를 완전히 면하게 하지 않는다.

그러나 만일 그 무지가 불가항력적이거나 또는 어떤 사람이 알아야 하는 것에 관한 것이 아니어서 전혀 의지적이지 않은 것이라면, 그러한 무지는 죄를 완전히 면하게 한다.

[해답] 1. 위에서[8] 말한 바와 같이 모든 무지가 행위를 의지적이지 않은 것이 되게 하는 것은 아니다. 그러므로 모든 무지가 죄를 완전히 면하게 하는 것은 아니다.

2. 무지한 사람 안에 의지적인 것이 남아 있는 그만큼 죄를 지으려는 지향도 남아 있는 것이다. 이에 따라 그 죄는 우우적인 것이 아니다.

3. 미친 사람이나 치매의 경우에 분명히 알 수 있듯이,[9] 만일 그 무지가 이성의 사용을 완전히 배제시키는 것이라면 그것은 죄를 완전

---

8. In c et q.6, a.8.
9. Cf. q.74, a.5, ad1.

ignorantia causans peccatum est talis. Et ideo non semper totaliter excusat a peccato.

Articulus 4
Utrum ignorantia diminuat peccatum

Ad quartum sic proceditur. Videtur quod ignorantia non diminuat peccatum.

1. Illud enim quod est commune in omni peccato, non diminuit peccatum. Sed ignorantia est communis in omni peccato, dicit enim Philosophus, in III *Ethic.*,[1] quod *omnis malus est ignorans*. Ergo ignorantia non diminuit peccatum.

2. Praeterea, peccatum additum peccato facit maius peccatum. Sed ipsa ignorantia est peccatum, ut dictum est.[2] Ergo non diminuit peccatum.

3. Praeterea, non est eiusdem aggravare et diminuere peccatum. Sed ignorantia aggravat peccatum, quoniam super illud Apostoli,[3] *Ignoras quoniam benignitas Dei*, etc., dicit Ambrosius:[4] *Gravissime peccas, si ignoras*. Ergo ignorantia non diminuit peccatum.

---

1. c.2: 1110b28-30; S. Thomas, lect.3, n.410.
2. Art.2.
3. 로마 2,4.
4. Glossa ord.: PL 114, 474D; Lombardus, PL 191, 1338 D.

히 면하게 할 것이다. 그러나 죄의 원인이 되는 무지가 늘 그러한 것은 아니다. 그러므로 그 무지가 언제나 죄를 완전히 면하게 하는 것은 아니다.

제4절 무지는 죄를 감소시키는가?

Parall.: Supra, q.73, a.6; II-II, q.59, a.4, ad1; *In Sent.*, II, dist.22, q.2, a.2; *De Malo*, q.3, a.8; *In De div. nom.*, c.4, lect.22; *In Ethic.*, V lect.13.

[반론] 넷째에 대해서는 다음과 같이 진행된다. 무지는 죄를 감소시키지 않는 것으로 생각된다.

1. 모든 죄에 공통된 것은 죄를 감소시키지 않는다. 그런데 무지는 모든 죄에 공통된다. 철학자는 『니코마코스 윤리학』 제3권[1]에서 "모든 악인은 무지한 이"라고 말한다. 그러므로 무지는 죄를 감소시키지 않는다.

2. 하나의 죄에 다른 죄가 더해지면 그 더해진 죄는 죄를 더 무겁게 한다. 그런데 앞서[2] 말한 바와 같이 무지는 죄이다. 그러므로 무지는 죄를 감소시키지 않는다.

3. 동일한 것은 죄를 더 무겁게 하면서 또한 감소시키지 않는다. 그런데 무지는 죄를 증가시킨다. "하느님의 호의를 업신여기는(ignoras) 것입니까?"[3]라는 사도의 말에 대해 암브로시우스[4]는 "무지하다면 지극히 무거운 죄를 짓는 것"이라고 말한다. 그러므로 무지는 죄를 감소시키지 않는다.

4. Praeterea, si aliqua ignorantia diminuit peccatum, hoc maxime videtur de illa quae totaliter tollit usum rationis. Sed huiusmodi ignorantia non minuit peccatum, sed magis auget, dicit enim Philosophus, in III *Ethic.*,[5] quod *ebrius meretur duplices maledictiones.* Ergo ignorantia non minuit peccatum.

SED CONTRA, quidquid est ratio remissionis peccati, alleviat peccatum. Sed ignorantia est huiusmodi, ut patet I *ad Tim.* 1, [13]: *Misericordiam consecutus sum, quia ignorans feci.*[6] Ergo ignorantia diminuit, vel alleviat peccatum.

RESPONDEO dicendum quod, quia omne peccatum est voluntarium, intantum ignorantia potest diminuere peccatum, inquantum diminuit voluntarium, si autem voluntarium non diminuat, nullo modo diminuet peccatum. Manifestum est autem quod ignorantia quae totaliter a peccato excusat, quia totaliter voluntarium tollit, peccatum non minuit, sed omnino aufert. Ignorantia vero quae non est causa peccati, sed concomitanter se habet ad peccatum, nec minuit peccatum nec auget. Illa igitur sola ignorantia potest peccatum minuere, quae est causa peccati, et tamen totaliter a peccato non excusat.

Contingit autem quandoque quod talis ignorantia directe et per se est voluntaria, sicut cum aliquis sua sponte nescit aliquid, ut liberius peccet. Et talis ignorantia videtur augere voluntarium

4. 만일 어떤 무지가 죄를 감소시킨다면 이는 무엇보다도 이성의 사용을 완전히 제거시키는 무지에 해당될 것으로 생각된다. 그런데 그러한 무지는 죄를 감소시키지 않고 오히려 증가시킨다 철학자는 『니코마코스 윤리학』 제3권[5]에서 "술 취한 사람은 두 배의 비난을 받아야 한다."고 말한다. 그러므로 무죄는 죄를 감소시키지 않는다.

[재반론] 그러나 반대로 용서의 이유가 되는 것은 죄를 가볍게 한다. 그런데 무지가 그에 해당한다. 티모테오 1서 1장 [13절]에서는 "내가 모르고 한 일이기 때문에, 하느님께서는 나에게 자비를 베푸셨습니다."[6]라고 말한다. 그러므로 무지는 죄를 감소시킨다.

[답변] 모든 죄는 의지적이므로, 무지는 의지적이라는 면을 감소시키는 그만큼 죄를 감소시킬 수 있다. 만일 의지적이라는 면을 감소시키지 않는다면, 죄를 전혀 감소시키지 않는다. 그러므로 의지적 성격을 완전히 제거하기 때문에 죄를 완전히 면하게 하는 무지는 죄를 감소시키는 것이 아니라 완전히 제거한다는 것이 명백하다. 그러나 죄의 원인이 아니라 죄에 동반하는 무지는 죄를 감소시키지도 않고 증가시키지도 않는다. 그러므로 죄의 원인이 되며 또한 죄를 완전히 면하게 하지 않는 무지만이 죄를 감소시킬 수 있다.

그런데 때로는 그러한 무지가 직접 그리고 그 자체로 의지적인 경우가 있다. 예를 들어 어떤 사람이 더 자유롭게 죄를 짓기 위하여 스스로 일부러 어떤 것을 알지 않을 경우가 그러하다. 이러한 무지는

---

5. c.7: 1113b31-32; S Thomas, lect.11, n.505.
6. 대중 라틴말 성경은, Misericordiam Dei consectus sum, quia ignorans feci.

et peccatum, ex intensione enim voluntatis ad peccandum provenit quod aliquis vult subire ignorantiae damnum, propter libertatem peccandi.—Quandoque vero ignorantia quae est causa peccati, non est directe voluntaria, sed indirecte vel per accidens, puta cum aliquis non vult laborare in studio, ex quo sequitur eum esse ignorantem; vel cum aliquis vult bibere vinum immoderate, ex quo sequitur eum inebriari et discretione carere. Et talis ignorantia diminuit voluntarium, et per consequens peccatum. Cum enim aliquid non cognoscitur esse peccatum, non potest dici quod voluntas directe et per se feratur in peccatum, sed per accidens, unde est ibi minor contemptus, et per consequens minus peccatum.[7]

AD PRIMUM ergo dicendum quod ignorantia secundum quam omnis malus est ignorans, non est causa peccati; sed aliquid consequens ad causam, scilicet ad passionem vel habitum inclinantem in peccatum.[8]

AD SECUNDUM dicendum quod peccatum peccato additum facit plura peccata, non tamen facit semper maius peccatum, quia forte non coincidunt in idem peccatum, sed sunt plura. Et potest contingere, si primum diminuat secundum, quod ambo simul non habeant tantam gravitatem quantam unum solum haberet. Sicut homicidium gravius peccatum est a sobrio homine factum, quam si fiat ab ebrio, quamvis haec sint duo peccata,

죄를 더 의지적인 것이 되게 하고 죄를 증가시키는 것으로 생각된다. 그는 죄를 짓고자 하는 의지의 지향으로부터, 죄를 지을 자유 때문에 무지의 손해를 당하고자 하는 것이다.—그러나 죄의 원인이 되는 무지는 직접적으로 의지적인 것이 아니라, 간접적으로 또는 우연히 의지적인 것이다. 예를 들어 어떤 사람이 열심히 공부하려 하지 않아 그 결과로 그가 무지하게 되거나, 아니면 어떤 사람이 무절제하게 술을 마시려 하여 그 결과로 술에 취하고 분별을 하지 못하게 되는 경우가 그러하다. 이러한 무지는 의지적인 면을 감소시키며, 그 결과 죄를 감소시킨다. 어떤 것이 죄임을 모른다면, 의지가 직접적으로 그리고 그 자체로 죄를 향한다고는 말할 수 없으며 우유적으로 그렇게 되는 것이다. 그러므로 거기에는 수치가 더 적고, 따라서 죄도 더 적다.[7]

[해답] 1. 모든 악인은 무지하다고 할 때의 무지는 죄의 원인이 아니며, 죄의 원인인 정념이나 죄로 기울게 하는 습성의 결과이다.[8]

2. 하나의 죄에 더해진 죄는 여러 죄들을 만들어 내지만, 언제나 더 무거운 죄를 만들어 내는 것은 아니다. 이들은 동일한 죄가 아니라 여러 죄들일 수 있기 때문이다. 그리고 만일 더해진 죄가 먼저의 죄를 감소시킨다면, 두 죄를 더한 것이 죄 하나만 있을 때보다 덜 무거운 것이 될 것이다. 예를 들어 살인은 취하지 않은 사람이 범했을 때에 취한 사람이 범했을 때보다 더 무거운 죄가 된다. 후자의 경우 두 가지 죄가 있는데도 그러하다. 술 취함이 아무리 중대하다 해도 그 취함은 그 취함의 결과인 죄를 오히려 더 감소시키기 때문이다.

---

7. Cf. a. praec.
8. Cf. q.77, a.2; q.78, a.1, ad1; a.2; a4, ad1 et ad3.

quia ebrietas plus diminuit de ratione sequentis peccati, quam sit sua gravitas.

AD TERTIUM dicendum quod verbum Ambrosii potest intelligi de ignorantia simpliciter affectata. Vel potest intelligi in genere peccati ingratitudinis, in qua summus gradus est quod homo etiam beneficia non recognoscat. Vel potest intelligi de ignorantia infidelitatis, quae fundamentum spiritualis aedificii subvertit.

AD QUARTUM dicendum quod ebrius meretur quidem duplices maledictiones, propter duo peccata quae committit, scilicet ebrietatem et aliud peccatum quod ex ebrietate sequitur. Tamen ebrietas, ratione ignorantiae adiunctae, diminuit sequens peccatum, et forte plus quam sit gravitas ipsius ebrietatis, ut dictum est.[9] —Vel potest dici quod illud verbum inducitur secundum ordinationem cuiusdam Pittaci legislatoris, qui statuit *ebrios, si percusserint, amplius puniendos; non ad veniam respiciens, quam ebrii debent magis habere; sed ad utilitatem, quia plures iniuriantur ebrii quam sobrii*; ut patet per Philosophum, in II *Politicorum*.[10]

3. 암브로시우스의 말은 단순히 의도된 무지에 대한 것으로 이해할 수 있다. 또는 배은망덕의 죄에 적용될 수도 있는데, 최고의 배은망덕은 인간이 받은 은혜를 인정하지 않는 데에 있다. 또는 불신의 무지에 대한 것으로 이해할 수 있는데, 그것은 영적인 건물의 기초를 허물어뜨린다.

4. 술 취한 사람은 두 가지 죄, 곧 취함과 그 취함의 결과인 다른 죄를 범하는 것이므로 두 가지로 비난을 받아야 한다. 그러나 취함은 그에 수반되는 무지로 인하여 뒤따르는 죄를 감소시킨다. 위에서[9] 말한 바와 같이 취함의 중대함보다 더 많이 감소시킬 수도 있다.─또는 그 말이 법률가 피타쿠스의 규정에 따라 인용된 것이라고 말할 수도 있다. 철학자가 『정치학』 제2권[10]에서 보여 주듯이, 그는 "술 취한 사람들이 다른 사람을 때린다면 그들은 더 많은 벌을 받을 것이다. 이는 술 취한 이들이 받아야 할 용서를 고려해서가 아니라 유용성을 고려해서이다. 취하지 않은 사람들보다 취한 사람들이 더 많이 더 많은 폭행을 행하기 때문이다."

---

9. In resp ad2.
10. c.9: 1274b18-23; S. Thomas, lect.17. Cf. II-II, q.150, a.4.

QUAESTIO LXXVII
DE CAUSIS EX PARTE APPETITUS SENSITIVI
in octo articulos divisa

Deinde considerandum est de causa peccati ex parte appetitus sensitivi, utrum passio animae sit causa peccati.[1]

Et circa hoc quaeruntur octo.

Primo: utrum passio appetitus sensitivi possit movere vel inclinare voluntatem.

Secundo: utrum possit superare rationem contra eius scientiam.

Tertio: utrum peccatum quod ex passione provenit, sit peccatum ex infirmitate.

Quarto: utrum haec passio quae est amor sui, sit causa omnis peccati.

Quinto: de illis tribus causis quae ponuntur I Ioan. 2, [16], concupiscentia oculorum, concupiscentia carnis, et superbia vitae.

Sexto: utrum passio quae est causa peccati, diminuat ipsum.

Septimo: utrum totaliter excuset.

Octavo: utrum peccatum quod ex passione est, possit esse mortale.

제77문
감각적 욕구 편에서의 죄의 원인
(전8절)

다음으로는 감각적 욕구 편에서의 죄의 원인, 곧 영혼의 정념이 죄의 원인인가에 대해 고찰해야 한다.[1]

이에 대해서는 여덟 가지 문제가 제기된다.

1. 감각적 욕구의 정념은 의지를 움직이거나 무엇을 향하게 할 수 있는가?
2. 정념은 영혼의 지식을 거슬러 영혼을 이길 수 있는가?
3. 정념에서 나오는 죄는 약함에서 나오는 죄인가?
4. 자신에 대한 사랑의 정념은 모든 죄의 원인인가?
5. 요한 1서 2장 [16절]에서 제시된 세 가지 원인, 곧 "육의 욕망과 눈의 욕망과 살림살이에 대한 자만"에 대하여.
6. 죄의 원인이 되는 정념은 죄를 감소시키는가?
7. 정념은 죄를 완전히 면하게 하는가?
8. 정념에서 나오는 죄는 사죄일 수 있는가?

---

1. Cf. c.76, Introd.

Articulus 1
Utrum voluntas moveatur a passione appetitus sensitivi

Ad primum sic proceditur. Videtur quod voluntas non moveatur a passione appetitus sensitivi.

1. Nulla enim potentia passiva movetur nisi a suo obiecto. Voluntas autem est potentia passiva et activa simul, inquantum est *movens et mota*, sicut in III *de Anima*[1] Philosophus dicit universaliter de vi appetitiva. Cum ergo obiectum voluntatis non sit passio appetitus sensitivi, sed magis bonum rationis; videtur quod passio appetitus sensitivi non moveat voluntatem.

2. Praeterea, superior motor non movetur ab inferiori, sicut anima non movetur a corpore. Sed voluntas, quae est appetitus rationis, comparatur ad appetitum sensitivum sicut motor superior ad inferiorem, dicit enim Philosophus, in III de *Anima*,[2] quod *appetitus rationis movet appetitum sensitivum, sicut in corporibus caelestibus sphaera movet sphaeram*. Ergo voluntas non potest moveri a passione appetitus sensitivi.

3. Praeterea, nullum immateriale potest moveri ab aliquo materiali. Sed voluntas est quaedam potentia immaterialis, non enim utitur organo corporali, cum sit in ratione, ut dicitur in III *de Anima*.[3] Appetitus autem sensitivus est vis materialis, utpote

---

1. c.10: 433b16-21; S. Thomas, lect.15, n.831.

제1절 의지는 감각적 욕구의 정념에 의하여 움직여지는가?

Parall.: Supra, q.9, a.2; q.10, a.3; *De Veritate*, q.22, a.9, ad6.

[반론] 첫째에 대해서는 다음과 같이 진행된다. 의지는 감각적 욕구의 정념에 의하여 움직여지지 않는 것으로 생각된다.

1. 어떤 수동적 능력도 그 자체의 대상에 의해서가 아니라면 움직여지지 않는다. 그런데 철학자가 『영혼론』 제3권[1]에서 욕구적 능력에 대해 보편적으로 말하듯이, 의지는 "다른 것을 움직이고 또 움직여지는" 것이라는 점에서 수동적인 동시에 능동적인 능력이다. 의지의 대상은 감각적 욕구의 정념이 아니라 오히려 이성의 선이므로, 감각적 욕구의 정념은 의지를 움직이지 않는 것으로 생각된다.

2. 영혼이 육체에 의하여 움직여지지 않듯이 상위의 운동자는 하위의 운동자에 의하여 움직여지지 않는다. 그런데 감각적 욕구에 대한 이성의 욕구인 의지의 관계는 하위의 운동자에 대한 상위의 운동자의 관계와 같다. 철학자는 『영혼론』 제3권[2]에서, "천체들 사이에서 하나의 천구가 다른 천구를 움직이듯이 이성의 욕구는 감각의 욕구를 움직인다."고 말한다. 그러므로 의지는 감각적 욕구의 정념에 의하여 움직여질 수 없다.

3. 비물질적인 것은 어떤 것도 물질적인 것에 의하여 움직여질 수 없다. 그런데 의지는 비물질적인 능력이다. 『영혼론』 제3권[3]에서 말하듯이 의지는 영혼 안에 있는 것이기에 육체적 기관을 사용하지 않

---

2. c.11: 434a12-15; S. Thomas, lect.16, nr.843-844.
3. c.9: 432b5-7; S. Thomas, lect.14, nn.802-806.

fundata in organo corporali. Ergo passio appetitus sensitivi non potest movere appetitum intellectivum.

Sᴇᴅ ᴄᴏɴᴛʀᴀ est quod dicitur Dan. 13, [56]: *Concupiscentia subvertit cor tuum.*

Rᴇsᴘᴏɴᴅᴇo dicendum quod passio appetitus sensitivi non potest directe trahere aut movere voluntatem, sed indirecte potest. Et hoc dupliciter. Uno quidem modo, secundum quandam abstractionem. Cum enim omnes potentiae animae in una essentia animae radicentur,[4] necesse est quod quando una potentia intenditur in suo actu, altera in suo actu remittatur, vel etiam totaliter impediatur. Tum quia omnis virtus ad plura dispersa fit minor, unde e contrario, quando intenditur circa unum, minus potest ad alia dispergi. Tum quia in operibus animae requiritur quaedam intentio, quae dum vehementer applicatur ad unum, non potest alteri vehementer attendere. Et secundum hunc modum, per quandam distractionem,[5] quando motus appetitus sensitivi fortificatur secundum quamcumque passionem, necesse est quod remittatur, vel totaliter impediatur motus proprius appetitus rationalis, qui est voluntas.

Alio modo, ex parte obiecti voluntatis, quod est bonum ratione apprehensum. Impeditur enim iudicium et apprehensio rationis propter vehementem et inordinatam apprehensionem imaginationis,

기 때문이다. 그런데 감각적 욕구는 육체적 기관 안에 자리하므로 물질적인 능력이다. 그러므로 감각적 욕구의 정념은 지성적 욕구를 움직일 수 없다.

[재반론] 그러나 반대로 다니엘서 13장 [56절]에서는 "욕망이 당신 마음을 비뚤어지게 하였소."라고 말한다.

[답변] 감각적 욕구의 정념은 직접적으로 의지를 끌어당기거나 움직일 수 없지만, 간접적으로는 할 수 있다. 이는 두 가지로 이루어진다. 첫째로는 의지를 분산시킴으로써이다. 영혼의 모든 능력들은 영혼의 하나의 본질에 근거하고 있으므로[4] 하나의 능력이 그 행위에 집중되면 다른 능력은 행위를 소홀히 하게 되거나 또는 온전히 방해를 받는다. 어떤 능력이든지 여럿으로 분산되면 약해지기 때문이다. 그리고 반대로, 하나에 집중되면 다른 것으로 덜 분산되게 된다. 영혼의 작용들에서는 어떤 집중이 요구되고, 하나에 강하게 적용되면 다른 것들에 강하게 주의를 기울일 수 없기 때문이다. 이와 같이 분산으로 인하여,[5] 감각적 욕구의 움직임이 어떤 정념에 따라 강화될 때에는 이성적 욕구의 고유한 움직임인 의지가 약해지거나 완전히 방해를 받는다.

다른 방식은 의지의 대상 곧 이성에 의하여 파악된 선에 관련된다. 치매인 사람의 경우에 분명히 드러나듯이, 이성의 판단과 파악은 상상의 강하고 무질서한 파악과 평가적 판단으로 인하여 방해를

---

4. Cf. I, q.77, a.6.
5. Cf. a. sq. et a.6.

et iudicium virtutis aestimativae, ut patet in amentibus. Manifestum est autem quod passionem appetitus sensitivi sequitur imaginationis apprehensio, et iudicium aestimativae, sicut etiam dispositionem linguae sequitur iudicium gustus. Unde videmus quod homines in aliqua passione existentes, non facile imaginationem avertunt ab his circa quae afficiuntur. Unde per consequens iudicium rationis plerumque sequitur passionem appetitus sensitivi; et per consequens motus voluntatis, qui natus est sequi iudicium rationis.

AD PRIMUM ergo dicendum quod per passionem appetitus sensitivi fit aliqua immutatio circa iudicium de obiecto voluntatis, sicut dictum est;[6] quamvis ipsa passio appetitus sensitivi non sit directe voluntatis obiectum.

AD SECUNDUM dicendum quod superius non movetur ab inferiori directe, sed indirecte quodammodo moveri potest, sicut dictum est.[7]

Et similiter dicendum est AD TERTIUM.

Articulus 2
Utrum ratio possit superari a passione contra suam scientiam

Ad secundum sic proceditur. Videtur quod ratio non possit superari a passione contra suam scientiam.

받는다. 그런데, 미각의 판단이 혀의 상태에 뒤따르듯이 상상력의 파악과 평가적 판단이 감각적 욕구의 정념을 뒤따른다는 것은 분명하다. 그래서 우리는 어떤 정념 속에 있는 사람은 그에게 영향을 미치는 것으로부터 쉽게 자신의 상상을 멀어지게 하지 못한다는 것을 본다. 그리하여 이성의 판단은 흔히 감각적 욕구의 정념을 따르고, 그에 따라 본성적으로 이성의 판단을 따르는 의지의 움직임도 흔히 감각적 욕구의 정념을 따르게 된다.

[해답] 1. 감각적 욕구의 정념 자체는 직접적으로 의지의 대상은 아니지만, 앞서[6] 말한 바와 같이 감각적 욕구의 정념에 의하여 의지의 대상에 대한 판단에 있어 변화가 일어난다.
2. 상위의 것은 직접적으로는 하위의 것에 의하여 움직여지지 않지만, 앞서[7] 말한 바와 같이 간접적으로는 움직여질 수 있다.
3. 셋째에 대해서는 이와 유사하게 말하여야 한다.

제2절 정념은 이성의 지식을 거슬러 이성을 이길 수 있는가?

Parall.: *De Malo*, q.3, a.9; *In Ethic.*, VII lect.3.

[반론] 둘째에 대해서는 다음과 같이 진행된다. 정념은 이성의 지식을 거슬러 이성을 이길 수 없는 것으로 생각된다.

---

6. 답변.
7. 답변.

1. Fortius enim non vincitur a debiliori. Sed scientia, propter suam certitudinem, est fortissimum eorum quae in nobis sunt. Ergo non potest superari a passione, quae est *debilis et cito transiens*.[1]

2. Praeterea, voluntas non est nisi boni vel apparentis boni.[2] Sed cum passio trahit voluntatem in id quod est vere bonum, non inclinat rationem contra scientiam. Cum autem trahit eam in id quod est apparens bonum et non existens, trahit eam in id quod rationi videtur, hoc autem est in scientia rationis, quod ei videtur. Ergo passio nunquam inclinat rationem contra suam scientiam.

3. Si dicatur quod trahit rationem scientem aliquid in universali, ut contrarium iudicet in particulari, contra, universalis et particularis propositio, si opponantur, opponuntur secundum contradictionem, sicut *omnis homo* et *non omnis homo*. Sed duae opiniones quae sunt contradictoriarum, sunt contrariae, ut dicitur in II *Peri Herm*.[3] Si igitur aliquis sciens aliquid in universali, iudicaret oppositum in singulari, sequeretur quod haberet simul contrarias opiniones, quod est impossibile.

4. Praeterea, quicumque scit universale, scit etiam particulare quod novit sub universali contineri; sicut quicumque scit omnem

---

1. Aristot. *Categ*, 8: 9b28-29. Cf. q. 49, a.2 c.
2. Cf. q.8, a.1.

1. 더 약한 것은 더 강한 것을 이길 수 없다. 그런데 지식은 그 확실성으로 인하여 우리 안에 있는 것들 가운데 가장 강하다. 그러므로 지식은 "약하고 덧없는"[1] 정념에 의하여 극복될 수 없다.

2. 의지는 선 또는 외관상의 선만을 향한다.[2] 그런데 정념이 의지를 참된 선으로 이끌 때에는 이성으로 하여금 지식을 거스르도록 하지 않는다. 그러나 의지를 실존하지 않는 외관상의 선으로 이끌 때에는, 그것을 이성에 보이는 것으로 이끈다. 그러나 그것 역시 이성의 지식 안에 있다. 그러므로 정념은 이성이 그 지식을 거스르도록 하지 않는다.

3. 만일 정념이 이성을 어떤 보편적인 것에 대한 지식에서 끌어내어 개별적인 것에서 그에 반대되는 판단을 내리게 한다고 말한다면, 이러한 반론이 있다. 보편적인 명제와 개별적인 명제는 만일 이들이 서로 대립된다면 이는 '모든 인간'과 '모든 인간은 아닌' 것과 같이 모순으로 대립되는 것이다. 그런데 『해석학』 제2권[3]에서 말하듯이 서로 모순되는 두 견해는 서로 반대된다. 그러므로 어떤 사람이 보편적인 것을 알면서 개별적인 것에서 그에 반대되는 판단을 내린다면, 그는 동시에 서로 반대되는 견해들을 갖게 될 것이다. 이는 불가능하다.

4. 보편적인 것을 아는 사람은 누구나 그가 보편적인 것 안에 포함되어 있다고 알고 있는 개별적인 것도 안다. 『분석론 후서』 제1권[4]에서 말하는 바에서 분명히 드러나듯이, 모든 암노새가 새끼를 낳지 못한다는 것을 아는 사람은 누구나, 이 동물이 암나귀라는 것을 안

---

3. c.14: 23b40 sqq.: Caietanus, *Comm. in reliquum l. II Peri herm.* lect.14, n.15.
4. c.1: 71a17-19; S. Thomas, lect.2, nn.8-9.

mulam esse sterilem, scit hoc animal esse sterile, dummodo sciat quod sit mula; ut patet per id quod dicitur in I *Poster*.[4] Sed ille qui scit aliquid in universali, puta nullam fornicationem esse faciendam, scit hoc particulare sub universali contineri, puta hunc actum esse fornicarium. Ergo videtur quod etiam in particulari sciat.

5. Praeterea, *ea quae sunt in voce, sunt signa intellectus animae*, secundum Philosophum.[5] Sed homo in passione existens frequenter confitetur id quod eligit esse malum etiam in particulari. Ergo etiam in particulari habet scientiam.—Sic igitur videtur quod passiones non possint trahere rationem contra scientiam universalem, quia non potest esse quod habeat scientiam universalem, et existimet oppositum in particulari.

SED CONTRA est quod dicit Apostolus, *Rom.* 7, [23]: *Video aliam legem in membris meis repugnantem legi mentis meae, et captivantem me in lege peccati.* Lex autem quae est in membris,[6] est concupiscentia, de qua supra locutus fuerat. Cum igitur concupiscentia sit passio quaedam, videtur quod passio trahat rationem etiam contra hoc quod scit.

RESPONDEO dicendum quod opinio Socratis fuit, ut Philosophus dicit in VII *Ethic.*,[7] quod scientia nunquam posset superari a passione. Unde ponebat omnes virtutes esse scientias,

다면 이 동물도 새끼를 낳지 못한다는 것을 안다. 그런데 어떤 것을 보편적으로 아는 사람은, 예를 들어 어떤 사음도 하지 말아야 한다는 것을 아는 사람은 개별적인 것이 보편적인 것에 포함된다는 것을, 예를 들어 이 행위가 사음이라는 것을 안다. 그러므로 그는 개별적인 것도 아는 것으로 생각된다.

5. 철학자가[5] 말하듯이 "말은 영혼의 생각의 표지이다." 그런데 정념 속에 있는 사람은 자주 그가 선택하는 것이 개별적인 것에서도 악하다는 것을 고백한다. 그러므로 그는 개별적인 것들에서도 지식을 갖고 있다.—그러므로 정념은 보편적인 지식을 거슬러 이성을 끌어당길 수 없는 것으로 생각된다. 보편적인 지식을 갖고 있으면서 또한 개별적인 것에서 반대되는 판단을 할 수는 없기 때문이다.

[재반론] 그러나 반대로 사도는 로마서 7장 [23절]에서 이렇게 말한다. "그러나 내 지체 안에는 다른 법이 있어 내 정신의 법과 대결하고 있음을 나는 봅니다. 그 다른 법이 나를 죄의 법에 사로잡히게 합니다." 그런데 지체 안에 있는 법은[6] 이미 다루었던 욕망이다. 그런데 욕망은 일종의 정념이므로, 정념은 이성의 지식을 거슬러서도 이성을 끌어당기는 것으로 생각된다.

[답변] 철학자가 『니코마코스 윤리학』 제7권[7]에서 말하듯이 소크라테스의 견해는 지식이 결코 정념에 의해 극복될 수 없다는 것이었다.

---

5. *Anal. Post.*, I, c.2. 16a3-4; 23a33-34; S. Th. I, lect.2, nn.1-6; Caietanus, *Comm. in reliquam l. II Peri herm.*, lect.14, n.17.
6. Cf. q.91, a.6.
7. c.3: 1145b23-27; S. Thomas, lect.2, n.1313.

et omnia peccata esse ignorantias.⁸ In quo quidem aliqualiter recte sapiebat. Quia cum voluntas sit boni vel apparentis boni,⁹ nunquam voluntas in malum moveretur, nisi id quod non est bonum, aliqualiter rationi bonum appareret, et propter hoc voluntas nunquam in malum tenderet, nisi cum aliqua ignorantia vel errore rationis.¹⁰ Unde dicitur *Prov.* 14, [22]: *Errant qui operantur malum.*—Sed quia experimento patet quod multi agunt contra ea quorum scientiam habent; et hoc etiam auctoritate divina confirmatur, secundum illud Luc. 12, [47]: *Servus qui cognovit voluntatem domini sui et non fecit, plagis vapulabit multis;*¹¹ et Iac. 4, [17] dicitur: *Scienti bonum facere et non facienti, peccatum est illi*: non simpliciter verum dixit, sed oportet distinguere, ut Philosophus tradit in VII *Ethic.*¹²

Cum enim ad recte agendum homo dirigatur duplici scientia, scilicet universali et particulari; utriusque defectus sufficit ad hoc quod impediatur rectitudo operis et voluntatis, ut supra¹³ dictum est. Contingit igitur quod aliquis habeat scientiam in universali, puta nullam fornicationem esse faciendam; sed tamen non cognoscat in particulari hunc actum qui est fornicatio, non esse faciendum. Et hoc sufficit ad hoc quod voluntas non sequatur

---

8. Cf. *ibid.* c.3: 1145b23-27; S. Thomas, lect.2, n.1313. Cf. IV, c.13: 1144b19-21; 28-32; S. Thomas, lect.11, nn.1282,1284-1285.-q.58, a.2를 보라.
9. Cf. q.8, a.1.
10. Cf. q.58, a.2 c; q.76, a.4, ad1; q.78, a.1, ad1; Cf. I, q.63, a.1, ad4; II-II, q.51, a.3, ad2.

그래서 그는 모든 덕이 지식이며 모든 죄는 무지라고 여겼다.[8] 여기에서 그는 어떤 점에서는 옳게 보았다. 의지는 선 또는 외관상의 선을 대상으로 하므로,[9] 악이 어떤 식으로 이성에 선으로 나타나지 않는다면 악을 향해 움직여지지 않는다. 그러므로 의지의 무지 또는 오류가 있지 않다면 의지는 결코 악을 향하지 않을 것이다.[10] 그래서 잠언 14장 [22절]에서는 "악을 꾸미는 자들은 반드시 길을 잃게 된다."고 일컬어진다.―그러나 경험에서 알 수 있듯이, 많은 이들은 그들이 알고 있는 것을 거슬러 행한다. 이는 신적 권위로 확인된다. 루카복음서 12장 [47절]에서는 "주인의 뜻을 알고도 하지 않은 그 종은 매를 많이 맞을 것이다."[11]라고 말하고, 야고보서 4장 [17절]에서는 "좋은 일을 할 줄 알면서도 하지 않으면 곧 죄가 됩니다."라고 일컬어진다. 그러므로 소크라테스는 온전히 참을 말하는 것은 아니며, 철학자가 『니코마코스 윤리학』 제7권[12]에서 말하듯이 구별을 하는 것이 필요하다.

인간은 두 가지 지식, 곧 보편적 지식과 개별적 지식에 의하여 올바른 행위로 인도되므로, 위에서[13] 말한 바와 같이 그 가운데 하나의 결함으로도 행동과 의지의 올바름이 방해를 받는다. 그러므로 어떤 사람이 결코 사음을 행하지 말아야 한다는 보편적인 것에 대한 지식을 갖고 있으면서도, 개별적으로 이 사음 행위를 하지 말아야 한다는 것을 모를 수도 있다. 의지가 이성의 보편적 지식을 따르

---

11. 대중 라틴말 성경은, Servus, qui cognovit voluntatem domini sui et non praeparavit et non fecit secundum voluntatem eius, vapulabit multis.
12. c.5: 1146b31-1147a18; S. Thomas, lect.3, nn.1338-1342.
13. q.76, a.1.

universalem scientiam rationis.—Iterum considerandum est quod nihil prohibet aliquid sciri in habitu, quod tamen actu non consideratur. Potest igitur contingere quod aliquis etiam rectam scientiam habeat in singulari, et non solum in universali, sed tamen in actu non consideret. Et tunc non videtur difficile quod praeter id quod actu non considerat, homo agat.

Quod autem homo non consideret in particulari id quod habitualiter scit, quandoque quidem contingit ex solo defectu intentionis, puta cum homo sciens geometriam, non intendit ad considerandum geometriae conclusiones, quas statim in promptu habet considerare.—Quandoque autem homo non considerat id quod habet in habitu propter aliquod impedimentum superveniens, puta propter aliquam occupationem exteriorem, vel propter aliquam infirmitatem corporalem. Et hoc modo ille qui est in passione constitutus, non considerat in particulari id quod scit in universali, inquantum passio impedit talem considerationem.

Impedit autem tripliciter. Primo, per quandam distractionem, sicut supra[14] expositum est. Secundo, per contrarietatem, quia plerumque passio inclinat ad contrarium huius quod scientia universalis habet. Tertio, per quandam immutationem corporalem, ex qua ratio quodammodo ligatur, ne libere in actum exeat, sicut etiam somnus vel ebrietas, quadam corporali transmutatione facta, ligant usum rationis. Et quod hoc

지 않는 데에는 이것으로 충분하다.—또한, 아무것도 습성적으로 어떤 것을 알고 있으면서 현실적으로는 그것을 고려하지 못하는 것을 가로막지 않는다는 점도 고려해야 한다. 그러므로 어떤 사람이 보편적인 것에 대해서만이 아니라 개별적인 것에 대해서도 올바른 지식을 갖고 있으면서 현실적으로는 그것을 고려하지 않을 수도 있다. 그럴 때에는 인간이 현실적으로 고려하지 않은 것을 간과하고 행동하는 것도 어렵지 않을 것으로 생각된다.

그런데 인간이 습성적으로 알고 있는 것을 개별적으로 고려하지 않는 데에서, 때로 이것은 오직 지향의 결함에서 발생한다. 예를 들어 어떤 사람이 기하학을 알고 있으면서도, 즉시 그에게 떠오를 수 있는 기하학의 결론들을 고려하는 데에 주의를 기울이지 않을 수 있다.—때로는 어떤 장애가 끼어들어 습성적으로 알고 있는 것을 고려하지 못할 수도 있다. 예를 들어 어떤 외적인 일이나 육체적 약함 때문에 그러할 수 있다. 이렇게 하여 정념 속에 있는 사람은 그가 보편적으로 알고 있는 것을 개별적인 것에서 고려하지 못한다. 정념이 그 고려에 장애가 되기 때문이다.

정념은 세 가지 방식으로 이를 방해한다. 첫째로는 위에서[14] 말한 바와 같이 분산을 일으킴으로써이다. 둘째로는 반대를 통해서이다. 흔히 정념은 보편적 지식과 반대되는 방향으로 기울기 때문이다. 셋째로는 육체적 변화를 통해서이다. 이성은 어떤 식으로 그 변화로 묶이게 되어, 현실적으로 자유롭게 행사되지 못하게 된다. 예를 들어 잠이 들거나 술에 취했을 때, 육체적 변화가 있으면 이성의 사용

---

14. 앞 절.

contingat in passionibus, patet ex hoc quod aliquando, cum passiones multum intenduntur, homo amittit totaliter usum rationis, multi enim propter abundantiam amoris et irae, sunt in insaniam conversi.[15] Et per hunc modum passio trahit rationem ad iudicandum in particulari contra scientiam quam habet in universali.

AD PRIMUM ergo dicendum quod scientia universalis, quae est certissima, non habet principalitatem in operatione, sed magis scientia particularis, eo quod operationes sunt circa singularia. Unde non est mirum si in operabilibus passio agit contra scientiam universalem, absente consideratione in particulari.[16]

Ad secundum dicendum quod hoc ipsum quod rationi videatur in particulari aliquid bonum quod non est bonum, contingit ex aliqua passione.[17] Et tamen hoc particulare iudicium est contra universalem scientiam rationis.

AD TERTIUM dicendum quod non posset contingere quod aliquis haberet simul in actu scientiam aut opinionem veram de universali affirmativo, et opinionem falsam de particulari negativo, aut e converso. Sed bene potest contingere quod aliquis habeat veram scientiam habitualiter de universali affirmativo, et falsam opinionem in actu de particulari negativo, actus enim directe non contrariatur habitui, sed actui.[18]

AD QUARTUM dicendum quod ille qui habet scientiam in

이 제한된다. 이것이 정념들에서도 일어난다는 것은, 정념이 매우 강할 때 인간이 이성을 전혀 사용하지 못한다는 데에서 드러난다. 많은 이들이 지나친 사랑이나 분노 때문에 정신 이상이 되었다.[15] 이러한 방식으로 정념은 보편적인 것들에 대한 지식을 거슬러 개별적인 것들을 판단하도록 이끈다.

[해답] 1. 작용에 있어 주요한 것은 지극히 확실한 보편적 지식이 아니라 오히려 개별적 지식이다. 작용은 개별적인 것들에 대한 것이기 때문이다. 그러므로 작용들에서 개별적인 것들을 고찰하지 않는다면 정념이 보편적 지식을 거스르는 것은 놀라운 일이 아니다.[16]

2. 개별적인 것에서 선이 아닌 어떤 것이 이성에 선으로 여겨지는 것은 어떤 정념에 기인한다.[17] 그런데 이 개별적 판단은 이성의 보편적 지식을 거스른다.

3. 어떤 사람이 현실적으로 보편적이고 긍정적인 참된 지식 또는 견해를 가지고 있으면서 동시에 개별적이고 부정적인 그릇된 견해를 가지고 있을 수는 없고, 그 역도 마찬가지이다. 그러나 어떤 사람이 습성적으로 보편적이고 긍정적인 참된 지식을 가지고 있으면서 현실적으로 개별적이고 부정적인 그릇된 견해를 가지고 있을 수는 있다. 행위에 직접적으로 반대되는 것은 습성이 아니라 행위이기 때문이다.[18]

4. 보편적인 것에 대하여 지식을 가지고 있는 사람이 그 보편적인

---

15. Cf. q.10, a.3.
16. Cf. q.9, a.2, ad 2.
17. Cf. q.10, a.3.
18. Cf. q.71, a.4.

universali, propter passionem impeditur ne possit sub illa universali sumere, et ad conclusionem pervenire, sed assumit sub alia universali, quam suggerit inclinatio passionis, et sub ea concludit.[19] Unde Philosophus dicit, in VII *Ethic.*,[20] quod syllogismus incontinentis habet quatuor propositiones, duas universales, quarum una est rationis, puta *nullam fornicationem esse committendam*; alia est passionis, puta *delectationem esse sectandam*. Passio igitur ligat rationem ne assumat et concludat sub prima, unde, ea durante, assumit et concludit sub secunda.

AD QUINTUM dicendum quod, sicut ebrius quandoque proferre potest verba significantia profundas sententias, quas tamen mente diiudicare non potest, ebrietate prohibente; ita in passione existens, etsi ore proferat hoc non esse faciendum, tamen interius hoc animo sentit quod sit faciendum, ut dicitur in VII *Ethic.*[21]

---

19. Cf. q.76, a.1 c; q.90, a.1, ad2.
20. c.5: 1147a24-31; S. Thomas, lect.3, nn.1345-1346.
21. 죄와 덕의 행위는 선택에 따른 것이고, 선택은 욕구에 대한 선행적 숙고이며, 숙고는 일종의 조사이다. 그러므로 덕이나 죄의 모든 행위는 마치 삼단논법에 의한 연역과 같다. 그런데 절제 있는 사람의 추론 방식과 무절제한 사람의 추론 방식은 서로 다르다. 절제 있는 사람은 이성의 판단에 따라 움직여진다. 그래서 그는 세 개의 명제로 된 삼단논법을 사용하며, 다음과 같이 연역한다. 어떤 사음도 하지 말아야 한다. 이 행위는 사음이다. 그러므로 하지 말아야 한다. 그러나 무절제한 사람은 욕망을 전적으로 따르고, 그래서 세 개의 명제로 된 삼단논법을 사용하며 다음과 같이 연역한다. 쾌락의 대상이 되는 모든 것은 향유해야 한다. 이 행위는 쾌락의 대상이 된다. 그러므로 이것은 향유해야 한다. 절제 있는 사람이나 무절제한 사람이나 모두 두 가지로 움직여진다. 이성에 따라서는 죄를 피하도록 움직여지고, 욕망을 따라서는 죄를 짓도록 움직여진다. 그런데 절제 있는 사람에게서는 이성의 판단이 승리하고, 무절제한 사람에게서는 욕망의 움직임이 승리한다. 그래서 그들 모두는 네 개의 명제로 된 삼단논법을 사용

것에 대해 추론하거나 결론에 도달하는 데에서 정념으로 인하여 방해를 받아, 그 보편적인 것에 대해 정념의 성향이 제시하는 대로 추론하고 그에 따라 결론을 내리기도 한다.[19] 그래서 철학자는 『니코마코스 윤리학』 제7권[20]에서, 무절제한 사람의 삼단논법에는 네 가지 명제가 있으며 그 가운데 두 가지는 보편적 명제라고 말한다. 그 가운데 하나는 이성에 속한 것으로, 예를 들면 "어떤 사음도 범하지 말아야 한다."는 것이다. 다른 하나는 정념에 속한 것으로, 예를 들면 "쾌락을 추구해야 한다."는 것이다. 그러므로 정념은 이성을 방해하여 전자로부터 추론하거나 결론을 내리지 못하게 한다. 그러므로 정념이 지속되는 동안 이성은 후자에 따라 추론하고 결론을 내리게 된다.[21]

5. 『니코마코스 윤리학』 제7권[22]에서 말하듯이, 술에 취한 사람이 때로는 깊은 지식을 나타내는 문장을 말할 수 있지만 취함으로 방해를 받으면 정신으로 판단을 할 수는 없는 것과 같이, 정념 속에 있는 사람은 어떤 것을 하지 말아야 한다고 말하더라도 내면적으로 그의 마음에서는 어떤 것을 해야 한다고 생각할 수 있다.

하지만 서로 반대되는 결론에 도달한다. 절제 있는 사람은 이렇게 추론한다. 어떤 죄도 행하지 말아야 한다. 그리고 그는 이것을 이성의 판단에 따라 제시한다. 그러나 움직임의 충동에 따라 그는 쾌락의 대상이 되는 모든 것은 추구해야 한다고 마음속에서 흔들린다. 하지만 그 안에서 이성의 판단이 승리하기 때문이 그는 첫째 명제에 따라 추론하고 이렇게 결론을 내린다. 이것은 죄이다. 그러므로 행하지 말아야 한다. 하지만 무절제한 사람 안에서는 욕망의 충동이 승리하며, 그는 둘째 명제에 따라 추론하고 이렇게 결론을 내린다. 이것은 쾌락의 대상이 되는 것이다. 그러므로 추구해야 한다. 이것이 바로 약함에서 죄를 짓는 사람이다. 그러므로 보편적으로는 알고 있다 하더라도 개별적으로는 알지 못할 수 있다는 것이 분명하다. 그는 이성에 따라서가 아니라 욕망에 따라서 추론하기 때문이다. De Malo, q.3, a.9, ad7.

22. c.5: 1147a18-24. S. Thomas, lect.3, nn.1343-1344.

Articulus 3
Utrum peccatum quod est ex passione, debeat dici ex infirmitate

Ad tertium sic proceditur. Videtur quod peccatum quod est ex passione, non debeat dici ex infirmitate.

1. Passio enim est quidam vehemens motus appetitus sensitivi, ut dictum est.[1] Vehementia autem motus magis attestatur fortitudini quam infirmitati. Ergo peccatum quod est ex passione, non debet dici ex infirmitate.

2. Praeterea, infirmitas hominis maxime attenditur secundum illud quod est in eo fragilius. Hoc autem est caro, unde dicitur in Psalmo 77, [39]: *Recordatus est quia caro sunt.* Ergo magis debet dici peccatum ex infirmitate quod est ex aliquo corporis defectu, quam quod est ex animae passione.

3. Praeterea, ad ea non videtur homo esse infirmus, quae eius voluntati subduntur. Sed facere vel non facere ea ad quae passio inclinat, hominis voluntati subditur, secundum illud *Gen.* 4, [7]: *Sub te erit appetitus tuus, et tu dominaberis illius.*[2] Ergo peccatum quod est ex passione, non est ex infirmitate.

SED CONTRA est quod Tullius, in IV libro *de Tuscul. Quaest.*,[3]

---

1. Art.1.
2. 대중 라틴말 성경은, Sub te erit appetitus eius, et tu dominaberis illius.

제3절 정념에서 나오는 죄는 약함에서 나오는 죄라고 일컬어져야 하는가?

Parall.: Infra, c.85, a.3, ad4; *De Malo*, q.3, a.9; *in Psalm*. 6.

[반론] 셋째에 대해서는 다음과 같이 진행된다. 정념에서 나오는 죄는 약함에서 나오는 죄라고 일컬어지지 않아야 하는 것으로 생각된다.

1. 앞서¹ 말한 바와 같이, 정념은 감각적 욕구의 격렬한 움직임이다. 그런데 움직임의 격렬함은 약함에서보다는 강함에서 확인된다. 그러므로 정념에서 나오는 죄는 약함에서 나오는 것이라고 일컬어지지 않아야 한다.

2. 인간의 약함은 그 사람 안에서 더 약한 부분에 관련된다. 그런데 그것은 육이다. 그래서 시편 77편 [29절]에서는 "그들이 한낱 살덩어리임을 기억하셨다."고 일컬어진다. 그러므로 영혼의 정념에서 나오는 죄보다는 육체의 어떤 결함에서 나오는 죄가 약함에서 나오는 죄라고 일컬어져야 한다.

3. 인간은 자신의 의지에 종속된 것에 대하여 약하다고 생각되지 않는다. 그런데 정념에 의해 기울게 되는 것을 향하거나 하지 않는 것은 인간의 의지에 종속되어 있다. 창세기 4장 [7절]에서는 "욕구가 네 아래에 있으니, 너는 그것을 다스려야 하지 않겠느냐?"²라고 말한다. 그러므로 정념에서 나오는 죄는 약함에서 나오는 것이 아니다.

[재반론] 그러나 반대로 키케로는 『투스쿨룸의 문제들』 제4권³에서,

---

3. c.14: ed. Müller, Lipsiae 1908, p.402 sqq.

passiones animae *aegritudines* vocat.⁴ Aegritudines autem alio nomine infirmitates dicuntur. Ergo peccatum quod est ex passione, debet dici ex infirmitate.

Respondeo dicendum quod causa peccati propria est ex parte animae in qua principaliter est peccatum. Potest autem dici infirmitas in anima ad similitudinem infirmitatis corporis. Dicitur autem corpus hominis esse infirmum, quando debilitatur vel impeditur in executione propriae operationis, propter aliquam inordinationem partium corporis, ita scilicet quod humores et membra hominis non subduntur virtuti regitivae et motivae corporis. Unde et membrum dicitur esse infirmum, quando non potest perficere operationem membri sani, sicut oculus quando non potest clare videre, ut dicit Philosophus, in X *de Historiis Animalium*.⁵ Unde et infirmitas animae dicitur quando impeditur anima in propria operatione, propter inordinationem partium ipsius.

Sicut autem partes corporis dicuntur esse inordinatae, quando non sequuntur ordinem naturae; ita et partes animae dicuntur inordinatae, quando non subduntur ordini rationis, ratio enim est vis regitiva partium animae. Sic ergo quando extra ordinem rationis vis concupiscibilis aut irascibilis aliqua passione afficitur, et per hoc impedimentum praestatur modo praedicto⁶ debitae actioni hominis, dicitur peccatum esse ex infirmitate. Unde et

영혼의 정념을 "질병"이라고 부른다.[4] 그런데 질병은 약함이라고도 일컬어진다. 그러므로 정념에서 나오는 죄는 약함에서 나오는 죄라고 일컬어져야 한다.

[답변] 죄의 고유한 원인은 영혼 편에서 찾아야 한다. 죄는 주로 그 안에 있다. 그리고 영혼 안의 약함에 대하여 육체의 약함에 비유하여 말할 수 있다. 인간의 육체는 육체의 어떤 부분의 무질서로 인하여 자체의 작용을 실행하는 데에서 약해지거나 방해를 받아 인간의 체액과 지체들이 육체를 지배하고 움직이는 힘에 종속되지 않을 때에 허약하다고 일컬어진다. 그래서 지체 역시, 철학자가『동물사』제10권[5]에서 말하듯이 예를 들어 눈이 분명하게 보지 못할 때와 같이 건강한 지체의 작용을 수행할 수 없을 때에 약하다고 일컬어진다. 그러므로 영혼이 그 자체의 부분들의 무질서로 인하여 작용에 장애를 받을 때에 그 영혼이 약하다고 말하게 된다.

육체의 부분들이 본성의 질서를 따르지 않을 때에 무질서하다고 일컬어지는 것과 같이, 영혼의 부분들도 이성의 질서를 따르지 않을 때에 무질서하다고 일컬어진다. 이성이 곧 영혼의 부분들을 지배하는 능력이기 때문이다. 그러므로 욕구적 또는 분노적 능력이 정념의 영향을 받아 이성의 질서를 벗어나고 그래서 앞서 말한 방식으로[6] 인간의 마땅한 행위에 장애가 생기게 될 때, 그것은 약함에서 나온 죄

---

4. Cf. c.24, a.2 c.
5. c.1: 633b20-22.
6. Art. 1.

Philosophus, in I *Ethic.*,[7] comparat incontinentem paralytico, cuius partes moventur in contrarium eius quod ipse disponit.

AD PRIMUM ergo dicendum quod, sicut quanto fuerit motus fortior in corpore praeter ordinem naturae, tanto est maior infirmitas; ita quanto fuerit motus fortior passionis praeter ordinem rationis, tanto est maior infirmitas animae.

AD SECUNDUM dicendum quod peccatum principaliter consistit in actu voluntatis, qui non impeditur per corporis infirmitatem, potest enim qui est corpore infirmus, promptam habere voluntatem ad aliquid faciendum. Impeditur autem per passionem, ut supra[8] dictum est. Unde cum dicitur peccatum esse ex infirmitate, magis est referendum ad infirmitatem animae quam ad infirmitatem corporis.—Dicitur tamen etiam ipsa infirmitas animae infirmitas carnis, inquantum ex conditione carnis passiones animae insurgunt in nobis, eo quod appetitus sensitivus est virtus utens organo corporali.

AD TERTIUM dicendum quod in potestate quidem voluntatis est assentire vel non assentire his in quae passio inclinat, et pro tanto dicitur noster appetitus sub nobis esse. Sed tamen ipse assensus vel dissensus voluntatis impeditur per passionem, modo praedicto.[9]

라고 일컬어진다. 그래서 철학자는 『니코마코스 윤리학』 제1권[7]에서 무절제한 사람을 부분들이 그 자신의 결정을 거슬러 움직이는 중풍 병자에 비유한다.

[해답] 1. 육체 안에서 본성의 질서를 벗어난 움직임이 강할수록 그 약함은 더욱 커진다. 이와 마찬가지로, 이성의 질서를 벗어난 정념이 강할수록 영혼의 약함은 더욱 커진다.

2. 죄는 주로 의지의 행위에 있는데, 의지는 육체의 약함으로 방해를 받지 않는다. 실제로 육체적으로 약한 사람이라도 즉시 어떤 것을 행하고자 하는 의지를 지닐 수 있다. 그러나 앞서[8] 말한 바와 같이 그는 정념에 의하여 방해를 받는다. 그러므로 어떤 죄가 약함에서 나온다고 말할 때에는 육체의 약함보다 영혼의 약함에 대한 것으로 보아야 한다. 그러나 영혼의 약함도 육체의 약함이라고 일컬어진다. 감각적 욕구가 육체적 기관을 사용하는 능력이라는 의미에서, 우리 안에서 영혼의 정념이 일어나는 것은 육의 조건으로 인해서이기 때문이다.

3. 정념이 우리를 어떤 것을 향해 기울게 할 때 그것에 동의하거나 동의하지 않는 것은 의지의 권한이다. 그래서 우리의 욕구는 우리 아래에 있다고 일컬어진다. 그러나 의지가 동의하거나 동의하지 않는 것 역시 위에 말한 방식으로[9] 정념에 의하여 방해를 받는다.

---

7. c.13: 1102b18-25; S. Thomas, lect.20, n.238.
8. Art.1.
9. Ibid.

Articulus 4
Utrum amor sui sit principium omnis peccati

Ad quartum sic proceditur. Videtur quod amor sui non sit principium omnis peccati.

1. Id enim quod est secundum se bonum et debitum, non est propria causa peccati. Sed amor sui est secundum se bonum et debitum, unde et praecipitur homini ut diligat proximum sicut seipsum, *Levit.* 19, [18]. Ergo amor sui non potest esse propria causa peccati.

2. Praeterea, Apostolus dicit, *Rom.* 7, [8]: *Occasione accepta, peccatum per mandatum operatum est in me omnem concupiscentiam*: ubi Glossa[1] dicit quod *bona est lex, quae, dum concupiscentiam prohibet, omne malum prohibet*, quod dicitur propter hoc, quia concupiscentia est causa omnis peccati. Sed concupiscentia est alia passio ab amore, ut supra[2] habitum est. Ergo amor sui non est causa omnis peccati.

3. Praeterea, Augustinus, super illud Psalmi [79, 17], *Incensa igni et suffossa*, dicit[3] quod *omne peccatum est ex amore male inflammante, vel ex timore male humiliante*. Non ergo solus amor sui est causa peccati.

4. Praeterea, sicut homo quandoque peccat propter inordinatum

---

1. Interl., Ord.: PL 114, 491A; Lombardus: PL 191, 1416 C.-Cf. Aug., *De spir. et litt.*, c.4: PL 44, 204.

제4절 자신에 대한 사랑은 모든 죄의 원인인가?

Parall.: Infra, q.34, a.2, ad3; II-II, q.25, a.7, ad1; q.153, a.5, ad3; *In Sent*., II, dist.42, q.2, a.1; *De Malo*, q.8, a.1, ad19.

[반론] 넷째에 대해서는 다음과 같이 진행된다. 자신에 대한 사랑은 모든 죄의 원인이 아닌 것으로 생각된다.

1. 그 자체로 선하고 마땅한 것은 죄의 고유한 원인이 아니다. 그런데 자신에 대한 사랑은 그 자체로 선하고 마땅한 것이다. 그래서 레위기 19장 [18절]에서는 이웃을 자기 자신처럼 사랑하라고 명해진다. 그러므로 자신에 대한 사랑은 죄의 고유한 원인이 될 수 없다.

2. 사도는 로마서 7장 [8절]에서 "이 계명을 빌미로 죄가 내 안에 온갖 탐욕을 일으켜 놓았습니다."라고 말한다. 이에 대해 『주해』[1]에서는 "율법은 선한 것이다. 탐욕을 금함으로써 모든 악을 금하기 때문이다."라고 말한다. 이렇게 일컬어지는 것은 탐욕이 모든 죄의 원인이기 때문이다. 그런데 앞서[2] 말한 바와 같이 탐욕은 사랑과는 다른 정념이다. 그러므로 자신에 대한 사랑은 모든 죄의 원인이 아니다.

3. 아우구스티누스는 시편 79편 [17절]의 "불에 타고 꺾였습니다."에 대하여,[3] "모든 죄는 악하게 타오르게 하는 사랑으로부터 또는 악하게 겸손하게 하는 두려움으로부터 나온다."고 말한다. 그러므로 자신에 대한 사랑만이 죄의 원인인 것은 아니다.

4. 인간은 따로 자신에 대한 구질서한 사랑 때문에 죄를 짓고, 때

---

2. q.23, a.4; q.30, a.2.
3. *Enarr. in Ps.*, Ps. 79,17, n.13: PL 36, 1027.

sui amorem, ita etiam interdum peccat propter inordinatum amorem proximi. Ergo amor sui non est causa omnis peccati.

SED CONTRA est quod Augustinus dicit, XIV *de Civ. Dei*,[4] quod *amor sui usque ad contemptum Dei, facit civitatem Babylonis.* Sed per quodlibet peccatum pertinet homo ad civitatem Babylonis. Ergo amor sui est causa omnis peccati.

RESPONDEO dicendum quod, sicut supra[5] dictum est, propria et per se causa peccati accipienda est ex parte conversionis ad commutabile bonum; ex qua quidem parte omnis actus peccati procedit ex aliquo inordinato appetitu alicuius temporalis boni. Quod autem aliquis appetat inordinate aliquod temporale bonum, procedit ex hoc quod inordinate amat seipsum, hoc enim est amare aliquem, velle ei bonum. Unde manifestum est quod inordinatus amor sui est causa omnis peccati.

AD PRIMUM ergo dicendum quod amor sui ordinatus est debitus et naturalis, ita scilicet quod velit sibi bonum quod congruit. Sed amor sui inordinatus, qui perducit ad contemptum Dei, ponitur esse causa peccati secundum Augustinum.[6]

AD SECUNDUM dicendum quod concupiscentia, qua aliquis appetit sibi bonum, reducitur ad amorem sui sicut ad causam, ut

---

4. c.28, PL 41, 436.-Cf. *Enarr. in Ps.*, Ps. 64, n.2: PL 36, 773.

로는 이웃에 대한 무질서한 사랑 때문에도 죄를 짓는다. 그러므로 자신에 대한 사랑은 모든 죄의 원인이 아니다.

[재반론] 그러나 반대로 아우구스티누스는 『신국론』 제14권[4]에서 "하느님을 경멸하기까지 하는 자신에 대한 사랑은 바빌론 도성을 세운다."고 말한다. 그런데 인간은 어떤 죄로도 바빌론 도성에 속한다. 그러므로 자신에 대한 사랑은 모든 죄의 원인이다.

[답변] 앞서[5] 말한 바와 같이 죄의 고유하고 직접적인 원인은 변화하는 선을 향하여 돌아선다는 측면에서 찾아야 한다. 이 측면에서 모든 죄의 행위는 어떤 현세적 선에 대한 무질서한 욕구에서 나온다. 그런데 어떤 현세적 선을 무질서하게 욕구한다는 것은 자신을 무질서하게 사랑하는 데에서 나온다. 어떤 사람을 사랑하는 것은 그에게 선을 바라는 것이기 때문이다. 그러므로 자신에 대한 무질서한 사랑이 모든 죄의 원인임이 분명하다.[6]

[해답] 1. 자신에 대한 질서 있는 사랑, 곧 자신에게 적합한 선을 바라는 것은 마땅하고 본성적인 것이다. 그러나 하느님을 경멸하게 하는 자신에 대한 무질서한 사랑은 아우구스티누스가 말하듯이 죄의

---

5. q.75, a.1.
6. "변화하는 선들에 대한 사랑에서 최종 목적은 인간 자신이며, 그를 위하여 다른 모든 것을 원하게 된다." *In Sent.*, II dist.42, q.2, a.1 c. 그러므로 만일 죄의 뿌리인 정념이 "변화하는 선들의 최종 목적인 그것에 대한 욕구의 성향에 따라" 받아들여진다면, 자신에 대한 사랑은 죄의 뿌리로 여겨진다.(Cf. ibid.) 인간이 자신을 무질서하게 사랑한다고 여겨지는 것은, 선의 기준을 취하는 있어 자신이 그 안에서 존재하고 행위를 하는 하느님과 본성과 사회에 종속된 자기 자신이 아니라 그 자체로서의 자기 자신을 기준으로 할 때이다.(Cf. supra, q.21, a.4, ad3과 그곳의 각주)

iam⁷ dictum est.

AD TERTIUM dicendum quod aliquis dicitur amare et illud bonum quod optat sibi, et se, cui bonum optat. Amor igitur secundum quod dicitur eius esse quod optatur, puta quod aliquis dicitur amare vinum vel pecuniam, recipit pro causa timorem, qui pertinet ad fugam mali. Omne enim peccatum provenit vel ex inordinato appetitu alicuius boni, vel ex inordinata fuga alicuius mali.⁸ Sed utrumque horum reducitur ad amorem sui. Propter hoc enim homo vel appetit bona vel fugit mala, quia amat seipsum.

Ad quartum dicendum quod amicus est quasi *alter ipse*.⁹ Et ideo quod peccatur propter amorem amici, videtur propter amorem sui peccari.

Articulus 5
Utrum convenienter ponantur causae peccatorum *concupiscentia carnis, concupiscentia oculorum*, et *superbia vitae*.

Ad quintum sic proceditur. Videtur quod inconvenienter ponantur causae peccatorum esse *concupiscentia carnis,*

---

7. Cf. sed c.
8. In corp.
9. Cf. q.72, a.3.

원인으로 여겨진다.[7]

2. 인간은 탐욕으로 자신에게 선을 갈망하는데, 이미[8] 말한 바와 같이 탐욕의 원인은 자신에 대한 사랑이다.

3. 인간은 그가 자신에게 기원하는 그 선을 사랑하고 또한 그에게 그 선을 기원하는 사람인 자신을 사랑한다고 일컬어진다. 바라는 대상에 대한 것으로 일컬어지는 사랑, 곧 어떤 사람이 포도주 또는 돈을 사랑한다고 일컬어지는 것에서는 두려움이 그 원인이 될 수 있는데, 두려움은 악을 피하는 데에 관련된다. 실상 모든 죄는 어떤 선에 대한 무질서한 욕구에서 또는 어떤 악으로부터의 무질서한 도피에서 비롯된다.[9] 그런데 그 두 가지는 모두 자신에 대한 사랑으로 환원된다. 인간은 자신을 사랑하기 때문에 선을 갈망하고 악을 피하는 것이기 때문이다.

4. 친구는 마치 "또 하나의 자신"[10]과 같다. 그러므로 친구에 대한 사랑 때문에 죄를 짓는 사람은 자신에 대한 사랑 때문에 죄를 짓는 것으로 간주된다.

제5절 죄의 원인이 "육의 욕망과 눈의 욕망과 살림살이에 대한 자만"이라고 보는 것은 적절한가?

Parall.: *In Sent.*, II, dist.42, q.2, a.1.

[반론] 다섯째에 대해서는 다음과 같이 진행된다. 죄의 원인이 "육

---

10. Aristot., *Ethic.* IX, 4,9: 1166a31-32; 1170b6-7; S. Thomas, lect.4, n.1811; lect.11, n.1909.

concupiscentia oculorum, et *superbia vitae*.

1. Quia secundum Apostolum, I *ad Tim.* ult., [10], *radix omnium malorum est cupiditas*. Sed superbia vitae sub cupiditate non continetur. Ergo non oportet poni inter causas peccatorum.

2. Praeterea, concupiscentia carnis maxime ex visione oculorum excitatur, secundum illud Dan. 13, [56]: *Species decepit te*. Ergo non debet dividi concupiscentia oculorum contra concupiscentiam carnis.

3. Praeterea, concupiscentia est delectabilis appetitus, ut supra[1] habitum est. Delectationes autem contingunt non solum secundum visum, sed etiam secundum alios sensus. Ergo deberet etiam poni concupiscentia auditus, et aliorum sensuum.

4. Praeterea, sicut homo inducitur ad peccandum ex inordinata concupiscentia boni, ita etiam ex inordinata fuga mali, ut dictum est.[2] Sed nihil hic enumeratur pertinens ad fugam mali. Ergo insufficienter causae peccatorum tanguntur.

SED CONTRA est quod dicitur I Ioan. 2, [16]: *Omne quod est in mundo, aut est concupiscentia carnis, aut concupiscentia oculorum, aut superbia vitae*.[3] In mundo autem dicitur aliquid esse propter peccatum, unde et ibidem [5, 19] dicit quod *totus mundus in maligno positus est*. Ergo praedicta tria sunt causae peccatorum.

---

1. q.30, a.1.
2. 앞 절. ad3.

의 욕망과 눈의 욕망과 살림살이에 대한 자만"이라고 보는 것은 부적절한 것으로 생각된다.

1. 사도는 티모테오 1서 6장 [10절]에서 "돈을 사랑하는 것이 모든 악의 뿌리"라고 말한다. 그런데 살림살이에 대한 자만은 탐욕에 포함되지 않는다. 그러므로 그것이 죄의 원인들 가운데에 일컬어지기에 적절하지 않다.

2. 육의 욕망은 주로 눈으로 보는 데서부터 일어난다. 다니엘서 13장 [56절]에서는 "아름다움이 당신을 호렸소."라고 말한다. 그러므로 눈의 욕망과 육의 욕망을 구분하지 말아야 한다.

3. 위에서[1] 말한 바와 같이 욕망은 쾌락의 대상에 대한 욕구이다. 그런데 쾌락은 시각에 의해서만이 아니라 다른 감각들에 의해서도 일어난다. 그러므로 청각의 욕망과 다른 감각들의 욕망도 포함시켜야 할 것이다.

4. 위에서[2] 말한 바와 같이 인간은 선에 대한 무질서한 욕망으로부터 죄로 이끌리듯이 악으로부터의 무질서한 도피로부터도 죄로 이끌린다. 그러므로 죄의 원인들은 불충분하게 열거된 것이다.

[재반론] 그러나 반대로 요한 1서 2장 [16절]에서는 "세상에 있는 모든 것, 곧 육의 욕망과 눈의 욕망과 살림살이에 대한 자만"[3]이라고 말한다. 어떤 것이 세상에 있다고 일컬어지는 것은 죄 때문이다. 그래서 같은 데에서[5장 19절] "온 세상은 악마의 지배 아래 놓여 있다."고 말한다. 그러므로 위에 언급된 세 가지는 죄의 원인들이다.

---

3. 대중 라틴말 성경은, Omne quod est in mundo concupiscentia carnis est et concupiscentia oculorum et superbia vitae.

RESPONDEO dicendum quod, sicut iam[4] dictum est, inordinatus amor sui est causa omnis peccati. In amore autem sui includitur inordinatus appetitus boni, unusquisque enim appetit bonum ei quem amat. Unde manifestum est quod inordinatus appetitus boni est causa omnis peccati. Bonum autem dupliciter est obiectum sensibilis appetitus, in quo sunt animae passiones, quae sunt causa peccati, uno modo, absolute, secundum quod est obiectum concupiscibilis; alio modo, sub ratione ardui, prout est obiectum irascibilis, ut supra[5] dictum est.

Est autem duplex concupiscentia, sicut supra[6] habitum est. Una quidem naturalis, quae est eorum quibus natura corporis sustentatur; sive quantum ad conservationem individui, sicut cibus et potus et alia huiusmodi; sive quantum ad conservationem speciei, sicut in venereis. Et horum inordinatus appetitus dicitur *concupiscentia carnis*.—Alia est concupiscentia animalis, eorum scilicet quae per sensum carnis sustentationem aut delectationem non afferunt, sed sunt delectabilia secundum apprehensionem imaginationis, aut alicuius huiusmodi acceptionis, sicut sunt pecunia, ornatus vestium, et alia huiusmodi. Et haec quidem animalis concupiscentia vocatur concupiscentia oculorum, sive intelligatur concupiscentia oculorum, idest ipsius visionis, quae fit per oculos, ut referatur ad curiositatem, secundum quod Augustinus exponit, X *Confess.*;[7] sive referatur ad concupiscentiam rerum quae exterius

[답변] 이미[4] 말한 바와 같이 자신에 대한 무질서한 사랑은 모든 죄의 원인이다. 그런데 선에 대한 무질서한 욕구는 이 자신에 대한 사랑에 포함된다. 실상 누구나 자신이 사랑하는 사람에게 선을 바란다. 그러므로 선에 대한 무질서한 욕구가 모든 죄의 원인임이 분명하다. 그런데 선은 두 가지 방식으로 죄의 원인인 정념이 자리하는 감각적 욕구의 대상이 된다. 그 한 가지는 절대적인 방식으로, 곧 탐욕적인 부분의 대상으로서이다. 다른 한 가지는 어려움이라는 측면에서인데. 이 경우는 위에서[5] 말한 바와 같이 분노적인 부분의 대상이 된다.

그런데 위에서[6] 말한 바와 같이 욕망에는 두 가지가 있다. 그 한 가지는 본성적인 것으로, 육체의 본성을 유지하는 것에 관련된다. 여기에는 음식과 음료, 그리고 그와 유사한 개인의 보존을 위한 것과 성과 같이 종의 보존을 위한 것이 있다. 이들에 대한 무질서한 욕구는 "육의 욕망"이라고 일컬어진다.— 다른 한 가지는 영혼의 욕망으로, 이는 육의 감각에 대하여 이를 유지시키거나 쾌락을 주는 것이 아니라 상상의 파악이나 그와 유사한 이해에 쾌락의 대상이 되는 돈이나 옷의 장식 또는 그와 유사한 다른 것들에 대한 것이다. 이러한 영혼의 욕망은 "눈의 욕망"이라 일컬어진다. 이는 눈 곧 눈에 의하여 이루어지는 시각 자체의 욕망 곧 아우구스티누스가 『고백록』 제10권[7]에서 말하듯이 호기심을 가리키는 것으로 이해되거나, 아니면 외부로부터 눈에 제시되는 사물에 대한 욕망을 지칭하여 다른 이들이

---

4. 앞 절.
5. q.23, a.1.
6. q.30, a.3.
7. c.35: PL 32, 802.

oculis proponuntur, ut referatur ad cupiditatem, secundum quod ab aliis exponitur.—Appetitus autem inordinatus boni ardui pertinet ad superbiam vitae, nam superbia est appetitus inordinatus excellentiae, ut inferius[8] dicetur.

Et sic patet quod ad ista tria reduci possunt omnes passiones, quae sunt causa peccati. Nam ad duo prima reducuntur omnes passiones concupiscibilis, ad tertium autem omnes passiones irascibilis; quod ideo non dividitur in duo, quia omnes passiones irascibilis conformantur concupiscentiae animali.

AD PRIMUM ergo dicendum quod secundum quod cupiditas importat universaliter appetitum cuiuscumque boni, sic etiam superbia vitae continetur sub cupiditate. Quomodo autem cupiditas, secundum quod est speciale vitium, quod avaritia nominatur, sit radix omnium peccatorum, infra[9] dicetur.

AD SECUNDUM dicendum quod concupiscentia oculorum non dicitur hic concupiscentia omnium rerum quae oculis videri possunt, sed solum earum in quibus non quaeritur delectatio carnis, quae est secundum tactum, sed solum delectatio oculi, idest cuiuscumque apprehensivae virtutis.

AD TERTIUM dicendum quod sensus visus est excellentior inter omnes sensus, et ad plura se extendens, ut dicitur in I *Metaphys.*[10] Et ideo nomen eius transfertur ad omnes alios sensus, et etiam ad omnes interiores apprehensiones, ut Augustinus dicit, in libro

설명하듯이 탐욕을 가리키는 것으로 이해된다.—반면 어려운 선에 대한 무질서한 욕구는 "살림살이에 대한 자만"으로 환원된다. 아래에서[8] 말할 것과 같이 자만은 탁월함에 대한 무질서한 욕구이기 때문이다.

그러므로 죄의 원인이 되는 모든 정념들은 이 세 가지로 환원될 수 있다는 것이 드러난다. 모든 탐욕적 정념이 처음의 두 가지로 환원되고, 모든 분노적 정념은 셋째의 것으로 환원된다. 분노적 정념은 두 가지로 나누어지지 않는데, 이는 모든 분노적 정념이 영혼의 욕망에 부합되기 때문이다.

[해답] 1. 탐욕이 보편적으로 모든 선에 대한 욕구를 포함한다는 점에서, 살림살이에 대한 자만 역시 탐욕에 포함된다. 인색(avaritia)이라고 일컬어지는 특수한 악습인 탐욕은 아래에서[9] 말할 것과 같이 모든 죄의 뿌리이다.

2. 눈의 욕망은 눈으로 볼 수 있는 모든 사물에 대한 탐욕을 뜻하지 않는다. 눈의 욕망은 대상 안에서 촉각에 관련된 육의 쾌락을 추구하지 않고 오직 눈의 쾌락 곧 어떤 이해 능력의 쾌락을 추구하는 욕망만을 뜻한다.

3. 『형이상학』 제1권[10]에서 말하듯이 시각은 모든 감각들 가운데 가장 탁월하며 여러 대상들로 확장된다. 그래서 아우구스티누스가

---

8. q.84. a.2; II-II, c.162, a.1.
9. q.84. a.1.
10. c.1: 980a23-27. S. Thomas, lect.1, nn.5-8.

de Verbis Domini.[11]

AD QUARTUM dicendum quod fuga mali causatur ex appetitu boni, ut supra[12] dictum est. Et ideo ponuntur solum passiones inclinantes ad bonum, tanquam causae earum quae faciunt inordinate fugam mali.

Articulus 6
Utrum peccatum non allevietur propter passionem

Ad sextum sic proceditur. Videtur quod peccatum non allevietur propter passionem.

1. Augmentum enim causae auget effectum, si enim calidum dissolvit, magis calidum magis dissolvit. Sed passio est causa peccati, ut habitum est.[1] Ergo quanto est intensior passio, tanto est maius peccatum. Passio igitur non minuit peccatum, sed auget.

2. Praeterea, sicut se habet passio bona ad meritum, ita se habet mala passio ad peccatum. Sed bona passio auget meritum, tanto enim aliquis magis videtur mereri, quanto ex maiori misericordia pauperi subvenit. Ergo etiam mala passio magis

---

11. Serm. 33, *De verbis Domini*, al. 112, *De Verbis Evang.*, c.6, n.7; PL 38, 646-647.
12. q.25, a.2; q.29, a.2.

『주님의 말씀』[11]에서 말하듯이 그 이름이 다른 모든 감각들에도 적용되며 모든 내적 이해들에도 적용된다.

4. 의에서[12] 말한 바와 같이 악을 피하는 것은 선에 대한 욕구에서 나온다. 그래서 선을 향하여 기울게 하는 정념들만이 열거된다. 이들이 무질서하게 악을 피하게 하는 정념들의 원인이기 때문이다.

제6절 죄는 정념으로 인하여 감소되는가?

Parall.: Supra, q.24, a.3, ad3; q.73, a.6; De Veritate, q.26, a.7, ad1; De Malo, q.3, a.2; In Ethic., V lect. 3.

[반론] 여섯째에 대해서는 다음과 같이 진행된다. 죄는 정념으로 인하여 감소되지 않는 것으로 생각된다.

1. 원인이 증가하면 결과도 증가한다. 예를 들어 뜨거운 것이 어떤 것을 녹인다면, 뜨거운 것이 많을수록 더 많이 녹이게 된다. 그런데 앞서[1] 본 바와 같이 정념은 죄의 원인이다. 그러므로 정념이 강렬할수록 죄는 더 커진다. 따라서 정념은 죄를 감소시키지 않고 오히려 증가시킨다.

2. 공로에 대한 선한 정념의 관계는 죄에 대한 악한 정념의 관계와 같다. 그런데 선한 정념은 공로를 증가시킨다. 어떤 사람이 더 큰 자비로 가난한 이들을 돕는다면 그는 더 많은 공로가 있는 것으로 간주된다. 그러므로 악한 정념은 죄를 가볍게 하기보다 오히려 더 무겁

---

1. aa. praec.

aggravat peccatum quam alleviat.

3. Praeterea, quanto intensiori voluntate aliquis facit peccatum, tanto gravius videtur peccare. Sed passio impellens voluntatem, facit eam vehementius ferri in actum peccati. Ergo passio aggravat peccatum.

SED CONTRA, passio ipsa concupiscentiae vocatur tentatio carnis. Sed quanto aliquis maiori tentatione prosternitur, tanto minus peccat, ut patet per Augustinum.[2] Ergo passio diminuit peccatum.

RESPONDEO dicendum quod peccatum essentialiter consistit in actu liberi arbitrii, quod est *facultas voluntatis et rationis*.[3] Passio autem est motus appetitus sensitivi. Appetitus autem sensitivus potest se habere ad liberum arbitrium et antecedenter, et consequenter. Antecedenter quidem, secundum quod passio appetitus sensitivi trahit vel inclinat rationem et voluntatem, ut supra[4] dictum est. Consequenter autem, secundum quod motus superiorum virium, si sint vehementes, redundant in inferiores, non enim potest voluntas intense moveri in aliquid, quin excitetur aliqua passio in appetitu sensitivo.[5]

Si igitur accipiatur passio secundum quod praecedit actum peccati, sic necesse est quod diminuat peccatum. Actus enim intantum est peccatum, inquantum est voluntarium et in nobis existens. In nobis autem aliquid esse dicitur per rationem et

게 한다.

3. 어떤 사람이 강한 의지로 죄를 지은 그만큼 더 중대하게 죄를 지은 것으로 여겨진다. 그런데 의지를 자극하는 정념은 의지를 더 강하게 죄의 행위로 향하게 한다. 그러므로 정념은 죄를 더 무겁게 한다.

[재반론] 그러나 반대로 욕망의 정념은 육의 유혹이라고 불린다. 그런데 아우구스티누스가 보여 주듯이[2] 어떤 사람이 더 큰 유혹에 처할수록 죄는 감소한다. 그러므로 정념은 죄를 감소시킨다.

[답변] 죄는 본질적으로 "의지와 이성의 기능"[3]인 자유의지의 행위에 있다. 그런데 정념은 감각적 욕구의 움직임이다. 감각적 욕구는 선행적으로 또는 후행적으로 자유의지에 관계될 수 있다. 위에서[4] 말한 바와 같이 선행적으로는 감각적 욕구의 정념이 이성과 의지를 잡아당기거나 기울게 함으로써이다. 후행적으로는, 상위의 능력들의 움직임이 강하여 하위의 능력들로 넘쳐흐름으로써이다. 실상 감각적 욕구에서 어떤 정념이 일어나지 않는다면 의지는 강력하게 어떤 것을 향하여 움직여질 수 없다.[5]

그러므로 만일 정념을 죄의 행위에 선행하는 것으로서 받아들인다면 그것은 필연적으로 죄를 감소시킨다. 어떤 행위가 죄가 되는 것은 그것이 의지적이고 우리 자신에게 달려 있는 것인 한에서이다. 그런데 어떤 것이 우리 자신에게 달려 있다고 일컬어지는 것은 이성과

---

2. Cf. *De civ. Dei*, XIV, c.12: PL 41, 420; *De nat. et grat.*, c.25: PL 44, 261.
3. Cf. Lombardus, *Sent.*, II dist.24. Cf. I, q.83, a.2, obj.2; *De Veritate*, q.24, a.4, obj.1.
4. a.1,2; q.9, a.2; q.10, a.3.
5. Cf. q.24, a.3, ad1.

voluntatem. Unde quanto ratio et voluntas ex se aliquid agunt, non ex impulsu passionis, magis est voluntarium et in nobis existens. Et secundum hoc passio minuit peccatum, inquantum minuit voluntarium.—Passio autem consequens non diminuit peccatum, sed magis auget, vel potius est signum magnitudinis eius, inquantum scilicet demonstrat intensionem voluntatis ad actum peccati. Et sic verum est quod quanto aliquis maiori libidine vel concupiscentia peccat, tanto magis peccat.

AD PRIMUM ergo dicendum quod passio est causa peccati ex parte conversionis. Gravitas autem peccati magis attenditur ex parte aversionis; quae quidem ex conversione sequitur per accidens, idest praeter intentionem peccantis.[6] Causae autem per accidens augmentatae non augmentant effectus, sed solum causae per se.[7]

AD SECUNDUM dicendum quod bona passio consequens iudicium rationis, augmentat meritum. Si autem praecedat, ut scilicet homo magis ex passione quam ex iudicio rationis moveatur ad bene agendum, talis passio diminuit bonitatem et laudem actus.[8]

AD TERTIUM dicendum quod, etsi motus voluntatis sit intensior ex passione incitatus, non tamen ita est voluntatis proprius, sicut si sola ratione moveretur ad peccandum.

---

6. Cf. q.75, a.1 c.

의지에 의해서이다. 그러므로 이성과 의지가 정념의 자극에 의해서가 아니라 스스로에 의해서 작용하는 그만큼 그것은 의지적이고 우리에게 달려 있는 것이 된다. 이러한 점에서 정념은 의지적 성격을 감소시키는 그만큼 죄를 감소시킨다.—반면 후행적인 정념은 죄를 감소시키지 않고 오히려 증가시킨다. 더 정확하게 말한다면, 그것은 죄의 행위를 향한 의지의 강도를 드러내는 것인 그만큼 죄가 중대함을 보여 주는 표지가 된다. 그러므로 이 점에서는 더 큰 바탕과 사욕으로 죄를 지을수록 죄가 더 커진다는 것이 참이다.

[해답] 1. 정념은 어떤 것을 향하여 돌아선다는 측면에서 죄의 원인이 된다. 그런데 죄의 경중은 오히려 무엇으로부터 멀어지는가 하는 측면에서 헤아려진다. 그것은 다른 것을 향하여 돌아서는 데에서 우유적으로, 곧 죄를 짓는 사람의 의도와 무관하게 뒤따르는 것이다.[6] 그런데 우유적인 원인들이 증가되는 것은 결과를 증가시키지 않으며 오직 그 자체로서의 원인들이 증가될 때에만 결과가 증가한다.[7]

2. 이성의 판단에 후행하는 선한 정념은 공로를 증가시킨다. 만일 정념이 선행한다면, 곧 인간이 이성의 판단에 의해서보다 정념에 의해서 선을 행하게 된다면, 그러한 정념은 행위의 선성과 공적을 감소시킨다.[8]

3. 정념에 의하여 자극된 의지의 움직임이 더 강하다 하더라도, 그것은 오직 이성에 의하여 죄를 짓도록 움직여질 때와 같은 고유한 의지의 움직임이 아니다.

---

7. Cf. q.35, a.5, ad1.
8. Cf. q.24, a.3, ad1, ad3; q.59, a.2, ad3.

Articulus 7
Utrum passio totaliter excuset a peccato

Ad septimum sic proceditur. Videtur quod passio totaliter excuset a peccato.

1. Quidquid enim causat involuntarium, excusat totaliter a peccato. Sed concupiscentia carnis, quae est quaedam passio, causat involuntarium, secundum illud *Gal.* 5, [17]: *Caro concupiscit adversus spiritum, ut non quaecumque vultis, illa faciatis.* Ergo passio totaliter excusat a peccato.

2. Praeterea, passio causat ignorantiam quandam in particulari, ut dictum est.[1] Sed ignorantia particularis totaliter excusat a peccato, sicut supra[2] habitum est. Ergo passio totaliter excusat a peccato.

3. Praeterea, infirmitas animae gravior est quam infirmitas corporis. Sed infirmitas corporis totaliter excusat a peccato, ut patet in phreneticis. Ergo multo magis passio, quae est infirmitas animae.

SED CONTRA est quod Apostolus, *Rom.* 7, [5], vocat passiones *peccatorum*, non nisi quia peccata causant. Quod non esset, si a peccato totaliter excusarent. Ergo passiones non totaliter a peccato excusant.

---
1. Art.2.

제7절 정념은 죄를 완전히 면하게 하는가?

Parall.: Infra, q.8 ad3; *De Malo*, q.3, a.10; *In Ethic.*, V lect.13.

[반론] 일곱째에 대해서는 다음과 같이 진행된다. 정념은 죄를 완전히 면하게 하는 것으로 생각된다.

1. 행위를 의지적이지 않은 것이 되게 하는 모든 것은 죄를 완전히 면하게 한다. 그런데 일종의 정념인 육의 욕망은 행위를 의지적이지 않은 것이 되게 한다. 갈라티아서 5장 [17절]에서는 이렇게 말한다. "육이 욕망하는 것은 성령을 거스르고, 여러분은 자기가 원하는 것을 할 수 없게 됩니다." 그러므로 정념은 죄를 완전히 면하게 한다.

2. 앞서[1] 말한 바와 같이 정념은 개별적인 것들에 대한 무지의 원인이 된다. 그런데 위에서[2] 말한 바와 같이 개별적인 것에 대한 무지는 죄를 완전히 면하게 한다. 그러므로 정념은 죄를 완전히 면하게 한다.

3. 영혼의 질병은 육체의 질병보다 더 중대하다. 그런데 미친 사람의 경우에서 알 수 있듯이 육체의 질병은 죄를 완전히 면하게 한다. 그러므로 영혼의 질병인 정념은 그보다 훨씬 더 죄를 면하게 한다.

[재반론] 그러나 반대로 사도는 로마서 7장 [5절]에서 "죄 많은" 정념이라고 말하는데, 이는 오직 정념이 죄의 원인이 되기 때문이다. 그런데 정념이 죄를 완전히 면하게 한다면 그것은 죄의 원인이 되지 않을 것이다. 그러므로 정념은 죄를 완전히 면하게 하지 않는다.

---

2. q.19, a.6.

RESPONDEO dicendum quod secundum hoc solum actus aliquis qui de genere suo est malus, totaliter a peccato excusatur, quod totaliter involuntarius redditur. Unde si sit talis passio quae totaliter involuntarium reddat actum sequentem, totaliter a peccato excusat, alioquin, non totaliter.

Circa quod duo consideranda videntur. Primo quidem, quod aliquid potest esse voluntarium vel secundum se, sicut quando voluntas directe in ipsum fertur, vel secundum suam causam, quando voluntas fertur in causam et non in effectum, ut patet in eo qui voluntarie inebriatur; ex hoc enim quasi voluntarium ei imputatur quod per ebrietatem committit.[3] — Secundo considerandum est quod aliquid dicitur voluntarium directe, vel indirecte, directe quidem, id in quod voluntas fertur; indirecte autem, illud quod voluntas potuit prohibere, sed non prohibet.[4]

Secundum hoc igitur distinguendum est. Quia passio quandoque quidem est tanta quod totaliter aufert usum rationis, sicut patet in his qui propter amorem vel iram insaniunt. Et tunc si talis passio a principio fuit voluntaria, imputatur actus ad peccatum, quia est voluntarius in sua causa, sicut etiam de ebrietate dictum est. Si vero causa non fuit voluntaria, sed naturalis, puta cum aliquis ex aegritudine, vel aliqua huiusmodi causa, incidit in talem passionem quae totaliter aufert usum

---

3. 그 자체에 따라 의지적인 것과 그 원인에 따라 의지적인 것에 관하여, II-II, q.46, a.2, ad2; q.64, a.8 c; q.79, a.3, ad3을 보라; Cf. II-II, q.150, a.4.

[답변] 종에 있어 악한 행위는, 전적으로 의지적이지 않은 것이 될 때에만 죄가 완전히 면해진다. 그러므로 정념이 그에 뒤따르는 행위를 완전히 의지적이지 않은 것이 되게 하는 것이라면 그것은 죄를 완전히 면하게 한다. 그렇지 않은 경우라면 죄를 완전히 면하게 하지 않는다.

이에 관하여 두 가지를 고찰해야 하는 것으로 생각된다. 첫째로, 어떤 행위가 의지적이 되는 것은 예를 들어 의지가 직접적으로 행위를 지향함으로써 행위 그 자체에 따라 의지적이 될 수 있고, 또는 의지적으로 술에 취한 사람의 경우와 같이 의지가 그 결과가 아니라 원인을 지향함으로써 그 행위의 원인에 따라 행위가 의지적인 것이 될 수 있다. 그가 술에 취하여 범하는 것은 그에게 마치 의지적인 것과 같이 죄책이 있게 된다.[3]—둘째로 고찰할 점은, 어떤 것은 직접적으로 또는 간접적으로 의지적이라고 일컬어진다는 점이다. 직접적으로 의지적인 것은 의지가 지향하는 것이며, 간접적으로 의지적인 것은 의지가 금할 수 있었으나 금하지 않은 것이다.[4]

그러므로 이에 따라 구별을 해야 한다. 사랑이나 분노로 정신이 이상하게 되는 이들의 경우에서 알 수 있듯이, 정념은 때로는 이성을 전혀 사용하지 못하게 할 만큼 강하기 때문이다. 여기에서 그 정념이 처음에 의지적이었다면, 그 행위는 죄책이 있는 것으로 여겨진다. 술에 취하는 것에 대하여 말한 바와 같이, 그 원인에 있어 의지적이기 때문이다. 그러나 원인이 의지적이 아니라 본성적이라면, 예를 들어 어떤 사람이 질병이나 그와 같은 어떤 원인으로 인하여 이성을

---

4. Cf. q 6, a.3.

rationis; actus omnino redditur involuntarius, et per consequens totaliter a peccato excusatur.

Quandoque vero passio non est tanta quod totaliter intercipiat usum rationis. Et tunc ratio potest passionem excludere, divertendo ad alias cogitationes; vel impedire ne suum consequatur effectum,[5] quia membra non applicantur operi nisi per consensum rationis, ut supra[6] dictum est. Unde talis passio non totaliter excusat a peccato.

AD PRIMUM ergo dicendum quod hoc quod dicitur, *ut non quaecumque vultis, illa faciatis,* non est referendum ad ea quae fiunt per exteriorem actum, sed ad interiorem concupiscentiae motum, vellet enim homo nunquam concupiscere malum.[7] Sicut etiam exponitur id quod dicitur *Rom.* 7, [15]: *Quod odi malum, illud facio.*—Vel potest referri ad voluntatem praecedentem passionem, ut patet in continentibus qui contra suum propositum agunt propter suam concupiscentiam.

AD SECUNDUM dicendum quod ignorantia particularis quae totaliter excusat, est ignorantia circumstantiae quam quidem quis scire non potest, debita diligentia adhibita.[8] Sed passio causat ignorantiam iuris in particulari, dum impedit applicationem communis scientiae ad particularem actum. Quam quidem passionem ratio repellere potest, ut dictum est.[9]

전혀 사용하지 못하게 하는 정념에 빠진다면, 그 행위는 완전히 의지적이지 않은 것이 되며 따라서 그는 죄를 완전히 면하게 된다.

그러나 때로 정념은 이성을 전혀 사용하지 못하게 할 만큼 강하지 않다. 이때에 이성은 생각을 다른 데로 돌림으로써 정념을 없앨 수 있고, 또는 그 결과를 얻는 것을 방해할 수 있다.[5] 의에서[6] 말한 바와 같이 지체들은 이성의 동의가 없다면 작용에 사용되지 않기 때문이다. 그러므로 정념은 죄를 완전히 면하게 하지 않는다.

[해답] 1. "여러분은 자기가 원하는 것을 할 수 없게 됩니다."라고 일컬어지는 것은 외적 행위로 이루어지는 것이 아니라 욕망의 내적 움직임에 적용되어야 한다. 실상 인간은 결코 악을 갈망하려 하지 않을 것이다.[7] 이는 "나는 내가 바라는 것을 하지 않고 오히려 내가 싫어하는 것을 합니다."라고 하는 로마서 7장 [15절]에서 말하는 바와 같다.—또는, 정념에 선행하는 의지에 적용될 수 있다. 이는 자신의 결심을 거슬러 욕망 때문에 행하는 무절제한 이들에게서 확인된다.

2. 죄를 전적으로 면하게 하는 개별적인 것에 대한 무지는, 마땅한 노력을 한다 하더라도 알 수 없는 상황에 대한 무지이다.[8] 그러나 정념은 공통적인 지식을 개별 행위에 적용하는 것을 방해함으로써, 개별적 경우들의 법칙에 대한 무지의 원인이 된다. 앞서[9] 말한 바와 같이 이성은 이러한 정념을 물리칠 수 있다.

---

5. Cf. c.17, a.7.
6. q.17, a.9.
7. Cf. c.10, a.3, ad.
8. Cf. q.76, a.3.
9. 답변.

AD TERTIUM dicendum quod infirmitas corporis est involuntaria. Esset autem simile, si esset voluntaria, sicut de ebrietate dictum est,[10] quae est quaedam corporalis infirmitas.

Articulus 8
Utrum peccatum quod est ex passione, possit esse mortale

Ad octavum sic proceditur. Videtur quod peccatum quod est ex passione, non possit esse mortale.

1. Veniale enim peccatum dividitur contra mortale. Sed peccatum quod est ex infirmitate, est veniale, cum habeat in se causam veniae. Cum igitur peccatum quod est ex passione, sit ex infirmitate, videtur quod non possit esse mortale.

2. Praeterea, causa non est potior effectu. Sed passio non potest esse peccatum mortale, non enim in sensualitate est peccatum mortale, ut supra[1] habitum est. Ergo peccatum quod est ex passione, non potest esse mortale.

3. Praeterea, passio abducit a ratione, ut ex dictis[2] patet. Sed rationis est converti ad Deum vel averti ab eo, in quo consistit ratio peccati mortalis. Peccatum ergo quod est ex passione, non potest esse mortale.

---
10. Ibid.

3. 육체의 질병은 의지적이지 않다. 일종의 육체적 질병인 취하는 것에 관련하여[10] 말한 바와 같이, 그 질병이 의지적이라면 비교가 성립될 것이다.

제8절 정념에서 나오는 죄는 사죄일 수 있는가?

Parall.: *De Malo*, q.3, a.10.

[반론] 여덟째에 대해서는 다음과 같이 진행된다. 정념에서 나오는 죄는 사죄일 수 없는 것으로 생각된다.

1. 소죄는 사죄와 구분된다. 그런데 약함에서 나온 죄는 소죄이다(veniale, 그 안에 용서(venia)될 이유를 지니고 있기 때문이다. 그러므로 정념에서 나온 죄는 약함에서 나온 죄이므로 대죄일 수 없는 것으로 생각된다.

2. 결과는 원인보다 강하지 않다. 그런데 정념은 사죄일 수 없다. 위에서[1] 말한 바와 같이 사죄는 감각 안에 있을 수 없기 때문이다. 그러므로 정념에서 나오는 죄는 사죄일 수 없다.

3. 앞서 말한 데에서[2] 알 수 있듯이 정념은 이성을 방해한다. 그런데 이성은 하느님을 향하여 돌아서거나 아니면 하느님으로부터 멀어지고, 하느님으로부터 멀어지는 것이 사죄이다. 그러므로 정념에서 나오는 죄는 사죄일 수 없다.

---

1. q.74, a.4.
2. aa.1-2.

SED CONTRA est quod Apostolus dicit, *Rom.* 7, [5], quod *passiones peccatorum operantur in membris nostris ad fructificandum morti.*[3] Hoc autem est proprium mortalis peccati, quod fructificet morti. Ergo peccatum quod est ex passione, potest esse mortale.

RESPONDEO dicendum quod peccatum mortale, ut supra[4] dictum est, consistit in aversione ab ultimo fine, qui est Deus, quae quidem aversio pertinet ad rationem deliberantem, cuius etiam est ordinare in finem. Hoc igitur solo modo potest contingere quod inclinatio animae in aliquid quod contrariatur ultimo fini, non sit peccatum mortale quia ratio deliberans non potest occurrere, quod contingit in subitis motibus. Cum autem ex passione aliquis procedit ad actum peccati, vel ad consensum deliberatum, hoc non fit subito. Unde ratio deliberans potest hic occurrere, potest enim excludere, vel saltem impedire passionem, ut dictum est.[5] Unde si non occurrat, est peccatum mortale,[6] sicut videmus quod multa homicidia et adulteria per passionem committuntur.

AD PRIMUM ergo dicendum quod veniale dicitur tripliciter.[7] Uno modo, ex causa, quia scilicet habet aliquam causam veniae,

---

3. Passiones peccatorum operantur in membris nostris ad fructificandum morti. 대중 라틴말 성경은, Passiones peccatorum, quae per legem erant, operabantur in membris nostris, ut fructificarent morti.

[재반론] 그러나 반대로 사도는 로마서 7장 [5절]에서 "죄 많은 여러 정념이 우리 지체 안에서 작용하여 죽음에 이르는 열매를 맺게 하였습니다."[3]라고 말한다. 그런데 죽음의 열매를 맺는 것은 사죄의 특징이다. 그러므로 정념에서 나오는 죄는 사죄일 수 있다.

[답변] 위에서[4] 말한 바와 같이 사죄는 최종 목적인 하느님으로부터 멀어지는 데에 있다. 그리고 하느님으로부터 멀어지는 것은 숙고하는 이성에 속하며, 목적을 향하게 하는 것도 그 이성의 일이다. 그러므로 오직 숙고하는 이성이 개입하지 못하는 경우에만 영혼이 최종 목적에 반대되는 어떤 것을 향하는 것이 사죄가 되지 않을 수 있다. 갑작스러운 움직임들의 경우에 그러한 일이 있을 수 있다. 그러나 어떤 사람이 정념으로부터 죄의 행위 또는 숙고된 등의를 할 때에 그것은 갑작스러운 것이 아니다. 그러므로 숙고하는 이성은 여기에 개입할 수 있다. 앞서[5] 말한 바와 같이 정념을 제거하거나 적어도 방해할 수 있는 것이다. 그러므로 만일 개입하지 않는다면 그것은 사죄이다.[6] 우리는 많은 살인과 간음이 이렇게 정념에 의하여 범해진다는 것을 본다.

[해답] 1. 죄는 세 가지 방식으로 소죄라고 일컬어진다.[7] 첫째로는 원인에 의해서, 곧 죄를 줄어들게 하는, 용서받을 이유가 있기 때문이다. 그래서 약함과 무지에서 나오는 죄는 소죄라고 일컬어진다. 둘째

---

4. q.72, a.5.
5. 앞 절.; q.10, a.3, ad2.
6. Cf. q.74, a.7, ad4.
7. Cf. q.88, a.2 c.

quae diminuit peccatum, et sic peccatum ex infirmitate et ignorantia dicitur veniale. Alio modo, ex eventu, sicut omne peccatum per poenitentiam fit veniale, idest veniam consecutum. Tertio modo dicitur veniale ex genere, sicut verbum otiosum. Et hoc solum veniale opponitur mortali, obiectio autem procedit de primo.

AD SECUNDUM dicendum quod passio est causa peccati ex parte conversionis. Quod autem sit mortale, est ex parte aversionis, quae per accidens sequitur ad conversionem, ut dictum est.[8] Unde ratio non sequitur.

AD TERTIUM dicendum quod ratio non semper in suo actu totaliter a passione impeditur, unde remanet ei liberum arbitrium, ut possit averti vel converti ad Deum. Si autem totaliter tolleretur usus rationis, iam non esset peccatum nec mortale nec veniale.[9]

로는 사실에 의해서이다. 그래서 모든 죄는 참회로 용서를 받고 소죄가 된다. 셋째로는 그 유에 의해서 소죄라고 일컬어진다. 예를 들어 쓸데없는 말의 경우가 그러하다. 이 세 번째 의미의 소죄만이 사죄에 대립되는데, 위의 주장은 첫째 의미의 소죄에 대한 것이다.

2. 정념은 다른 것을 향하여 돌아선다는 측면에서 죄의 원인이다. 그러나 그 죄가 사죄가 되는 것은 어떤 것에서 멀어진다는 측면에서인데, 앞서[8] 말한 바와 같이 이것은 어떤 것을 향하여 돌아서는 데에서 우유적으로 나오는 결과이다. 그러므로 논거는 성립되지 않는다.

3. 이성은 그 행위에 있어 언제나 완전히 방해를 받는 것은 아니다. 그러므로 자유의지를 사용하여 하느님을 향하여 돌아서거나 하느님으로부터 멀어질 수 있다. 만일 이성을 전혀 사용할 수 없다면, 사죄도 아니고 소죄도 아니다.[9]

---

8. q.6, ad1.
9. Cf. 앞 절.

QUAESTIO LXXVIII
DE CAUSIS PECCATI QUAE EST MALITIA
in quatuor articulos divisa

Deinde considerandum est de causa peccati quae est ex parte voluntatis, quae dicitur malitia.[1]

Et circa hoc quaeruntur quatuor.

Primo: utrum aliquis possit ex certa malitia, seu industria, peccare.

Secundo: utrum quicumque peccat ex habitu, peccet ex certa malitia.

Tertio: utrum quicumque peccat ex certa malitia, peccet ex habitu.

Quarto: utrum ille qui peccat ex certa malitia, gravius peccet quam ille qui peccat ex passione.

Articulus 1
Utrum aliquis peccet ex certa malitia

Ad primum sic proceditur. Videtur quod nullus peccet ex industria, sive ex certa malitia.

제78문
죄의 원인인 악의
(전4절)

다음으로는 의지 편에서 나오는 죄의 원인에 대해 고찰해야 한다. 그것은 악의라고 불린다.[1]

이에 대해서는 네 가지 문제가 제기된다.

1. 어떤 사람이 악의로, 곧 일부러 죄를 지을 수 있는가?
2. 습성으로 죄를 짓는 사람은 악의로 죄를 짓는 것인가?
3. 악의로 죄를 짓는 사람은 습성으로 죄를 짓는 것인가?
4. 악의로 죄를 짓는 사람은 정념으로 죄를 짓는 사람보다 더 무거운 죄를 짓는 것인가?

제1절 악의로 죄를 지을 수 있는가?

Parall.: *In Sent.*: II dist.43, a.1; *De Malo*, q.2, a.8, ad4; q.3, a.12; q.14, ad7-8.

[반론] 첫째에 대해서는 다음과 같이 진행된다. 아무도 일부러, 곧 악의로 죄를 짓지 않는 것으로 생각된다.

---

1. Cf. q.76, Introd.

1. Ignorantia enim opponitur industriae, seu certae malitiae. Sed *omnis malus est ignorans*, secundum Philosophum.[1] Et *Prov.* 14, [22] dicitur: *Errant qui operantur malum*. Ergo nullus peccat ex certa malitia.

2. Praeterea, Dionysius dicit, 4 cap. *de Div. Nom.*,[2] quod *nullus intendens ad malum operatur*. Sed hoc videtur esse peccare ex malitia, intendere malum in peccando, quod enim est praeter intentionem, est quasi per accidens, et non denominat actum. Ergo nullus ex malitia peccat.

3. Praeterea, malitia ipsa peccatum est. Si igitur malitia sit causa peccati, sequetur quod peccatum sit causa peccati in infinitum, quod est inconveniens. Nullus igitur ex malitia peccat.

SED CONTRA est quod dicitur *Iob* 34, [27]: *Quasi de industria recesserunt a Deo, et vias eius intelligere noluerunt.*[3] Sed recedere a Deo est peccare. Ergo aliqui peccant ex industria, seu ex certa malitia.

RESPONDEO dicendum quod homo, sicut et quaelibet alia res, naturaliter habet appetitum boni.[4] Unde quod ad malum eius appetitus declinet, contingit ex aliqua corruptione seu

---

1. *Eth.* III, 2: 1110b28-30; S. Thomas, lect.3, nn.409-410.
2. PG 3, 716 C,732 B; S. Thomas, lect.14, n.22.

1. 두지는 고의 내지 어떤 악의에 반대된다. 그런데 철학자에 따르면[1] "모든 악인은 무지한 이"이다. 그리고 잠언 14장 [22절]에서는 "악을 꾸미는 자들은 반드시 길을 잃게 된다."고 일컬어진다. 그러므로 아무도 악의로 죄를 짓지 않는다.

2. 디오니시우스는 『신명론』제4장[2]에서 "아무도 악을 의도하며 행하지 않는다."고 말한다. 그런데 악의로 죄를 짓는다는 것은 바로 죄를 지으면서 악을 의도하는 것이라고 생각된다. 의도하지 않은 것은 마치 우유적인 것과 같고, 행위에 이름을 붙이지 않는다. 그러므로 아무도 악의로 죄를 짓지 않는다.

3. 악의 자체가 죄이다. 만일 악의가 죄의 원인이라면 죄가 죄의 원인이 될 것이고, 그렇게 무한히 계속될 것이다. 이는 부적절하다. 그러므로 아무도 악의로 죄를 짓지 않는다.

[재반론] 그러나 반대로 욥기 34장 [27절]에서는 "그들은 일부러 하듯이 하느님 뒤를 따르려 하지 않고 그분의 길은 알려고 하지 않는다."[3]고 말한다. 그런데 하느님에게서 물러가는 것은 죄를 짓는 것이다. 그러므로 어떤 이들은 일부러, 곧 악의로 죄를 짓는다.

[답변] 인간은 다른 모든 것과 마찬가지로 본성적으로 선에 대한 욕구를 갖고 있다.[4] 그러므로 그의 욕구가 악으로 기우는 것은 자연 사물의 작용들에서 죄가 생겨날 때와 같이 인간의 원리들에서의 손

---

3. 대중 라틴말 성경은, Quasi de industria recesserunt ab eo et omnes vias eius intelligere noluerunt.
4. Cf. I, q.80, a.1 c

inordinatione in aliquo principiorum hominis, sic enim in actionibus rerum naturalium peccatum invenitur.[5] Principia autem humanorum actuum sunt intellectus et appetitus, tam rationalis, qui dicitur voluntas, quam sensitivus. Peccatum igitur in humanis actibus contingit quandoque, sicut ex defectu intellectus, puta cum aliquis per ignorantiam peccat;[6] et ex defectu appetitus sensitivi, sicut cum aliquis ex passione peccat;[7] ita etiam ex defectu voluntatis, qui est inordinatio ipsius.

Est autem voluntas inordinata, quando minus bonum magis amat. Consequens autem est ut aliquis eligat pati detrimentum in bono minus amato, ad hoc quod potiatur bono magis amato, sicut cum homo vult pati abscissionem membri etiam scienter, ut conservet vitam, quam magis amat. Et per hunc modum, quando aliqua inordinata voluntas aliquod bonum temporale plus amat, puta divitias vel voluptatem, quam ordinem rationis vel legis divinae, vel caritatem Dei, vel aliquid huiusmodi; sequitur quod velit dispendium pati in aliquo spiritualium bonorum, ut potiatur aliquo temporali bono. Nihil autem est aliud malum quam privatio alicuius boni. Et secundum hoc aliquis scienter vult aliquod malum spirituale, quod est malum simpliciter, per quod bonum spirituale privatur, ut bono temporali potiatur. Unde dicitur ex certa malitia, vel ex industria peccare, quasi scienter malum eligens.

상이나 무질서에서 나오는 것이다.[5] 그런데 인간적 행위의 원리들은 지성과 욕구이며, 욕구에는 의지라고 일컬어지는 이성적 욕구와 감각적 욕구가 모두 포함된다. 그러므로 인간적 행위들에서 죄는 무지로부터 죄를 지을 때와 같이[6] 지성의 결함으로부터 생겨나기도 하고, 정념으로부터 죄를 지을 때와 같이[7] 감각적 욕구의 결함으로부터 생겨나기도 하며, 의지의 결함 그 무질서로부터도 생겨나기도 한다.

그런데 의지가 무질서한 것은 그것이 더 작은 선을 더 많이 사랑할 때이다. 그 결과 그는 더 사랑하는 선을 누리기 위하여 덜 사랑하는 선에서 손해를 겪기를 선택하게 된다. 예를 들어 어떤 사람이 그가 더 많이 사랑하는 것인 생명을 보존하기 위하여 의식적으로 어떤 지체의 절단을 겪기를 원하는 경우가 그러하다. 이러한 방식으로, 어떤 무질서한 의지가 이성의 질서나 하느님의 법이나 하느님에 대한 사랑이나 그와 같은 어떤 것보다 부유함이나 쾌락과 같은 현세적 선을 더 사랑할 때, 그는 어떤 현세적 선을 누리기 위하여 영적 선의 손실을 바라게 된다. 그런데 악은 다름 아닌 선의 결핍이다. 그러므로 어떤 사람은 현세적 선을 누리기 위하여 알면서 순전한 악이고 영적 선을 잃게 하는 것인 영적 악을 원하게 된다. 그러므로 알면서 악을 선택함으로써 악의에서, 또는 일부러 죄를 짓는다고 일컬어진다.

---

5. Cf. I, c.9, a.1 c.
6. Cf. q.76.
7. Cf. q.77.

AD PRIMUM ergo dicendum quod ignorantia quandoque quidem excludit scientiam qua aliquis simpliciter scit hoc esse malum quod agitur, et tunc dicitur ex ignorantia peccare. Quandoque autem excludit scientiam qua homo scit hoc nunc esse malum, sicut cum ex passione peccatur. Quandoque autem excludit scientiam qua aliquis scit hoc malum non sustinendum esse propter consecutionem illius boni, scit tamen simpliciter hoc esse malum, et sic dicitur ignorare qui ex certa malitia peccat.

AD SECUNDUM dicendum quod malum non potest esse secundum se intentum ab aliquo, potest tamen esse intentum ad vitandum aliud malum, vel ad consequendum aliud bonum, ut dictum est.[8] Et in tali casu aliquis eligeret consequi bonum per se intentum, absque hoc quod pateretur detrimentum alterius boni. Sicut aliquis lascivus vellet frui delectatione absque offensa Dei, sed duobus propositis, magis vult peccando incurrere offensam Dei, quam delectatione privetur.[9]

AD TERTIUM dicendum quod malitia ex qua aliquis dicitur peccare, potest intelligi malitia habitualis, secundum quod habitus malus a Philosopho[10] nominatur *malitia*, sicut habitus bonus nominatur virtus. Et secundum hoc aliquis dicitur ex malitia peccare, quia peccat ex inclinatione habitus.—Potest etiam intelligi malitia actualis. Sive ipsa mali electio malitia nominetur, et sic dicitur aliquis ex malitia peccare, inquantum

---

[8]. In corp.

[해답] 1. 무지는 때로 그가 행하려는 것이 악이라는 것을 단적으로 알지 못하게 하고, 그때에 무지도 죄를 짓는다고 일컬어진다. 때로는 이것이 지금 악이라는 것을 알지 못하게 한다. 정념으로 죄를 지을 때가 그러하다. 때로는 어떤 선을 얻기 위해서 어떤 악을 당하지 않아야 한다는 것을 알지 못하게 하지만, 단적으로 이것이 악이라는 것은 안다. 이 경우에 악의에서 죄를 짓는 사람은 무지하다고 일컬어진다.

2. 악은 그 자체로서는 누구에 의해서도 의도될 수 없다. 그러나 앞서[8] 말한 바와 같이 다른 악을 피하기 위해서 또는 다른 선을 얻기 위해서는 의도될 수 있다. 그러한 경우에는 다른 선을 해치지 않으면서 어떤 선을 추구하기를 그 자체로 선택하게 될 것이다. 예를 들어 방탕한 사람은 하느님을 거스르지 않으면서 쾌락을 즐기기를 원할 것이다. 그러나 두 가지가 제시된다면 그는 쾌락을 잃기보다는 하느님을 거슬러 죄를 짓기를 더 원한다.[9]

3. 어떤 사람이 그것으로부터 죄를 짓게 된다고 일컬어지는 악의는, 철학자가[10] 선한 습성을 덕이라고 부르듯이 악한 습성을 악의라고 부르는 의미에서 습성적인 악의로 이해될 수 있다. 이러한 의미에서 어떤 사람이 악의로 죄를 짓는다고 일컬어지는데, 이는 그가 습성의 경향으로부터 죄를 짓는 것이기 때문이다.—그러나 또한 실제적인 악의를 뜻하는 것으로 이해할 수도 있다. 악을 선택하는 것 자체가 악의라고 일컬어질 수 있는데, 이러한 의미에서는 악을 선택함으로써 죄를 짓는다는 점에서 악의로 죄를 짓는다고 일컬어진다. 또

---

9. 어떤 악에 의하여 잃게 되는 선보다 그 악에 결부된 선이 더 바람직한 경우가 아니라면, 악은 우연적으로도 결코 추구되지 않는다. I, q.19, a.9 c.
10. *Ethic.*, II, c.4: 1105b19-28; S. Thomas, lect.5, nn.289-298; IV, c.1: 1120a4-8; S. Thomas, lect.1, n.658.

ex mali electione peccat. Sive etiam malitia dicatur aliqua praecedens culpa, ex qua oritur subsequens culpa, sicut cum aliquis impugnat fraternam gratiam ex invidia. Et tunc idem non est causa sui ipsius, sed actus interior est causa actus exterioris. Et unum peccatum est causa alterius, non tamen in infinitum, quia est devenire ad aliquod primum peccatum, quod non causatur ex aliquo priori peccato, ut ex supradictis[11] patet.

Articulus 2
Utrum quicumque peccet ex habitu, peccet ex certa malitia

Ad secundum sic proceditur. Videtur quod non omnis qui peccat ex habitu, peccet ex certa malitia.

1. Peccatum enim quod est ex certa malitia, videtur esse gravissimum. Sed quandoque homo aliquod leve peccatum committit ex habitu, sicut cum dicit verbum otiosum. Non ergo omne peccatum quod est ex habitu, est ex certa malitia.

2. Praeterea, *actus ex habitu procedentes sunt similes actibus ex quibus habitus generantur,* ut dicitur in II *Ethic.*[1] Sed actus praecedentes habitum vitiosum non sunt ex certa malitia. Ergo etiam peccata quae sunt ex habitu, non sunt ex certa malitia.

---

11. q.75, a.4, ad3.

는 뒤다르는 죄책이 거기에서 유래하는, 선행하는 어떤 죄책이 악의라고 일컬어질 수 있는데, 예를 들어 어떤 사람이 질투에서 형제의 호의를 거부하는 경우가 그러하다. 이때에도 어떤 것이 그 자체의 원인이 되는 것은 아니며, 내적 행위가 외적 행위의 원인이 되는 것이다. 그리고 어떤 죄가 다른 죄의 원인이 되는 것은 무한히 계속되지는 않는다. 위에서 말한 데에서[1] 드러나듯이 이전의 다른 죄에서 기인하지 않는 첫째 죄에 도달하게 되기 때문이다.

제2절 습성으로 죄를 짓는 사람은 악의로 죄를 짓는 것인가?

Parall.: *In Sent.*, II, dist.43, a.2.

[반론] 둘째에 대해서는 다음과 같이 진행된다. 습성으로 죄를 짓는 모든 사람이 어떤 악의로 죄를 짓는 것은 아닌 것으로 생각된다.

1. 악의로 범한 죄는 지극히 중대한 것으로 여겨진다. 그런데 때로 인간은 습관적으로 쓸데없는 말을 하는 경우와 같이 습성으로 가벼운 죄를 짓는다. 그러므로 습성에서 나오는 모든 죄가 악의에서 나오는 것은 아니다.

2. 『니코마코스 윤리학』 제2권[1]에서 말하듯이, "습성에서 나오는 행위들은 거기에서부터 습성이 생겨나는 행위들과 유사하다." 그런데 악습의 습성에 선행하는 행위는 어떤 악의에서 나오는 것이 아니다. 그러므로 습성에서 나오는 죄들 역시 악의에서 나오는 것이 아니다.

---

1. c.2: 1104a27-b3 S. Thomas, lect.2, n.264.

3. Praeterea, in his quae aliquis ex certa malitia committit, gaudet postquam commisit, secundum illud *Prov.* 2, [14]: *Qui laetantur cum male fecerint et exultant in rebus pessimis.* Et hoc ideo, quia unicuique est delectabile cum consequitur id quod intendit, et qui operatur quod est ei quodammodo connaturale secundum habitum. Sed illi qui peccant ex habitu, post peccatum commissum dolent, *poenitudine* enim *replentur pravi*, idest habentes habitum vitiosum, ut dicitur in IX *Ethic.*[2] Ergo peccata quae sunt ex habitu, non sunt ex certa malitia.

SED CONTRA, peccatum ex certa malitia dicitur esse quod est ex electione mali. Sed unicuique est eligibile id ad quod inclinatur per proprium habitum; ut dicitur in VI *Ethic.*[3] de habitu virtuoso. Ergo peccatum quod est ex habitu, est ex certa malitia.

RESPONDEO dicendum quod non est idem peccare habentem habitum, et peccare ex habitu. Uti enim habitu non est necessarium, sed subiacet voluntati habentis, unde et habitus definitur esse *quo quis utitur cum voluerit.*[4] Et ideo sicut potest contingere quod aliquis habens habitum vitiosum, prorumpat in actum virtutis, eo quod ratio non totaliter corrumpitur per malum habitum, sed aliquid eius integrum manet, ex quo provenit quod

---

2. c.4: 1166b24-26; S. Thomas, lect.4, n.1818.
3. c.4: 1139a32-35; S. Thomas, lect.2, nn.1133-1134.

3. 어떤 사람이 습성으로 어떤 죄를 범할 때에는 그것을 범한 후에 기뻐한다. 잠언 2장 [14절]에서는 "악행을 즐겨 하고 사악한 것을 기뻐하는 자들"이라고 말한다. 그 이유는, 지향하는 바를 얻는 것과 습성에 따라 어떤 식으로 자신의 본성에 부합하는 것을 행하는 것은 즐겁기 때문이다. 그런데 습성으로 죄를 짓는 사람은 죄를 범한 후에 괴로워한다. 『니코마코스 윤리학』 제9권²에서 말하듯이, "나쁜 사람" 곧 악습의 습성을 지닌 사람은 "후회로 가득하다.' 그러므로 습성에서 나오는 죄는 어떤 악의에서 나오는 것이 아니다.

[재반론] 그러나 반대로 악의로부터 나오는 죄라고 일컬어지는 것은 악을 선택하는 데에서 나오는 죄이다. 그런데 『니코마코스 윤리학』 제6권³에서 덕스러운 습성에 대하여 말하듯이, 선택의 대상이 되는 것은 자신의 습성에 의하여 그것을 향해 기울게 되는 것이다. 그러므로 습성에서 나오는 죄는 어떤 악의에서 나오는 것이다.

[답변] 습성을 지니고 있으면서 죄를 짓는 것과 습성으로부터 죄를 짓는 것은 동일하지 않다. 습성을 사용하는 것은 필연적이 아니며 그 습성을 지닌 사람의 의지에 달려 있기 때문이다. 그래서 습성은 "원할 때에 사용되는 것"⁴으로 정의된다. 그러므로 악습의 습성을 가지고 있는 사람이 갑자기 덕의 행위를 할 수도 있다. 이성은 악한 습성으로 완전히 손상된 것이 아니며 그 일부는 온전하게 남아 있기 때문이다. 그래서 악인도 선의 유에 속하는 어떤 것을 행하게 될

---

4. Aug. *De bono coniugali*, c.21: PL 40, 390; Aver., *In De anima*, III Comm.18. Cf. q.49, a.3 sed c.

peccator aliqua operatur de genere bonorum;[5] ita etiam potest contingere quod aliquis habens habitum, interdum non ex habitu operetur, sed ex passione insurgente, vel etiam ex ignorantia. Sed quandocumque utitur habitu vitioso, necesse est quod ex certa malitia peccet. Quia unicuique habenti habitum, est per se diligibile id quod est ei conveniens secundum proprium habitum, quia fit ei quodammodo connaturale, secundum quod consuetudo et habitus vertitur in naturam. Hoc autem quod est alicui conveniens secundum habitum vitiosum, est id quod excludit bonum spirituale. Ex quo sequitur quod homo eligat malum spirituale, ut adipiscatur bonum quod est ei secundum habitum conveniens. Et hoc est ex certa malitia peccare. Unde manifestum est quod quicumque peccat ex habitu, peccet ex certa malitia.

AD PRIMUM ergo dicendum quod peccata venialia non excludunt bonum spirituale, quod est gratia Dei vel caritas. Unde non dicuntur mala simpliciter, sed secundum quid. Et propter hoc nec habitus ipsorum possunt dici simpliciter mali, sed solum secundum quid.[6]

AD SECUNDUM dicendum quod actus qui procedunt ex habitibus, sunt similes secundum speciem actibus ex quibus habitus generantur,[7] differunt tamen ab eis sicut perfectum ab imperfecto. Et talis est differentia peccati quod committitur ex certa malitia, ad peccatum quod committitur ex aliqua passione.

수 있다.⁵ 또한, 습성을 지닌 사람이 때로는 습성으로 행하지 않고 일어나는 정념으로부터 또는 무지로부터 행하는 경우도 있을 수 있다. 그런데, 악습을 사용할 때마다 그는 반드시 악의에서 죄를 짓는 것이 된다. 습성을 지닌 사람에게는 그 자신의 고유한 습성에 적합한 것이 그 자체로 사랑할 만한 것이 되기 때문인데, 그렇게 되는 이유는 그것이 마치 습관과 습성이 본성으로 변하는 것과 마찬가지로 어떤 식으로 그의 본성에 일치하게 되기 때문이다. 그런데, 악습의 습성에 따라 어떤 사람에게 적합하게 되는 것은 영적 선을 배제한다. 그래서 그는 그의 습성에 맞는 것을 얻기 위하여 영적 악을 선택하게 된다. 이것이 습성으로부터 죄를 짓는 것이다. 그러므로 습성으로 죄를 짓는 사람은 어떤 악의로 죄를 짓는 것임이 분명하다.

[해답] 1. 소죄는 영적인 선 곧 하느님의 은총 또는 사랑을 잃게 하지 않는다. 그러므로 그것은 단적으로 악이라고 일컬어지지 않고, 상대적인 의미에서 악이라고 일컬어진다. 그러므로 소죄의 습성도 단적으로 악이라고 말할 수 없고, 다만 상대적인 의미에서 악이라고 말할 수 있다.⁶

2. 습성들에서 나오는 행위들은 그 종에 있어서 거기에서부터 습성들이 생겨나는 행위들과 유사하다.⁷ 그러나 이들은 완전한 것이 불완전한 것과 다르듯이 차이가 난다. 어떤 악의에서 범해지는 죄와 정념에서 범해지는 죄의 차이는 이와 같다

---

5. Cf. q.73, a.1, ad1.
6. Cf. q.88, a.1.
7. Cf. q.51, a.2.

AD TERTIUM dicendum quod ille qui peccat ex habitu, semper gaudet de hoc quod ex habitu operatur, quandiu habitu utitur. Sed quia potest habitu non uti, sed per rationem, quae non est totaliter corrupta, aliquid aliud meditari; potest contingere quod, non utens habitu, doleat de hoc quod per habitum commisit.—Plerumque tamen tales poenitent de peccato, non quia eis peccatum secundum se displiceat; sed propter aliquod incommodum quod ex peccato incurrunt.

Articulus 3
Utrum ille qui peccat ex certa malitia, peccet ex habitu

Ad tertium sic proceditur. Videtur quod quicumque peccat ex certa malitia, peccet ex habitu.

1. Dicit enim Philosophus, in V *Ethic.*,[1] quod non est cuiuslibet iniusta facere qualiter iniustus facit, scilicet ex electione, sed solum habentis habitum. Sed peccare ex certa malitia est peccare ex electione mali, ut dictum est.[2] Ergo peccare ex certa malitia non est nisi habentis habitum.

2. Praeterea, Origenes dicit, in *I Peri Archon*,[3] quod *non ad subitum quis evacuatur aut deficit, sed paulatim per partes defluere*

---

1. c.10: 1134a17-23; S. Thomas, lect.11, nn.1000-1001.

3. 습성에서 죄를 짓는 사람은 그가 습성을 사용할 때에는 언제나 습성에서 행하는 것을 즐긴다. 그러나 그는 습성을 사용하지 않을 수 있고 완전히 부패되지 않은 이성으로써 다른 것을 생각할 수도 있으므로, 습성을 사용하지 않을 때에는 그가 습성을 받은 것을 괴로워할 수 있다.—많은 경우 이러한 이들이 죄를 참회하는 것은 죄가 그 자체로 마음에 들지 않기 때문이 아니라 그 죄로부터 나오는 어떤 손해 때문이다.

제3절 악의로 죄를 짓는 사람은 습성으로 죄를 짓는 것인가?

Parall.: *In Sent.* II, dist.43, a.2; in *Matth.*, c.12.

[반론] 셋째에 대해서는 다음과 같이 진행된다. 악의에서 죄를 짓는 사람은 누구나 습성에서 죄를 짓는 것으로 생각된다.

1. 철학자는 『니코마코스 윤리학』 제5권[1]에서, 누구나 불의한 사람이 행하듯이, 곧 선택에 의해서 불의를 행하는 것은 아니며 습성을 지닌 사람만이 그렇게 한다고 말한다. 그런데 앞서[2] 말한 바와 같이 악의에서 죄를 짓는 것은 악을 선택함으로써 죄를 짓는 것이다. 그러므로 악의로 죄를 짓는 것은 오직 습성을 지닌 사람뿐이다.

2. 오리게네스는 『원리론』 제1권[3]에서 "어떤 사람이 한순간에 약해지고 무너지는 것이 아니며, 반드시 조금씩 허물어지는 것"이라고 말

---

2. Art.1.
3. c.3: PG 11, 155C.

necesse est. Sed maximus defluxus esse videtur ut aliquis ex certa malitia peccet. Ergo non statim a principio, sed per multam consuetudinem, ex qua habitus generari potest, aliquis ad hoc devenit ut ex certa malitia peccet.

3. Praeterea, quandocumque aliquis ex certa malitia peccat, oportet quod ipsa voluntas de se inclinetur ad malum quod eligit. Sed ex natura potentiae non inclinatur homo ad malum, sed magis ad bonum. Ergo oportet, si eligit malum, quod hoc sit ex aliquo supervenienti, quod est passio vel habitus. Sed quando aliquis peccat ex passione, non peccat ex certa malitia, sed ex infirmitate, ut dictum est.[4] Ergo quandocumque aliquis peccat ex certa malitia, oportet quod peccet ex habitu.

SED CONTRA, sicut se habet habitus bonus ad electionem boni, ita habitus malus ad electionem mali. Sed quandoque aliquis non habens habitum virtutis, eligit id quod est bonum secundum virtutem. Ergo etiam quandoque aliquis non habens habitum vitiosum, potest eligere malum, quod est ex certa malitia peccare.

RESPONDEO dicendum quod voluntas aliter se habet ad bonum, et aliter ad malum. Ex natura enim suae potentiae inclinatur ad bonum rationis, sicut ad proprium obiectum, unde et omne peccatum dicitur esse contra naturam.[5] Quod ergo in aliquod

한다. 그런데 어떤 사람이 악의로 죄를 짓는 것은 가장 큰 허물어짐이라고 생각된다. 그러므로 어떤 사람이 악의로 죄를 짓게 되는 것은 처음부터 즉시 이루어지는 것이 아니라 습관으로 많이 행함으로써 이루어지는 것이다. 습성은 거기에서부터 생겨날 수 있다.

3. 어떤 사람이 악의로 죄를 지을 때에는 의지 자체가 자신이 선택하는 악으로 기울어야 한다. 그런데 이 능력의 본성은 인간을 악으로 기울게 하기보다 선으로 기울게 한다. 그러므로 만일 그가 악을 선택한다면 이것은 밖에서 오는 정념이나 습성에 의한 것이어야 한다. 그러나 앞서[4] 말한 바와 같이 어떤 사람이 정념에서 죄를 지을 때에는 그는 악의가 아니라 약함에서 죄를 짓는 것이다. 그러므로 어떤 사람이 악의에서 죄를 지을 때마다 그는 습성에서 죄를 짓는 것이어야 한다.

[재반론] 그러나 반대로 악을 선택하는 것에 대한 악한 습성의 관계는 선을 선택하는 것에 대한 선한 습성의 관계와 같다. 그런데 때로는 덕의 습성을 가지고 있지 않은 사람도 덕에 부합하는 선한 것을 선택한다. 그러므로 악한 습성을 가지고 있지 않은 사람도 악을 선택할 수 있는데, 이것이 곧 악의로 죄를 짓는 것이다.

[답변] 악에 대한 의지의 관계는 선에 대한 관계와 다르다. 이 능력의 본성상 의지는 그 고유한 대상인 이성의 선으로 기운다. 그러므로 모든 죄는 본성을 거스르는 것으로 일컬어진다.[5] 그러므로 의지가

---

4. q.77, a.3.
5. Cf. q.71, a.2.

malum voluntas eligendo inclinetur, oportet quod aliunde contingat. Et quandoque quidem contingit ex defectu rationis, sicut cum aliquis ex ignorantia peccat,[6] quandoque autem ex impulsu appetitus sensitivi, sicut cum peccat ex passione.[7] Sed neutrum horum est ex certa malitia peccare; sed tunc solum ex certa malitia aliquis peccat, quando ipsa voluntas ex seipsa movetur ad malum. Quod potest contingere dupliciter. Uno quidem modo, per hoc quod homo habet aliquam dispositionem corruptam inclinantem ad malum, ita quod secundum illam dispositionem fit homini quasi conveniens et simile aliquod malum,[8] et in hoc, ratione convenientiae, tendit voluntas quasi in bonum, quia unumquodque secundum se tendit in id quod sibi est conveniens. Talis autem dispositio corrupta vel est aliquis habitus acquisitus ex consuetudine, quae vertitur in naturam, vel est aliqua aegritudinalis habitudo ex parte corporis, sicut aliquis habens quasdam naturales inclinationes ad aliqua peccata, propter corruptionem naturae in ipso.—Alio modo contingit quod voluntas per se tendit in aliquod malum, per remotionem alicuius prohibentis. Puta si aliquis prohibeatur peccare non quia peccatum ei secundum se displiceat, sed propter spem vitae aeternae vel propter timorem Gehennae; remota spe per desperationem, vel timore per praesumptionem, sequitur quod ex certa malitia, quasi absque freno, peccet.[9]

Sic igitur patet quod peccatum quod est ex certa malitia,

어떤 악을 선택하여 그것으로 기우는 것은 다른 어떤 데에서 기인해야 한다. 이는 때로는 어떤 사람이 무지에서 죄를 지을 때와 같이 이성의 결함으로부터 생겨나거나,[6] 때로는 정념에서 죄를 지을 때와 같이 감각적 욕구의 충동으로부터 생겨난다.[7] 그런데 이 두 경우는 악의로 죄를 짓는 것이 아니다. 악의로 죄를 짓는 것은 오직 의지 자체가 스스로 악을 향하여 움직여질 때뿐이다. 이것은 두 가지로 이루어질 수 있다. 첫째로는 어떤 사람이 그를 악으로 기울게 하는 손상된 태도를 지니고 있어서, 그 태도에 따라서 그에게 악이 적합하고 그와 유사하게 됨으로써이다.[8] 의지는 적합성으로 인하여 마치 선을 향하듯이 그 악을 향하게 된다. 모든 것은 스스로 그 자체에 적합한 것을 향하기 때문이다. 이렇게 손상된 태도는 습관으로 얻어진 습성으로서 본성이 된 것이거나, 아니면 어떤 사람이 자신의 육체 안에서 본성의 손상으로 인하여 어떤 죄를 향한 본성적 성향을 가지게 될 때와 같이 육체 편에 기인하는 병적 상태이다.—둘째로는 악을 금하는 장애가 제거됨으로써 의지가 그 자체로 악을 향함으로써이다. 예를 들어 만일 어떤 사람이 죄를 짓지 않는 것이 죄가 그에게 그 자체로 마음에 들지 않기 때문이 아니라 영원한 생명에 대한 희망 때문이거나 지옥에 대한 두려움 때문이라면, 절망으로 희망이 사라지거나 억측으로 두려움이 사라지면 그는 마치 재갈이 없는 것과 같이 악의에서 죄를 짓게 된다.[9]

그러므로 악의에서 나오는 죄는 언제나 사람 안에 어떤 무질서를

---

6. Cf. q.76.
7. Cf. q.77.
8. Cf. a. praec., c.
9. Cf. II-II, q.14, aa.1-2.

semper praesupponit in homine aliquam inordinationem, quae tamen non semper est habitus. Unde non est necessarium quod quicumque peccat ex certa malitia, peccet ex habitu.

AD PRIMUM ergo dicendum quod operari qualiter iniustus operatur, non solum est operari iniusta ex certa malitia, sed etiam delectabiliter, et sine gravi renisu rationis. Quod non est nisi eius qui habet habitum.

AD SECUNDUM dicendum quod non statim ad hoc aliquis labitur quod ex certa malitia peccet, sed praesupponitur aliquid, quod tamen non semper est habitus, ut dictum est.10

AD TERTIUM dicendum quod illud propter quod voluntas inclinatur ad malum, non semper habitus est vel passio, sed quaedam alia, ut dictum est.11

AD QUARTUM[12] dicendum quod non est similis ratio de electione boni, et de electione mali. Quia malum nunquam est sine bono naturae, sed bonum potest esse sine malo culpae perfecte.

전제한다는 것이 분명한데, 그 무질서가 언제나 습성인 것은 아니다. 그러므로 악의에서 죄를 짓는 사람이 누구나 반드시 습성에서 죄를 짓는 것은 아니다.

[해답] 1. 불의한 사람이 행하듯이 행한다는 것은 악의로 불의를 행하는 것만이 아니라 즐거이, 그리고 이성의 저항 없이 행하는 것을 뜻한다. 이것은 습성을 지닌 사람에게서만 일어난다.

2. 어떤 인간이 즉시 악의로 죄를 짓게 되는 것은 아니며, 전제되는 것이 있다. 그러나 앞서[10] 말한 바와 같이 이 전제되는 것이 늘 습성인 것은 아니다.

3. 의지를 악으로 기울게 하는 것은 언제나 습성 또는 정념인 것은 아니며, 앞서[11] 말한 바와 같이 다른 것들일 경우도 있다.

4.[12] 선을 선택하는 이유와 악을 선택하는 이유는 유사하지 않다. 악은 본성의 선 없이 있을 수 없는 반면, 선은 죄책의 악이 없어도 완전하게 있을 수 있기 때문이다.

---

10. In corp.
11. Ibid.
12. 재반론.

Articulus 4
Utrum ille qui peccat ex certa malitia, gravius peccet quam qui ex passione

Ad quartum sic proceditur. Videtur quod ille qui peccat ex certa malitia, non peccet gravius quam ille qui peccat ex passione.

1. Ignorantia enim excusat peccatum vel in toto vel in parte. Sed maior est ignorantia in eo qui peccat ex certa malitia, quam in eo qui peccat ex passione, nam ille qui peccat ex certa malitia, patitur ignorantiam principii, quae est maxima, ut Philosophus dicit, in VII *Ethic.*;[1] habet enim malam existimationem de fine, qui est principium in operativis. Ergo magis excusatur a peccato qui peccat ex certa malitia, quam ille qui peccat ex passione.

2. Praeterea, quanto aliquis habet maius impellens ad peccandum, tanto minus peccat, sicut patet de eo qui maiori impetu passionis deiicitur in peccatum. Sed ille qui peccat ex certa malitia, impellitur ab habitu, cuius est fortior impulsio quam passionis. Ergo ille qui peccat ex habitu, minus peccat quam ille qui peccat ex passione.

3. Praeterea, peccare ex certa malitia est peccare ex electione mali. Sed ille qui peccat ex passione, etiam eligit malum. Ergo non minus peccat quam ille qui peccat ex certa malitia.

제4절 악의로 죄를 짓는 사람은 정념으로 죄를 짓는 사람보다 더 무거운 죄를 짓는 것인가?

Parall: *Sent.*, II, dist.43, a.4; *De Malo*, q.3, a.13; *in Ethic.*, VII lect.8.

[반론] 넷째에 대해서는 다음과 같이 진행된다. 악의로 죄를 짓는 사람은 정념으로 죄를 짓는 사람보다 더 무거운 죄를 짓지 않는 것으로 생각된다.

1. 무지는 전적으로 또는 부분적으로 죄를 면하게 한다. 그런데 무지는 정념으로 죄를 짓는 사람보다 악의로 죄를 짓는 사람에게서 더 크다. 악의로 죄를 짓는 사람은 원리들에 대한 무지를 겪는 것인데, 철학자가 『니코마코스 윤리학』 제7권[1]에서 말하듯이 원리들에 대한 무지는 가장 큰 무지이기 때문이다. 그는 행위들에 있어서 그 원리가 되는 것인 목적을 잘못 판단하는 것이다. 그러므로 악의로 죄를 짓는 사람은 정념으로 죄를 짓는 사람보다 죄가 더 많이 면해진다.

2. 강한 정념의 충동으로 죄로 유혹된 사람의 경우에 분명히 드러나듯이, 죄를 짓게 하는 충동이 강할수록 죄는 작다. 그런데 악의로 죄를 짓는 사람은 습성의 자극을 받는 것이고, 그것은 정념의 충동보다 더 강하다. 그러므로 습성으로 죄를 짓는 사람은 정념으로 죄를 짓는 사람보다 죄가 작다.

3. 악의로 죄를 짓는 것은 악을 선택어 의해서 죄를 짓는 것이다. 그런데 정념으로 죄를 짓는 사람 역시 악을 선택한다. 그러므로 악의로 죄를 짓는 사람보다 더 적게 죄를 짓는 것이 아니다.

---

1. c.9: 1151a16-20; S. Thomas, lect.8, nn.1430-1432.

q.78, a.4

SED CONTRA est quod peccatum quod ex industria committitur, ex hoc ipso graviorem poenam meretur, secundum illud *Iob* 34, [26-27]: *Quasi impios percussit eos in loco videntium, qui quasi de industria recesserunt ab eo.* Sed poena non augetur nisi propter gravitatem culpae. Ergo peccatum ex hoc aggravatur, quod est ex industria, seu certa malitia.

RESPONDEO dicendum quod peccatum quod est ex certa malitia, est gravius peccato quod est ex passione, triplici ratione. Primo quidem quia, cum peccatum principaliter in voluntate consistat, quanto motus peccati est magis proprius voluntati, tanto peccatum est gravius, ceteris paribus. Cum autem ex certa malitia peccatur, motus peccati est magis proprius voluntati, quae ex seipsa in malum movetur, quam quando ex passione peccatur, quasi ex quodam extrinseco impulsu ad peccandum. Unde peccatum ex hoc ipso quod est ex malitia, aggravatur, et tanto magis, quanto fuerit vehementior malitia. Ex eo vero quod est ex passione, diminuitur, et tanto magis, quanto passio fuerit magis vehemens.[2]

Secundo, quia passio quae inclinat voluntatem ad peccandum, cito transit, et sic homo cito redit ad bonum propositum, poenitens de peccato. Sed habitus, quo homo ex malitia peccat, est qualitas permanens:[3] et ideo qui ex malitia peccat, diuturnius peccat. Unde Philosophus, in VII *Ethic.*,[4] comparat

[재반론] 그러나 반대로 일부러 범한 죄는 더 무거운 벌을 받아 마땅하다. 욥기 34장 [26-27절]에서는 "악인들이기에 사람들이 보는 앞에서 그들을 처벌하십니다. 그들이 일부러 하듯이 하느님 뒤를 따르려 하지 않습니다."라고 말한다. 그런데 죄가 증가하는 것은 오직 죄책이 무겁기 때문이다. 그러므로 죄는 일부러, 곧 악의로 지은 것이라는 이유로 더 무거워진다.

[답변] 악의에서 나오는 죄는 세 가지 이유로 정념에서 나오는 죄보다 더 무겁다. 첫째로, 죄는 주로 의지에 있는 것이므로, 다른 조건들이 같다면 죄의 움직임이 의지 자체에 속할수록 죄가 무겁다. 그런데 악의로 죄를 지을 때에는 의지가 스스로 악을 향해 움직여지는 것이므로 그 죄의 움직임은 가장 고유하게 의지에 속한다. 그에 비하여, 정념으로 죄를 지을 때에는 죄를 짓게 하는 움직임은 거의 외부에 있는 것이다. 그러므로 죄는 악의에서 나오는 것이라는 점 자체로 인하여 더 무거워지며, 악의가 격렬할수록 더욱 무거워진다. 그러나 죄가 정념에서 나올 때에는 죄가 감소된다. 정념이 더 격렬할수록 더욱 감소되는 것이다.[2]

둘째로, 의지를 죄로 기울게 하는 정념은 곧 지나간다. 그래서 인간은 곧 좋은 결심으로 돌아오고 죄를 참회한다. 그러나 인간이 악의로 죄를 짓게 하는 것인 습성은 항구한 자질이다.[3] 따라서 악의로 죄를 짓는 사람은 더 오랫동안 죄를 짓는다. 그러므로 철학자는 『니코마코스 윤리학』 제7권[4]에서 악의로 죄를 짓는 무절제한 사람을 지

---

2. Cf. q 77, a.6.
3. Cf. q 49, a.2.
4. c.9: 1150b32-35; S. Thomas, lect.8, n.1424.

intemperatum, qui peccat ex malitia, infirmo qui continue laborat; incontinentem autem, qui peccat ex passione, ei qui laborat interpolate.⁵

Tertio, quia ille qui peccat ex certa malitia, est male dispositus quantum ad ipsum finem, qui est principium in operabilibus. Et sic eius defectus est periculosior quam eius qui ex passione peccat, cuius propositum tendit in bonum finem, licet hoc propositum interrumpatur ad horam propter passionem. Semper autem defectus principii est pessimus. Unde manifestum est quod gravius est peccatum quod est ex malitia, quam quod est ex passione.

AD PRIMUM ergo dicendum quod ignorantia electionis, de qua obiectio procedit, neque excusat neque diminuit peccatum, ut supra dictum est. Unde neque maior ignorantia talis facit esse minus peccatum.

AD SECUNDUM dicendum quod impulsio quae est ex passione, est quasi ex exteriori respectu voluntatis, sed per habitum inclinatur voluntas quasi ab interiori. Unde non est similis ratio.

AD TERTIUM dicendum quod aliud est peccare eligentem, et aliud peccare ex electione. Ille enim qui peccat ex passione, peccat quidem eligens, non tamen ex electione, quia electio non est in eo primum peccati principium, sed inducitur ex passione ad eligendum id quod extra passionem existens non eligeret.

속적으로 앓고 있는 병자에 비유하고, 정념에서 죄를 짓는 자제력 없는 사람을 간헐적으로 앓는 사람에 비유한다.[5]

셋째로, 악의로 죄를 짓는 사람은 행위들에 있어서 그 원리가 되는 것인 목적 자체에 대하여 잘못된 상태에 있는 것이다. 그래서 그의 결함은 정념에서 죄를 짓는 사람의 결함보다 더 위험하다. 그의 의도는 선한 목적을 지향하는데 그 지향이 정념에 의하여 일시적으로 중단되는 것이기 때문이다. 원리에서의 결함은 언제나 가장 나쁜 결함이다. 그러므로 악의로 죄를 짓는 사람이 정념으로 죄를 짓는 사람보다 더 무거운 죄를 짓는 것임이 분명하다.

[해답] 1. 이 반론은 선택에서의 무지에 대해 말하는데, 앞서[6] 말한 바와 같이 이것은 죄를 면하게 하지도 않고 감소시키지도 않는다. 그러므로 무지가 더 크다고 해서 죄가 더 작아지지도 않는다.

2. 정념에서 나오는 충동은 의지에 대하여 거의 외부적이다. 그러나 의지는 습성에 의하여 내부로부터 어떤 것을 향하게 된다. 그러므로 비교는 성립되지 않는다.

3. 선택하면서 죄를 짓는 것과 선택에 의해서 죄를 짓는 것은 서로 다르다. 정념으로 죄를 짓는 사람도 선택을 하면서 죄를 짓지만, 선택에 의해서 죄를 짓는 것은 아니다. 이 선택은 죄의 첫째 원리가 아니며, 정념이 없었더라면 선택하지 않았을 것을 정념에 의하여 선택하게 되는 것이기 때문이다. 그러나 악의로 죄를 짓는 사람은 앞서[7]

---

5. Cf. II-II, q.156, a.3.
6. q.76 aa.3-4.
7. Art. 2.

q.78, a.4

Sed ille qui peccat ex certa malitia, secundum se eligit malum, eo modo quo dictum est. Et ideo electio in ipso est principium peccati; et propter hoc dicitur ex electione peccare.

말한 방식으로 스스로 악을 선택한다. 그러므로 그에게서 선택은 죄의 원리가 되고, 따라서 그는 선택에 의해서 죄를 짓는다고 일컬어진다.

QUAESTIO LXXIX
DE CAUSIS EXTERIORIBUS PECCATI. ET PRIMO, EX PARTE DEI
in quatuor articulos divisa

Deinde considerandum est de causis exterioribus peccati.[1] Et primo, ex parte Dei; secundo, ex parte diaboli;[2] tertio, ex parte hominis.[3]

Circa primum quaeruntur quatuor.

Primo: utrum Deus sit causa peccati.

Secundo: utrum actus peccati sit a Deo.

Tertio: utrum Deus sit causa excaecationis et obdurationis.

Quarto: utrum haec ordinentur ad salutem eorum qui excaecantur vel obdurantur.

Articulus 1
Utrum Deus sit causa peccati

Ad primum sic proceditur. Videtur quod Deus sit causa peccati.

제79문
죄의 외부적 원인. 하느님 편에서
(전4절)

다음으로는 죄의 외부적 원인들에 대해 고찰해야 한다.[1] 첫째로는 하느님 편에서, 둘째로는 악마 편에서,[2] 셋째로는 인간 편에서[3] 고찰된다.

첫째에 대해서는 네 가지 문제가 제기된다.

1. 하느님은 죄의 원인인가?
2. 죄의 행위는 하느님으로부터 나오는가?
3. 하느님은 눈멂이나 완고함의 원인인가?
4. 눈멂이나 완고함은 눈이 덜게 되거나 완고하게 되는 이들의 구원을 위한 것인가?

제1절 하느님은 죄의 원인인가?

Parall.: I, q.48, a.6; q.49, a.2; II-II, q.6, a.2, ad 2; *In Sent.*, II, dist.34, a.3; dist.37, q.2, a.1; *ScG*, III, c.162; *De Malo*, q.3, a.1; *In Ep. ad Rom.*, c.1, lec.7.

---

1. Cf. q.76, Introd.
2. q.80.
3. q.81.

1. Dicit enim Apostolus, *Rom.* 1, [28], de quibusdam: *Tradidit eos Deus in reprobum sensum, ut faciant ea quae non conveniunt.*[1] Et Glossa[2] ibidem dicit quod *Deus operatur in cordibus hominum, inclinando voluntates eorum in quodcumque voluerit, sive in bonum sive in malum.* Sed facere quae non conveniunt, et inclinari secundum voluntatem ad malum, est peccatum. Ergo Deus hominibus est causa peccati.

2. Praeterea, *Sap.* 14, [11] dicitur: *Creaturae Dei in odium factae sunt, et in tentationem animae hominum.* Sed tentatio solet dici provocatio ad peccandum. Cum ergo creaturae non sint factae nisi a Deo, ut in Primo[3] habitum est, videtur quod Deus sit causa peccati provocans homines ad peccandum.

3. Praeterea, quidquid est causa causae, est causa effectus. Sed Deus est causa liberi arbitrii, quod est causa peccati. Ergo Deus est causa peccati.

4. Praeterea, omne malum opponitur bono. Sed non repugnat divinae bonitati quod ipse sit causa mali poenae, de isto enim malo dicitur Isaiae XLV, quod *Deus est creans malum*; et Amos 3, [6]: *Si est malum in civitate quod Deus non fecerit?*[4] Ergo etiam divinae bonitati non repugnat quod Deus sit causa culpae.

---

1. 대중 라틴말 성경은, Tradidit illos Deus in reprobum sensum, ut faciant ea quae non conveniunt.
2. Ordin.: PL 114, 474 A.-Aug. *De grat. et lib. arb.*, c.21, 43을 보라: PL 44, 909.
3. q.44, a.1; q.65, a.1.

Doctr. Eccl.: "우리는 어떤 이들이 하느님의 권능으로 악으로 예정되어 있다고 믿지 않을 뿐만 아니라, 만일 그렇게 큰 악을 믿으려는 사람이 있다면 이들을 매우 혐오하며 파문한다."(제2차 오랑주공의회, 529년), DS 200[=DH 397]; "사람들이 하느님의 마음에 들지 않는 것을 행한다면, 이는 하느님의 의지가 아니라 인간의 의지로 행하는 것이다."(상동, 법규 제23조), DS 196[=DH 393];—"누가 자신의 길을 악하게 만드는 것이 인간의 능력으로 되는 것이 아니라 하느님께서 선한 일들과 악한 일들을 모두 행하시는 것이고, 악한 일들을 허용하실 뿐 아니라 고유하게 직접 그것을 행하시며, 그래서 유다의 배반 역시 바오로의 부르심이나 마찬가지로 그분께서 고유하게 행하신 일들로 여겨질 수 있다고 말한다면, 그는 파문되어야 한다."(트리엔트공의회, 제6차 회기, 법규 제6조), DS 816[=DH 1556]

[반론] 첫째에 대해서는 다음과 같이 진행된다. 하느님은 죄의 원인인 것으로 생각된다.

1. 사도는 로마서 1장 [28절]에서 "하느님께서는 그들이 분별없는 정신에 빠져 부당한 짓들을 하게 넘겨주셨습니다."[1]라고 말한다. 그리고 『주해』[2]에서는, "하느님은 인간의 마음 안에서 작용하시어, 그들의 의지를 선이든 악이든 당신께서 원하시는 것으로 기울게 하신다."고 말한다. 그런데 부당한 일을 하는 것과 의지가 악으로 기우는 것은 죄이다. 그러므로 하느님은 인간에게 죄의 원인이 되신다.

2. 지혜서 14장 [11절]에서는 "하느님의 창조물들이 역겨운 것이 되고 사람들의 영혼에 유혹이 되었다."고 말한다. 그런데 유혹은 보통 죄를 짓게 하는 자극을 뜻한다. 그런데 제1부[3]에서 말한 바와 같이 창조물들은 오직 하느님에 의하여 만들어진 것이므로, 하느님은 인간들을 죄짓게 하는 죄의 원인인 것으로 생각된다.

3. 원인의 원인은 결과의 원인이다. 그런데 하느님은 죄의 원인인 자유의지의 원인이시다. 그러므로 하느님은 죄의 원인이다.

4. 모든 악은 선에 대립된다. 그런데 하느님의 선하심은 벌의 악의

SED CONTRA, Sap. XI, dicitur de Deo, *nihil odisti eorum quae fecisti*. Odit autem Deus peccatum, secundum illud *Sap*. 14, [9]: *Odio est Deo impius, et impietas eius*.[5] Ergo Deus non est causa peccati.

RESPONDEO dicendum quod homo dupliciter est causa peccati vel sui vel alterius. Uno modo, directe, inclinando scilicet voluntatem suam vel alterius ad peccandum. Alio modo, indirecte, dum scilicet non retrahit aliquos a peccato, unde Ezech. 3, [18] speculatori dicitur: *Si non dixeris impio, morte morieris, sanguinem eius de manu tua requiram*.[6] Deus autem non potest esse directe causa peccati vel sui vel alterius. Quia omne peccatum est per recessum ab ordine qui est in ipsum sicut in finem. Deus autem omnia inclinat et convertit in seipsum sicut in ultimum finem, sicut Dionysius dicit, 1 cap. *de Div. Nom*.[7] Unde impossibile est quod sit sibi vel aliis causa discedendi ab ordine qui est in ipsum. Unde non potest directe esse causa peccati.

Similiter etiam neque indirecte. Contingit enim quod Deus aliquibus non praebet auxilium ad vitandum peccata, quod si praeberet, non peccarent. Sed hoc totum facit secundum

---

4. 대중 라틴말 성경은, Si erit malum in civitate, quod Dominus non fecerit?
5. 대중 라틴말 성경은, Odio sunt Deo impius et impietas eius.
6. 대중 라틴말 성경은, Si, dicente me ad impium: Morte morieris, non adnuntiaveris ei neque locutus fueris, ut avertatur a via sua impia et vivat, ipse impius in iniquitate sua morietur, sanguinem autem eius de manu tua requiram.
7. PG 3, 596 CD; S. Thomas, lect.3.

원인이 되는 것에 상반되지 않는다. 이 악에 대해 이사야서 45장 [7절]에서는 하느님이 "불행을 일으키는 이"라고 말한다. 또한 아모스서 3장 [6절]에서는 "성읍에 재앙이 일어나면 주님께서 내리신 것이 아니냐?"[4]라고 말한다. 그러므로 하느님의 선하심은 하느님이 죄책의 원인이 되는 것에 상반되지 않는다.

[재반론] 그러나 반대로 지혜서 11장 [25절]에서는 하느님에 대해 "당신께서 만드신 것을 하나도 혐오하지 않으십니다."라고 말한다. 그런데 하느님은 죄를 미워하신다. 지혜서 14장 [9절]에서는 "하느님께는 악인과 그의 악행이 똑같이 가증스럽다."[5]고 말한다. 그러므로 하느님은 죄의 원인이 아니다.

[답변] 인간은 두 가지 방식으로 자신이나 다른 사람의 죄의 원인이 된다. 그 첫째는 직접적으로, 곧 자신이나 다른 사람의 의지를 죄로 기울게 함으로써이다. 둘째는 간접적으로, 곧 어떤 사람을 죄에서 물러서게 하지 않음으로써이다. 그래서 에제키엘서 3장 [18절]에서는 파수꾼에게 "네가 악인에게 '너는 반드시 죽어야 한다.'고 말하지 않으면, 그가 죽은 책임은 너에게 묻겠다."[6]라고 말한다. 그런데 하느님은 직접적으로 자신 또는 다른 사람의 죄의 원인이 될 수 없다. 모든 죄는 하느님을 목적으로 향하는 질서에서 벗어나는 것인데, 디오니시우스가 『신명론』 제1장[7]에서 말하듯이 하느님은 모든 것을 최종 목적인 당신 자신을 향하고 그분께로 돌아서게 하시기 때문이다. 그러므로 하느님이 자신에게 또는 다른 사람에게 당신 자신을 향한 질서에서 벗어나게 하는 원인이 될 수는 없다.

ordinem suae sapientiae et iustitiae, cum ipse sit sapientia et iustitia. Unde non imputatur ei quod alius peccat, sicut causae peccati, sicut gubernator non dicitur causa submersionis navis ex hoc quod non gubernat navem, nisi quando subtrahit gubernationem potens et debens gubernare. Et sic patet quod Deus nullo modo est causa peccati.

AD PRIMUM ergo dicendum quod, quantum ad verba Apostoli, ex ipso textu patet solutio. Si enim Deus tradit aliquos in reprobum sensum, iam ergo reprobum sensum habent ad faciendum ea quae non conveniunt. Dicitur ergo tradere eos in reprobum sensum, inquantum non prohibet eos quin suum sensum reprobum sequantur, sicut dicimur exponere illos quos non tuemur.—Quod autem Augustinus dicit, in libro *de Gratia et Libero Arbitrio*,[8] unde sumpta est Glossa, quod *Deus inclinat voluntates hominum in bonum et malum*; sic intelligendum est quod in bonum quidem directe inclinat voluntatem, in malum autem inquantum non prohibet, sicut dictum est.[9] Et tamen hoc etiam contingit ex merito praecedentis peccati.

---

8. c.21, 43; PL 44, 909.
9. 답변.

마찬가지로, 간접적으로도 죄의 원인이 될 수 없다. 하느님이 어떤 이들에게 죄를 피하도록 도움을 주셨다면 죄를 짓지 않았을 그 도움을 베풀지 않으시는 경우는 있다. 그러나 하느님은 이 모든 것을 당신 지혜와 정의의 계획에 따라 행하신다. 그분 자신이 지혜이며 정의이시기 때문이다. 그러므로 어떤 사람이 죄를 지을 때에 하느님이 그 죄의 원인이라고 탓할 수 없다. 조타수가 배를 조종할 수 있고 해야 하는 때에 키를 잡지 않은 경우가 아니라면, 그가 배를 조종하지 않았다고 해서 그가 배가 침몰한 원인이라고 일컬어지지 않는 것과 마찬가지이다. 그러므로 하느님이 어떤 방식으로도 죄의 원인이 아니라는 것이 분명하다.

[해답] 1. 사도의 말에 대해서는, 대답은 본문으로부터 드러난다. 만일 하느님이 어떤 사람을 분별없는 정신에 빠지게 하신다면, 그는 이미 부당한 짓을 저지를 만큼 분별없는 정신을 갖고 있는 것이다. 그러므로 그들을 분별없는 정신에 빠지도록 넘겨주셨다는 말은 그들이 그 분별없는 정신을 따르는 것을 막지 않으셨다는 것을 뜻한다. 이는 우리가 어떤 이들을 보호하지 않을 때에 그들을 위험에 처하게 한다고 말하는 것과 같다.―아우구스티누스는 위에 언급한 주해의 출처인『은총과 자유의지』[8]에서 하느님이 "인간의 의지를 선으로도 악으로도 기울게 하신다."고 말하는데, 이 말은 하느님이 직접적으로 의지를 선으로 기울게 하시고 또한 앞서[9] 말한 바와 같이 악으로 기우는 것을 금하지 않으신다는 점에서 악으로 기울게 하신다는 뜻으로 이해해야 한다. 그리고 이것 역시 이전의 죄로 인하여 일어나는 일이다.

AD SECUNDUM dicendum quod, cum dicitur: *Creaturae Dei factae sunt in odium et in tentationem animae hominum*, haec praepositio *in* non ponitur causaliter, sed consecutive, non enim Deus fecit creaturas ad malum hominum, sed hoc consecutum est propter insipientiam hominum. Unde subditur, *et in muscipulam pedibus insipientium*, qui scilicet per suam insipientiam utuntur creaturis ad aliud quam ad quod factae sunt.[10]

AD TERTIUM dicendum quod effectus causae mediae procedens ab ea secundum quod subditur ordini causae primae, reducitur etiam in causam primam. Sed si procedat a causa media secundum quod exit ordinem causae primae, non reducitur in causam primam, sicut si minister faciat aliquid contra mandatum domini, hoc non reducitur in dominum sicut in causam. Et similiter peccatum quod liberum arbitrium committit contra praeceptum Dei, non reducitur in Deum sicut in causam.

AD QUARTUM dicendum quod poena opponitur bono eius qui punitur, qui privatur quocumque bono.[11] Sed culpa opponitur bono ordinis qui est in Deum, unde directe opponitur bonitati divinae. Et propter hoc non est similis ratio de culpa et poena.

2. "하느님의 창조물들이 역겨운 것이 되고 사람들의 영혼에 유혹이 되었다."고 할 때, 그 전치사 in은 원인적인 의미가 아니라 결과적인 의미로 이해해야 한다. 하느님은 인간에게 악이 되도록 창조물들을 만드신 것이 아니며, 그것은 인간의 어리석음으로 인한 결과이다. 그래서 이어서 "어리석은 이들의 발에 덫이 되었다."고 말한다. 그들은 그들의 어리석음으로 인하여, 창조물들을 그것들이 만들어진 목적과 다른 목적에 사용한다.[10]

3. 중간 원인이 제일원인의 질서에 종속되어 거기에서부터 나온다는 점에서, 중간 원인의 결과는 제일원인으로도 환원된다. 그러나 중간 원인이 제일원인의 질서를 벗어나 있다면, 그 결과는 제일원인으로 환원되지 않는다. 이는 하인이 주인의 명을 거슬러 두엇을 한다면 그것이 원인인 주인으로 환원되지 않는 것과 같다. 이와 마찬가지로 자유의지가 하느님의 계명을 거슬러 범하는 죄는 그 원인인 하느님으로 환원되지 않는다.

4. 벌은 벌을 받는 사람의 선에 대립된다. 그는 어떤 것이든지 그의 선을 잃게 된다.[11] 그러나 죄책은 하느님을 향하는 질서의 선에 대립되고, 그러므로 직접적으로 하느님의 선하심에 대립된다. 그러므로 죄책과 벌 사이에는 비교가 성립되지 않는다.

---

10. Cf. I, q.65, a.1, ad3.
11. Cf. a.4, ad1-2&4.

Articulus 2
Utrum actus peccati sit a Deo

Ad secundum sic proceditur. Videtur quod actus peccati non sit a Deo.

1. Dicit enim Augustinus, in libro *de Perfectione Iustitiae*,[1] quod *actus peccati non est res aliqua*. Omne autem quod est a Deo, est res aliqua. Ergo actus peccati non est a Deo.

2. Praeterea, homo non dicitur esse causa peccati nisi quia homo est causa actus peccati: *nullus* enim *intendens ad malum operatur*, ut Dionysius dicit, 4 cap. *de Div. Nom.*[2] Sed Deus non est causa peccati, ut dictum est.[3] Ergo Deus non est causa actus peccati.

3. Praeterea, aliqui actus secundum suam speciem sunt mali et peccata, ut ex supradictis[4] patet. Sed quidquid est causa alicuius, est causa eius quod convenit ei secundum suam speciem. Si ergo Deus esset causa actus peccati, sequeretur quod esset causa peccati. Sed hoc non est verum, ut ostensum est.[5] Ergo Deus non est causa actus peccati.

---

1. c.2: PL 44, 294.
2. PG 3, 716 C,732 B; S. Thomas, lect.14 & 22.

제2절 죄의 행위는 하느님으로부터 나오는가?

Para.1.: *In Sent.*, II, dist.37, q.2, a.2; *De Malo*, q.3, a.2.

[반론] 둘째에 대해서는 다음과 같이 진행된다. 죄의 행의는 하느님으로부터 나오지 않는 것으로 생각된다.

1. 아우구스티누스는 『인간 의화의 완성』[1]에서, "죄의 행위는 실재가 아니다."라고 말한다. 그런데 하느님으로부터 나오는 모든 것은 실재이다. 그러므로 죄의 행위는 하느님으로부터 나오는 것이 아니다.

2. 인간이 죄의 원인이라고 일컬어지는 것은 오직 인간이 죄의 행위의 원인이기 때문이다. 디오니시우스가 『신명론』 제4권[2]에서 말하듯이 "아무도 악을 지향하면서 행하지는 않기" 때문이다. 그런데 앞서[3] 말한 바와 같이 하느님은 죄의 원인이 아니다. 그러므로 하느님은 죄의 행위의 원인이 아니다.

3. 위에서[4] 말한 데에서 드러나듯이, 어떤 행위들은 그 종에 따라 악이며 죄이다. 그런데 어떤 것의 원인인 것은 그것에게 그 종에 따라 적합한 것의 원인이다. 그러므로 만일 하느님의 죄의 행위의 원인이라면 하느님은 죄의 원인이 될 것이다. 그런데 앞서[5] 입증한 바와 같이 그것은 참이 아니다. 그러므로 하느님은 죄의 행위의 원인이 아니다.

---

3. 앞 절.
4. q.18, a.5.
5. 앞 절.

q.79, a.2

Sed contra, actus peccati est quidam motus liberi arbitrii. Sed *voluntas Dei est causa omnium motionum*, ut Augustinus dicit, III *de Trin.*[6] Ergo voluntas Dei est causa actus peccati.

Respondeo dicendum quod actus peccati et est ens, et est actus; et ex utroque habet quod sit a Deo. Omne enim ens, quocumque modo sit, oportet quod derivetur a primo ente;[7] ut patet per Dionysium, 5 cap. *de Div. Nom.*[8] Omnis autem actio causatur ab aliquo existente in actu, quia nihil agit nisi secundum quod est actu, omne autem ens actu reducitur in primum actum, scilicet Deum, sicut in causam, qui est per suam essentiam actus. Unde relinquitur quod Deus sit causa omnis actionis, inquantum est actio.[9]

Sed peccatum nominat ens et actionem cum quodam defectu.[10] Defectus autem ille est ex causa creata, scilicet libero arbitrio, inquantum deficit ab ordine primi agentis, scilicet Dei.[11] Unde defectus iste non reducitur in Deum sicut in causam, sed in liberum arbitrium, sicut defectus claudicationis reducitur in tibiam curvam sicut in causam, non autem in virtutem motivam, a qua tamen causatur quidquid est motionis in claudicatione.[12] Et secundum hoc, Deus est causa actus peccati, non tamen est causa peccati, quia non est causa huius, quod actus sit cum defectu.

---

6. c.4, 9: PL 42, 873.
7. PG 3, 817C; S. Thomas, lect.1.
8. Cf. I, q.44, a.1.

[재반론] 그러나 반대로 죄의 행위는 자유의지의 움직임이다. 그런데 아우구스티누스가 『삼위일체론』 제3권[6]에서 말하듯이 "하느님의 의지가 모든 움직임의 원인이다." 그러므로 하느님의 의지가 죄의 행위의 원인이다.

[답변] 죄의 행위는 존재자이기도 하고 행위이기도 하며, 두 측면 모두에서 하느님으로부터 나온다. 디오니시우스가 『신명론』 제5권[7]에서 보여 주듯이 모든 존재자는 그것이 어떤 방식으로 존재하든지 모두 첫째 존재자로부터 파생되어야 한다.[8] 또한 모든 행위는 행위를 하고 있는 것에서 파생되어야 한다. 행위를 하고 있는 것에 따라서만 다른 것이 행위를 하게 되기 때문이다. 또한 행위를 하고 있는 모든 존재자는 그 원인인 첫째 행위 곧 하느님으로 환원되는데, 하느님은 본질상 행위이다. 그러므로 하느님은 행위로서의 모든 행위의 원인이 된다.[9]

그러나 죄는 결함이 있는 존재자이고 행위이다.[10] 그러한 결함은 첫 행위자인 하느님의 질서에서 벗어나는 것으로서, 창조된 원인인 자유의지에서 나온다.[11] 그러므로 이러한 결함은 원인이 하느님에 있는 것이 아니라 자유의지에 있다. 이는 절뚝거림이라는 결함의 원인이 다리뼈가 굽은 데에 있는 것이지 절뚝거리는 움직임의 특성이 거기에서 비롯되는 운동 능력에 있는 것이 아닌 것과 같다.[12] 이에 따라, 하느님은 죄의 행위의 원인이지만 죄의 원인은 아니다. 하느님은 결함이 있는 행위의 원인이 아니기 때문이다.

---

9. Cf. I, q.105, a.5.
10. Cf. q.71, aa.1&c.
11. Cf. a. praec. ad2.
12. Cf. I, q.49, a.2, ad2.

AD PRIMUM ergo dicendum quod Augustinus nominat ibi rem id quod est res simpliciter, scilicet substantiam. Sic enim actus peccati non est res.

AD SECUNDUM dicendum quod in hominem sicut in causam reducitur non solum actus, sed etiam ipse defectus, quia scilicet non subditur ei cui debet subdi, licet hoc ipse non intendat principaliter. Et ideo homo est causa peccati. Sed Deus sic est causa actus, quod nullo modo est causa defectus concomitantis actum. Et ideo non est causa peccati.

AD TERTIUM dicendum quod, sicut dictum est supra,[13] actus et habitus non recipiunt speciem ex ipsa privatione, in qua consistit ratio mali; sed ex aliquo obiecto cui coniungitur talis privatio. Et sic ipse defectus, qui dicitur non esse a Deo, pertinet ad speciem actus consequenter, et non quasi differentia specifica.

Articulus 3
Utrum Deus sit causa excaecationis et indurationis

Ad tertium sic proceditur. Videtur quod Deus non sit causa excaecationis et indurationis.

1. Dicit enim Augustinus, in libro *Octoginta trium Quaest.*,[1]

---

13. q.18, a.5, ad2; q.54, a.3, ad2.

[해답] 1. 거기에서 아우구스티누스는 단순한 실재 곧 실체를 실재(res)라고 부른다. 그러한 의미에서 죄의 행위는 실재가 아니다.

2. 행위뿐만 아니라 행위의 결함도 그 원인인 인간에게로 환원된다. 인간의 주된 지향이 그것은 아니었다 하더라도, 그는 자신이 복종해야 할 분에게 복종하지 않는 것이기 때문이다. 그러므로 인간이 죄의 원인이다. 하느님은 어떤 식으로도 행위와 함께 일어나는 결함의 원인이 되지는 않는 방식으로 행위의 원인이다 그러므로 하느님은 죄의 원인이 아니다.

3. 위에서[13] 말한 바와 같이 행위와 습성은 악의 이유가 되는 결핍으로부터 종이 정해지는 것이 아니라 그 결핍을 격는 대상으로부터 종이 정해진다. 그러므로 하느님으로부터 오는 것이 아니라고 일컬어지는 그 결핍 자체는 행위의 종에 뒤따르는 것으로서 그 종에 속하며, 종차에 속하지 않는다.

제3절 하느님은 눈멂이나 완고함의 원인인가?

Parall.: *In Sent*., I, dist.40, q.4, a.2; *ScG*, III, c.162; *De Veritate*, q.24, a.10; *In Matth.*, c.13; *In Ioan.*, c.12, lect.7; *In Ep. ad Rom.*, c.9, lect.3; *In Ep. II ad Cor.*, c.4, lect.2.

[반론] 셋째에 대해서는 다음과 같이 진행된다. 하느님은 눈멂과 완고함의 원인이 아닌 것으로 생각된다.

1. 아우구스티누스는 『여든세 가지 질문』[1]에서 "하느님은 인간이 더

---
1. q.3: PL 40, 11.

quod *Deus non est causa eius quod homo sit deterior.* Sed per excaecationem et obdurationem fit homo deterior. Ergo Deus non est causa excaecationis et obdurationis.

2. Praeterea, Fulgentius dicit[2] quod *Deus non est ultor illius rei cuius est auctor.* Sed Deus est ultor cordis obdurati, secundum illud *Eccli.* 3, [27]: *Cor durum male habebit in novissimo.*[3] Ergo Deus non est causa obdurationis.

3. Praeterea, idem effectus non attribuitur causis contrariis. Sed causa excaecationis dicitur esse malitia hominis, secundum illud *Sap.* 2, [21], *Excaecavit enim eos malitia eorum*; et etiam diabolus, secundum illud II *ad Cor.* 4, [4], *Deus huius saeculi excaecavit mentes infidelium*; quae quidem causae videntur esse contrariae Deo. Deus ergo non est causa excaecationis et obdurationis.

SED CONTRA est quod dicitur Isaiae 6, [10]: *Excaeca cor populi huius, et aures eius aggrava.* Et *Rom.* 9, [18] dicitur: *Cuius vult, miseretur; et quem vult, indurat.*

RESPONDEO dicendum quod excaecatio et obduratio duo important. Quorum unum est motus animi humani inhaerentis malo, et aversi a divino lumine. Et quantum ad hoc Deus non est causa excaecationis et obdurationis, sicut non est causa

---

2. *De duplici praed. Dei, ad Monimum*, l.I, c.19: PL 65, 167C.

못하게 되는 것의 원인이 아니다"라고 말한다. 그런데 인간은 눈멂과 완고함으로 더 못하게 된다. 그러므로 하느님은 눈멂과 완고함의 원인이 아니다.

2. 풀겐티우스[2]는 "하느님은 당신이 행하신 일에 복수하지 않으신다."고 말한다. 그런데 하느님은 완고한 마음을 복수하신다. 집회서 3장 [26절]에서는 "고집 센 마음은 마지막에 불행을 겪으리라."[3]고 말한다. 그러므로 하느님은 완고함의 원인이 아니다.

3. 동일한 결과가 서로 반대되는 원인들에게 귀속되지는 않는다. 그런데 완고함의 원인은 인간의 악이라고 일컬어진다. 지혜서 2장 [21절]에서는 "그들의 악이 그들의 눈을 멀게 한 것이다."라고 말한다. 악마도 그 원인이 된다. 코린토 2서 4장 [4절]에서는 "이 세상의 신이 불신자들의 마음을 어둡게 한 것"이라고 말한다. 그런데 이 원인들은 하느님에 반대되는 것으로 여겨진다. 그러므로 하느님은 눈멂과 완고함의 원인이 아니다.

[재반론] 그러나 반대로 이사야서 6장 [10절]에서는 "너는 저 백성의 마음을 무디게 하고 그 귀를 어둡게 하여라."라고 말한다. 또한 로마서 9장 [18절]에서는 "당신이 원하시는 대로 어떤 사람에게는 자비를 베푸시고, 당신이 원하시는 대로 어떤 사람은 완고하게 만드십니다."라고 말한다.

[답변] 눈멂과 완고함은 두 가지를 수반한다. 그 첫째는 인간 정신이 악을 추종하고 하느님의 빛으로부터 멀어지는 것이다. 이 측면에

---

3. 대중 라틴말 성경은, Cor durum habebit male in novissimo.

peccati.⁴ Aliud autem est subtractio gratiae, ex qua sequitur quod mens divinitus non illuminetur ad recte videndum, et cor hominis non emolliatur ad recte vivendum. Et quantum ad hoc Deus est causa excaecationis et obdurationis.⁵

Est autem considerandum quod Deus est causa universalis illuminationis animarum, secundum illud Ioan. 1, [9], *Erat lux vera quae illuminat omnem hominem venientem in hunc mundum*, sicut sol est universalis causa illuminationis corporum. Aliter tamen et aliter, nam sol agit illuminando per necessitatem naturae; Deus autem agit voluntarie, per ordinem suae sapientiae.⁶ Sol autem, licet quantum est de se omnia corpora illuminet, si quod tamen impedimentum inveniat in aliquo corpore, relinquit illud tenebrosum, sicut patet de domo cuius fenestrae sunt clausae. Sed tamen illius obscurationis nullo modo causa est sol, non enim suo iudicio agit ut lumen interius non immittat, sed causa eius est solum ille qui claudit fenestram. Deus autem proprio iudicio lumen gratiae non immittit illis in quibus obstaculum invenit. Unde causa subtractionis gratiae est non solum ille qui ponit obstaculum gratiae, sed etiam Deus, qui suo iudicio gratiam non apponit. Et per hunc modum Deus est causa excaecationis, et aggravationis aurium, et obdurationis cordis.—Quae quidem distinguuntur secundum effectus gratiae, quae et perficit intellectum dono sapientiae, et affectum emollit igne caritatis. Et quia ad cognitionem intellectus maxime

있어서 하느님은 죄의 원인이 아니듯이⁴ 눈멂과 완고함의 원인이 아니다. 둘째는 은총을 잃어버리는 것인데, 그 결과 정신은 올바르게 볼 수 있도록 하느님으로부터 비추어지지 않게 된다. 이 측면에 있어서 하느님은 눈멂과 완고함의 원인이다.⁵

하느님이 영혼들을 비추는 보편적 원인이라는 점을 고려해야 한다. 요한복음서 1장 [9절]에서는 "모든 사람을 비추는 참빛이 세상에 왔다."고 말한다. 이는 태양이 물체들을 비추는 보편적 원인인 것과 같다. 그러나 그 방식은 서로 다르다. 태양은 본성의 필연성에 의하여 비추며 작용한다. 그러나 하느님은 의지에 의하여, 당신 지혜의 질서에 따라 작용하신다.⁶ 그런데 창문이 닫혀 있는 집의 경우에서 드러나듯이, 태양은 그 자체로서는 모든 물체를 비추지만 어떤 물체 안에서 장애를 만나게 되면 그것을 어두운 채로 남겨 둔다. 태양은 어떤 식으로도 이 어두워짐의 원인이 아니다. 태양은 스스로의 판단으로 집 안에 빛을 보내지 않도록 행하는 것이 아니며, 그 원인은 오직 창문을 닫은 사람이다. 그러나 하느님은 당신의 판단으로 자신 안에 장애를 지닌 이들에게 은총의 빛을 보내지 않으신다. 그러므로 은총을 방해하는 사람만이 아니라 당신 판단으로 은총을 베풀지 않으시는 하느님도 은총을 잃어버리게 되는 원인이다. 이러한 방식으로 하느님은 눈멂, 귀가 무디어짐, 마음이 완고해짐의 원인이 된다.—이는

---

4. Cf. Art.1.
5. 영원한 단죄는 현재 있는 것 곧 죄책의 원인이 아니지만, 하느님이 버려두시는 것의 원인이 된다. 그러나 그것은 미래에 그에게 주어질 것 곧 영원한 벌의 원인이다. 그런데 죄책은 영원히 단죄되고 은총으로부터 버림받은 사람의 자유의지에서 나온다. I, q.23, a.3, ad2.
6. Cf. I, q.19, a.4.

deserviunt duo sensus, scilicet visus et auditus, quorum unus deservit inventioni, scilicet visus, alius disciplinae, scilicet auditus, ideo quantum ad visum, ponitur excaecatio; quantum ad auditum, aurium aggravatio; quantum ad affectum, obduratio.

AD PRIMUM ergo dicendum quod, cum excaecatio et induratio, ex parte subtractionis gratiae, sint quaedam poenae,[7] ex hac parte eis homo non fit deterior, sed deterior factus per culpam, haec incurrit, sicut et ceteras poenas.

AD SECUNDUM dicendum quod obiectio illa procedit de obduratione secundum quod est culpa.

AD TERTIUM dicendum quod malitia est causa excaecationis meritoria, sicut culpa est causa poenae. Et hoc etiam modo diabolus excaecare dicitur, inquantum inducit ad culpam.

Articulus 4
Utrum excaecatio et obduratio semper ordinentur ad salutem eius qui excaecatur et obduratur

Ad quartum sic proceditur. Videtur quod excaecatio et obduratio semper ordinentur ad salutem eius qui excaecatur et obduratur.

은총의 결과와 구별되는데, 은총은 지혜의 선물로 지성을 완전하게 하고 사랑의 불로 감정을 부드럽게 한다. 그런데 지성의 인식에는 두 가지 감각 곧 시각과 청각이 가장 필요하다. 시각은 발견에 필요하고 청각은 배움에 필요하다. 그러므로 시각에는 눈멂이, 청각에는 무딤이, 감정에는 완고함이 설정된다.

[해답] 1. 눈멂과 완고함은 은총을 잃게 된다는 점에서 벌의 일종이다.[7] 이러한 측면에서 인간은 이로써 더 나빠지는 것이 아니며, 오히려 죄책으로 인하여 더 나빠졌고 다른 벌들의 경우와 같이 그것이 이러한 결과를 가져오는 것이다.

2. 이 주장은 눈멂을 죄책으로 보는 데에서 나온다.

3. 죄책이 벌의 원인이듯이 악의는 눈멂의 공로인이다. 이러한 방식으로는 악마가 눈을 멀게 한다고 일컬어진다. 악마가 죄책을 범하도록 이끌기 때문이다.

제4절 눈멂과 완고함은 언제나 눈이 멀게 되거나 완고하게 되는 이들의 구원을 위한 것인가?

Paral.: *In Matth.*, c.13; *In Ioan.*, c.12, lect.7.

[반론] 넷째에 대해서는 이렇게 진행된다. 눈멂과 완고함은 언제나 눈이 멀게 되거나 완고하게 되는 이의 구원을 위한 것으로 생각된다.

---

7. Cf. II-II, q.15, a.1 c.

1. Dicit enim Augustinus, in *Enchirid.*,¹ quod *Deus, cum sit summe bonus, nullo modo permitteret fieri aliquod malum, nisi posset ex quolibet malo elicere bonum.* Multo igitur magis ordinat ad bonum illud malum cuius ipse est causa. Sed excaecationis et obdurationis Deus est causa, ut dictum est.² Ergo haec ordinantur ad salutem eius qui excaecatur vel induratur.

2. Praeterea, *Sap.* 1, [13] dicitur quod *Deus non delectatur in perditione impiorum.*³ Videretur autem in eorum perditione delectari, si eorum excaecationem in bonum eorum non converteret, sicut medicus videretur delectari in afflictione infirmi, si medicinam amaram, quam infirmo propinat, ad eius sanitatem non ordinaret. Ergo Deus excaecationem convertit in bonum excaecatorum.

3. Praeterea, *Deus non est personarum acceptor,* ut dicitur *Act.* 10, [34]. Sed quorundam excaecationem ordinat ad eorum salutem, sicut quorundam Iudaeorum, qui excaecati sunt ut Christo non crederent, et non credentes occiderent, et postmodum compuncti converterentur, sicut de quibusdam legitur *Act.* 2, [37]; ut patet per Augustinum, in libro *de Quaest. Evang.*⁴ Ergo Deus omnium excaecationem convertit in eorum salutem.

---

1. c.11: PL 40, 236.
2. 앞 절.

1. 아우구스티누스는 『길잡이』[1]에서, "최고선이신 하느님은 어떤 악에서든지 선을 끌어내지 않으신다면 어떤 식으로도 악을 허락하지 않으신다."고 말한다. 그러므로 하느님 자신이 원인인 악은 그보다 훨씬 더 선을 향하게 하신다. 그런데 앞서[2] 말한 바와 같이 하느님은 눈멂과 완고함의 원인이다. 그러므로 이들은 눈이 멀게 되거나 완고하게 되는 이의 구원을 위한 것이 된다.

2. 지혜서 1장 [13절]에서는 "하느님께서는 악인들의 멸망을 기뻐하지 않으신다."[3]고 말한다. 그런데 그들이 눈멀게 되는 것이 그들의 선이 되지 않는다면 이는 그들의 멸망을 기뻐하는 것으로 여겨질 것이다. 이는 의사가 환자에게 처방하는 쓴 약이 그의 치유를 위한 것이 아니라면 그는 환자의 고통을 기뻐하는 것으로 간주되리라는 것과 같다. 그러므로 하느님은 눈이 멀게 되는 것을 그의 선이 되게 하신다.

3. 사도행전 10장 [34절]에서 말하듯이 "하느님께서는 사람을 차별하지 않으십니다." 그런데 어떤 이들의 눈멂은 그들의 구원을 위한 것이다. 예를 들어 아우구스티누스가 『복음서에 관한 질문』[4]에서 보여 주듯이 사도행전 2장 [37절]에서 전하는 그리스도를 믿지 못하도록 눈이 멀게 되고 그분을 믿지 않아 그분을 죽였으며 그 후에 뉘우쳐 회개한 유다인들의 경우가 그러하다. 그러므로 하느님은 모든 눈멂을 그들의 구원이 되게 하신다.

---

3. 대중 라틴말 성경은, Deus mortem non fecit, nec laetatur in perditione vivorum.
4. c.3, al. *Quaest. septemdecim in Matth.*, q.14(13,15에 대하여): PL 35, 1372

q.79, a.4

SED CONTRA, non sunt facienda mala ut veniant bona, ut dicitur *Rom.* 3, [8]. Sed excaecatio est malum. Ergo Deus non excaecat aliquos propter eorum bonum.

RESPONDEO dicendum quod excaecatio est quoddam praeambulum ad peccatum. Peccatum autem ad duo ordinatur, ad unum quidem per se, scilicet ad damnationem; ad aliud autem ex misericordi Dei providentia, scilicet ad sanationem, inquantum Deus permittit aliquos cadere in peccatum, ut peccatum suum agnoscentes, humilientur et convertantur, sicut Augustinus dicit, in libro *de Natura et Gratia*.[5] Unde et excaecatio ex sui natura ordinatur ad damnationem eius qui excaecatur, propter quod etiam ponitur reprobationis effectus:[6] sed ex divina misericordia excaecatio ad tempus ordinatur medicinaliter ad salutem eorum qui excaecantur. Sed haec misericordia non omnibus impenditur excaecatis, sed praedestinatis solum, quibus *omnia cooperantur in bonum*, sicut dicitur *Rom.* 8, [28]. Unde quantum ad quosdam, excaecatio ordinatur ad sanationem, quantum autem ad alios, ad damnationem, ut Augustinus dicit, in III *de Quaest. Evang.*[7]

AD PRIMUM ergo dicendum quod omnia mala quae Deus facit vel permittit fieri, ordinantur in aliquod bonum, non

---
5. cc.27-28: PL 44, 262.
6. Cf. I, q.23, a.3.

[재반론] 그러나 반대로 로마서 3장 [8절]에서 말하듯이, 선이 생기게 하기 위하여 악을 행하지 말아야 한다. 그런데 눈멂은 악이다. 그러므로 하느님은 그들의 선을 위하여 어떤 이들을 눈멀게 하지 않으신다.

[답변] 눈멂은 일종의 죄로 들어가는 입구이다. 그런데 죄는 두 가지를 향한다. 첫째로 죄는 그 자체로서 단죄를 향한다. 둘째로는 하느님 자비의 섭리로 치유를 향한다. 아우구스티누스가 『본성과 은총』[5]에서 말하듯이 하느님은 인간이 겸손하게 자신의 죄를 인정하고 회개하도록 하기 위하여 그가 죄에 떨어지는 것을 허락하시기 때문이다. 그러므로 눈멂 역시 그 본성상 눈멂을 겪는 사람의 단죄를 향한다. 그래서 그것은 단죄의 결과들 가운데 하나로 여겨진다.[6] 그러나 하느님의 자비로 인하여, 일시적인 눈멂은 치료약으로서 눈멂을 겪는 사람의 구원을 위한 것이 된다. 그러나 이 자비는 눈이 멀게 된 모든 이들에게 주어지는 것이 아니라 오직 예정된 이들에게만 주어진다. 로마서 8장 [28절]에서 말하듯이, 그들에게는 "모든 것이 함께 작용하여 선을 이룬다." 그러므로 아우구스티누스가 *De Quaestiones Evangeliorum* 제3권[7]에서 말하듯이 어떤 이들에게는 눈멂이 치유를 위한 것이고 어떤 이들에게는 단죄를 위한 것이다.[8]

[해답] 1. 하느님이 행하시거나 이루어지도록 허락하시는 모든 악은 어떤 선을 위한 것이다. 그러나 언제나 그 악을 겪는 사람의 선을 위

---

7. Loc. cit., obj.3.
8. Cf. q.87, a.2, ad1; q.3, ad2. Cf. I, q.19, a.9; II-II, q.68, a.1.

tamen semper in bonum eius in quo est malum, sed quandoque ad bonum alterius, vel etiam totius universi. Sicut culpam tyrannorum ordinavit in bonum martyrum; et poenam damnatorum ordinat in gloriam suae iustitiae.[8]

AD SECUNDUM dicendum quod Deus non delectatur in perditione hominum quantum ad ipsam perditionem, sed ratione suae iustitiae, vel propter bonum quod inde provenit.

AD TERTIUM dicendum quod hoc quod Deus aliquorum excaecationem ordinat in eorum salutem, misericordiae est, quod autem excaecatio aliorum ordinetur ad eorum damnationem, iustitiae est. Quod autem misericordiam quibusdam impendit et non omnibus, non facit personarum acceptionem in Deo, sicut in Primo[9] dictum est.

AD QUARTUM[10] dicendum quod mala culpae non sunt facienda ut veniant bona, sed mala poenae sunt inferenda propter bonum.

한 것은 아니며 때로는 다른 사람이나 세상 전체의 선을 위한 것이다. 예를 들어 폭군들의 죄책은 순교자들의 선을 위한 것이었으며, 단죄 받은 이들이 겪는 벌은 하느님의 정의의 영광을 위한 것이다.

2. 하느님은 멸망 그 자체를 위하여 사람들의 멸망을 기뻐하지 않으시며 당신 정의 때문에 또는 거기에서부터 나오는 선 때문에 이를 기뻐하신다.

3. 하느님이 어떤 이들의 눈멂을 그들의 구원을 위한 것이 되게 하시는 것은 자비에 의해서이다. 다른 이들의 구원이 그들의 단죄를 위한 것이 되는 것은 정의에 속한다. 제1부[9]에서 말한 바와 같이, 하느님이 모든 이들이 아니라 어떤 이들에게 자비를 베푸신다는 것은 하느님이 사람들을 차별하시는 것이 아니다.

4.[10] 죄책의 악은 선이 생기게 하지 않는다. 그러나 벌의 악은 선을 위하여 주어진다.

---

9. q.23, a.5, ad3.
10. 재반론.

QUAESTIO LXXX
DE CAUSA PECCATI EX PARTE DIABOLI
in quatuor articulos divisa

Deinde considerandum est de causa peccati ex parte diaboli.[1] Et circa hoc quaeruntur quatuor.

Primo: utrum diabolus sit directe causa peccati.

Secundo: utrum diabolus inducat ad peccandum interius persuadendo.

Tertio: utrum possit necessitatem peccandi inducere.

Quarto: utrum omnia peccata ex diaboli suggestione proveniant.

Articulus 1
utrum diabolus sit homini directe causa peccandi

Ad primum sic proceditur. Videtur quod diabolus sit homini directe causa peccandi.

1. Peccatum enim directe in affectu consistit. Sed Augustinus dicit, IV *de Trin.*,[1] quod *diabolus suae societati malignos affectus*

---

1. Cf. q.79, Introd.

제80문
죄의 원인. 악마 편에서
(전4절)

다음으로는 악마 편에서 죄의 원인에 대해 고찰해야 한다.[1]
이에 대해서는 네 가지 문제가 제기된다.
1. 악마는 직접적으로 죄의 원인인가?
2. 악마는 내적으로 설득함으로써 죄를 짓게 하는가?
3. 악마는 죄를 짓도록 강요할 수 있는가?
4. 모든 죄는 악마의 사주에서 오는 것인가?

제1절 악마는 인간에게 직접적으로 죄의 원인이 되는가?

Parall.: Supra, q.75, a.3; *De Malo*, q.3, a.3.

[반론] 첫째에 대해서는 다음과 같이 진행된다. 악마는 인간에게 직접적으로 죄의 원인이 되는 것으로 생각된다.
1. 죄는 직접적으로 감정에 있다. 그런데 아우구스티누스는 『삼위일체론』 제4권[1]에서, "악마는 자신의 친구들에게 악한 감정을 불어

---
1. c.12: PL 42, 897.

inspirat. Et Beda, super *Act*. [5, 3], dicit[2] quod *diabolus animam in affectum malitiae trahit*. Et Isidorus dicit, in libro *de Summo Bono*,[3] quod *diabolus corda hominum occultis cupiditatibus replet*. Ergo diabolus directe est causa peccati.

2. Praeterea, Hieronymus dicit[4] quod *sicut Deus est perfector boni, ita diabolus est perfector mali*. Sed Deus est directe causa bonorum nostrorum. Ergo diabolus est directe causa peccatorum nostrorum.

3. Praeterea, Philosophus probat, in quodam cap. *Ethicae Eudemicae*,[5] quod oportet esse quoddam principium extrinsecum humani consilii. Consilium autem humanum non solum est de bonis, sed etiam de malis. Ergo sicut Deus movet ad consilium bonum, et per hoc directe est causa boni; ita diabolus movet hominem ad consilium malum, et per hoc sequitur quod diabolus directe sit causa peccati.

SED CONTRA est quod Augustinus probat, in I[6] et III[7] *de Lib. Arb.*, quod *nulla alia re fit mens hominis serva libidinis, nisi propria voluntate*. Sed homo non fit servus libidinis nisi per peccatum. Ergo causa peccati non potest esse diabolus, sed sola propria voluntas.

---

2. PL 92, 954 D.
3. 또는, *Sent*. II, c.41; l.III, c.5: PL 83, 647 B, 664 AB, 665 B.

넣는다."고 말한다. 그리고 베다는 사도행전 [5장 3절]에 관하여[2] "악마는 영혼을 탐욕의 감정으로 유인한다."고 말한다. 또한 이시도루스는 『최고선』[3]에서 "악마는 인간의 마음을 감추어진 탐욕으로 가득 채운다."고 말한다. 그러므로 악마는 직접적으로 죄의 원인이 된다.

2. 히에로니무스[4]는 "하느님이 선의 완성자이시듯이 악마는 악의 완성자"라고 말한다. 그런데 하느님은 직접적으로 우리의 선의 원인이시다. 그러므로 악마는 직접적으로 우리의 악의 원인이다.

3. 철학자는 『에우데미아 윤리학』의 어떤 장[5]에서, 인간의 견해에 외재적인 원리가 있어야 함을 증명한다. 그런데 인간에게는 선한 견해만이 아니라 악한 견해도 있다. 그러므로 하느님이 인간을 선한 견해로 움직이고 그럼으로써 선의 원인이 되시듯이 악마는 인간을 악한 견해도 움직이고 그에 따라 악마는 직접적으로 죄의 원인이 된다.

[재반론] 그러나 반대로 아우구스티누스는 『자유의지론』 제1권[6]과 제3권[7]에서, "인간 정신은 자신의 의지 이외에 다른 어떤 것에 의해서도 욕정의 종이 되지 않는다."는 것을 증명한다. 그런데 인간은 죄에 의해서만 욕망의 종이 된다. 그러므로 악마는 죄의 원인이 될 수 없고 오직 자신의 의지만이 죄의 원인이 된다.

---

4. *Contra Iovin.*, l.II, c.3: PL 23, 286 D-287 A.
5. l.VII, c.14: 1248a22-28.
6. c.11, n.21: PL 32, 1233.
7. c.1, n.1: PL 32, 1271.

RESPONDEO dicendum quod peccatum actus quidam est. Unde hoc modo potest esse aliquid directe causa peccati, per quem modum aliquis directe est causa alicuius actus. Quod quidem non contingit nisi per hoc quod proprium principium illius actus movet ad agendum. Proprium autem principium actus peccati est voluntas, quia omne peccatum est voluntarium.[8] Unde nihil potest directe esse causa peccati, nisi quod potest movere voluntatem ad agendum. Voluntas autem, sicut supra[9] dictum est, a duobus moveri potest, uno modo, ab obiecto, sicut dicitur quod appetibile apprehensum movet appetitum; alio modo, ab eo quod interius inclinat voluntatem ad volendum. Hoc autem non est nisi vel ipsa voluntas, vel Deus, ut supra[10] ostensum est. Deus autem non potest esse causa peccati, ut dictum est.[11] Relinquitur ergo quod ex hac parte sola voluntas hominis sit directe causa peccati eius.

Ex parte autem obiecti, potest intelligi quod aliquid moveat voluntatem tripliciter. Uno modo, ipsum obiectum propositum, sicut dicimus quod cibus excitat desiderium hominis ad comedendum. Alio modo, ille qui proponit vel offert huiusmodi obiectum. Tertio modo, ille qui persuadet obiectum propositum habere rationem boni, quia et hic aliqualiter proponit proprium obiectum voluntati, quod est rationis bonum verum vel apparens.[12] Primo igitur modo, res sensibiles exterius apparentes

---

8. 충분하게 죄를 실행하게 하는 원인은 오직 의지뿐이다. q.75, a.3 c.

[답변] 죄는 일종의 행위이다. 그러므로 어떤 것이 직접적으로 죄의 원인이 되는 것은 그것이 직접적으로 어떤 행위의 원인이 되는 방식으로 가능하다. 이것은 오직 그것이 그 행위의 고유한 원리를 작용하도록 움직임으로써만 이루어진다. 그런데 죄의 행위의 고유한 원리는 의지이다. 모든 죄는 의지적이기 때문이다.[8] 그러므로 의지를 작용하도록 움직일 수 있는 것이 아니라면 아무것도 직접적으로 죄의 원인이 될 수 없다. 그런데 위에서[9] 말한 바와 같이 의지는 두 가지에 의하여 움직여질 수 있다. 첫째로는 대상에 의하여, 예를 들면 욕구의 대상이 될 만한 것이 파악되면 그것이 욕구를 움직인다. 둘째로는 내적으로 의지를 움직여 무엇을 원하게 하는 것에 의하여 움직여진다. 그런데 위에서[10] 증명된 바와 같이 그것은 오직 의지 자체 또는 하느님에 의하여 이루어진다. 그러나 이미[11] 말한 바와 같이 하느님은 죄의 원인이 될 수 없다. 그러므로 이 측면에서는 오직 인간의 의지만이 직접적으로 그의 죄의 원인이 된다.

한편 대상 편에서는, 어떤 것이 의지를 움직인다는 것은 세 가지로 이해할 수 있다. 첫째로는 제시된 대상 자체가 의지를 움직인다. 예를 들어, 음식은 인간의 식욕을 일으킨다고 말한다. 둘째로는 그 대상을 제시하거나 제공하는 사람이 의지를 움직인다. 셋째로는 제시된 사물이 선의 근거를 갖고 있다고 설득하는 사람이 의지를 움직인다. 그 사람 역시 어떤 식으로 의지에 고유한 대상을, 곧 참된 선 또는 외관상의 선을 제시하는 것이기 때문이다.[12] 그러므로 첫째 방식

---

9. q.9, aa.1&4&6; I q.105, a.4.
10. q.9, aa.3 sqq.
11. q.79, a.1.
12. Cf. q.8, a.1.

movent voluntatem hominis ad peccandum, secundo autem et tertio modo, vel diabolus, vel etiam homo, potest incitare ad peccandum, vel offerendo aliquid appetibile sensui, vel persuadendo rationi. Sed nullo istorum trium modorum potest aliquid esse directa causa peccati, quia voluntas non ex necessitate movetur ab aliquo obiecto nisi ab ultimo fine, ut supra[13] dictum est; unde non est sufficiens causa peccati neque res exterius oblata, neque ille qui eam proponit, neque ille qui persuadet. Unde sequitur quod diabolus non sit causa peccati directe et sufficienter; sed solum per modum persuadentis, vel proponentis appetibile.

AD PRIMUM ergo dicendum quod omnes illae auctoritates, et si quae similes inveniantur, sunt referendae ad hoc quod diabolus suggerendo, vel aliqua appetibilia proponendo, inducit in affectum peccati.

AD SECUNDUM dicendum quod similitudo illa est attendenda quantum ad hoc, quod diabolus quodammodo est causa peccatorum nostrorum, sicut Deus est aliquo modo causa bonorum nostrorum. Non tamen attenditur quantum ad modum causandi, nam Deus causat bona interius movendo voluntatem, quod diabolo convenire non potest.

AD TERTIUM dicendum quod Deus est universale principium omnis interioris motus humani:[14] sed quod determinetur ad

으로는 외부의 감각적 사물이 죄를 짓도록 인간의 의지를 움직인다. 둘째와 셋째 방식으로는 악마나 인간이 감각에 욕구의 대상이 될 만한 것을 제공함으로써 또는 이성을 설득함으로써 죄를 짓도록 자극할 수 있다. 그러나 이 세 방법 가운데 어떤 방식으로도 어떤 것이 직접적으로 죄의 원인이 될 수는 없다. 위에서[13] 말한 바와 같이 의지는 최종 목적에 의해서가 아니고서는 다른 대상에 의해서는 필연적으로 움직여지지 않기 때문이다. 그러므로 외부에서 주어진 사물도, 그것을 제시하는 사람도, 설득하는 사람도 충분한 죄의 원인이 되지 않는다. 따라서 악마는 직접적으로 그리고 충분하게 죄의 원인이 되지 않으며 다만 설득하는 역할로서 또는 욕구의 대상을 제시하는 역할로서 죄의 원인이 된다.

[해답] 1. 이 모든 의견들은, 그리고 만일 그와 유사한 의견들을 접하게 된다면, 모두 악마가 욕구의 대상이 되는 어떤 것을 제안하거나 제시함으로써 죄를 지으려는 감정을 갖게 한다는 것을 말하는 것이다.

2. 이 비교는 하느님이 어떤 식으로 우리의 선의 원인이듯이 악마가 어떤 식으로 우리의 죄의 원인이 된다는 한에서 타당하다. 그러나 원인이 되는 방식에 대해서는 타당하지 않다. 하느님은 내적으로 의지를 움직임으로써 선의 원인이 되는데, 악마는 그렇게 할 수 없다.

3. 하느님은 인간의 모든 내적 움직임의 보편적 원리이다.[14] 그러나 인간의 의지가 악한 견해로 결정하는 것은 직접적으로 인간의 의지

---

13. Cf. c.10, a.2; I, c.105, a.4.
14. Cf. c.9, aa.4&6

malum consilium voluntas humana, hoc directe quidem est ex voluntate humana; et a diabolo per modum persuadentis, vel appetibilia proponentis.

Articulus 2
Utrum diabolus possit inducere ad peccandum interius instigando

Ad secundum sic proceditur. Videtur quod diabolus non possit inducere ad peccandum interius instigando.

1. Interiores enim motus animae sunt quaedam opera vitae. Sed nullum opus vitae potest esse nisi a principio intrinseco; nec etiam opus animae vegetabilis, quod est infimum inter opera vitae. Ergo diabolus secundum interiores motus non potest hominem instigare ad malum.

2. Praeterea, omnes interiores motus, secundum ordinem naturae, a sensibus exterioribus oriuntur. Sed praeter ordinem naturae aliquid operari est solius Dei, ut in Primo[1] dictum est. Ergo diabolus non potest in interioribus motibus hominis aliquid operari, nisi secundum ea quae exterioribus sensibus apparent.

3. Praeterea, interiores actus animae sunt intelligere et imaginari. Sed quantum ad neutrum horum potest diabolus aliquid operari. Quia, ut in Primo[2] habitum est, diabolus non

에서 나오는 것이고 또한 설득하거나 욕구의 대상을 제시하는 악마로부터 오는 것이기도 하다.

제2절 악마는 내적으로 사주함으로써 죄를 짓게 할 수 있는가?

Parall.: *De Malo*, q.3, a.4.

[반론] 둘째에 대해서는 다음과 같이 진행된다. 악마는 내적으로 사주함으로써 죄를 짓게 할 수 없는 것으로 생각된다.

1. 영혼의 내적 움직임들은 생명의 작용이다. 그런데 내적 원리에 의해서가 아니고서는 생명의 작용이 있을 수 없다. 생명의 작용 가운데 가장 낮은 것인 식물혼의 작용이라도 그러하다. 그러므로 악마는 내적 움직임으로 인간에게 죄를 사주할 수 없다.

2. 모든 내적인 움직임은 본성의 질서에 따라 외적 감각들에서 유래한다. 그런데 제1부[1]에서 말한 바와 같이 본성의 질서와 무관하게 어떤 작용을 하는 것은 오직 하느님께 속한다. 그러므로 악마는 외적인 감각들에 나타나는 것 없이는 인간 내면의 움직임 안에서 어떤 작용을 할 수 없다.

3. 영혼의 내적 행위들은 이해와 상상이다. 그런데 악마는 그 가운데 어떤 것에서도 어떤 작용을 할 수 없다. 제1부[2]에서 말한 바와 같

---

1. q.110, a.4.
2. q.111, a.2, ad2. Cf. ibid., a.1.

imprimit in intellectum humanum. In phantasiam etiam videtur quod imprimere non possit, quia formae imaginatae, tanquam magis spirituales, sunt digniores quam formae quae sunt in materia sensibili; quas tamen diabolus imprimere non potest, ut patet ex his quae in Primo[3] habita sunt. Ergo diabolus non potest secundum interiores motus inducere hominem ad peccatum.

SED CONTRA est quia secundum hoc nunquam tentaret hominem nisi visibiliter apparendo. Quod patet esse falsum.

RESPONDEO dicendum quod interior pars animae est intellectiva et sensitiva. Intellectiva autem continet intellectum et voluntatem. Et de voluntate quidem iam[4] dictum est quomodo ad eam diabolus se habet. Intellectus autem per se quidem movetur ab aliquo illuminante ipsum ad cognitionem veritatis, quod diabolus circa hominem non intendit, sed magis obtenebrare rationem ipsius ad consentiendum peccato. Quae quidem obtenebratio provenit ex phantasia et appetitu sensitivo. Unde tota interior operatio diaboli esse videtur circa phantasiam et appetitum sensitivum. Quorum utrumque commovendo, potest inducere ad peccatum, potest enim operari ad hoc quod imaginationi aliquae formae imaginariae praesententur; potest etiam facere quod appetitus sensitivus concitetur ad aliquam passionem.

이 악다는 인간의 지성에 상을 각인할 수 없기 때문이다. 또한 감각상에도 각인할 수 없는 것으로 생각된다. 상상의 형상들은 더 영적인 것이어서 감각적 질료 안에 있는 형상보다 더 뛰어난데, 제1부[3]에서 드러나듯이 악마는 후자도 각인할 수 없기 때문이다. 그러므로 악마는 내적 작용으로 인간을 죄짓게 만들 수 없다.

[재반론] 그러나 반대로 이에 따른다면 악마는 시각적으로 나타나지 않고서는 인간을 유혹하지 않을 것인데, 이는 분명 거짓이다.

[답변] 영혼의 내적 부분은 지성적인 부분과 감각적인 부분이다. 지성적인 부분은 지성과 의지를 포함한다. 그리고 의지에 대하여 악마가 어떤 관계에 있는지는 이미[4] 말하였다. 한편 지성은 진리를 인식하도록 그것을 비추는 것에 의하여 움직여지는데, 악마는 인간에게서 이를 지향하지 않으며 오히려 죄에 동의하도록 이성을 어둡게 하려 한다. 그런데 이성이 어두워지는 것은 감각상으로부터 또는 감각적 욕구로부터 온다. 그러므로 악마의 모든 내적 작용은 감각상과 감각적 욕구에 대한 것으로 생각된다. 악마는 이들을 움직임으로써 죄를 짓게 만들 수 있다. 악마는 여기에 작용하여 상상에 어떤 상상의 형상이 제시되게 할 수 있고, 또한 감각적 욕구가 어떤 정념으로 자극받도록 할 수도 있다.

---

3. q.110, a.2.
4. 앞 절.

Dictum est enim in Primo Libro[5] quod natura corporalis spirituali naturaliter obedit ad motum localem. Unde et diabolus omnia illa causare potest quae ex motu locali corporum inferiorum provenire possunt, nisi virtute divina reprimatur. Quod autem aliquae formae repraesententur imaginationi, consequitur quandoque ad motum localem. Dicit enim Philosophus, in libro *de Somno et Vigilia*,[6] quod *cum animal dormierit, descendente plurimo sanguine ad principium sensitivum, simul descendunt motus,* sive impressiones relictae ex sensibilium motionibus, quae in sensibilibus speciebus conservantur, *et movent principium apprehensivum,* ita quod apparent ac si tunc principium sensitivum a rebus ipsis exterioribus immutaretur. Unde talis motus localis spirituum vel humorum potest procurari a Daemonibus, sive dormiant sive vigilent homines:[7] et sic sequitur quod homo aliqua imaginetur.

Similiter etiam appetitus sensitivus concitatur ad aliquas passiones secundum quendam determinatum motum cordis et spirituum. Unde ad hoc etiam diabolus potest cooperari. Et ex hoc quod passiones aliquae concitantur in appetitu sensitivo, sequitur quod et motum sive intentionem sensibilem praedicto modo reductam ad principium apprehensivum, magis homo percipiat, quia, ut Philosophus in eodem libro[8] dicit, *amantes modica similitudine in apprehensionem rei amatae moventur.* Contingit etiam ex hoc quod passio est concitata, ut id quod

제1부[5]에서 말한 바와 같이 육체적 본성은 장소적 이동에 있어 본성적으로 영적 본성에 순종한다. 그러므로 악마는, 하느님의 능력으로 제어되지 않는다면, 장소적 이동으로부터 하위의 육체들에게 초래할 수 있는 모든 것들을 일어나게 할 수 있다. 그런데 어떤 상상의 형상을 제시하는 것은 때로는 장소적 이동의 결과로 이루어진다. 철학자는 『잠과 깨어 있음』[6]에서 "동물이 잠을 잘 때에는 피가 풍부하게 감각적 원리로 내려가고 동시에 움직임도 내려간다."고 말한다. 감각적 형상들 안에 보존된 감각적 움직임으로부터 남겨진 인상들이 "이해의 원리를 움직인다."는 것이다. 그래서 마치 감각적 원리들이 그 순간에 외부의 사물에 의하여 변화도는 듯이 나타나게 된다. 그러므로 영들이나 체액의 이러한 장소적 이동은 사람들이 잠들어 있거나 깨어 있거나 마귀들에 의하여 초래될 수 있다[7] 이렇게 하여 인간은 상상을 하게 된다.

마찬가지로, 감각적 욕구는 마음과 영들의 특정한 움직임에 따라 어떤 정념을 갖도록 자극된다. 그러므로 여기에서도 악마는 함께 작용할 수 있다. 그리고 감각적 욕구 안에 정념이 일어나게 됨으로써 그 결과로 인간은 앞서 말한 방식으로 이해의 원리에 남겨진 움직임 또는 감각적 지향을 더 강하게 지각하게 된다. 철학자가 같은 책에서[8] 말하듯이 "사랑하는 사람은 비슷한 것에 의해서도 자신이 사랑하는 것을 알아보도록 움직여진다." 그리고 정념이 일으켜짐으로써,

---

5. q.110, a.3.
6. c.3: 461b11-12; S. Thomas, lect.4.
7. Cf. I, q.111, a.3 c.
8. c.2: 460b5-8; S. Thomas, lect.3.

proponitur imaginationi, iudicetur prosequendum, quia ei qui a passione detinetur, videtur esse bonum id ad quod per passionem inclinatur.⁹ Et per hunc modum diabolus interius inducit ad peccandum.

AD PRIMUM ergo dicendum quod opera vitae semper etsi sint ab aliquo principio intrinseco, tamen ad ea potest cooperari aliquod exterius agens,¹⁰ sicut etiam ad opera animae vegetabilis operatur calor exterior, ut facilius digeratur cibus.

AD SECUNDUM dicendum quod huiusmodi apparitio formarum imaginabilium non est omnino praeter ordinem naturae. Nec est per solum imperium, sed per motum localem, ut dictum est.¹¹

Unde patet responsio AD TERTIUM, quia formae illae sunt a sensibus acceptae primordialiter.

Articulus 3
Utrum diabolus possit necessitatem inferre ad peccandum

Ad tertium sic proceditur. Videtur quod diabolus possit necessitatem inferre ad peccandum.

---

9. Cf. q.9, a.2; q.10, a.3.
10. Cf. q.9, a.4, ad1 et loc. ibid. cit.

상상에 의하여 제시되는 것이 추구할 만한 것으로 판단된다. 정념에 사로잡힌 사람에게는 정념에 의하여 그가 기울게 될 것이 선으로 여겨지기 때문이다.[9] 그리고 이러한 방식으로 악마는 내적으로 죄를 짓도록 이끌 수 있다.

[해답] 1. 생명의 작용이 언제나 어떤 내재적 원리로부터 나오기는 하지만, 외적인 행위자도 여기에 어떤 식으로 함께 작용할 수 있다.[10] 예를 들어, 식물혼의 작용에 외부의 열이 작용하여 음식의 소화를 용이하게 할 수 있다.

2. 이와 같이 상상의 형상들이 나타나는 것은 본성의 질서와 전혀 무관한 것이 아니다. 이는 명령에 의해서만 이루어지는 것이 아니며, 앞서[11] 말한 바와 같이 장소 이동에 의해서도 이루어진다.

3. 셋째에 대한 대답은 이로써 분명히 드러난다. 그 형상들은 본래 감각에 의하여 받아들여진 것이기 때문이다.

제3절 악마는 죄를 짓도록 강요할 수 있는가?

Parall.: *De Malo*. q.3, a.3, ad9.

[반론] 셋째에 대해서는 다음과 같이 진행된다. 악마는 죄를 짓도록 강요할 수 있는 것으로 생각된다.

---

11. 답변.

1. Potestas enim maior potest necessitatem inferre minori. Sed de diabolo dicitur *Iob* 41, [24]: *Non est potestas super terram quae ei valeat comparari.*[1] Ergo potest homini terreno necessitatem inferre ad peccandum.

2. Praeterea, ratio hominis non potest moveri nisi secundum ea quae exterius sensibus proponuntur et imaginationi repraesentantur, quia omnis nostra cognitio ortum habet a sensu, *et non est intelligere sine phantasmate*, ut dicitur in libro *de Anima.*[2] Sed diabolus potest movere imaginationem hominis, ut dictum est,[3] et etiam exteriores sensus, dicit enim Augustinus, in libro *Octoginta trium Quaest.*,[4] quod *serpit hoc malum*, scilicet quod est a diabolo, *per omnes aditus sensuales; dat se figuris, accommodat coloribus, adhaeret sonis, infundit saporibus.* Ergo potest rationem hominis ex necessitate inclinare ad peccandum.

3. Praeterea, secundum Augustinum,[5] *nonnullum peccatum est, cum caro concupiscit adversus spiritum.* Sed concupiscentiam carnis diabolus potest causare, sicut et ceteras passiones, eo modo quo supra[6] dictum est. Ergo ex necessitate potest inducere ad peccandum.

S ED CONTRA est quod dicitur I Petr. ult., [8-9]: *Adversarius vester diabolus tanquam leo rugiens circuit, quaerens quem devoret,*

---

1. Non est potestas super terram quae ei valeat comparari. 대중 라틴말 성경은, Non est super terram potestas, quae comparetur ei, qui factus est ut nullam timeret.

1. 더 큰 권한은 더 작은 권한을 강요할 수 있다. 그런데 악마에 대해 욥기 41장 [25절]에서는 "땅 위에 그와 같은 것이 없으니"[1]라고 말한다. 그러므로 악마는 지상의 인간에게 죄를 짓도록 강요할 수 있다.

2. 인간 이성은 외부 감각들에 제시되거나 상상에 표상된 것에 따라서만 움직여진다. 우리의 모든 인식은 감각에서 기원하고, 『영혼론』[2]에서 말하듯이 "감각상 없이 이해할 수 없기" 때문이다. 그런데 앞서[3] 말한 바와 같이 악마는 인간의 상상을 움직일 수 있고, 외부 감각도 움직일 수 있다. 아우구스티누스는 『여든세 가지 질문』[4]에서 "그러한 악" 곧 악마에게서 나오는 악은 "모든 감각을 통하여 퍼진다. 그것은 형태를 취하고, 색깔에 적응하고, 소리에 결합되고, 맛에 섞인다."고 말한다. 그러므로 인간의 이성은 필연적으로 죄로 기울게 된다.

3. 아우구스티누스[5]가 말하듯이 "육이 영을 거슬러 욕망을 품을 때에 죄가 있게 된다." 그런데 악마는 위에서[6] 말한 방식으로 육의 욕망을 일으킬 수 있고 다른 정념들도 일으킬 수 있다. 그러므로 악마는 죄를 짓도록 강요할 수 있다.

[재반론] 그러나 반대로 베드로 1서 5장 [8-9절]에서는 "여러분의 적대자 악마가 으르렁거리는 사자처럼 누구를 삼킬까 하고 찾아 돌

---

2. c.7: 431a16-17; S. Thomas, lect.12, n.772.
3. 앞 절.
4. q.12: PL 40, 14.
5. *De civ. Dei*, l.XIX, c.4, n.3: PL 41, 629.
6. 앞 절.

cui resistite fortes in fide. Frustra autem talis admonitio daretur, si homo ei ex necessitate succumberet. Non ergo potest homini necessitatem inducere ad peccandum.

RESPONDEO dicendum quod diabolus propria virtute, nisi refraenetur a Deo, potest aliquem inducere ex necessitate ad faciendum aliquem actum qui de suo genere peccatum est, non autem potest inducere necessitatem peccandi. Quod patet ex hoc quod homo motivo ad peccandum non resistit nisi per rationem, cuius usum totaliter impedire potest movendo imaginationem et appetitum sensitivum, sicut in arreptitiis patet. Sed tunc, ratione sic ligata, quidquid homo agat, non imputatur ei ad peccatum. Sed si ratio non sit totaliter ligata, ex ea parte qua est libera, potest resistere peccato, sicut supra[7] dictum est. Unde manifestum est quod diabolus nullo modo potest necessitatem inducere homini ad peccandum.

AD PRIMUM ergo dicendum quod non quaelibet potestas maior homine, potest movere voluntatem hominis, sed solus Deus, ut supra[8] habitum est.

AD SECUNDUM dicendum quod illud quod est apprehensum per sensum vel imaginationem, non ex necessitate movet

---

7. q.77, a.7.

아닙니다. 여러분은 믿음을 굳건히 하여 악마에게 대항하십시오." 라고 말한다. 그런데 인간이 필연적으로 악마에게 굴복한다면 이러한 권고를 하는 것은 헛되다. 그러므로 악마는 인간을 필연적으로 죄를 짓도록 이끌 수 있다.

[답변] 하느님이 제어하지 않으신다면 악마는 자신의 힘으로 어떤 사람을 필연적으로 그 종에 있어 죄에 속하는 행위를 하도록 이끌 수 있다. 그러나 필연적으로 죄를 짓도록 이끌 수는 없다. 이는 인간이 이성에 의해서가 아니고서는 죄를 짓게 하는 움직임에 저항하지 않는다는 데에서 드러난다. 마귀 들린 사람들에게서 알 수 있듯이, 마귀는 상상과 감각적 욕구를 움직임으로써 이성의 사용을 완전히 가로막을 수 있다. 그러나 이렇게 이성이 완전히 결박될 때에는 그 인간이 무엇을 하든 그것이 그에게 죄책이 있는 것으로 여겨지지 않는다. 그러나 만일 이성이 완전히 결박되어 있지 않다면, 위에서[7] 말한 바와 같이 그 자유로운 부분으로 죄에 저항할 수 있다. 그러므로 악마는 어떤 식으로도 인간을 필연적으로 죄를 짓도록 이끌 수 없다는 것이 명백하다.

[해답] 1. 인간보다 강한 모든 권한이 인간의 의지를 움직일 수 있는 것은 아니다. 위에서[8] 말한 바와 같이 하느님만이 인간의 의지를 움직일 수 있으시다.
2. 인간이 이성을 사용할 수 있다면 감각이나 상상을 통한 파악은

---

8. q.9, a.6.

voluntatem, si homo habeat usum rationis. Nec semper huiusmodi apprehensio ligat rationem.

AD TERTIUM dicendum quod concupiscentia carnis contra spiritum, quando ratio ei actualiter resistit, non est peccatum, sed materia exercendae virtutis. Quod autem ratio ei non resistat, non est in potestate diaboli. Et ideo non potest inducere necessitatem peccati.

Articulus 4
Utrum omnia peccata hominum sint ex suggestione diaboli

Ad quartum sic proceditur. Videtur quod omnia peccata hominum sint ex suggestione diaboli.

1. Dicit enim Dionysius, 4 cap. *de Div. Nom.*,[1] quod *multitudo Daemonum causa est omnium malorum et sibi et aliis*.

2. Praeterea, quicumque peccat mortaliter, efficitur servus diaboli; secundum illud Ioan. 8, [34]: *Qui facit peccatum, servus est peccati. Sed ei aliquis in servitutem addicitur, a quo superatus est*,[2] ut dicitur II Petr. 2, [19]. Ergo quicumque facit peccatum, superatus est a diabolo.

3. Praeterea, Gregorius dicit[3] quod peccatum diaboli est

---

1. PG 3, 716 A; S. Thomas, lect.13.
2. 대중 라틴말 성경은, A quo... quis superatus est, huius et servus est.

필연적으로 의지를 움직이지 않는다. 그러한 파악이 언제나 이성을 결박하는 것도 아니다.

3. 영을 거스르는 육의 욕망은, 이성이 거기에 현실적으로 저항한다면 죄가 아니며 오히려 덕을 행할 소재이다. 그리고 이성이 저항하지 않는다는 것은 악마의 권한에 속한 것이 아니다. 그러므로 악마는 필연적으로 죄를 짓도록 이끌 수 없다.

제4절 인간의 모든 죄는 악마의 사주에서 오는 것인가?

Parall.: I, q.14, a.3; De Malo, q.3, a.5.

[반론] 넷째에 대해서는 다음과 같이 진행된다. 인간의 모든 죄는 악마의 사주에서 오는 것으로 생각된다.

1. 디오니시우스는 『신명론』 제4장에서 "수많은 마귀들이 자신과 다른 이들에게 모든 악의 원인이 된다."고 말한다.

2. 사죄를 짓는 모든 사람은 악마의 종이 된다 요한복음서 8장 [34절]에서는 "죄를 짓는 자는 누구나 죄의 종"이라고 말한다. 그런데 베드로 2서 2장 [19절]에서 말하듯이 "굴복을 당한 사람은 굴복시킨 쪽의 종이 된다."[2] 그러므로 죄를 짓는 사람은 누구나 악마에게 굴복 당하는 것이다.

3. 그레고리우스[3]는 악마는 누구의 사주도 없이 죄에 떨어지기 때

---

3. Moral., l.IV, c.3, al. 10, in vert. 9: PL 75, 642 B.

irreparabile, quia cecidit nullo suggerente. Si igitur aliqui homines peccarent per liberum arbitrium, nullo suggerente, eorum peccatum esset irremediabile, quod patet esse falsum. Ergo omnia peccata humana a diabolo suggeruntur.

SED CONTRA est quod dicitur in libro[4] *de Ecclesiasticis Dogmatibus*:[5] *Non omnes cogitationes nostrae malae a diabolo excitantur, sed aliquoties ex nostri arbitrii motu emergunt.*

RESPONDEO dicendum quod occasionaliter quidem et indirecte diabolus est causa omnium peccatorum nostrorum, inquantum induxit primum hominem ad peccandum, ex cuius peccato intantum vitiata est humana natura, ut omnes simus ad peccandum proclives, sicut diceretur esse causa combustionis lignorum qui ligna siccaret, ex quo sequeretur quod facile incenderentur. Directe autem non est causa omnium peccatorum humanorum, ita quod singula peccata persuadeat. Quod Origenes probat[6] ex hoc, quia etiam si diabolus non esset, homines haberent appetitum cibi et venereorum et similium, qui posset esse inordinatus nisi ratione ordinaretur, quod subiacet libero arbitrio.

AD PRIMUM ergo dicendum quod multitudo Daemonum est causa omnium malorum nostrorum secundum primam originem, ut dictum est.[7]

문에 악마의 죄는 돌이킬 수 없다고 말한다. 그렇다면 어떤 사람이 누구의 사주도 없이 자유의지로 죄를 짓는다면 그의 죄는 돌이킬 수 없을 것이다. 그러나 이는 명백한 거짓이다. 그러므로 인간의 모든 죄는 악마에 의하여 사주된다.

[재반론] 그러나 반대로 『교회 교의』[4]의 한 권[5]에서 이렇게 말한다. "우리의 악한 생각이 모두 악마에 의하여 사주되는 것은 아니며, 때로는 우리의 자유의지의 움직임에서 나온다."

[답변] 악마가[7] 첫 인간을 죄로 이끌었다는 점에서, 악마는 때로 그리고 간접적으로 우리의 모든 죄의 원인이다. 그 죄로부터 인간 본성이 악습에 물들었고, 그래서 우리 모두는 죄로 기우는 성향을 지니고 있는 것이다. 이는 마치 나무를 말림으로써 불에 잘 타게 되었으므로 나무를 말린 사람이 나무가 불에 타는 것의 원인이라고 하는 것과 같다. 그러나 악마는 직접적으로 개별적인 죄들을 사주한다는 의미에서 인간의 모든 죄의 원인은 아니다. 오리게네스[6]는 악마가 없었더라도 인간은 식욕과 성욕 등을 지녔을 것이며 이들은 자유의지에 종속되는 이성에 의하여 다스려지지 않는다면 무질서하게 될 수 있다는 데에서 이를 증명한다.

[해답] 1. 앞서 말한 바와 같이 수많은 마귀들은 첫 기원에 따라서

---

4. Gennadius Marsiliensis(494년 사망).
5. c.49, al. 82: PL 58, 999A.
6. *Peri Archon*, l.III, c.2: PG 11, 305 CD.
7. 답변.

AD SECUNDUM dicendum quod non solum fit servus alicuius qui ab eo superatur, sed etiam qui se ei voluntarie subiicit. Et hoc modo fit servus diaboli qui motu proprio peccat.

AD TERTIUM dicendum quod peccatum diaboli fuit irremediabile, quia nec aliquo suggerente peccavit, nec habuit aliquam pronitatem ad peccandum ex praecedenti suggestione causatam.[8] Quod de nullo hominis peccato dici potest.

우리의 모든 악의 원인이다.

2. 누군가에게 굴복 당하는 사람만이 종이 되는 것이 아니라, 자발적으로 그에게 복종하는 사람도 종이 된다. 그리고 스스로 죄를 짓는 사람은 이러한 방식으로 악마의 종이 된다.

3. 악마의 죄가 회복될 수 없었던 것은 아무의 사주도 없이, 또한 이전의 사주에서 기인하는 죄로 기우는 성향도 없이 죄를 지었기 때문이다.[8] 인간의 죄에 대해서는 그렇게 말할 수 없다.

---

8. Cf. I, c.64, a.2 c.

《주제 색인》

간음(fornicatio) 61, 63, 77, 83, 137, 141, 151, 223, 353
간통(adulterio) 62
감각(sensus) 17, 91, 179, 189, 191, 197, 215, 219, 351
감각상(phantasma) 425, 431
감정(affectus) 9, 219, 227, 407, 415, 421
건강(salus) 5, 11, 135, 323
결핍(privatio) 7, 51, 87, 107, 247, 255, 273, 275, 281, 361, 401
공로(meritum) 31, 37, 339, 343
과오(culpa) 364, 380
교만(superbia) 51, 55, 65
대상(objectum) 35, 49, 63, 73, 83, 105, 155, 205, 237, 273, 335, 419
덕(virtus) 3, 25, 89, 109, 197, 313, 363
도피(fuga) 19, 331, 333
동의(consensus) 57, 91, 171, 209, 221, 227, 325, 353
목적인(causa finalis) 23, 65, 67, 267
무지(ignorantia) 143, 183, 203, 271, 281, 291, 313, 345, 359
무질서(inordinatio) 7, 45, 81, 99, 153, 161, 193, 223, 267, 323, 361
벌(poena) 21, 77, 83, 115, 159, 279, 281, 299, 381, 389, 405, 413
본성(natura) 3, 25, 59, 81, 127, 151, 175, 203, 229, 253, 273, 323, 405, 423, 429
부작위(omissio) 33, 37, 49, 85, 87, 217, 281, 285
부정(negatio) 43, 85, 89, 247, 249, 281, 317
불신(infidelitas) 129, 133, 239, 241, 299
불의(iniustitia) 63, 141, 151, 155, 201, 371, 377
비난(vituperatio) 15, 21, 119, 141, 167, 191, 287, 299
사랑(amor) 29, 63, 99, 111, 135, 265, 301, 327, 361, 427
사죄(死罪, peccatum mortale) 29, 77, 83, 115, 179, 199, 219, 221, 227, 351, 355
살인(homicidium) 67, 73, 87, 127, 157, 189, 223, 297, 353
삼단논법(syllogismus) 241, 275, 319
상상(imaginatio) 201, 255, 305, 335, 423, 427, 431, 433

상위 이성(ratio superior) 57, 179, 211, 229, 235, 237, 241
상황(circustantia) 49, 83, 107, 149, 153, 275, 289, 349
색욕(luxuria) 59, 61, 63, 73, 95, 137, 141
소죄(peccatum veniale) 29, 77, 83, 115, 197, 201, 227, 351, 355, 369
숙고(reflexio) 193, 205, 211, 213, 217, 237, 353
식물혼(anima vegetativa) 423, 429
신법(神法, lex divina) 13, 41, 53, 71, 85, 89, 215, 227, 361
실천적 이성(ratio practica) 215
습관(consuetudo) 11, 91, 95, 365, 369, 373, 375
습성(habitus) 11, 27, 115, 151, 187, 197, 297, 315, 357, 365, 389
악마(diabolus) 137, 261, 333, 387, 403, 415, 243, 425, 437
악습(vitium) 3, 29, 49, 99, 109, 189, 367, 437
악의(malitia) 5, 21, 43, 65, 125, 149, 181, 245, 333, 357
영(spiritus) 17, 57, 427, 431, 435
영벌(poena aeterna) 77
영원법(lex aeterna) 3, 17, 39, 217
영적인 죄(peccatum sprituale) 49, 55, 57, 59, 63, 109, 137, 139, 141
원죄(peccatum originale) 189, 195, 279
욕구(appetitus) 359, 361, 375, 419, 423, 427, 433
욕망(concupiscentia) 39, 65, 137, 147, 191, 209, 301, 331, 345, 431
용서(venia) 119, 149, 173, 223, 295, 299, 351, 355
우상숭배(idolatria) 57, 137
육적인 죄(peccatum carnale) 49, 55, 57, 59, 61, 109, 137, 139, 141
육체(corpus) 57, 61, 81, 99, 127, 163, 189, 215, 303, 323, 345, 427
윤리덕(virtus moralis) 117, 201, 237
은총(gratia) 157, 189, 199, 223, 265, 279, 283, 369, 393, 405
의지(voluntas) 31, 39, 45, 67, 135, 179, 405, 417
이성(ratio) 15, 61, 185, 193, 203, 231, 271, 303, 347, 421
인간적 행위(actus humanus) 43, 51, 103, 119, 209, 253, 275, 287, 361
인색(avaritia) 97, 101, 337
자연법(lex naturalis) 45, 47

자유의지(liberum arbitrium) 255, 341, 355, 389, 393, 395, 399, 437
작용인(causa efficiens) 23, 65, 67, 181, 185, 249, 263, 265, 267, 275
잠벌(poena temporalis) 77
절도(furtum) 67, 73, 129, 137, 141, 153, 159, 161, 267
정념(passio) 11, 71, 147, 209, 213, 271, 297, 321, 345
주입된 덕(virtus infusa) 115
주체(subjectum) 3, 25, 27, 125, 139, 179, 183, 287
즐김, 쾌락(delectatio) 95, 141, 229
질료(materia) 63, 87, 125, 183, 211, 267, 425
질료인(causa materialis) 65, 181, 263
참사랑(caritas) 29, 133, 135
참회(poenitentia) 265, 279, 285, 355, 371, 381
최종 목적(finis ultimus) 81, 131, 199, 233, 329, 353, 391, 421
탐식(gula) 59, 61, 73, 87, 103, 107
탐욕(cupiditas) 51, 55, 87, 103, 137, 143, 267, 327, 331, 337, 417
품위(dignitas) 109, 125, 131, 165, 167
하위 이성(ratio inferior) 179, 203, 209, 213, 217, 219, 221, 229
향주덕(virtus theologica) 75
현명(prudentia) 113, 115, 117, 201
형상인(causa formalis) 65, 263, 267
획득된 덕(virtus acquisita) 29, 115

《인명 색인》

그레고리우스 51, 59, 63, 65, 91, 95, 137, 141, 177, 265, 435
디오니시우스 15, 37, 41, 53, 103, 181, 263, 281, 359, 391, 397, 399, 435
미셸 바이우스 119
아리스토텔레스 7, 17, 101, 105, 137, 293, 295, 303, 319, 325, 371, 381, 417, 427
아베로에스 367
아우구스티누스 3, 15, 31, 45, 61, 111, 157, 185, 193, 203, 211, 221, 225, 335, 401

알베르투스 33, 225
암브로시우스 11, 293, 299
오리게네스 371, 437
요비니아누스 121
이시드루스 71, 175, 417
키케로 5, 9, 15, 119, 121, 153, 165, 321
페트루스 롬바르두스 31
페트루스 아벨라르두스 279
포르피리우스 97
풀겐티우스 403
히에로니무스 93, 95, 417

《고전작품 색인》

그레고리우스, 『에제키엘서 강해』(Homiliae in Hiezechihelem) 265
『사목 규칙』(Regula pastoralis) 177
『욥기의 도덕적 해설』(Moralia in Iob) 51, 59, 65, 91, 137, 435
디오니시우스, 『신명론』(De divinis nominibus) 15, 37, 41, 53, 103, 181, 263, 359, 391, 397, 399, 435
『교회 위계론』(De hierarchia ecclesiastica) 281
아리스토텔레스『정치학』(Politica) 73, 189, 299
『니코마코스 윤리학』(Ethica nicomachea) 69, 81, 93, 101, 105, 113, 123, 131, 133, 137, 141, 149, 151, 165, 193, 197, 221, 225, 289, 311, 319, 325, 365, 379, 381
『에우데미아 윤리학』(Ethica eudemia) 417
『형이상학』(Metaphysica) 5, 67, 99, 337
『동물사』(Historia naturalis) 323
『잠과 깨어 있음』(De somno et vigilia) 427
『영혼론』(De anima) 234, 303, 431
『자연학』(Physica) 7, 11, 21, 25, 35, 69, 79, 125, 181, 183, 251, 273
『분석론 후서』(Analytica posteriora) 309

아베로에스, 『영혼론』(*De anima*) 27, 367
아우구스티누스, 『요한복음서 강해』(*In Ioannis Evangelium Tractatus CXXIV*) 65
『영과 문자』(*De spiritu et littera*) 143
『자유의지론』(*De libero arbitrio*) 7, 13, 15, 19, 31, 41, 157, 185, 193, 287, 417
『신국론』(*De civitate Dei*) 61, 111, 329
『재론고』(*Retractationes*) 181, 199
『삼위일체론』(*De Trinitate*) 43, 91, 193, 203, 209, 211, 213, 217, 223, 231, 233, 399, 415
『여든세 가지 다양한 질문』(*Octoginta trium quaestionum*) 41, 401, 431
『인간 의로움의 완성』(*De perfectione iustitiae hominis*) 5
『두 영혼』(*De duabus animabus*) 39, 181, 185
『본성과 은총』(*De natura et gratia*) 273, 411
『참된 종교』(*De vera religione*) 185
『마니교도 파우스투스 반박』(*Contra Faustum manichaeum*) 39, 41, 247
『고백록』(*Confessiones*) 335
『복음서에 관한 질문』(*De Quaestiones Evangeliorum*) 409
『길잡이』(*Enchiridion*) 409
오리게네스, 『원리론』(*De principiis*) 371
이시도루스, 『최고선』(*Summum bonum*) 71, 175, 417
키케로, 『스토아철학의 역설』(*Paradoxa stoicorum*) 119, 121, 153, 165
『투스쿨룸 대화』(*Tusculanae quaestione*) 5
히에로니무스 『에제키엘서 주해』(*Commentarii in Hiezechihelem*) 93

《성 토마스 작품 색인》

『덕론』(*De virtutibus*) 25
『명제집 주해』(*Scriptum super libros Sententiarum*) 31, 39, 63, 69, 77, 91, 103, 111, 119, 131, 149, 185, 197, 201, 211, 219, 231, 237, 245, 263, 277, 285, 293, 327, 331, 357, 371, 379, 387, 397
『악론』(*De malo*) 31, 39, 51, 77, 83, 97, 103, 119, 131, 143, 173, 185, 189, 197, 237, 257, 263, 273, 277, 285, 293, 307, 321, 327, 339, 357, 379, 387, 397, 415, 423, 429, 435
『진리론』(*De veritate*) 137, 189, 211, 219, 237, 303, 339, 341, 345, 401

《성경 색인》

갈라티아서 57, 345
로마서 57, 143, 173, 193, 199, 311, 327, 345, 349, 353, 389, 411
루카복음서 167, 175, 313
마태오복음서 9, 13, 131, 145, 247
시편 63, 321, 327
신명기 77
야고보서 31, 111, 313
열왕기 상권 167
요한 1서 65, 301, 333
욥기 51, 59, 65, 91, 137, 155, 167, 247, 359, 381, 431
잠언 131, 137, 313, 359, 367
지혜서 167, 177, 389, 391, 403, 409
집회서 65, 169, 173, 403
창세기 321
코린토 1서 57, 133, 281
탈출기 171

■ 지은이: 토마스 아퀴나스(S. Thomas Aquinas)

성 토마스 아퀴나스는 1224/5년 이탈리아 중남부의 귀족 가문에서 태어나 도미니코수도회에 입회하였고, 때 묻지 않은 '천사적' 순수함과 진리에 대한 지칠 줄 모르는 열정으로 13세기라는 역사상 드문 정치적·사상적 격변기를 헤쳐나갔다. 그는 아리스토텔레스의 대부분의 작품들과 복음서 및 바오로의 주요 서간들에 대해 주해서를 집필하였고, 『대이교도대전』과 『토론문제집』 등 중요한 저작들을 남겼다. 특히 그리스 철학의 제 학파와 아랍 세계의 선진 이슬람 문명 등 당대까지 유럽에 전해져 서로 충돌하던 다양한 사상들을 그리스도교 진리의 빛 속에서 웅장하게 체계적으로 종합한 『신학대전』(*Summa Theologiae*)은 인류 문화사적 걸작으로 꼽힌다. 그는 1274년 리옹공의회에 참석하러 가던 길에 중병을 얻어 포사노바에서 선종하였다.

1879년 교황 레오 13세는 회칙 『영원하신 아버지』를 통해 토마스의 사상을 가톨릭교회의 공식 학설로 공표하였다.

■ 옮긴이: 안소근

안소근 수녀는 성 도미니코 선교 수녀회 소속으로, 서울대학교에서 독어독문학, 가톨릭대학교에서 신학을 공부하고 교황청 성서대학에서 2004년에 성서학 석사 학위를, 2008년에 성서학 박사 학위를 취득했다. 대전가톨릭대학교와 가톨릭교리신학원(서울)에서 강의하고 있다.

저서로 『이사야서』(거룩한 독서를 위한 성경 주해 시리즈), 『구약 종주』, 『신약 종주』, 『시편』 등이 있고, 역서로 『하늘의 지혜』(M. 질베), 『이스라엘 역사』(A. 소진), 『토마스 아퀴나스가 가르치는 세계관과 영성』(R. 배런) 등이 있다.

■ 진리의 협력자들

가르멜수도회(윤주현 신부) 가톨릭교리신학원(최승정 신부) 가톨릭출판사(홍성학 신부) †곽성명마티아 교리48기(김순진 요안나) 구요비주교 기쁜소식(전갑수 사장) 김경애유스타 김명순소피아 김미라크레센시아 김미리파비올라 김미숙도미나 김수남글라라 김영남신부 김영희글라라 김운장(대화제약 회장) 김웅태신부 김월자안젤라 김은주율리아나 김장이베로니카 김정렬사도요한 김정이아네스 김정임세실리아 김종국신부 김철련스테파노 김청자아가다 김항희마르타 김해영아나다시아 김혜경세레나 김혜경아녜스 김효숙노엘라 김훈겸신부 김희중대주교 로사리오 성모의 도미니도수녀회(오하정 수녀) 목동성당(민병덕 신부) 문정동성당(이철호 신부) 박상수신부 박영규사도요한 박정자소화데레사 박종호시몬 박찬윤신부 박현숙글라라 방배4동성당(최동진 신부) 배기현주교 배옥순시모니아 분당성마리아성당(윤종대 신부) 사랑의시튼수녀회(김영선 수녀) 상도동성당(곽성민 신부) 서명숙루치아 서인숙아녜스 서초동성당(이찬일 신부) 서호숙데레사 성도미니코선교수녀회(안소근 수녀) 손삼석주교 손희송주교 송기인신부 송인섭안드레아 신수정비비안나 신옥현루시아 심상태몬시뇰 임정희루시아 여규태요셉 염수정추기경 오금동성당(박희원 신부) 오승원신부 원종철신부 위재숙아나다시아 유경촌주교 유덕희(경동제약 회장) 유영숙스콜라스티카 †윤정자님이 이경상신부 이계루시아 이동익신부 이범현신부 이병호주교 이선용알키르토 이완숙미카엘라 이용훈주교 이윤하신부 †이정국미카엘 이정석요한 이종상요셉 이 진안드레아 이준영아우구스티노 이효재로마노 임경희미카엘라 잠원동성당(박항오 신부) 장석호모세 장우일레오 장춘복세바스티아나 장혜순카타리나 (재)신흥과사상(백운철 신부) 전상순요안나 전상직(더맨 회장) 절두산순교성지성당(정연정 신부) 정달용신부 정미애율리아나 정순택주교 정복신안나 정영숙(다빈치 회장) 정의채몬시뇰 정진석추기경 조 광이냐시오 조규만주교 조선호델피노 조용주마리안나 조욱현신부 차상금이사벨 최명주율리아 최미묘분다 학교법인가톨릭학원(김영국 신부) 한무숙문학관(김호기 박사) 혜화동성당(홍기범 신부) 홍순자요셉피나 황예성세실리아

지금까지 출간된 분책(2020년 현재)

- 제1권(I, qq.1-12), [하느님의 존재], 정의채 옮김, 1985, 3판 2014, 751쪽.
  제1문 거룩한 가르침에 관하여. 제2문 신론 - 하느님이 존재하는가. 제3문 하느님의 단순성에 대하여. 제4문 하느님의 완전성에 대하여. 제5문 선 일반에 대하여. 제6문 하느님의 선성에 대하여. 제7문 하느님의 무한성에 대하여. 제8문 사물에 있어서의 하느님의 실재에 대하여. 제9문 하느님의 불변성에 대하여. 제10문 하느님의 영원성에 대하여. 제11문 하느님의 일체성(단일성)에 대하여. 제12문 하느님은 우리에게 어떻게 인식되는가에 대하여.

- 제2권(I, qq.13-19), [하느님의 생명], 정의채 옮김, 1993, 2판 2014, 572쪽.
  제13문 하느님의 명칭에 대하여. 제14문 하느님의 지식에 대하여. 제15문 이데아에 대하여. 제16문 진리에 대하여. 제17문 허위에 대하여. 제18문 하느님의 생명에 대하여. 제19문 하느님의 의지에 대하여.

- 제3권(I, qq.20-30), [하느님의 작용과 위격], 정의채 옮김, 1994, 2판 2000, 495쪽.
  제20문 하느님의 사랑에 대하여. 제21문 하느님의 정의와 자비에 대하여. 제22문 하느님의 섭리에 대하여. 제23문 예정에 대하여. 제24문 생명의 책에 대하여. 제25문 하느님의 능력에 대하여. 제26문 하느님의 지복에 대하여. 제27문 하느님의 위격들의 발출에 대하여. 제28문 하느님 안에서의 관계들에 대하여. 제29문 하느님의 위격들에 대하여. 제30문 하느님 안에서의 위격들의 복수성에 대하여.

- 제4권(I, qq.31-38), [위격들의 구별], 정의채 옮김, 1997, 293쪽.
  제31문 하느님 안에서 단일성 혹은 복잡성에 속하는 것들에 대하여. 제32문 하느님의 위격들의 인식에 대하여. 제33문 성부의 위격에 대하여. 제34문 성자의 위격에 대하여. 제35문 모습(혹은 모상)에 대하여. 제36문 성령의 위격에 대하여. 제37문 사랑이라는 성령의 명칭에 대하여. 제38문 은사라는 성령의 명칭에 대하여.

■ 제5권(I, qq.39-43), [위격들의 관계], 정의채 옮김, 1998, 345쪽.
제39문 본질과 비교된 위격들에 대하여. 제40문 관계들 내지는 고유성들과의 비교에 있어서의 위격들에 대하여. 제41문 인식 표징적(혹은 식별 표징적) 작용들과의 비교에 있어서의 위격들에 대하여 제42문 하느님의 위격들 상호간의 동등성과 우사성에 대하여. 제43문 하느님의 위격들의 파견에 대하여.

■ 제6권(I, qq.44-49), [창조], 정의채 옮김, 1999, 339쪽.
제44문 피조물들의 하느님으로부터의 발출과 모든 유의 제1원인에 대하여. 제45문 사물들의 제1근원으로부터의 유출의 양태에 대하여. 제46문 창조된 사물들의 지속의 시작에 대하여. 제47문 사물들의 구별 일반에 대하여. 제48문 사물들의 구별에 대한 각론. 제49문 악의 원인에 대하여.

■ 제7권(I, qq.50-57), [천사], 윤종국 옮김, 정의채 감수, 2010. 379쪽.
제50문 천사의 실체 자체에 대하여. 제51문 천사와 물체의 비교에 대하여. 제52문 장소에 대한 천사의 비교에 대하여. 제53문 천사의 장소적 운동에 대하여. 제54문 천사의 인식 작용에 대하여. 제55문 천사의 인식 수단에 대하여. 제56문 비물질적 사물의 일부에서 얻는 천사의 인식에 대하여. 제57문 질료적 사물들의 성찰에 따른 천사의 인식에 대하여

■ 제8권(I, 58-64), 천사의 활동, 강윤희 옮김, 2020, 368쪽.
제58문 천사의 인식 양태에 대하여. 제59문 천사의 의지에 대하여. 제60문 천사의 사랑 혹은 애정에 대하여. 제61문 천사가 본성적 존재로 창조되었음에 대하여. 제62문 천사가 은총과 영광의 상태로 완성됨에 대하여. 제63문 천사의 악의와 탓에 대하여 제64문 악령들의 형벌에 대하여.

■ 제9권(I, qq.65-74), [우주 창조], 김춘오 옮김, 정의채 감수, 2010, 424쪽.
제65문 물체적 피조물들의 창조 작업에 대하여. 제66문 구별에 대한 피조물의 질서에 대하여. 제67문 자체 안에서의 구별 작업에 대하여. 제68문 둘째 날의 작업에 대하여. 제69문 셋째 날의 작업에 대하여. 제70문 넷째 날에 대한 장식 작업에 대하여. 제71문 다섯째 날에 대하여. 제72문 여섯째 날에 대하여. 제73문 일곱째 날에 속한 어떤 것에 대하여. 제74문 공통적인 것들 안에서 모든 일곱 날에 대하여.

- 제10권(I, qq.75-78), [인간], 정의채 옮김, 2003, 383쪽.
  제75문 인간론: 영적 실체와 물체적 실체로 복합된 인간에 대하여. 제76문 혼의 신체와의 하나됨(합일)에 대하여. 제77문 혼의 능력 일반에 속하는 것들에 대하여. 제78문 혼의 개별적 능력들에 대하여.

- 제11권(I, qq.79-83), [인간 영혼의 능력], 정의채 옮김, 2003, 320쪽.
  제79문 지성적 능력들에 대하여. 제80문 욕구적 능력 일반에 대하여. 제81문 감성적 능력에 대하여. 제82문 의지에 대하여. 제83문 자유의사에 대하여.

- 제12권(I, qq.84-89), [인간의 지성], 정의채 옮김, 2013, 511쪽.
  제84문 신체와 결합된 영혼은 어떻게 자신보다 하위에 있는 물체적인 것들을 인식하는가. 제85문 지성 인식의 양태와 서열에 대하여. 제86문 우리 지성은 질료적 사물들에 있어 무엇을 인식하는가. 제87문 지성적 혼은 어떻게 자기 자신과 자기 안에 있는 것들을 인식하는가. 제88문 인간 혼은 어떻게 자기의 상위에 있는 것들을 인식하는가. 제89문 분리된 영혼의 인식에 대하여.

- 제13권(I, qq.90-102), [하느님의 모상으로 창조된 인간], 김율 옮김, 2008, 505쪽.
  제90문 인간 혼의 첫 산출에 대하여. 제91문 첫 인간의 신체의 산출에 대하여. 제92문 여자의 산출에 대하여. 제93문 인간의 산출 목적 또는 결말에 대하여. 제94문 첫 인간의 지성 상태와 조건에 대하여. 제95문 첫 인간의 의지에 관련된 사항들, 곧 은총과 정의에 대하여. 제96문 무죄의 상태에서 인간이 가지고 있던 지배권에 대하여. 제97문 첫 인간의 상태에서 개인의 보존. 제98문 종의 보존에 대하여. 제99문 태어났을 자손의 신체적 조건에 대하여. 제100문 태어났을 자손의 정의의 조건에 대하여. 제101문 태어났을 자손의 지식의 조건에 대하여. 제102문 인간의 거처, 곧 낙원에 대하여.

- 제14권(I, qq.103-114), [하느님의 통치], 이상섭 옮김, 2009, 607쪽.
  제103문 사물들의 통치 일반에 대하여. 제104문 하느님 통치의 특수한 결과들에 대하여. 제105문 하느님에 의한 피조물들의 변화에 대하여. 제106문 한 피조물은 다른 피조물들을 어떻게 움직이는가. 제107문 천사들의 말에 대하여. 제108문 위계와 질서에 따르는 천사들의 질서지움에 대하여. 제109문 악한 천사들의 질서지움에 대하여. 제110문 물체적 피조물들에 대한 천사들의 통할에 대하여. 제111문 인간들에 대한 천사들의 작용에 대하여. 제112문 천사들의 파견에 대하여. 제113문 선한 천사들의 보호에 대하여. 제114문 마귀들의 공격에 대하여.

■ 제15권(I, qq.115-119), [우주의 질서], 김정국 옮김, 2010, 307쪽.
제115문 물체적 피조물의 작용에 대하여. 제116문 숙명에 대하여. 제117문 인간의 작용과 관련된 것에 대하여. 제118문 혼과 관련한 인류의 번식에 대하여. 제119문 육체에 관련된 인류의 번식에 대하여.

■ 제16권(I-II, qq.1-5), [행복], 정의채 옮김, 2000, 417쪽.
제1문 인간의 궁극 목적에 대하여. 제2문 인간의 행복이 있는 것들에 대하여. 제3문 행복이란 무엇인가. 제4문 행복을 위해 요구되는 것들에 대하여. 제5문 행복에의 도달에 대하여.

■ 제17권(I-II, qq.6-17), 인간적 행위, 이상섭 옮김, 2019, xlviii-444쪽.
제6문 의지적인 것과 비의지적인 것에 대하여. 제7문 인간적 행위의 상황들에 대하여. 제8문 의지에 대하여, 의지는 무엇을 대상으로 갖는가? 제9문 의지의 동인에 대하여. 제10문 의지가 움직여지는 방식에 대하여. 제11문 향유라는 의지 작용에 대하여. 제12문 지향에 대하여. 제13문 수단과 관련된 의지의 작용인 선택에 대하여. 제14문 선택에 앞서는 숙고에 대하여. 제15문 수단과 관련된 의지 작용인 동의에 대하여. 제16문 수단과 관련된 의지의 작용인 사용에 대하여. 제17문 의지에 의해 명령된 작용에 대하여.

■ 제18권(I-II, 1802¯), 도덕성의 원리, 이재룡 옮김, 2019, lx-264쪽.
제18문 인간적 행위에서의 선성과 악성에 대하여. 제19문 의지의 내적 행위의 선성과 악성에 대하여. 제20문 인간의 외적 행위의 선성과 악성에 대하여. 제21문 인간적 행위의 귀결들과 그 선성 또는 악성에 대하여.

■ 제19권(I-II, 22-30), 정념, 김정국 옮김, 2020, I-270쪽.
제22문 영혼의 정념의 주체에 대하여. 제23문 정념 상호간의 차이에 대하여. 제24문 영혼의 정념들에 있어서 선과 악에 대하여. 제25문 정념들 상호간의 질서에 대하여. 제26문 사랑에 대하여. 제27문 사랑의 원인에 대하여. 제28문 사랑의 결과에 대하여. 제29문 미움에 대하여. 제30문 욕망에 대하여.

■ 제20권(I-II, 31-39), 쾌락, 이재룡 옮김, 2020, lviii-236쪽.
제31문 쾌락 그 자체에 대하여. 제32문 쾌락의 원인에 대하여. 제33문 쾌락의 결과에 대하여. 제34문 쾌락의 선성과 악성에 대하여. 제35문 고통 또는 슬픔 그 자체에 대하여. 제36문 슬픔 또는 고통의 원인에 대하여. 제37문 고통 또는 슬픔의 결과에 대하여. 제38문 슬픔 또는 고통의 결과에 대하여. 제39문 슬픔 또는 고통의 선성과 악성에 대하여.

■ 제21권(I-II, 40-48), 두려움과 분노, 채이병 옮김, 2020, lxii-278쪽.
제40문 분노적 정념들에 대하여. 먼저 희망과 절망에 대하여. 제41문 두려움 그 자체에 대하여. 제42문 두려움의 대상에 대하여. 제43문 두려움의 원인에 대하여. 제44문 두려움의 결과에 대하여. 제45문 담대함에 대하여. 제46문 분노 그 자체에 대하여. 제47문 분노를 일으키는 원인과 그 대처 수단에 대하여. 제48문 분노의 결과에 대하여.

■ 제22권(I-II, 49-54), 습성, 이재룡 옮김, 2020, lviii-234쪽.
제49문 습성의 실체 자체에 대하여. 제50문 습성의 주체에 대하여. 제51문 습성의 생성 원인에 대하여. 제52문 습성의 성장에 대하여. 제53문 습성의 소멸과 약화에 대하여. 제54문 습성의 구별에 대하여.

■ 제23권(I-II, 55-67), 덕, 이재룡 옮김, 2020, lxxvi-558쪽.
제55문 덕의 본질에 대하여. 제56문 덕의 주체에 대하여. 제57문 지성적 덕의 구별에 대하여. 제58문 도덕적 덕과 지성적 덕의 구별에 대하여. 제59문 도덕적 덕과 정념 사이의 구별에 대하여. 제60문 도덕적 덕들 상호간의 구별에 대하여. 제61문 추요덕에 대하여. 제62문 대신덕에 대하여. 제63문 덕의 원인에 대하여. 제64문 덕의 중용에 대하여. 제65문 덕들 사이의 상호 연관성에 다하여. 제66문 덕들의 동등성에 대하여. 제67문 후세에서의 덕의 지속에 대하여.

■ 제24권(I-II, 68-70), 성령의 선물, 채이병 옮김, 2020, liv-152쪽.
제68문 선물들에 대하여. 제69문 참행복에 대하여. 제70문 성령의 열매에 대하여.

- 제25권(I-II, 71-80), 죄, 안소근 옮김, 2020, I-452쪽.
  제71문 악습과 죄 자체에 대하여. 제72문 죄의 구별에 대하여. 제73문 죄들의 상호 비교에 대하여. 제74문 죄의 주체에 대하여. 제75문 죄의 일반적 원인에 대하여. 제76문 죄의 특수 원인에 대하여. 제77문 감각적 욕구 편에서 본 죄의 원인에 대하여. 제78문 죄의 원인인 악의에 대하여 제79문 죄의 외부적 원인에 대하여(1): 하느님. 제80문 죄의 외부적 원인에 대하여(2): 악마

- 제28권(I-II, 90-97), 법, 이진남 옮김, 2020, I-289쪽.
  제90문 법의 본질에 대하여. 제91문 법의 종류에 대하여. 제92문 법의 효력에 대하여. 제93문 영원법에 대하여. 제94문 자연법에 대하여. 제95문 인정법에 대하여. 제96문 인정법의 효력에 대하여. 제97문 법의 개정에 관하여.